翟博 1962年生，陕西扶风人，现任《中国教育报》副总编、编审。全国教育科学规划教育发展战略组专家、中国教育学会教育经济学分会理事、中国高等教育学会高等教育管理分会常务理事、北京作家协会会员。先后在陕西师范大学、西北大学、北京师范大学获得文学学士、经济学硕士、管理学博士学位。主要从事教育战略、教育政策、教育经济、教育新闻和中国传统文化教育研究。多年来，在精心做好教育新闻工作的同时，潜心政治、经济、教育和文化研究，在理论研究、新闻和文学写作等多方面取得丰硕成果，先后在海内外多家报刊发表有关政治、经济、教育、文化、管理、新闻等方面的理论文章和新闻、文学作品数千篇，有50多篇在全国及有关方面组织的评选中获奖，在社会上产生了重要影响，其中较有代表性的有：《教育：21世纪新的经济增长点》、《树立科学的教育发展观》、《教育均衡发展：现代教育发展的新境界》、《教育均衡发展：理论、指标和测度方法》、《中国基础教育均衡发展实证分析》。先后撰写、主编、参与编写书籍40多种，主要有《世纪的呼唤——翟博报告文学通讯集》、《法门寺传奇》、《二十一世纪大眺望——中国记者十人谈》；主编有大型文化典籍《中国家训经典》、《中国历代家训集锦》、《中国近现代史国情教育》丛书、《大学校长纵论科技创新》、《影响科学发展进程的人——大科学家的成长故事》、《中国大学生手册》等。主持全国教育科学"十五"规划教育部重点课题"中小学新型师生关系调查及行动策略研究"、国家社会科学基金"十一五"规划国家级课题"基础教育均衡发展理论与实证研究"等。

谨以此书献给

所有关心中国教育事业发展的人们！

教育均衡论

On Education Equality

中国基础教育均衡发展实证分析

翟 博 著

人民教育出版社
PEOPLE'S EDUCATION PRESS

图书在版编目（CIP）数据

教育均衡论：中国基础教育均衡发展实证分析/翟博著.
—北京：人民教育出版社，2007
ISBN 978-7-107-20604-7

Ⅰ. 教…
Ⅱ. 翟…
Ⅲ. 基础教育—研究—中国
Ⅳ. G639.2

中国版本图书馆 CIP 数据核字（2007）第 203577 号

人民教育出版社出版发行
网址：http://www.pep.com.cn
人民教育出版社印刷厂印装　全国新华书店经销
2008 年 1 月第 1 版　2008 年 1 月第 1 次印刷
开本：787 毫米×1 092 毫米　1/16　印张：35　插页：1
字数：399 千字　印数：0 001～3 000 册
ISBN 978-7-107-20604-7 / G·13694　定价：53.70 元

如发现印、装质量问题，影响阅读，请与本社出版科联系调换。
（联系地址：北京市海淀区中关村南大街 17 号院 1 号楼　邮编：100081）

目　录

第二部分　理论演绎篇

第三部分 体系构建篇

第四部分　实证分析篇

第五部分　案例研究篇

第六部分　行动策略篇

第七部分 思想升华篇

CONTENTS

Part Two Theoretical Deduction

Part Three Constructing the System

Part Four Emipirical Analysis

Part Five Case Studies

Part Six Action and Strategy

Part Seven Theoretical Highlighting

序一

◎ 袁贵仁

教育是提高民族素质、实现民族振兴的奠基工程，惠及千家万户，关系国家前途和未来。在新世纪，随着全球经济一体化、知识经济浪潮的来临，教育不仅成为国家经济增长的重要因素，也被视为促进社会平等的“最伟大的工具”和实现社会和谐稳定的平衡器。树立教育均衡发展观，对于保证教育事业健康发展和推进经济社会又好又快发展至关重要。

《中共中央关于构建社会主义和谐社会若干重大问题的决定》明确提出：“坚持教育优先发展，促进教育公平。”接受一定程度的教育，是《宪法》赋予每个公民的权利。共同的教育经历，可以促使不同民族、社会、种族、宗教和语言背景的人们形成共同的世界观、人生观、价值观和荣辱观，在构建社会主义和谐社会历史进程中有着特殊的地位和作用。推进教育均衡发展，是落实科学发展观、构建和谐社会的必然要求；是保障公民享有平等的受教育权利、体现教育公平的重要标志。因此，必须切实把教育特别是义务教育的均衡发展摆在教育工作更加重要的位置。

世纪之交，我国基本普及九年义务教育、基本扫除青壮年文盲，这是举世公认的巨大成就。它使学生入学机会不断增加，区域性差异逐步缩小，教育公平得到很大的改善。但是，随着经济社会的快速发展，人民生活水平的不断提高，就业竞争的日趋激烈，广大人民群众对于教育的期望值越来越高，对于优质教育资源的需求量也越来越大。教育的地区差别、城乡差别、校际差别、受教育者群体差别，以及由此带来的教育事业发展水平上的不均衡现象，越来越受到社会的广泛关注。教育均衡发展是我国基础教育在新时期、新阶段的必然选择。

教育均衡发展是教育公平的前提。正如美国人力资源理论创始人舒尔茨所说，发达国家与欠发达国家的差距，是由人的能力造成的。这是有一定道理的。所以要缩小人的能力上的差距，最重要的途径就是教育。一个国家、一个民族如此，一个家庭、一个人同样如此。许多研究表明，经济上的差距是由教育上的差距造成的，基础教育均衡发展，不仅是国家提供给每个公民接受教育的均等机会，更是国家最终提供给每个公民在社会发展中的均等机会。

教育均衡发展是和谐社会的重要内容。和谐社会是一个公平公正的社会。它要求城乡、地区、群体之间的差距得到有效解决，广大人民群众共享改革开放的成果；它要求各个阶层，不同群体的合法权利得到切实的尊重、维护和保障。因此，必须把教育均衡发展、促进教育公平作为我国教育长期坚持的方针和努力奋斗的方向。

教育均衡发展是我国教育理论和教育实践的重大课题。翟博同志长期从事新闻工作，结合自己的工作实际，以大量调查为依据，对教育均衡发展的理论和现实问题、教育均衡发展的度量指标和计量方法问题，作了比较系统的研究，得出了有价值的结论。特别是从我国的国情出发，探索创新，构建了教育均衡发展的分析框架、评价指标体系和计量模型，并实证分析了我国基础教育均衡发展的状态，介绍和分析了国内外推进基础教育均衡发展经验和政策选择，提出了教育均衡发展的政策建议。这些理论研究、实证分析和对策建议，对于我国当前推进教育特别是义务教育的均衡发展都是具有重要参考价值的。

2007年5月10日

（本序作者现任国家教育部党组副书记、副部长）

序二

◎ 王善迈

人类从事一切经济、政治和社会活动必须以一定的人力、物力、财力资源投入为前提，在一切社会资源中，人力资源是首要的、能动的资源。这是人人皆知的社会共识。教育则是人力资源开发、利用、提升的基本途径和基础。教育不仅可以推动经济和社会发展，是一国物质文明、政治文明、精神文明的重要基础，同时也是保持社会稳定、构建和谐社会的重要基础。

正规的三级教育是教育的主体，其中，基础教育即初等和中等教育是三级教育的基础。基础教育属于国民素质的教育，关系着一国国民素质的水平和提高，从而关系着国家教育和经济与社会的长远持续发展，关系着社会的和谐与稳定。

我国基础教育取得了举世公认的成就，基本上扫除了青壮年文盲，基本上普及了九年义务教育，高中阶段的教育快速发展，正处于迈向普及的过程中。但由于历史的、社会经济发展和政策的原因，我国的基础教育发展进程中，公共教育资源的配置在区域间、城乡间、学校间、社会不同群体间严重不均衡，从而导致基础教育在数量、质量上严重的不均衡。它影响了教育公平和社会公平，进而影响着教育乃至经济与社会的协调健康发展，影响着社会的和谐与稳定，已经成为社会、媒体和政府决策者关注的社会热点问题。

摆在我们面前的问题是：基础教育应否均衡发展？如果基础教育目标定位为均衡发展，什么是基础教育的均衡发展？应如何度量和评价基础教育均衡发展？对于我国基础教育不均衡的现状应如何认识、评价和处理，应采取何种对策推进基础教育的均衡发展？这些既是基础教育发展的重大理论问题，也是基础教育发展的重大政策问题和实践问题。基础教育尤其是其中的义务教育是政府公共服务的重要组成部分，是公共财政的重要职能，政府和财政应采取各种制度和政策缩小基础教育在区域间、城乡间、学校间、群体间的差别，推进基础教育的均衡发展。

呈现在读者面前的这部著作，是我指导的博士翟博在博士论文基础上加工完成的。作者以勇于创新、不断探索的勇气和精神，从中国实际出发，在调查研究的基础上，采用定性分析和定量分析相结合的方法，从理论、制度、政策和实践上对上述问题进行了初步的探索和系统全面的回答，尤其对基础教育均衡发展的理论依据、社会价值、内涵界定、度量和评价指标进行了有价值的探索和创新。这对于推进此类问题的学术研究，对于基础教育发展战略和政策、教育财政制度建设，乃至教育管理体制改革，都有重要的参考价值。

人们对问题的认识，对真理的追求是一个过程，可喜的是这部著作迈出了重要的一步，预祝并相信翟博在日后的探讨中不断深入、不断升华，为我国基础教育的研究和发展作出新的贡献。

2006年7月29日于北京师范大学科技楼

（本序作者现任北京师范大学教授、博士生导师，中国教育学会教育经济学分会理事长）

前言

随着世界范围内新科技革命和知识经济浪潮的兴起，教育日益成为国家发展水平和国际竞争能力的决定性因素。教育问题被作为人类迎接未来挑战的首要的关键性因素，引起了国际组织和各国政府的高度重视，各国为此提出了各种战略对策和国家决策。这种发展动向表明，教育在未来经济社会发展中将越来越发挥出重要作用，教育自身也必将经历前所未有的深刻变革和创新。面对新世纪、新阶段、新的历史任务和国家提出全面建设小康社会和构建和谐社会，以及建设人力资源强国的宏伟目标，如何从根本上改变我国长期以来低水平、不全面、发展很不平衡的教育和人力资源开发的基本状况；如何造就数以亿计的高素质劳动者、数以千万计的专门人才和一大批拔尖创新人才，进一步满足最广大人民群众日益增长的接受优质教育、高效率教育的需要和追求教育公平、教育均衡的愿望，是摆在政府和教育系统及广大教育工作者面前的一项艰巨任务和重大难题，也是历史和现实赋予我们的重大教育课题。

教育均衡发展是一种全新的教育理念，是一种全新的教育发展观。教育均衡的思想理念之所以在今天被提出，并引起人们广泛的重视和关注，有着深刻的现实、社会、历史和时代的背景。教育均衡发展既是目前我国现实教育问题的反映，是人们对现行教育制度的审视和反思，也是人们对未来教育发展的美好理想，是新时期基础教育改革发展的迫切需要，是世界教育发展的潮流，也是现代教育的新理念，更是社会主义教育事业的本质要求，是历史和现实向我们提出的一个迫切需要回答和解决的战略性问题。这就是，在我国基础教育特别是义务教育普及之后，高中阶段教育开始进入大面积普及过程，即普及义务教育特别是基础教育进入普及后时代，中国基础教育发展应该走什么样的路？中国基础教育发展的方向是什么、目标是什么、路径是什么？这是新时期我国教育面临的一个重大问题和战略任务。因此，基础教育均衡发展是我国面对新世纪、新阶段、新任务的历史选择，也是我国基础教育发展的必然选择。

基础教育是提高全体国民素质、实施科教兴国的奠基工程，是构建和谐社会的基础。促进基础教育均衡发展是社会主义教育事业的本质要求，是全面建设小康社会的必然要求，也是惠及人民群众的一项战略任务。基础教育均衡发展不仅是关系国家战略的重大问题，也是树立科学发展观、落实以人为本治国理念的需要。推进教育均衡发展，对于新时期、新阶段我国实现全面建设小康社会和构建和谐社会的战略目标；对于树立和落实科学的教育发展观，推进我国教育特别是基础教育持续健康发展，遏制当前不合理的教育非均衡发展的趋势，优化教育资源配置，全面实施素质教育；对于缓解现阶段我国社会和教育内部凸显的公平和效益的矛盾，维护社会的稳定；对于促进区域经济社会协调均衡发展、实现我国现代化的宏伟目标，都具有重要的战略意义和现实意义。

因此，本书所研究的内容既是目前我国现实教育问题的反映，是对现行教育制度的审视和反思，也是对未来教育发展方向的前瞻性研究；既是我国全面建设小康社会和构建和谐社会的需要，也是世界教育发展的潮流，是现代教育发展的最新趋势。

本书旨在从中国的现实国情出发，从中国全面建设小康社会和构建和谐社会的战略高度，从教育与经济、教育与社会、教育与人的全面发展的关系，以及教育在经济社会发展中的重要地位和作用的历史视角，从全面推进素质教育的大视野，对基础教育均衡发展进行理论研究，并试图建立一定的理论体系和模型，以探索新时期基础教育均衡发展的理论依据和实践基础；从多角度、多层次、宽范围对基础教育均衡发展进行实证性分析，并在全国选取一定的点进行案例研究，以探索区域推进基础教育均衡发展的新途径。通过理论研究、计量分析，建立教育均衡理论体系、指标体系和测算方法，再通过区域教育均衡发展的实证性研究，大量深入学校教育第一线的实际调查，经过分析、论证、实证研究，探索中国基础教育均衡发展的新途径，探索21世纪初期中国基础教育均衡发展的行动策略。

本书内容主要分为七部分。第一部分：背景意义篇（第一章），阐述了教育均衡发展的深刻背景、本选题研究的意义和思路，通过对文献的综述，分析了国内外教育均衡发展研究的现状。第二部分：理论演绎篇（第二章、第三章、第四章），从经济学的角度分析了教育的属性、教育均衡的条件，阐述了教育资源配置的特点、方式和途径。回答了什么是均衡，教育为什么要均衡的问题，既从正面阐述了教育均衡发展对于经济社会发展的作用，也从反面阐述了教育发展不均衡的影响，重点是对教育均衡发展进行理论分析。本部分还全面阐述了教育均衡发展的理论构想，对什么是教育均衡、教育均衡发展的内涵进行了科学阐释，构建了教育均衡发展的基本理论框架，提出了基础教育均衡发展四个阶段的理论，重点是对教育均衡发展进行理论阐释。第三部分：体系构建篇（第五章），建立了教育均衡发展的指标体系和测度方法，构建了教育均衡发展指数体系。通过数据分析，计算出了基础教育均衡发展指数，勾画出了基础教育均衡发展指数的发展趋势。第四部分：实证分析篇（第六章、第七章），通过实证分析和实际调查，从区域、城乡、学校、群体方面对目前中国基础教育发展非均衡的现状进行考察，探讨基础教育发展不均衡的表现、特征、特点及其成因。重点是对中国基础教育发展均衡现状进行实证分析。第五部分：案例研究篇（第八章），通过对国际教育均衡发展及其进展情况，以及中国东、中、西部各具特色并最有代表性的 6 个不同地区——深圳市、杭州市、寿光市、铜陵市、成都市、沈阳市——基础教育均衡发展的案例研究，以探索具有中国特色的区域推进基础教育均衡发展的教育模式。重点对教育均衡进行案例研究。第六部分：行动策略篇（第九章），通过对理论研究、计量研究、实证研究成果的综合分析，提出了基础教育均衡发展的途径和对策。重点是对教育均衡发展进行对策研究，以探索和建立适合 21 世纪初期我国基础教育均衡发展的行动策略。第七部分：思想升华篇（第十章），本章对全书的基本理论观点和实践研究探索进行了全面系统的总结归纳、提炼和升华，阐述了以人为本的教育均衡发展观的深刻内涵，以及教育均衡发展理论和教育均衡发展指数构建的基本思想体系和思路。

在具体研究方法上，本书采用定性分析和定量分析相结合，静态分析和动态分析相结合，宏观分析、中观分析和微观分析相结合，调查方法和统计方法相结合，理论研究与实证分析、计量分析和案例研究相结合的方法。通过定性分析确定教育均衡相关要素相互关系质的规定性，定量分析用现代数学方法揭示教育均衡相关要素之间的数量变化，即把建立在文本资料基础上的定性研究和以数字数据为基础的定量研究相结合进行综合研究；通过静态分析对某一时间和空间的教育均衡情况进行分析，研究教育均衡发展的特点、状况和规模，动态分析对某一历史时期内教育均衡发展和运动变化过程进行分析，考察教育均衡发展变化的趋势、方向和规律；通过宏观分析从国家发展战略的高度、从国民经济和社会发展总体上研究教育均衡发展问题，中观分析从区域、城乡、校际、群体之间来研究教育均衡发展问题，微观分析从一个个具体的教育基本单位——学校——出发来研究教育均衡发展问题；通过调查和统计收集大量原始材料和数据，经过实证分析，从中找出教育均衡发展各方面要素的内在联系及其发展规律；在理论和实证研究的基础上，通过对全国一些推进基础教育均衡发展的地区进行实际考察、案例研究，探索我国区域基础教育均衡发展的模式和策略。

本书研究的基本路径是，把历史文献研究、国内外比较研究、综合分析研究、实证调查研究、理论研究、计量研究和案例研究相结合。目的是通过理论探索和实证研究，提出基础教育均衡发展的对策和行动策略，以推动教育公平。

基础教育均衡发展是现代教育发展的新境界，也是教育未来发展的方向。本书研究最大的技术难点在于对基础教育均衡发展理论的研究阐述，均衡模型的建立，教育均衡发展指标体系、教育均衡发展指数体系的构建，以及教育均衡度的分析。本书的创新处在于：第一，本书的研究既是较系统地从中国经济发展、社会发展、教育发展的历史和现实大视角来研究基础教育均衡发展，又是从中国全面建设小康社会和构建和谐社会的战略高度，用教育经济学的视角研究基础教育均衡发展，本身就具有较强的理论创新。第二，本书的研究把教育均衡作为推进经济均衡的基础和社会均衡发展的前提问题来研究，是一种理念上的创新和教育创新；运用经济学原理和经济理论，将理论、实证、案例研究相结合，也是一种研究方法和研究途径的创新。第三，本书的研究以广阔的理论视野首次从宏观、中观、微观三个维度、15 个内涵指标分析入手，对教育均衡发展进行深入的理论探索，对教育均衡发展的内涵进行了科学阐释，提出了具有独到见解的教育均衡发展理论，廓清了目前教育均衡发展理论研究的思路，构建了教育均衡发展的理论体系。第四，阐述了教育均衡发展的思想，构建了教育均衡发展的基本体系框架，提出了基础教育均衡发展四个阶段的发展理论。第五，首次把经济学的均衡度的概念引入教育均衡研究，并运用计量分析方法对基础教育均衡发展态势进行了系统分析，研究发现了中国目前基础教育均衡发展的大致趋势。第六，首次把指数引入教育均衡分析，构建了分析研究教育均衡发展的指数体系和教育均衡发展指数。从 4 个层次、25 个要素指标对中国基础教育均衡发展进行了计量分析和测算，研究发现了中国基础教育均衡发展指数的大致趋势，具有重要的理论和实践意义及政策指导作用。

本书既是理论性的思考，又是应用性的探究。教育均衡发展研究以及教育均衡发展指数对于教育科学研究和政府及时监测教育发展状况、制定教育政策都有着重要的理论和实践意义。本书重要的理论和实践价值在于其现实的应用性和对教育发展的指导性。本书的理论价值在于，构建了教育均衡发展的理论框架，对于教育均衡发展的内涵作了全面阐释，提出了教育均衡发展的阶段性理论和教育均衡发展应当确立的发展观。其实践价值在于，构建了教育均衡发展指数，尽可能准确地描述了教育均衡发展的基本状况和大致的发展趋势，可对比发现教育发展中存在的问题，从而对政府决策起到预警作用，并在必要时采取法律或行政手段将均衡指数控制在一个规定的范围。其重要的发展前景在于，根据教育均衡发展指数可以直观地反映出一个国家或地区教育均衡发展的基本状况和发展趋势。同时，根据教育均衡发展阶段理论，用国际比较方法计算找出教育均衡发展低、初、高等不同发展水平的“界限”，还可以直观地反映一个国家或地区教育均衡发展所处的不同阶段，以评价不同国家或地区教育均衡发展进步的状态。

Foreword

In the 21st century, with the rise of the worldwide wave of neo-technology revolution and intelligence economy, education has increasingly become a determining factor in a country's development and its international competition. International organizations and governments of different countries have paid close attention to education as primary issues that humans meet in the challenges of the new century. Many countries have thus brought forward various strategic countermeasures and policies at the state level. Such a trend indicates that education will play a more and more important role in the development of economy and society, while education itself will experience an unprecedented profound change and innovation. In a new century and a new period, with a new historical mission and a new grand objective that we shall comprehensively build a well-to-do society and construct a harmonious society as well as a great power of human resource, the government, the education system and all of the educators are faced with an arduous important task of completely changing the situation of low-level, non-comprehensive and unequal education and exploitation of human resources, and producing hundreds of millions of quality workers, tens of millions of people with professional skills, and a great batch of creative talents so as to further meet the need of the broad masses of the people who should receive quality and efficient education and their wishes that they could enjoy fair and equal education. This is also a historical as well as realistic educational project that we encounter.

The equalizing development of education is both a novel notion and an original view, which has been proposed at present and aroused the close attention and concern by the people for historical, realistic, and contemporary social reasons. The idea of equalizing development of education is a reflection of the educational reality in our country, a reconsideration of the current educational system, an ideal for educational development as well as an urgent need for fundamental educational reform in the new period. It is a tide of the worldwide educational development, a new notion of modern education, an essential requirement of the socialist educational cause as well as a strategic problem proposed to us by history and reality which urgently needs to be solved. That is, after the popularization of fundamental education, especially compulsory education, era of universal access to fundamental education especially compulsory education, senior middle school education will begin to be largely popularized. What road will China take in its development of fundamental education in the time when compulsory education, especially fundamental education, is popularized? What are the orientation, goal and path in China's development of fundamental education? This is an essential question as well as a strategic task China's education faces in the new period. Therefore, the equalizing development of fundamental education is China's historical choice in the face of a new century and a new period with new tasks as well as its inexorable choice for the development of fundamental education.

Fundamental education is a cornerstone in improvement of the quality of all citizens, implementation of the strategy of rejuvenating the country through science and education as well as the construction of a harmonious society. The promotion of equalizing development of fundamental education is not only the essential requirements of socialist education, the inexorable demands for the comprehensive building of a well-to-do society as well as a strategic task to benefit all the people. The equalizing development of fundamental education is not only the major issue concerning national strategies, but also the requirement to build up the concept of scientific development and implement the man-oriented governing strategy. The promotion of equalizing development of education is of great strategic and realistic significance for the comprehensively building of a well-to-do society and the construction of a harmonious society in the new era; for the establishment and implementation of concept of scientific development of education; for the advance of sustainable and healthy development of China's education, especially fundamental education; for the containment of the current unreasonable and unequal development of fundamental education; for the optimization of allocation with educational resources and the comprehensive implementation of quality education; for the alleviation of contradictions between fairness and effectiveness and the maintenance of social stability; for the regional harmonious and equal development of economy and society and for the realization of our country's grand goal of modernizations.

What this book studies, therefore, is a reflection of our country's current educational problems, a review and reconsideration of its current educational system, and a forward-looking research on the developmental trend for the future education; it is the need for the comprehensive building of a well-to-do society and the construction of a harmonious society, a tide of the world-wide educational development as well as the latest trend in the development of modern education.

On the basis of China's current national conditions, at the height of comprehensively building up a well-to-do society and constructing a harmonious society, from the historical perspective of the relationship between education and economy, education and society, education and comprehensive development of people, and the essential status and function of education in the development of economy and society, with the great vision of overall promotion of quality education, this book is a theoretical study of the equalizing development of fundamental education, and attempts to establish a certain theoretical system and model so as to explore the theoretical basis and practical foundation for the fundamental education in the new period. This book is a positivist analysis of the equalizing development of fundamental education from the multi-angle, multi-level, wide-range perspective. The book is a case study based on certain schools selected from among the country to explore the new paths to promote the equalizing development of fundamental education. Through theoretical research and quantitative analysis, the book tries to establish the theoretical system, target system and measurement methods of equalizing development of education. Then through the positivist study of regional equalizing development of education and a large number of investigations of school education, by analysis, expounding and proof, the book attempts to explore new ways and action strategy of balanced development of education of China's equalizing development of fundamental education in 21st century.

The book consists of seven parts. Part I, background and significance (Chapter 1) describes the background of the equalizing development of education, and the significance and ideas of this study. Through literature review, this chapter analyzes the *status quo* of the research on the equalizing development of education at home and abroad. Part II theoretical deduction (Chapters 2, 3, 4) analyzes the properties of education and the conditions of equal education from the economic perspective, illustrates the features, ways and means of allocating educational resources, answers the questions of what notion the equal education is and why education needs equality. These chapters expound the function of the equalizing development of education in economy and society on the positive side and the results of un-equalizing development of education on the negative side, with the emphasis on the theoretical analysis of the equalizing development of education. These chapters are a comprehensive account of the theory of the equalizing development of education, with a scientific expounding of the notion of equal education and the equalizing development of education, thus constructing a basic theoretical framework. In this part, the theory of the four phases of the equalizing development of fundamental education is proposed, with the emphasis on the theoretical account of the equalizing development of education. Part III structuring the system (Chapter 5) establishes the target system and measuring methods of the equalizing development of education and creates its indexical system. Through the analysis of the data, the indexes and the trend of the equalizing development of fundamental education in China are worked out. Part IV Positivist analysis (Chapters 6, 7) explores the manifestations, features, characteristics and causes of the un-equalizing development of fundamental education through positivist analysis and investigations of the *status quo* in regions, urban and rural areas, schools and social groups, focusing on the positivist analysis of the *status quo* in China. Part V case studies (Chapter 8) attempts to find certain models with Chinese characteristics on promoting the equalizing development of fundamental education among different regions. To achieve the goal, this chapter sums up the progress made on the equalizing development of education around the world and studies the cases in six typical regions in the eastern, middle, and western parts of china, namely, Shenzhen City, Hangzhou City, Shouguang City, Tongling City, Chengdu City and Shenyang City, with the focus on the case studies. Part VI action strategies (Chapter 9) presents the paths and countermeasures of the equalizing development of fundamental education through theoretical study, measurement study and positivist study, focusing on the countermeasures to explore the action strategies that will suit the situation in the early 21st century in

China. Part VII the highlights of the study (Chapter 10) is a comprehensive and systematic summary, refinement and highlight of the theoretical viewpoints and practical explorations in the book, stressing the rich implications of the man-oriented equalizing development of education as well as the system and thinking of the theory and indexes of equalizing development of education.

In the specific research methods, this book combines qualitative analysis with quantitative analysis, static analysis with dynamic analysis, macroeconomic analysis with meso- and micro-analysis, fieldwork with statistical methods, theoretical study with positivist analysis, measurement analysis with case studies, etc. This book identifies the relationship between the relevant factors concerning the equal education through qualitative analysis, and reveals the volume changes among the above factors through studies by modern mathematical methods. In other words, this is an integrated research combining qualitative research on the basis of information in text along with quantitative research on the basis of information in data. The book aims to find the characteristics, *status quo* and size of the equalizing development of education through the static analysis of the situation of the equalizing development of education at a certain time or within a certain space, and also to observe the trend, direction and natural law of the equalizing development of education through dynamic analysis of the equalizing development of education and its motion and change in a certain period of history. Through macro-, meso- and micro-analyses, the book studies the issues of the equalizing development of education from the strategy of national development and the development of national economy and society, from regions, urban and rural areas, interschool and inter-group, and from schools, the specific units of education. The book tries to find the intrinsic links and developmental law among the factors of the equalizing development of education through surveys, statistical data collection of original materials and positivist analysis. On the basis of theoretical positivist studies of some regions where the equalizing development of fundamental education prevails, the book explores its regional patterns and strategies in our country.

The fundamental path of the study in this book is to integrate the review of literature, comparative study between China and other countries, comprehensive analysis, investigations, theoretical research, measurement and case studies, so as to present countermeasures and action strategies on the equalizing development of fundamental education and ultimately promote educational equality.

The equalizing development of fundamental education not only reflects a new realm of the development of modern education but also an orientation for the development of future education. The greatest technical difficulty of the study lies in its theoretical description, the establishment of an equalizing model, the set-up of its target system and index system as well as the analysis on the degree of educational equality. The creativity of the book are: First, this book has attempted to systematically study the equalizing development of fundamental education in China from the historical and realistic development of Chinese economy, society and education, as well as from the strategic height of comprehensively building a well-to-do society and constructing a harmonious society, from the perspective of educational economics, therefore, the book has its creativity. Second, the book takes equal education as the basis for balanced economy and the prerequisite for balanced development of society, which is a notional and educational creativity. By using the principle of economics and economic theory to combine theory with positivism and case studies, the book has its methodological creativity. Third, this book, for the first time, has probed into the profound theory and scientifically expounded the implications of the equalizing development of education from the macro-, meso- and micro-dimensions and the analysis of 15 content indicators, with a proposal of an insightful theory and a clarification of the way of theoretical researches and a construction of its theoretical system. Fourth, the book has expounded the thought of the equalizing development of education, set forth its fundamental framework and presented a four-phase theory. Fifth, for the first time, the book has introduced the concept of the balance degree in economics into the research on equal education, and has systematically analyzed its trend with quantitative analysis and found its general trend in China. Sixth, for the first time, the book introduces index to the analysis of the equalizing development of education, and further established the index system and detailed index for its research. The book has launched a quantitative analysis and measurement study with 25 indicators at four levels and found the general trend on the index of the equalizing development of China's fundamental education. In this sense, the study is of great theoretical and practical significance and can work as a guide for policy-making.

The book is not only a theoretical thinking but also an exploration into practice. Its study and indexes is of great theoretical and practical significance both to the scientific research on education and to the timely monitoring of the *status quo* of education as well as the making of educational policies. The important theoretical and practical value of the book lies in its realistic application and its guidance to the development of education. The theoretical value of the book is as follows: It has established a theoretical framework for the equalizing development of education, comprehensively explained its implication, and presented the phase theory and the developmental notion the equalizing development education should establish. The practical value of the book is as follows: It has constructed its indexes and given a possibly accurate description of its situation and trend which can work as a warning to the government in its policy-making and, when necessary, the government should take certain measures to control the indexes within certain ranges. The important developmental prospects of the study are that the fundamental situations and trends of balanced development of education in a certain country or region can be reflected directly with these indexes. At the same time, according to the phase theory, the book has found the "boundary" between low, medium and high levels with the international comparative method, which can directly reflect the different phases which different countries or regions are at, so as to appraise these countries' or regions' status of and progress in the equalizing development of education.

第一部分

背景意义篇

在我国构建社会主义和谐社会的进程中，人们对教育公平问题的关注程度显著提高，教育不仅成为经济增长的重要因素，也被视为实现社会平等的“最伟大的工具”，成为社会稳定的平衡器。因此，教育均衡发展就显得尤为重要，推进教育均衡发展不仅成为关系国家战略的重大问题，也是坚持科学发展观、落实以人为本治国理念的需要。

本篇着重阐述了教育均衡发展的深刻背景、研究的意义和思路，通过对文献的综述，分析了国内外教育均衡发展研究的现状。

第一章 导 言

世纪之交，千年更迭。人类历史进入了新纪元。

人类进入21世纪以来，世界范围兴起的新科技革命和知识经济浪潮，正在深刻改变人类社会生活和国际竞争格局，教育日益成为国家发展水平和国际竞争能力的决定性因素。正因为如此，美国未来学家艾文·托夫勒预言："知识是敲响21世纪经济霸权大门的钥匙。"这种发展态势引起了国际社会的高度关注和警觉，教育问题被作为人类迎接21世纪挑战的首要的关键性因素，引起了国际组织和各国政府的高度重视和多方面的探讨，各国纷纷提出了各种战略对策和国家决策。这种发展动向表明，教育在未来经济社会发展中的地位和作用将发生深刻变化，越来越发挥出重要作用；教育自身也将经历前所未有的深刻变革和创新。

正是从这个战略意义出发，我国全面分析国际国内发展的大势，提出实施科教兴国战略和人才强国战略，并提出"实施科教兴国战略必须把教育放在优先发展的战略地位"，"实施科教兴国战略必须首先落实到义务教育上来"。特别需要指出的是，2006

年6月，全国人大常委会新修订的《中华人民共和国义务教育法》第六条首次以法律的形式提出“促进义务教育均衡发展”思想。2006年10月，《中共中央关于构建社会主义和谐社会若干重大问题的决定》明确提出：“坚持教育优先发展，促进教育公平”。2007年10月，党的十七大报告中明确提出：“优化教育结构，促进义务教育均衡发展。”这是党的政治报告和文献中第一次提出“义务教育均衡发展”思想。由此，促进义务教育均衡发展写进了党的文献、国家法律，成为党和国家确立的我国在新的历史时期教育发展的战略方针，成为国家意志。这充分体现了党和国家对促进义务教育均衡发展的高度重视。这一重要思想和方针的提出，进一步为基础教育特别是义务教育均衡发展奠定了坚实的思想基础，提供了可靠的政策保障。这些战略思想和决策是新时期我国基础教育均衡发展的思想基础和行动指南。

第一节　教育均衡发展的时代召唤

教育是国家发展和民族振兴的基石，教育公平是社会公平的重要基础。党的十六大提出了我国在新世纪前50年全面建设小康社会并进而基本实现现代化的宏伟目标。党的十七大提出了优先发展教育，建设人力资源强国的战略思想。充分开发人力资源，普遍提高全民教育水平，不仅是当今世界全球开发人力资源、增强综合国力的大趋势，也是我国基于基本国情，全面建设小康社会的必然选择。面对新世纪、新阶段、新的历史任务和国家提出建设社会主义和谐社会和人力资源强国的目标，如何从根本上改变我国长期以来低水平、不全面、发展很不平衡的教育和人力资源开发的基本状况；如何造就数以亿计的高素质劳动者、数以千万计的专门人才和一大批拔尖创新人才，进一步满足最广大人民群众日益增长的接受优质教育、高效率教育和追求公平教育、教育均衡的愿望，是摆在政府和教育系统及广大教育工作者面前的一项艰巨任务和重大难题，也是历史和现实赋予我们的重大教育课题。

一、教育均衡发展的深刻背景

20世纪末到本世纪初以来，伴随着我国经济社会的不断发展和人们教育观念的不断更新，社会对于教育资源，特别是优质教育资源的需求越来越高，人们对教育公平问题给予了前所未有的极大关注。与此相适应，一种新的教育理念——教育均衡发展的思想日益成为人们关注的焦点。教育面向全体国民，惠及千家万户，是实施科教兴国战略、提高中华民族素质的奠基工程，推进教育均衡发展，不仅是社会主义制度的本质要求、是教育的本质要求，也是保障公民享有平等的受教育权利、体现教育公平的重要标志。

教育均衡的理念之所以在今天被提出，并引起人们广泛的重视和关注，有着现实的、社会的、历史的和时代的深刻背景。教育均衡发展既是目前我国现实教育问题的反映，也是人们对未来教育发展的美好理想，是现代教育发展的新境界。

（一）教育均衡发展是我国面对新世纪、新阶段、新任务的历史选择

在人类社会迈向新世纪的历史时刻，2001年1月1日，我国政府向世界庄严宣布：中国如期实现了基本普及九年义务教育和基本扫除青壮年文盲的战略目标①。从1986年《中华人民共和国义务教育法》的颁布实施，到中国政府正式宣布实现“两基”，我国普及九年义务教育人口覆盖地区达到85%以上。许多

① 翟博等：《世纪的承诺——来自中国实现“基本普及九年义务教育和基本扫除青壮年文盲”的报告》，《中国教育报》，2001年4月9日第1版。

经济发达的地区适时提出了普及高中阶段教育的战略目标。目前，我国东部已有许多省市宣布普及了高中阶段教育。在这个过程中也有些地方提出了实现教育现代化的远期教育目标。然而，从“普及教育”到“现代化教育”并非只有一步之遥。也就是在这个时期，教育界、学术界和社会上的一些有识之士纷纷把关注的视野集中在了基础教育特别是义务教育阶段的教育均衡问题。因此，均衡发展是我国基础教育发展的历史和现实的“双重”选择。

（二）教育均衡发展是社会主义教育事业的本质要求，是全面建设小康社会的必然要求，也是教育成果惠及人民群众的一项战略任务

教育均衡发展是由教育的本质决定的。教育均衡发展在法律和政治层面表现为公民最基本的受教育权利、教育的基本人权；在教育层面表现为教育公平、公正，教育机会均等。《中华人民共和国教育法》规定：“公民不分民族、种族、性别、职业、财产状况、宗教信仰等，依法享有平等的受教育机会。”一方面，从根本上讲，基础教育特别是义务教育就是机会均等的教育，政府有义务合理配置教育资源，设置办学条件相对均衡的学校，以满足广大受教育者的需求；另一方面，这也是我国教育发展到较高水平以后提出的新问题，是教育深入发展的必然结果，是广大人民群众权利意识增长和我们社会主义现代化事业发展到新时期、新阶段的必然要求。因此，教育均衡发展不仅充分体现了社会主义教育事业最本质的要求，也集中体现了人民群众的根本利益。

党的十六大提出：“要在本世纪头二十年，集中力量，全面建设惠及十几亿人口的更高水平的小康社会，使经济更加发展、民主更加健全、科教更加进步、文化更加繁荣、社会更加和谐、人民生活更加殷实。”全面建设小康社会的目标，是中国社会、

经济、政治、文化全面发展的目标，当然也是促进人的全面发展的目标。“教育是发展科学技术和培养人才的基础，在现代化建设中具有全局性、基础性和先导性作用。”①因此，实现全面建设小康社会的目标要求教育必须均衡发展，只有这样才能满足经济、社会、文化全面发展以及人的全面发展的要求。

（三）教育均衡发展是构建和谐社会，维护教育公平、社会公平的必然

教育是提高全体国民素质、为国家建设培养各级各类人才，是实施科教兴国和人才强国战略，提高中华民族素质的奠基工程。教育涉及千家万户，其一举一动都牵动着社会和家庭最敏感的神经。因此，教育在引导和解决社会转型时期的各种矛盾方面有着特殊的地位和作用。我国现实的基本国情是：我们在一个人口众多、经济文化相对落后的基础上推进现代化。科技进步迫切需要人才而高素质劳动者和科技人才短缺；人口多、就业负担重而大量低素质劳动者又加重结构性失业，等等。解决这些矛盾的根本出路在于提高劳动者素质，变沉重的人口负担为人力资源优势，教育起着关键性的作用。当前，从经济发展的态势看，我国的一些地区已进入良好的发展机遇期，但同时也进入矛盾的高发期，各种社会矛盾也顺应而生，社会公平问题日益成为社会关注的热点。推进教育均衡发展，有利于和谐社会的建立。教育不均衡发展，教育不公平，必然引起人们对社会公平的不满。就基础教育而言，我国已经顺利实现了普及义务教育阶段的阶段性目标，一些发达地区高中教育也开始进入普及阶段，可以说，我国现在已经初步具备了促进教育均衡发展的条件和

① 江泽民：《全面建设小康社会开创中国特色社会主义事业新局面——在中国共产党第十六次全国代表大会上的报告》，人民出版社 2002 年版，第 19 页。

体制上的保证，到了迫切需要国家采取强有力措施，用均衡发展的思想来指导教育发展的时候。

（四）教育均衡是目前我国现实教育问题的反映，既是现实存在的教育发展不均衡的反映，也是社会对教育资源短缺，特别是优质教育资源不足的反映

目前，我国东西部教育的差距已经成为不容回避的现实。我国东西部教育之间不均衡的一个重要体现是教育经费投入上的差距。从20世纪90年代中期以来，特别是实行分税制以后，中央财政收入占国家总财政收入的比例从1985年的38%迅速增至51%；在义务教育经费中，中央财政支出仅占1.5%左右，而省级财政教育投入一般不超过20%。西部地区普遍存在的县和乡镇财政困难使基础教育经费难以得到保证，其严重程度表现在一些地方出现大面积拖欠教师工资，而学校的发展更难以顾及。

众所周知，新中国建立以来，特别是改革开放以来，我国的教育事业得到了突飞猛进的发展，人民及其子女享有了受教育的平等权利和机会，但随着社会的发展、人民生活水平的提高和知识经济的来临，人民群众对知识、对教育的需求越来越高。因此，就我国教育的发展与现实的要求而言，目前还存在着教育需求与教育供给不足的矛盾；存在着教育事业发展与教育发展不能满足人民群众求学需要的矛盾；存在着人民群众渴望接受优质教育与优质教育资源不足的矛盾。

（五）教育均衡是人们对现行教育制度的审视和反思，是新时期教育改革发展的迫切需要

改革开放以来，特别是党的十三届四中全会以来，我国教育事业得到了长足发展，取得了巨大成就。大部分地区实现了“两基”目标。但我们还应看到，教育非均衡发展的现象大量存在。目前，我国教育在改革实践中反映出的各种问题，以及

教育发展不均衡和由此引发、产生的诸多社会矛盾和教育热点问题，诸如，教育经费投入不足形成的地区、城乡、校际差异，不同社会群体之间受教育机会的不平等；历史上由于教育资源配置不均，以及各地在教育政策导向上大办重点学校、示范学校，使国家本来就有限的教育资源过多地流向一些重点、示范学校，造成了大量的薄弱学校，人为地拉大了学校之间的教育不均衡等现象，不仅给教育的健康发展带来了许多困难，也给各级政府、教育部门解决教育问题带来了诸多难题，给社会公众的心理承受带来了很大压力。当前困扰我国基础教育发展的诸多问题，如“学生过重课业负担”、“择校热”、“乱收费”等已成为严重的社会问题。造成这些问题的原因是多方面的，其中学校之间在办学条件、师资队伍和管理水平上存在的差异是一个重要原因。解决这一问题的根本出路在于加快基础教育均衡发展的步伐。

可以说，进入新的世纪，我国教育面临的这些问题，都是教育大发展中的问题，发展中的问题必须通过改革来解决。因此，面对新阶段、新问题，我国教育改革与发展的任务依然十分艰巨。教育要不断上水平、上台阶，在更大范围、更高程度上满足人民群众的教育需求，为全面建设小康社会作出新的贡献，就必须逐步缩小教育差距，坚定不移地走均衡发展之路。

（六）教育均衡是教育现代化、信息化发展的迫切需要，是世界教育发展的潮流，是现代教育的新理念

随着网络时代、信息时代的到来，人类迎来了信息化社会，教育的现代化、全球化趋势日益明显。在信息化社会，信息和知识呈指数增长，它要求社会成员必须不断学习，才能适应社会的发展。教育全球化实质上是在全球范围内以不同的形式，不断扩大教育资源的共享，并不断增加不同教育体系的共同因素以形成联系更加紧密的全球教育体系。教育全球化的最大特点就是教育

资源在全球范围内流动，教育活动在全球范围内进行，教育技术在全球范围内推广和普及。所谓现代教育，从根本上来说，首先应该是民主的教育，是保障所有受教育者基本权利的教育。推进教育现代化，现代教育有两大基本特点，一是现代教育必须是非常发达的教育，是满足学习者多样化需求的教育；二是现代教育应该是具备现代性的，具有现代特点的教育，其中教育民主、保障受教育者的基本权利，更是现代教育一个非常重要的特征，它不仅是实现教育现代化的需要，而且是实现中国社会主义现代化的基础条件。因此，教育现代化、全球化的趋势与教育均衡的理念在本质上是一致的，这也就是教育均衡备受人们关注的重要原因之一。

教育均衡发展体现的是一种公平与公正的理念，它不仅是世界教育发展的潮流，而且是教育现代化的核心理念。20 世纪末以来，随着世界经济的发展，公平正义越来越成为备受国际社会关注的重要话题，教育公平日益成为教育现代化的基本价值，成为世界各国制定教育政策的基本出发点，尤其是教育均衡发展问题，日益成为世界上许多国家制定教育政策的基本原则。1993 年 3 月，联合国儿童基金会、联合国教科文组织（以下简称 UNESCO）、联合国开发计划署和世界银行等国际组织在泰国宗迪恩召开世界全民教育大会，通过了《世界全民教育宣言》和《满足基本学习需要的行动纲领》，推动全民教育运动。《世界全民教育宣言》提出，“每一个人——无论他是儿童、青年还是成人——都应能获益于旨在满足其基本学习需要的受教育机会”，并特别强调基础教育的改革与发展，提出要“广泛提供机会和促进平等”，“扩大基础教育的手段和范围”，采取措施“减少差别”。2000 年，UNESCO 等国际组织在塞内加尔首都达喀尔举办了“世界全民教育论坛”，通过了《达喀尔行动纲领》，提出了国际社会的集体承诺——为每个公民和社会实现全民教育的六项目标（见专栏 1—1）。在 2000 年 9 月举行的联合国首脑会议上，来自 189 个成员国的49位国家元首通过了《千年宣言》。《千年宣言》提出了一套具有普遍性的发展目标，其中与教育发展有关的目标有两项，包括实现普及初等教育和促进男女平等、提高妇女能力（见专栏1—2）。从世界教育的发展看，教育均衡发展已经成为世界各国的共识和一致行动，特别是这一思想在我国的周边国家，如日本、韩国等国家的教育发展中都得到了具体的体现。教育均衡发展已成为目前教育改革的“热点”和“难点”，引起社会和教育界的高度重视和关注。中国政府秉承向国际社会作出的庄严承诺，制定了《中国全民教育行动计划（2000～2015）》，积极推进教育均衡发展（见专栏1—3）。

专栏1—1 《达喀尔行动纲领》全民教育六项目标

1. 扩大和提高综合性幼儿保育和教育，特别是最易受伤害和处境不利的儿童的保育与教育。

2. 保证到2015年，所有儿童，尤其是女童、困境中的儿童和少数民族儿童，能够享受高质量的免费初等义务教育。

3. 确保通过公平获得必要的学习机会，学习各种生活技能，来满足所有的青年人和成年人的学习需要。

4. 到2015年，成人尤其是妇女的识字率能提高50%，所有成人均能接受基础教育和继续教育。

5. 到2005年消除初等教育和中等教育中的两性差别，到2015年实现教育中的两性平等，重点保证女童能够完全而平等地接受（并能完成）高质量的基础教育。

6. 提高教育质量的方方面面，保证各种教育的优质化，使人人都能取得社会承认的和可量度的学习成果，特别是在读写、算术和基本生活技能方面的学习成果。

（摘自《达喀尔行动纲领》，该纲领于2000年由联合国教科文组织等国际组织在塞内加尔首都达喀尔举办的“世界全民教育论坛”通过。）

专栏 1—2　联合国大会决议中与教育有关的千年发展目标

目标 2：实现普及初等教育。

目的 3：保证到 2015 年，世界各地的儿童，不论男童和女童，都能完成初等教育的全部课程。

目标 3：促进两性平等，增强妇女的能力。

目的 4：到 2005 年消除初等教育中的两性差别，在 2015 年之前，消除各级教育中的这一差距。

（摘自联合国大会 2000 年 9 月 6 日第 A／56／326 号决议。）

专栏 1—3　《中国全民教育行动计划（2000～2015）》提出全民教育发展的重点领域

中国政府秉承向国际社会作出的庄严承诺，制定了《中国全民教育行动计划（2000～2015）》，重申了中国全民教育发展的重点领域：

1. 使所有儿童都能入学，并完成高质量的初等和初中阶段的义务教育；

2. 明显降低小学和初中入学率的性别差异，实现教育平等；

3. 重点发展农村教育、西部贫困地区教育和少数民族教育；

4. 加强残疾儿童教育、婴幼儿保育和早期教育；

5. 进一步扫除成人文盲（尤其是妇女）和满足青年人和成人的基本学习需要。

总之，教育均衡发展是一种全新的教育理念，是一种全新的教育发展观。这一发展观的实质代表了最广大人民群众的根本利益；这一发展观的核心是教育的民主化、公平化，也就是尊重每一个学生接受优质教育的权利；这一发展观的最主要内涵就是合理配置教育资源，全面提升教师群体的素质，办好每一所学校，教好每一个学生。

二、问题的提出

面向新世纪，随着全球经济一体化、知识经济浪潮的来临，我国的教育正在进入新的发展时期。伴随着经济的发展、社会的进步、法制的健全，以及人们法律和民主权利意识的增强，我国正在进入一个关注社会公平的社会，人们对教育公平问题的关注程度显著提高，教育不仅成为经济增长的重要因素，也被视为实现社会平等的“最伟大的工具”，成为社会稳定的平衡器。因此，教育均衡发展就显得尤为重要，推进基础教育均衡发展不仅成为关系国家战略的重大问题，也是坚持科学发展观、落实以人为本治国理念的需要。

任何事物的发展都有其存在的内在合理性。教育均衡发展在今天提出以至于被广泛重视，是我国教育改革与发展的必然要求。世纪之交，我国如期实现了基本普及九年义务教育、基本扫除青壮年文盲的两大历史任务，这是举世公认的巨大成就。但是，一方面，随着社会经济的快速发展，人民生活水平的逐步提高，就业竞争的日趋激烈，涉及千家万户的青少年教育问题日益成为社会关注的热点问题，社会对于教育的期望值越来越高，对于优质教育资源的需求越来越高；另一方面，教育领域客观存在的因经济社会发展水平、教育资源的投入不同等因素造成的地区差别、城乡差别、校际差别、受教育者群体差别，以及由此带来的教育事业发展水平上的不均衡现象，越来越引起社会的广泛关注。同时，由于利益格局的多元化和市场机制的介入，也使得我国教育的面貌发生深刻的变化，教育发展的规模、速度、质量和效益都有了极大改观，但与此形成鲜明对照的是，尽管我国的教育公平已经得到很大的改善，但与社会的需求相比仍然存在着明显的差距和一些突出的问题。在教育进入新的大发展阶段之时，教育公平问题凸显。教育公平问题日益成为新的历史时期我国社会生活和教育领域备受关注的热点问题。

历史和现实向我们提出了一个迫切需要回答和解决的战略性问题。这就是在我国基础教育特别是义务教育普及以后，高中阶段教育开始进入大面积普及过程，即普及义务教育，特别是基础教育进入普及后时代，中国基础教育的发展应该走什么样的路？中国基础教育发展的方向是什么、目标是什么、路径是什么？这是我们面临的一个重大问题，是摆在我国基础教育面前的新问题，也是迫切需要解决的新课题。因此，我国教育的发展不仅要有历史的、现实的、未来的眼光，更要有世界眼光、全球意识。教育均衡发展是一种理想、一种境界，但它绝不是远离我们实际工作的抽象理念。教育均衡发展是我国基础教育在新时期、新阶段的必然选择。因此，对于这些问题的研究需要以“三个代表”重要思想和科学发展观为指导，从全面建设小康社会及构建和谐社会的战略性高度去认识、研究和解决。

（一）教育均衡发展是实现教育公平的有效举措，是社会发展不断走向公平的需要，是经济均衡发展的前提

教育均衡对于社会公平的意义和价值是什么？如何通过教育均衡发展促进教育公平，进而促进社会公平，推动和谐社会的建设？这是当前社会和教育面临的共同课题。

教育是社会敏感的神经，是社会重要的细胞。从教育的目的特别是义务教育的目的及教育的本质分析，《中华人民共和国教育法》规定，我国义务教育的目的是：“义务教育必须贯彻国家的教育方针，努力提高教育质量，使儿童、少年在品德、智力、体质等方面全面发展，为提高全民族的素质，培养有理想、有道德、有文化、有纪律的社会主义建设人才奠定基础。”从教育的

利益分配来看，尽管教育不直接表现为金钱的、物质的、权力的、地位的分配，但通过教育却能为每个人提供发展机会、发展条件、发展权利，并最终给人们带来社会地位、权力、身份，乃至生命发展、生活质量的不同，最终在社会流动中实现社会利益的分配、重组和社会地位的沉浮。从教育的作用看，教育不仅是培养国家各方面建设人才的重要阵地，也是不同社会阶层流动的重要渠道。因此，教育是社会公平、公正的调节器，也是社会上下流动的通道和桥梁。教育均衡、教育公平对社会公平和社会流动起到了重要的调节作用。

现代经济增长规律和国际发展经验都证明，教育已经成为经济增长的重要因素，处在先于经济增长的地位。世界银行《1990年世界发展报告》对1960年至1985年58个国家经济增长因素的研究表明，劳动者受教育平均每增加一年，可能会使GDP增长3%。这种作用要在至少接受四年教育之后才逐步明显。《1990年世界发展报告》还指出，1960年至1985年期间，发展中国家产出与资本的弹性指数为0.4，即资本每增加1%，产出提高0.4%；而美国这一指数为0.6～0.75，其原因在于教育水平的差距。由此可以看出，教育在经济社会发展中的作用是同现代经济发展中知识和科学技术作用的增强密切相关的。教育的均衡发展是经济均衡发展的重要因素。

教育均衡发展是教育公平的前提、社会均衡发展的基础，教育公平也是社会公平的基础。正如1996年UNESCO发布的《安曼公约》所说："教育是力量的增加。它是建立和加强民主的关键，是人道的可持续发展的关键，是实现建立在相互尊重和社会正义基础之上的和平的关键。确实，在一个创造力和知识发挥前所未有的作用的世界上，教育权就是参与现代世界之生活的权利。"在现实中，由于我国城乡差别、各地经济和社会文化的差异、管理体制不顺等原因，使得本已存在的区域之间、城乡之间、学校之间的教育发展不均衡现象有进一步加剧的趋势。如果任其发展，则因学校教育发展不均衡所导致的国民素质差异的扩大，必然会引发新的经济发展不均衡、社会发展不均衡，甚至会造成诸多社会隐患。

正如美国人力资源理论创始人舒尔茨所说，发达国家与欠发达国家的差距，是由人的能力造成的。所以要缩小人的能力上的差距，最重要的途径就是教育。一个国家、一个民族如此，一个家庭、一个人同样如此。据杭州市统计局对三千多户样本户的一项抽样调查显示：一是受教育程度与个人收入呈正相关。大学本科文化程度的劳动者月收入是初中文化程度劳动者月收入的 2.2 倍，博士生月收入是初中文化程度劳动者月收入的 3.6 倍。二是受教育程度与个人发展机会呈正相关。被调查者在对调查中“过去五年中，你认为个人的发展机会是增加还是减少了”的问题回答中，具有初中文化程度的人认为增加了，但只增加了 15 个百分点，具有硕士文化程度以上的人则认为增加了 35 个百分点。许多研究表明，经济上的贫富差距是由教育上的贫富差距造成的，只有缩小教育上的贫富差距，才能缩小经济上的贫富差距。通过教育公平推进社会公平，是政府实现其公共性的最佳切入点和最好体现。因此，教育均衡发展是中国特色社会主义教育发展的重要原则，是社会公平的重要体现。由于人的受教育程度与人的发展有着密切的关系，所以，教育均衡发展不仅是国家提供给每个公民接受教育的均等机会，更是国家最终提供给每个公民在社会发展中的均等机会。

（二）教育均衡发展是全面建设小康社会和构建和谐社会的基础，是全面建设小康社会和构建和谐社会对教育提出的战略要求

教育均衡发展与全面建设小康社会和构建和谐社会之间是什么样的关系？基础教育如何均衡发展，如何在全面建设小康社会

和构建和谐社会的伟大实践中发挥重要作用？这是新时期中国教育面临的战略任务。

党的十六大提出了全面建设小康社会的奋斗目标，为新世纪中国社会的发展描绘了宏伟的蓝图。十六大深刻阐述全面建设小康社会的教育发展目标是“造就数以亿计的高素质的劳动者、数以千万计的专门人才和一大批拔尖创新人才”并使“全民族的思想道德素质、科学文化素质和健康素质明显提高，形成比较完善的国民教育体系”，这是新时期教育改革与发展的行动纲领。全面小康是一种发展比较平衡的小康，是逐步缩小城乡差别、地区差别、群体差别，最终达到共同富裕的小康。教育是一项基本人权，教育均衡发展是全面建设小康社会的重要内容，全面小康是对教育均衡发展提出的新的更高要求。因此，我们全面建设小康社会，以发展为第一要务，必须把均衡发展作为教育工作的指导思想，推动基础教育均衡发展和内涵发展，使不同地区、不同学校、不同群体的教育发展水平有明显提高，接受教育的机会和质量有明显改善，不断向着教育均衡发展的目标迈进，这既是加快基础教育现代化的要求，也是全面建设小康社会的需要。

什么样的社会是和谐社会？和谐社会的内涵是很丰富的，既涉及社会主义的物质文明、政治文明、精神文明建设的各个方面，又涉及改革发展稳定的诸多问题，更包含着对新时期全面建设小康社会奋斗目标的深化。和谐社会应该是一个公平公正的社会。一方面，城乡、地区、学校、群体之间的差距、差异问题得到有效解决，广大人民群众能共享改革开放的成果；另一方面，各个阶层，不同群体的合法权利能够得到切实的尊重、维护和保障。

《中共中央关于构建社会主义和谐社会若干重大问题的决定》提出：“坚持教育优先发展，促进教育公平”，“保障人民享有接受良好教育的机会”（见专栏1—4）。教育的均衡发展是社会公平的基础和核心环节，教育公平是社会公平最重要的组成部分。中央提出，要坚持以人为本，做好关系人民群众利益的各项工作，努力构建社会主义和谐社会；要加快社会事业发展，维护群众利益，促进社会公平。教育公平是社会公平的起点和核心环节，没有教育机会的均等，就谈不上社会公平。因此，构建社会主义和谐社会，教育公平问题就显得更加重要。必须把促进教育的公平公正，作为我国教育长期努力和奋斗的方向。当前比较突出的是要解决好困难群众子女的教育问题。中央把加强农村教育放在突出的地位，下决心为农村家庭贫困学生提供免费教科书，关注进城务工农民子女义务教育，就是从落实科学发展观和坚持教育的社会主义本质的高度出发，促进教育公平的重要举措。

专栏 1—4　中共中央关于构建社会主义和谐社会若干重大问题的决定（摘要）

坚持教育优先发展，促进教育公平。全面贯彻党的教育方针，大力实施科教兴国战略和人才强国战略，全面实施素质教育，深化教育改革，提高教育质量，建设现代国民教育体系和终身教育体系，保障人民享有接受良好教育的机会。坚持公共教育资源向农村、中西部地区、贫困地区、边疆地区、民族地区倾斜，逐步缩小城乡、区域教育发展差距，推动公共教育协调发展。明确各级政府提供教育公共服务的职责，保证财政性教育经费增长幅度明显高于财政经常性收入增长幅度，逐步使财政性教育经费占国内生产总值的比例达到 4%。普及和巩固九年义务教育，落实农村义务教育经费保障机制，在农村并逐步在城市免除义务教育学杂费，全面落实对家庭经济困难学生免费提供课本和补助寄宿生生活费政策，保障农民工子女接受义务教育。加快发展城乡职业教育和培训网络，努力使劳动者人人有知识、个个有技能。保持高等院校招生合理增长，注重增强学生的实践能力、创造能力和就业能力、创业能力。完善高等教育和高中阶段国家奖学金、助学金制度，落实国家助学贷款政策，鼓励社会捐资助学。规范学校收费项目和标准，坚决制止教育乱收费。切实减轻中小学生课业负担。提高师资特别是农村师资水平。改进学校思想政治工作和管理工作，提高师生思想道德素质。引导民办教育健康发展。积极发展继续教育，努力建设学习型社会。

（2006年10月11日中国共产党第十六届中央委员会第六次全体会议通过。）

（三）在义务教育全面实现普及，基础教育逐步进入全民的、大众的、普及的阶段后，基础教育发展的一个新的更高的目标，就是如何推进教育均衡、实现教育公平

基础教育为什么一定要均衡发展？均衡发展主要解决什么问题？这是新时期我国基础教育面临的重大课题。

新中国建立以来，特别是改革开放以来，国家为广大人民群众及其子女接受教育开辟了广阔的途径，消除阶级、民族歧视，实施义务教育，实现了受教育权利的平等。但是由于教育发展的不均衡，还难于实现公民受教育机会的均等，无论在地区之间、城乡之间，还是同一地区的不同学校之间、不同群体之间，在教育发展水平和受教育机会方面都存在着明显的差距。2001年1月1日，在我国向世界庄严宣布基本实现“两基”之后，我国基础教育在巩固“两基”成果、完成西部“两基”攻坚的同时，进入了全面提高教育质量的新阶段。21世纪初叶，随着我国经济快速发展和社会的全面进步，一方面，我国东南沿海的经济发达地区开始从普及义务教育进入了基础教育的普及阶段。在义务教育全面实现普及，基础教育进入了全民的、大众的、普及阶段

后，如何适应人民群众不断增长的对优质教育的需求，就成为我国基础教育发展面临的新课题；另一方面，在我国中西部地区农村还有一些贫困和少数民族地区教育发展滞后，在城市还存在流动人口和其他弱势群体子女入学困难等问题，同时，从部分已经普及义务教育的地区看，还存在着利用公共教育资源举办的学校教育教学水平差距过大，公民接受政府公共财政提供的优质教育机会不均等的问题。这时，基础教育发展的一个新的更高的目标，就是如何推进教育均衡、实现教育公平。

（四）教育均衡发展是促进区域共同发展，实现教育现代化的重要保证

如何推进教育均衡发展，推进教育均衡发展最理想的途径是什么？如何缩小区域间、城乡间教育差距，推进区域基础教育均衡发展？这都是教育发展的重要课题。

促进教育均衡发展，绝不仅仅是一种理想，更是一种责任，它是新时期我国教育事业发展的必然选择，也是现代社会发展的必然要求。应当看到，基础教育的均衡发展是一项长期的任务，也是一项系统工程，需要我们作出坚持不懈的努力。从国家的角度，应当从区域、城乡、学校和群体四个层面，同时推进基础教育的均衡发展。当前首先应当大力推进区域内的均衡发展。

促进区域教育均衡发展、共同发展，是全面建设小康社会、实现现代化的重要战略。在这个重要战略中，教育是基础，教育的均衡发展对区域经济社会共同发展起着重要的支撑作用。没有教育的均衡发展，区域共同发展是不完整的，也是不可能实现的。教育均衡发展也是教育现代化的重要标志，是教育现代化实实在在的内容。国际经验表明，教育现代化的过程也是区域教育差别逐步缩小的过程。教育均衡发展体现了教育现代化的核心理念，如果基础教育不能最大程度地保障受教育者的基本权利，这种教育是不能称为现代化教育的。

从中国经济发展的现实看，由于区域之间经济水平差距仍然很大，在区域之间实现基础教育的均衡发展，将会有相当长的一段过程，但这并不意味着均衡发展仅仅是一种理想。对区域之间的教育不平衡、教育差距，国家可以通过财政转移支付，尽可能地给予支持，以缩小地区之间过大的差别，使其逐步向均衡发展的方向迈进；通过深化农村教育管理体制，不断加大对中西部地区教育的扶持力度，促进区域之间基础教育的均衡发展。

从我国的实际国情分析，由于我国人口众多、地域广阔、各地区经济文化发展很不平衡，各地区财政经济和社会发展状况相差较大，因此，教育均衡发展在全国同时推进是不切合实际的，也不符合我国的国情。最有效的办法就是推进区域内基础教育均衡发展。区域内自然环境、经济条件、社会人文环境相对一致，具有推进教育均衡发展的良好经济社会和教育文化环境，可以在区域内部的学校之间、群体之间，通过政策调控，优化教育资源配置，在促进基础教育均衡发展方面先行一步。国家应鼓励经济条件好的地区先行一步，为全国推进教育均衡发展作出典型示范。

本书选择的深圳市、杭州市、寿光市、铜陵市、成都市、沈阳市等实施基础教育均衡发展的做法，为我们提供了有益的启示。山东寿光市推进基础教育均衡发展的特色之一，就是通过教育信息化促进教育均衡发展。寿光市投入巨资建设了山东第一家宽带教育城域网，借助这一教育信息平台，实现了城市和乡村所有学校的优质资源共享。由此可见，在经济发展水平相对比较接近的一个区域、一个中心城市或一个县，完全可以率先推进基础教育的均衡发展。

（五）如何对教育均衡发展作出科学的计量分析，制定教育均衡发展科学的评估办法，是当前教育均衡发展研究的重要课题

如何分析和判断教育均衡发展，什么样的教育是均衡发展的，什么样的教育是不均衡发展的，甚至是失衡的，目前国内外

还没有研究建立起有关教育均衡发展的指标体系。

教育均衡发展是从落实教育对促进社会主义现代化建设具有全局性、基础性和先导性作用出发的战略决策。促进教育均衡发展，是实现提高教育总体水平的重要途径。

经济社会的发展是教育发展的基础和前提，教育发展必须以一定的经济发展作为基础。因此，如何在分配上保证一定差别，以促进社会分配公平的同时，又将经济分配差异控制在一定的限度之内，以保证社会分配的公平，是经济社会均衡发展的重要课题，也是教育均衡发展的重要课题。

经济分配差异具体体现在收入占有、消费实现和财产拥有等不同方面。目前，关于区域发展差异的分析方法基本上是从发展经济学和区域经济学关于收入分配差异分析方法中借鉴和移植过来的。本书应用比较普遍使用的均衡度分析指标，如标准差、极差、方差、变异系数、洛伦茨曲线和基尼系数等，对我国现行基础教育的均衡度进行了分析。

通过一定的数据分析，建立适应我国国情和实际的基础教育特别是义务教育发展均衡指数，科学地选择教育均衡发展的要素，明确教育均衡发展的目标，无论是对于推动教育均衡发展，还是确保对教育失衡和失误的及时、准确和有效的测度、监控和调节都具有非常重要的意义。

所谓教育均衡发展指数，就是通过对一定的教育指标数据进行动态分析，通过建立数据模型，计算出教育发展的一个个数值，再依据教育均衡发展的目标要求和经济社会发展，以及教育发展实际，确定不同的发展阶段标准和数值。这样不仅可从不同发展阶段划分和确定教育均衡的标准和要求，推动教育的均衡发展，特别是区域教育的均衡发展；同时，为了促进教育均衡发展，政府也可以对教育失衡和失误，进行及时、准确和有效地测度、监控和调节，规定指数的最低值（下限），并通过法律或行政法规将教育均衡指数控制在一定的水平上，以此确保教育的均衡发展。

三、教育均衡发展的战略意义

均衡教育发展是教育的本质要求，是政府义不容辞的责任。基础教育承担着为提高国民素质和培养优秀人才打好基础的任务，因此，应当把基础教育均衡发展放在教育均衡发展的首要位置。目前，国家已将基础教育特别是义务教育均衡发展作为我国教育发展的中长期战略和发展目标，为此，2005 年 5 月，教育部出台了《关于进一步推进义务教育均衡发展的若干意见》[教基〔2005〕9 号]，将教育均衡发展作为今后教育工作的指导思想和工作方向。新时期中国推进基础教育均衡发展的重大的历史和现实意义在于以下方面。

第一，推进基础教育特别是义务教育均衡发展是落实“三个代表”重要思想和科学发展观，以及构建和谐社会的具体体现，是密切党和政府与人民群众血肉联系的重要纽带，是全面建设小康社会和推进社会主义现代化建设的基础性工作，必须摆在更加重要的位置。

第二，教育的均衡发展是社会公平的基础和核心环节，教育公平已经成为社会各方面高度关注的问题，也是办好让人民满意的教育必须解决好的突出问题。

第三，我国义务教育在实现基本普及目标之后，必然进入提高整体教育质量、促进均衡发展的新的阶段。如果地区之间、城乡之间、学校之间的差距继续扩大，势必影响到义务教育的全面、协调和可持续发展。此外，随着我国国民经济的高速发展，公共财政状况日趋好转，也为推进义务教育均衡发展提供了基本的条件，奠定了坚实的基础。

当前，促进教育均衡发展正在成为我国制定教育政策遵循的原则，而且逐步成为我们衡量和评价基础教育的重要标准。坚持教育均衡发展，对于我国实现全面建设小康社会的目标，树立和落实科学发展观，建立和谐社会，对于我国教育特别是基础教育持续、健康发展，遏制当前不合理的教育非均衡发展的趋势，维护社会的稳定，都有着重要的现实意义。

教育均衡发展既是目前我国现实教育问题的反映，是对现行教育制度的审视和反思，也是对未来教育发展方向的前瞻性研究，是现代教育发展的最新趋势。

（一）教育均衡发展对于中国在新时期、新阶段实现全面建设小康社会以及社会主义现代化宏伟目标，构建和谐社会都具有重要的战略意义

实现现代化是中国人的百年强国梦。早在 20 世纪初叶，中国的一批志士仁人就开始讨论现代化问题。新中国成立后，1954 年，中国政府就提出要把中国建设成为“一个强大的社会主义现代化的工业国家”。1987 年，邓小平首次系统阐述了中国现代化的“三步走”发展战略。他提出，我国现代化建设第一步战略目标是到 1990 年，国民生产总值比 1980 年翻一番，解决温饱问题；第二步战略目标是到 2000 年，国民生产总值再翻一番，达到小康水平；第三步战略目标是到 2050 年，达到中等发达国家水平，基本实现现代化。党的十六大关于全面建设小康社会的理论和纲领，进一步丰富和发展了邓小平的小康社会理论和分三步走实现现代化的经济社会发展战略，对实现第三步战略目标的初始阶段作出了全面规划，实现了第三步战略目标与第二步战略目标部署的有机衔接，为从小康逐步走向现代化提供了宏伟蓝图和行动纲领。

今天，中国作为一个人口大国，要把人口负担转化为人力资源优势，从人力资源开发的角度来说，从群众对教育的需求和关注来看，教育发展离不开社会经济文化的制约，正是从这个意义上思考，教育均衡应该首先实现第一步的突破，从起点公平突

破，然后才能实现教育公平、社会公平，教育才能对和谐社会作出重要贡献。因此，基础教育均衡发展是全面建设小康社会的必然要求，是构建和谐社会的基石。

（二）教育均衡发展对于缓解新时期、新阶段我国社会和教育内部凸显的公平和效益的矛盾具有重要的现实意义

改革开放前，我国是一个绝对平均主义的国家，“大锅饭”的分配体制使效率大受影响。二十多年前实行市场取向的改革后，逐渐讲求效率，拉开收入差距，“让一部分人先富起来”，从农村到城市，经济活跃起来，非常见效。于是，经过十多年，就把“兼顾效率与公平”作为经验总结，写进了党的十四大决议。从党的十四届三中全会开始把以前的“兼顾效率与公平”，改变为“效率优先，兼顾公平”。从我国改革开放以来取得的成效看，党的十四届三中全会关于效率与公平关系的新提法，是适合我国当时实际情况和发展需要的，是完全正确的。但近年来，随着总量发展、经济效率问题逐步得到相对的解决，社会公平的问题逐步上升为突出的问题。对此，邓小平在 1992 年就对突出解决贫富差距问题作出前瞻性的论断。他曾设想，在 20 世纪末到达小康水平的时候，就要突出地提出和解决这个问题。但是到世纪之交，我们并没有按照邓小平的预示，突出提出和解决贫富问题，调整经济效率和社会公平的关系。目前，我国基尼系数已处于倒 U 形曲线的上升阶段，收入差距客观上还有继续扩大的趋势，一时难以倒转。所以，我们必须从现时起进一步重视社会公平问题，调整效率与公平关系，加大社会公平的分量。①

据世界银行专家计算，我国的基尼系数从 1981 年的 0.31 提高到 2001 年的 0.447。根据另一项计算，2002 年全国收入分配的基尼系数达到 0.46。这种收入分配的不平等程度，在世界范

① 刘国光：《重新审视社会公平问题》，《北京日报》，2005 年 4 月 25 日第 17 版。

围的比较中已处于很高值。如果分城乡情况考察，农村的基尼系数从 1978 年的 0.21 提高到 1997 年的 0.34 和 2002 年的 0.38，而这几年城市的基尼系数分别为 0.16、0.29 和 0.34。提高幅度比农村大 32 个百分点。一旦城乡居民合并起来观察不平等程度，基尼系数在每一时期都分别高于农村和城市，1978 年为 0.30，1988 年就达到 0.38，2002 年高达 0.46，这说明我国城乡之间的收入差距更大。

一个社会对收入差距的容忍度是有限的，超过这个限度，有利于调动积极性的分配格局就会由于出现社会不安定的局面走向它的反面，影响到经济发展。目前，我国人均 GDP 刚刚超过 1 000美元，根据国际经验，这个时期的特点是社会经济矛盾比较突出，社会不稳定的概率提高。世界上 72 个国家在 1970 年到 2003 年期间的发展轨迹表明，从 1 000 美元以下起步的国家，30 年的增长效果不佳，同时国家之间的分化也不大。而从 1 000～3 000美元区间起步的国家，30 年后发生了巨大的分化。而分化的重要原因就是一些国家因收入差距过大，导致社会动荡，使经济增长停滞。因此，缩小收入差距、实现分配公平，是保证社会安定、构建社会主义和谐社会的重要任务之一①。

教育是经济社会发展的再现，经济社会的发展时刻都在影响着教育的发展。综观我国教育改革与发展的历程，我们会发现它与经济社会有着惊人的相似。我国教育体制改革的主要目的是提高教育的效率，以迅速提高教育在实现国家现代化中所作的贡献。但是在这一过程中，有关教育的公平性问题却随着改革的不断深化逐渐显现出来。

在计划经济体制下，应当说教育公平性问题表现得不是那么

① 蔡昉：《兼顾公平与效率的发展战略选择》，《学习时报》，2005 年 7 月 11 日第 1 版。

突出，因为整个社会各个方面都处于一种低水平的平衡状态。改革开放以来，特别是我国建设社会主义市场经济体制的目标确立之后，教育改革中市场化的成分越来越多。正是在这个过程中，教育公平性问题逐渐凸显。产生这一问题的原因虽然更多的是由于各地社会经济发展水平的差距，但不能否认，制度或体制上的不完善使教育公平性问题表现得更加突出。

20世纪80年代以来，随着九年义务教育的逐渐普及，尤其是基础教育管理权限的下放，大大加快了教育民主化的进程。但在这一过程中，基础教育同样受到了“公平—效率”矛盾的制约。是优先满足大多数儿童的教育需求，使所有儿童都受到必要的教育，还是通过积累的竞争和筛选，使一小部分人受到较好的教育？我们事实上选择了走培养“尖子”的精英教育路线。层层设置的重点学校制度，加剧了基础教育内部资源配置的失衡，导致在区域内学校之间差距的拉大，甚至是人为地制造差距，造成了一大批基础薄弱的“差校”。而且重点学校绝大多数设在城市、城镇，从而有利于城镇学生的升学。这种把学校、学生分为不同等级，为了选拔少数“尖子”而使多数儿童少年的利益受损的教育模式，违背了义务教育的性质和宗旨，同时也是“应试教育”的制度基础。虽然目前这种状况正在好转，但是公立学校之间业已形成了巨大差距，已成为目前人们关注的新的教育不均衡的动因。

我国当前出现的种种教育不均衡，主要是由其发展状态决定的，经济落后导致教育的有效供给不足，经济和文化的不平衡发展导致巨大的地区差距、城乡差距和贫富分化，重男轻女的文化传统导致女童教育的薄弱，等等。这一现实是历史形成的，并将会长期存在，只能通过经济发展和社会进步逐步加以解决。但是，在这一现实国情中，值得重视的是导致教育不公平的制度性原因。政府公共政策的不同取向或偏差，加剧了现实中的教育不均衡；同时，相对于缩小历史形成的发展差距而言，通过制度安排和政策调整来增进社会公平，是更为容易实现的①。因此，从教育均衡发展研究出发，认识和调整这一制度性因素，应当是我们关注的重点，这也是本书研究的意义所在。

（三）教育均衡发展对于树立科学的教育发展观，优化教育资源配置，推进素质教育有着重要的指导意义

素质教育是一场深刻的教育思想革命。由应试教育向素质教育转变是目前世界各国教育改革的方向之一。进入 20 世纪 80 年代以来，我国基础教育一直在不断地进行改革，其主要路径就是在不断探索和向素质教育的理想和目标努力。1993 年，中共中央、国务院印发的《中国教育改革和发展纲要》明确要求“中小学要由‘应试教育’转向全面提高国民素质的轨道”，这是中央文件中第一次把“素质教育”与“应试教育”对应起来。素质教育成为我国基础教育改革的热点，引起了社会广泛的重视。1997 年，国家教委下发的《关于目前积极推进中小学实施素质教育的若干意见》第一次以文件的形式对“素质教育”作出规范性表达，指出：“素质教育是以提高民族素质为宗旨的教育，它是依据《教育法》规定的国家教育方针，着眼于受教育者及社会长远发展的要求，以面向全体学生，全面提高学生的基本素质为根本需要，以注重培养受教育者的态度、能力，促进他们在德智体等方面生动、活泼、主动的发展为基本特征的教育。”1999 年 6 月，《中共中央国务院关于深化教育改革全面推进素质教育的决定》充分体现了中央对素质教育的重视和推进素质教育的决心。

然而在现实中，素质教育的推进并不令人乐观。国家一直大力倡导实施素质教育，素质教育为何难以取得实质性进展，政府

① 蔡昉主编：人口绿皮书《2001 年：中国人口问题报告——教育、健康与经济增长》，社会科学文献出版社 2001 年版，第 144～145 页。

的要求何以与现实状态的反差如此之大？关键是到目前为止，我们的教育尤其是基础教育仍然是以应付考试为主，教育评价制度并不是以学生的综合素质为前提，教育资源配置并不是以学生数为标准，教育经费划拨缺乏科学依据，而是以学校的层次、学校是否重点而定，存在着严重的不均衡。这就需要深刻反思。重要的是推进素质教育不仅要有目标，而且要有思路、有正确的战略性决策和措施，这样才能不断把素质教育引向深化，及时发现改革与发展中出现的问题，取得实质性的进展。因此，大力实施素质教育必须推进教育均衡发展。在我国基本实现“两基”后，把基础教育发展的价值取向定位在均衡和公平性上，并以此理念，确定基础教育的内涵与外延发展走向，是一种正确而必然的选择。这不仅是世界教育的趋势，更是我国教育特别是基础教育发展的迫切要求，是现代教育的新理念，是基础教育未来发展的方向。这也是本书研究的意义所在。

第二节　文献综述

关于教育均衡的研究，国内外研究已有部分的成果，主要是从政策角度来探索教育均衡问题，或是分析教育不均衡的成因，提出解决的措施和对策等。有关教育均衡发展理论方面的研究，从教育经济学和教育制度学方面的研究以及计量分析、模型建立等领域进行拓展研究目前还不多。综合目前国内外有关教育均衡发展研究的文献资料，主要研究成果有以下方面。

一、国外教育均衡发展研究述评

从国外有关教育均衡发展研究成果看，学者们大多主要从公平正义方面研究教育问题，更多关注教育公平，直接涉及教育均衡研究的内容不多。

这方面的研究成果主要有：

（一）亚当斯的公平公式

公平理论指出，人的公平感一方面受其所得的绝对报酬的影响，另一方面受到相对报酬的影响。这就是说，一个人不仅关心自己收入的绝对值，即自己的实际收入，而且关心自己收入的相对值，即自己与他人的收入的比较。美国行为学家亚当斯（S. Adams）在1965年提出公平理论，并用一个简单明了的公式，对影响公平感的各因素以及相互之间的关系进行了总结。这个公式为：

$$\frac{O_p}{I_p}=\frac{O_r}{I_r}$$

公式中大写字母 O 和 I，分别表示有关人员的收益和投入，小写字母 p 和 r 分别表示自我（当事人）和他人（参照者），收益与投入的比值即 O/I 被称为公平指数。当公式成立时，自我感受公平，认为分配是公平合理的、令人满意的；当公式两端不相等时，自我对分配有意见，产生不公平感。

亚当斯方程表明：只有在当事者与参照者双方的公平指数完全相当时，才会有公平感；当事人与参照者所获收益在绝对量上存在的差异即使颇为悬殊，也不一定会造成不公平感。而只要双方的公平指数不相等，哪怕差异并不太大，当事者也可能产生不公平感。这一公式是以比较双方的机会均等为前提的，即有公平的竞争机会，但绝对的、完全的机会均等是不现实的①。

（二）罗尔斯的公平三条原则

哈佛大学的哲学大师罗尔斯（John Rawls）提出关于公平的著名的三条原则：（1）每个个人都有获得最广泛的、与他人相同

① 王佃利、曹现强主编：《公共决策导论》，中国人民大学出版社2003年版，第313页。

的自由；（2）个人获得的不均等待遇、其所获得的地位、职位、利益应该对所有人开放；（3）如起始状况（收入和财富分配）不同，处于不利地位者的利益应用“补偿利益”的办法来保证。他言明了两种性质的公平：一为“均等性”的公平，即平等地对待相同者，是一种水平性的、横向的、平均性的公平；另一种为“非均等性”的公平，是垂直性的、纵向的、不均等的公平，即“不均等地对待不同者”，如多劳多得、贡献大者先富等。同时，他指出了追求社会公平的价值取向，是在不公平的社会现实中，为处境不利者提供机会或利益补偿。

罗尔斯还提出了正义公平原理。罗尔斯认为，公平的对象是社会的基本结构，即用来分配公民的基本权利和义务、由划分社会合作产生的利益和负担的主要制度。他提出作为正义的公平原理，包括两个层次和三个原则：第一层次为平等自愿原则，第二层次为机会公正平等原则和差别原则。其中，第一个原则优先于第二个原则，第二个原则优先于第三个原则。科尔曼（James S. Coleman）曾以调查为基础对罗尔斯的理论提出质疑。他观察到，教育行政所能控制的学习设施等教育资源在社会并不存在很大程度的不平等，但是，教师的言语能力等，作为对学生学业成就的影响条件，却存在较大的人种间不平等。在影响学生的学业成绩的各项条件中，最重要的是学生家庭背景中所含的私人资源，其次是学生所属的是何种社会背景层次上的人际关系群体，而学校条件的重要程度最低。

（三）胡森的教育机会均等三个阶段论

瑞典教育家胡森（Torsten Husen）认为教育机会均等概念的演变经历了三个阶段，而且每一个阶段都有一种相应的社会哲学思想作为背景。如（1）保守主义学派主张入学机会的均等；（2）自由主义学派主张的是入学机会和学业成就机会的均等；（3）激进的新观点认为教学机会均等也应包括学校情况与教育组织的均等。他本人同意教育平等对个体可以有三个层次的含义，即个体的起点平等、中介性阶段的平等和个体最终目标的平等。

胡森认为三种平等分别对应了效率、公平和自我实现这三种主要的社会价值：效率优先的起点平等论，在教育权利平等的前提下，经高度筛选、分流的教育制度，着重考虑经济合理性；公平优先的形式平等论，要求在教育资源配置和教学过程中，平等地对待每一个儿童，让他们享受同样的教育；突出个性发展的实质均等观，以承认个体差异、发展的不平衡性为前提，给每个儿童提供不同的教育，使其天赋、个性得以发展。

（四）高坂健次的“关于分配性正义的伯格模型”

日本学者关西学院大学社会学部教授高坂健次在《关于分配性正义的伯格模型——为了继承与刷新的注解》中说，在经历了两次石油危机之后，日本对“社会不公平感”问题的关心覆盖了产官学民所有领域。现在公平这一词已成为描述现代社会不可缺少的术语。在1995年的SSM调查研究里，举出作为资源分配的四个原理：实际成绩、努力、需要、平等，这里问及究竟以哪一种原理为理想呢？或者说日本社会的现实究竟与哪一个原理更为接近呢？在这些设问中的确没有使用公平这一措辞，但是，这四个原理可以解释为公平的原初下位原理。此外，关于理想的回答结果是，实际成绩（24%）和努力（60%）加在一起占全体的百分之八十以上，选择需要（10%）和平等（6%）的相对来说不多（1995年SSM调查研究会，1997）。从理论上讲平等是公平的下位原理，这样来说比较容易。因此，也有可能现实虽不平等但判断却是公平的，在现代日本“不公平的平等是恶，公平的不平等是善”这种想法在逐渐成为主流。

二、国内教育均衡发展研究述评

从内地学者有关教育均衡发展研究的成果看，教育均衡研究在我国还是一个新课题，内地学者有关教育均衡发展研究以世纪之交我国基本实现“两基”为标志，可分为两个阶段。

第一阶段，20世纪末，即实现“两基”以前，尚属于教育均衡发展研究的开启时期。

这个时期学者们主要研究的是教育的不均衡发展问题。这一时期的主要研究成果有：傅维利的《论区域经济发展的不平衡与欠发达地区的教育抉择》（《教育研究》，1995年第4期）；魏后凯、杨大利的《地方分权与中国地区教育差异》（《中国社会科学》，1997年第6期）；王善迈、杜育红、刘远新的《中国教育发展不平衡的实证分析》（《教育研究》，1998年第6期）；以及杜育红撰写的《教育发展不平衡研究》等。

杜育红在其《教育发展不平衡研究》一书中，从实证分析、理论分析与政策分析三方面就中国地区间教育发展差异问题进行了深入研究。他首先通过实证分析，发现了地区间教育发展差异产生的经济原因，并对地区间教育发展差异的变动趋势进行了预测；接着又从新古典主义、新制度主义、经济发展理论三个视角的理论分析，讨论了教育发展的供求机制，并运用教育发展的供求机制进一步解释了地区间教育发展差异问题；在政策分析方面提出了教育决策三层次的概念框架，在宏观层次上提出了长期解决地区间教育发展差异的政策建议，从社会价值观和教育政策制定的制度安排方面，提出解决地区间教育发展差异问题的政策应以公平为目标，并对各级各类教育的公平内涵进行了界定，以此为依据提出了解决各级各类教育不合理差异的对策。

综观这个时期的研究，虽然多侧重于教育发展不平衡问题的研究，但这些研究成果作为最早涉及教育均衡研究的开路先锋，为教育均衡发展研究奠定了重要的基础。

第二阶段，21世纪初至今，即实现“两基”以后，是教育均衡发展研究特别是基础教育均衡发展研究的重要发展阶段。

这一时期学者们主要关注的是教育均衡发展政策以及基础教育均衡发展的内涵、途径及对策的研究。教育均衡是21世纪初以来人们谈论的热门话题。什么是教育均衡？其主要内涵是什么？怎样才能实现教育均衡？众说不一，争论也颇为激烈。这一时期的主要研究成果有以下几点。

1. 国家教育发展研究中心编著的《2002年中国教育绿皮书——中国教育政策年度分析报告》提出，基础教育均衡发展是社会公平的重要领域。“基础教育的均衡发展，就是切实保障公民受教育的公平权利，就是保证基础教育在现代化建设中的重点战略地位。”

2. 朱家存在其《教育均衡发展政策研究》一书中，对我国基础教育均衡发展政策问题进行了研究。他在密切关注我国基础教育发展不均衡现状的同时，潜心研究了教育平等的相关理论。从人权的视角论证了“平等应为义务教育的基本信念”，以及“投入是义务教育平等的基础”的命题。

3. 汪明在《基础教育均衡发展与对策》一文中认为，基础教育均衡发展，是一种新的教育发展观，是一种科学合理的政策导向，更是今后一段时期我国基础教育发展的一个重要的战略性指导思想。其内涵丰富，主要包括三个层面：一是区域之间的均衡发展，省域之间、市域之间、县域之间、乡域之间以及城乡之间，都要统筹规划，实现均衡发展；二是区域内部学校之间的均衡发展；三是群体之间的均衡发展，特别应当关注弱势群体的教育问题。基础教育均衡发展的最终目标，就是要合理配置教育资源，办好每一所学校，教好每一个学生。目前，促进基础教育均衡发展，应以义务教育为重点，同时也应涵盖高中阶段，这是一个具有前瞻性的发展思路。因为，随着学龄人口高峰的上移，我国正迎来一个高中学龄人口迅速增长、高中教育快速发展的时期，以均衡发展的思想为指导，将有助于保证我国高中教育乃至整个基础教育能够有一个持续、稳定和健康的发展①。

4. 李连宁在《要从教育发展战略上思考和促进基础教育的均衡发展》一文中提出，基础教育均衡发展问题，不是一个理论问题，因为均衡发展、教育机会平等，在法制层面上，在理论上，已经解决了，但是如何来实践，这是我们面临的挑战。教育均衡发展，更重要的是政策性问题和基础教育发展的一个战略性的指导问题。均衡发展既是义务教育的本质要求，也是现代教育的本质要求，更是我们社会主义制度的必然要求，同时也是现代社会发展的必然要求。均衡发展的推进，不仅仅是一个教育问题，还涉及社会的安定、社会群体之间的融合以及整个社会的协调发展。

均衡发展包括三个层面：区域之间，有一个地区和城乡之间均衡发展的问题；学校之间，是在一个区域内不同学校之间均衡发展的问题；群体之间，应该更加关注弱势群体的教育问题。从国家的角度，应该从区域、学校和群体三个层面同时来促进，不是就某一个层面，可以根据不同层面的要求采取不同的政策。另外，从促进的对象来看，以义务教育为重点，但是要包括整个基础教育的公立的学校教育，也要考虑到高中，高中阶段的发展思路要从一开始就从均衡发展来设计，这是大思路，因为到发展后期再去讲均衡，那代价就大了②。

5. 毛伟宾在《当代教育科学》2003 年第 10 期《关于基础教育均衡发展的几点理论思考》一文中对基础教育均衡发展作出如下的理性解读。

(1) 基础教育均衡发展的范畴论意义。所谓教育均衡发展是

① 汪明：《基础教育均衡发展与对策》，《光明日报》，2002 年 7 月 25 日第 B1 版。

② 李连宁：《要从教育发展战略上思考和促进基础教育的均衡发展》，《人民教育》，2002 年第 4 期。

指通过法律法规确保给公民以同等受教育的权利和义务，通过制定政策与调配资源而提供相对均等的教育机会和条件，从而实现教育效果和成功机会的相对均衡。教育均衡发展是一个相对的概念，是一个历史范畴。

（2）基础教育均衡发展的实践论意义。主要表现在以下三个方面：一是人人都有受教育的权利和义务，也就是教育权利要平等；二是提供相对平等的接受教育机会和条件，即教育过程平等，学生在受教育年限、学习类型、课程内容、学校教学条件等方面享受平等的受教育条件，在教学内容、教育经费、教育设备、师资水平等方面有相对均等的条件，学生在教育过程中受到社会、学校和教师的同等对待，享受符合其能力发展水平和潜力的教育；三是教育成功机会和教育效果的相对均等，即教育结果公平。每个学生在接受教育后都应达到一个最基本的标准，都能获得学业上的成功，在德、智、体、美等方面实现全面发展。

该文还从宏观、微观两个维度对基础教育均衡发展进行了分析，提出基础教育均衡发展的宏观层面：社会问题、现实问题、政府问题。首先，教育均衡发展是一个社会问题。教育是社会发展的平衡器、稳定器，也是社会再分配的一个调节手段，通过教育能够促使处于弱势状态的人群向上层流动，从而增进社会的平等，促进社会的稳定。其次，教育均衡发展是一个现实问题。一是政府有责任、有义务办好每一所学校。政府提供的应该是一个公平的教育，所提供的设施条件也应该是均等的。二是要用统一的标准来评价衡量学校，逐步淡化和取消基础教育学校的分类等级标准。三要在一个区域内合理调配教育资源，形成校长和骨干教师轮岗制度。

基础教育均衡发展的微观层面：教育问题、操作问题、学校问题。教育均衡发展首先是一个教育观念问题。只有承认差异、适应差异及其多样性的教育才是真正的平等。教育均衡发展是一个课程设置问题。课程设置应着眼于整个学龄人口，课程设计应以一定的教育公平观为基础，为学生的潜能发展、个性的展现设计具有最大价值的课程结构和课程体系。教育均衡发展还是一个教学中公平对待的问题，主要是对待学生要公平。首先表现为因材施教，其次是教师是否尊重学生的人格，是否一视同仁地对待每个学生。

6. 基础教育均衡发展，是指依法保障公民平等接受基础教育的权利和义务，通过调整资源配置而提供相对均等的教育机会和条件，以客观公正的态度和科学有效的方法实现教育效果和成功机会的相对均衡。基础教育均衡发展，主要是一定区域内城乡之间、学校之间和群体之间的均衡发展。从一定意义上说，基础教育均衡发展是人们相对于目前现实存在的教育需求与供给不均衡而提出的教育理念。作为一种新的发展观，基础教育均衡发展已经引起人们的广泛重视和关注，对提高基础教育的整体水平具有十分重要的意义①。

7. 如何全面落实平等受教育的指导思想，当务之急是在九年制义务教育中积极推广“无差别教育”。所谓“无差别教育”，关键要做到三个“无差别”：（1）学校基础设施“无差别”，在对城市中小学进行布局调整的基础上实施“差校改造计划”，使城市的中小学从校舍、场地到教学设施基本做到标准化、规范化、均衡化；（2）学校资金投入“无差别”，实行教育事业经费和基建投入资金核拨的“无差别”，以保持学校的均衡发展；（3）学校师资力量“无差别”，强化对中小学教师和校领导的培训、考核。每年暑期，在一定范围内对所属中小学教师和校领导按适当比例进行随机调整，确保每所中小学师资和校领导的配备大体平衡。以我国现有的教育事业基础和条件而言，实行“无差别教

① 王斌泰：《着力推进基础教育均衡发展》，《求是》，2003年第19期。

育”不是十分困难的事，关键是统一思想认识。可以采取先城市后农村、先沿海经济发达地区后内地经济欠发达地区进行试点推广，全面实施“无差别教育”。实行“无差别教育”主要有四点好处：(1) 为小学和初中阶段受教育的青少年学生营造一个相对宽松的学习、成长的环境，真正做到德、智、体全面发展，将应试教育的激烈竞争推延至青少年学生心智相对成熟的高中阶段；(2) 为我国基础教育的健康发展营造一个良好的社会环境，使学校从片面追求升学率中解脱出来，真正做到潜心教书育人；(3) “无差别教育”的普遍实施，较好解决了择校的问题，也压缩了民办学校、高价学校的发展空间，疏解了教育片面发展给社会带来的各种负面影响；(4) 真正落实了《义务教育法》提出的“使儿童、少年就近入学”的规定，更加有利于青少年学生的健康成长①。

通过对国际上有关国家地区教育均衡发展的政策措施以及国内外有关教育均衡研究的文献搜集整理分析，我们不难看出，无论从政府教育决策层面，还是从教育研究、教育经济研究等不同维度考察，目前国内外有关教育均衡的研究还多局限于政策层面的研究，大多都是有关教育政策的研究，有些研究将教育均衡与教育平等、教育公平的概念相等同、相混淆，其研究的结果可想而知，仅有的有关从教育经济学方面研究的前沿成果，也是从教育不均衡的视角出发进行研究的。

---

① 徐鸣：《教育按什么路子办？——“无差别教育”实现教育平等》，《中国青年报》，2004年2月25日第5版。

第三节 研究目的、思路和方法

一、研究目的

本书旨在从我国的现实国情出发，从我国全面建设小康社会和构建和谐社会的战略高度，从教育与经济，教育与社会的关系，以及教育在经济社会发展中的重要地位和作用的历史视角，从全面推进素质教育的大视野，对基础教育均衡发展进行理论研究，并试图建立一定的理论体系和计量分析模型，以探索新时期基础教育均衡发展的理论依据和实践基础；从多角度、多层次、宽范围对基础教育均衡发展进行实证性分析，并在全国选取一定的点进行实证研究，以探索区域推进基础教育均衡发展的新途径。通过一定的理论研究、均衡指标体系构建、数据计量分析，再通过区域教育均衡发展的实证性研究，大量深入学校教学第一线的实际调查，经过分析、论证、实证研究，以探索我国基础教育均衡发展的新途径，探索21世纪初期我国基础教育均衡发展的行动策略。

二、研究思路

本书主要分为七部分。第一部分：背景意义篇（第一章），阐述了教育均衡发展的深刻背景、该选题研究的意义和思路，通过对文献的综述，分析了国内外教育均衡发展研究的现状。第二部分：理论演绎篇（第二章、第三章、第四章），从经济学的角度分析了教育的属性、教育均衡的条件，阐述了教育资源配置的特点、方式和途径。回答了什么是均衡，教育为什么要均衡的问题，既从正面阐述了教育均衡发展对于经济社会发展的作用，也从反面阐述了教育发展不均衡的影响。全面阐述了教育均衡发展的理论构想，对什么是教育均衡、教育均衡发展的内涵进行了科学阐释，构建了教育均衡发展的基本理论框架，提出了基础教育均衡发展四个阶段的理论。重点是对教育均衡发展进行理论阐释。第三部分：体系构建篇（第五章），建立了教育均衡发展的指标体系和测度方法，构建了教育均衡发展指数体系。通过数据分析，计算出了基础教育均衡发展指数，勾画出了基础教育均衡发展指数的发展趋势。第四部分：实证分析篇（第六章、第七章），通过实证分析和实际调查，从区域、城乡、学校、群体方面对目前我国基础教育发展非均衡的现状进行考察，探讨基础教育发展不均衡的表现、特征、特点及其成因。重点是对我国基础教育发展均衡现状进行实证分析。第五部分：案例研究篇（第八章），通过对国际教育均衡发展及其进展情况，以及中国东、中、西部各具特色并最有代表性的 6 个不同地区——深圳市、杭州市、寿光市、铜陵市、成都市、沈阳市——基础教育均衡发展的案例研究，以探索具有中国特色的区域推进基础教育均衡发展的教育模式。重点对教育均衡进行案例研究。第六部分：行动策略篇（第九章），通过对理论研究、计量研究、实证研究成果的综合分析，提出了基础教育均衡发展的途径和对策。重点是对教育均衡发展进行对策研究，以探索和建立适合 21 世纪初期我国基础教育均衡化发展的行动策略。第七部分：思想升华篇（第十章），本章对全书的基本理论观点和实践探索进行了全面系统总结归纳、提炼和升华，阐述了以人为本的教育均衡发展观的深刻内涵，以及教育均衡发展理论和教育均衡发展指数构建的基本思想基础和思路。

三、研究方法

一是规范分析方法。利用前人和他人的研究成果以及文献记载，分析教育不均衡的成因，对基础教育均衡进行理论研究，在研究中采取定性研究和定量研究相结合的方法，即把建立在文本资料基础上的定性研究和以数字数据为基础的定量研究相结合进行综合研究。

二是实证分析方法。通过大量深入实际的调查研究，掌握大量第一手数据资料，对我国目前基础教育发展不均衡的现状进行实证考察，在此基础上对我国教育发展不均衡问题的成因进行分析，提出解决问题的基本对策。

三是计量研究方法。在调查研究的基础上，通过对掌握的数据资料进行计算分析，建立模型体系，把握研究方向，制定策略。

四是案例分析法。在全国选取不同经济发展区域，并在推进基础教育均衡发展方面取得实质性进展的地区，进行实际考察、实证研究、案例研究，取得第一手材料，以探索中国基础教育均衡发展的模式和策略。

在具体研究中做到以下方面。

一是定性分析和定量分析相结合。定性分析就是运用马克思主义的抽象法，确定教育均衡相关要素、相互关系质的规定性；定量分析就是用现代数学方法揭示教育均衡相关要素之间的数量变化。

二是调查和统计相结合。通过调查和统计收集大量原始材料和数据，经过分类整理和分析，从中找出教育均衡发展各方面要素内在的联系及其发展规律。

三是静态分析和动态分析相结合。静态分析就是对某一时间和空间上的教育均衡情况进行分析，研究教育均衡发展的特点、状况和规模；动态分析就是对某一历史时期内教育均衡发展和运动变化过程进行分析，考察教育均衡发展变化的趋势、方向和规律。

四是宏观分析、中观分析和微观分析相结合。宏观分析就是从国家发展战略的高度、从国民经济和社会发展总体上研究教育均衡发展问题，中观分析就是从一个地区来研究教育均衡发展问题，微观分析就是从一个个具体的教育基本单位——学校出发来研究教育均衡发展问题。

本书的基本途径是，把历史文献性研究、国内外比较研究、综合分析研究、实证调查研究、理论研究和实证案例研究相结合。目的是通过理论探索和实证研究，提出基础教育均衡发展的对策和行动策略，以推动教育公平。

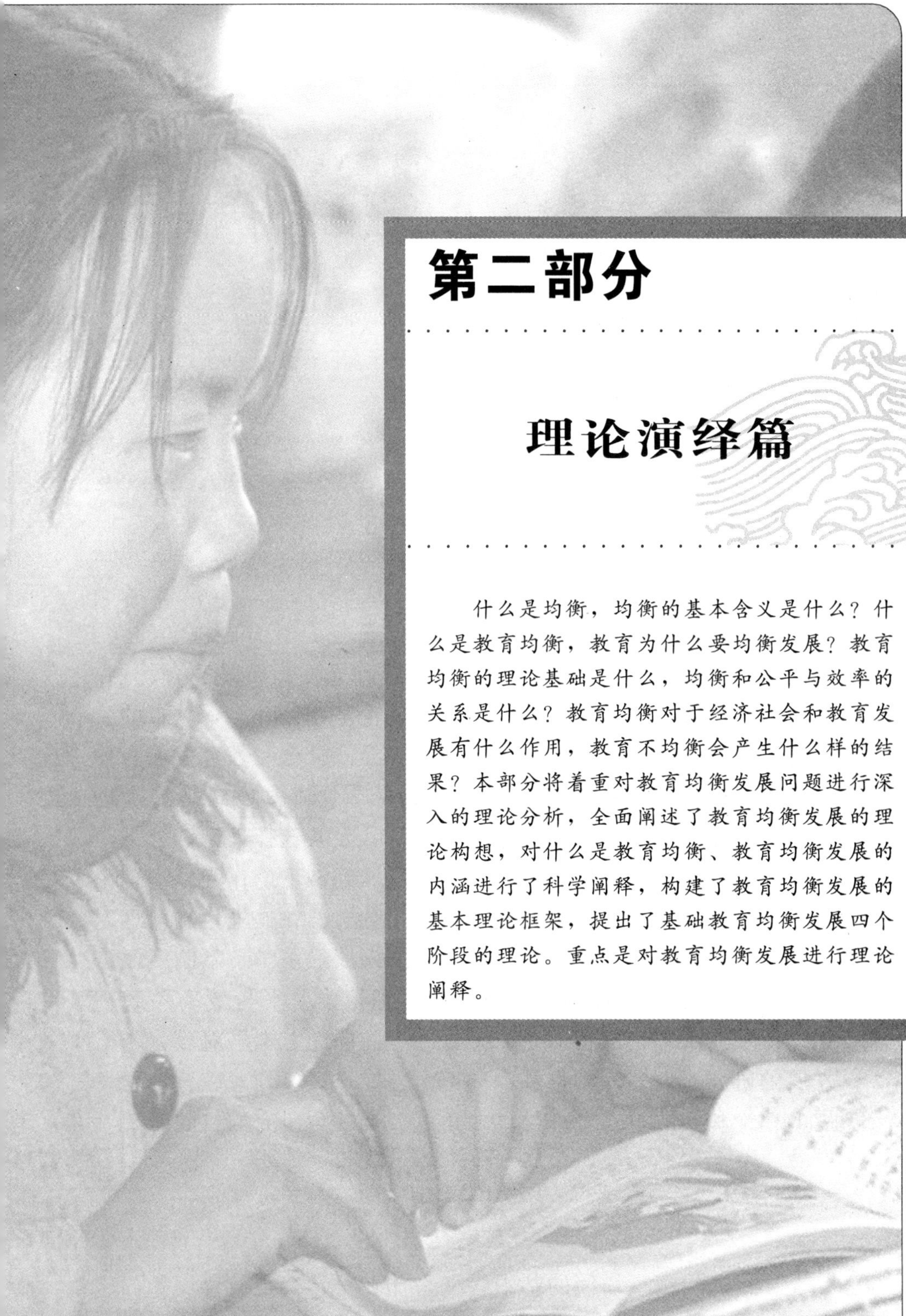

第二部分

理论演绎篇

什么是均衡，均衡的基本含义是什么？什么是教育均衡，教育为什么要均衡发展？教育均衡的理论基础是什么，均衡和公平与效率的关系是什么？教育均衡对于经济社会和教育发展有什么作用，教育不均衡会产生什么样的结果？本部分将着重对教育均衡发展问题进行深入的理论分析，全面阐述了教育均衡发展的理论构想，对什么是教育均衡、教育均衡发展的内涵进行了科学阐释，构建了教育均衡发展的基本理论框架，提出了基础教育均衡发展四个阶段的理论。重点是对教育均衡发展进行理论阐释。

第二章 教育均衡发展的理论分析

我们研究教育均衡发展问题，其核心还是教育经济学问题。那么，什么是均衡，均衡的基本含义是什么？什么是教育均衡，教育为什么要均衡发展？教育均衡的理论基础是什么，教育的公平与效率的关系是什么？教育均衡对于经济社会和教育发展有什么作用，教育不均衡会产生什么样的结果？本章以经济均衡理论、教育经济学理论、发展经济学理论、公共选择理论、公平与效率关系理论、新制度经济学理论、区域经济理论作为基本理论基础，对教育均衡发展问题进行了深入分析。在这里，均衡理论回答“是什么”的问题，教育经济学、发展经济学、新制度经济学回答“为什么”的问题，公共选择理论、公平与效率关系理论、区域经济理论回答的是“怎么办”的问题。本书对教育均衡发展的研究将以上述学科基本理论为支撑，以达到对教育均衡发展的理论和实践进行全方位、多角度、宽视野研究的目的。

第一节 教育均衡概念的界定

什么是均衡，均衡的基本含义是什么？什么是教育均衡，这是我们在研究教育均衡发展时必须首先研究的问题。

一、均衡的基本含义

资源经济学认为，人类的资源是稀缺的，而人们的需要是无限的、多种多样的。国民经济是由相互联系、相互依存的各个组成部分构成的有机整体，要解决资源稀缺性与人们需要的无限性和多样性之间的矛盾，必须是有限的资源按照一定的客观比例分配到国民经济各个组成部分，并使资源得到最充分、最有效的使用。

均衡是物理学中的一个概念。物理学意义上的均衡指当一物体同时受到方向相反的两个外力的作用，这两种力量恰好相等时，该物体由于受力相等而处于静止的状态，这种状态就是均衡。

西方经济学套用物理学的均衡概念分析经济现象，这里的均衡是广义的，是指经济体系中变动着的各种力量处于平衡，以至这一体系内不存在变动要求的压力和力量时的状态。这些力量中最有代表性的是供给和需求两种力量。在市场上，价格的涨落使供求两种力量的对比发生改变，而供求的变动又会影响价格的变动，当需求、供给和价格相互制约、相互作用最终导致供求一致时，就会实现经济均衡。

经济学中所说的均衡是指在包括供给与需求在内的经济中存在的诸多力量的驱使下，经济体系达到了由一系列配置和价格构成的理想均衡状态。这种理想状态是我们所希冀的经济体系运动的终止点，或者说，经济体系处于朝此方向运动的过程之中。均衡是市场经济学家描述现象并预言事物未来发展方向与结果的原则性工具。古典经济学家曾非常形象地定义过均衡的概念。他们认为，均衡是经济运行的一种特殊状态，随着时间的推移，经济以此为中心波动不已，受到干扰之后，经济将偏离这一状态，与此同时，在某种力量的驱使之下，经济又朝此中心作回复运动。一般均衡理论是现代经济理论取得众多突破与创新的基础，为经济学中沿习已久的诸多传统观念提供了严格、完整的数学证明。当价格充分调整直至所有市场的供给与需求都相等，就称该经济处于一般均衡状态①。

这一概念被经济学家引入经济学中，主要指经济中各种对立的、变动着的力量相当、相对静止，不再变动的境界。为了合理地配置人类有限的资源，达到市场需求与供给的相对均衡，经济学家提出了市场均衡理论。

（一）一般均衡理论

关于经济如何达到均衡的问题，包括亚当·斯密（Adam Smith）、李嘉图（Ricardo）、穆勒（Mill）、马克思（Marx）、杰文斯（Jevons）等在内的19世纪众多的经济学们都提出过稳态均衡的概念，认为经济总是在朝该均衡点运动，并且，都不约而同地强调市场间相互影响（一般均衡）的重要性，只是没有把这些概念用正规的数学语言表达出来。

自亚当·斯密以来，均衡的思想就一直统治着西方经济学界。在古典经济学家看来，市场机制犹如一只"看不见的手"，在支配着每一个行为人（消费者与企业）去追求各自最大的利益，在市场价格灵活而迅速的调整下，各个市场的供给与需求总能正好相等，结果是该资源得到充分利用与合理配置，人们各得其所，整个经济沿着均衡的轨道稳步向前发展。经济均衡的思想经过几代经济学家之手，已经发展成为一套日趋缜密完善的经济理论体系②。

1874年，莱昂·瓦尔拉斯（Leon Warlas）的《纯粹经济学要义》发表，经济学界公认他在该书中创造性地提出了一般均衡

① [美] 罗斯·M·斯塔尔著，卤昌、许永国译：《一般均衡理论》，上海财经大学出版社2003年版，第5～6页。

② [美] 保罗·萨缪尔森、威廉·诺德豪斯著，高鸿业等译：《经济学》第十六版，华夏出版社1999年版，第115～116页。

理论，从此奠定了现代经济分析的基石。莱昂·瓦尔拉斯第一个成功地以数学方程形式来阐述一般均衡模型。

瓦尔拉斯一般均衡理论第一个提出，在各种经济产品和要素市场上，消费者和生产者的最大化行为，在某些条件下能够导致需求和供给之间的数量均衡。他从微观经济主体的行为角度出发，来考察每一种产品和每一种要素的供给和需求同时达到均衡状态所需具备的条件和相应的均衡价格和均衡数量。瓦尔拉斯一般均衡理论把均衡的概念与思想落实到一组明确而严密的方程组上，使得均衡理论发展到相当完美的程度。到 20 世纪 50 年代，阿罗和德布鲁瓦（Arrow，Debreu）等人完成了一般均衡理论的现代化阐释工作。一般均衡理论所要回答的，一是经济均衡的存在及其稳定性，二是经济系统的帕累托最优状态以及经济均衡和帕累托最优状态的相互关系。一般均衡的哲学基础是相信自由竞争的市场机制，是一个精巧的装置，经济主体的利润最大化行为和效用最大化行为使得市场自动产生供求的均衡，分散决策的市场行为下面存在着一般均衡结构，均衡价格把市场秩序强加于可能发生的市场紊乱之上。这种以理想主义的完善的市场结构和灵敏的价格体系为基本假设前提的均衡理论是长期以来西方经济学研究的基本起点。一般均衡理论是西方经济学的一个基石，它既是微观经济学的核心，也是宏观经济学的基础。狭义的均衡就是指瓦尔拉斯均衡。

1890 年，阿尔弗雷德·马歇尔（Alfred Marshall）在其《经济学原理》一书中巧妙地提出在特定的时期内将特定的商品作为研究对象的局部均衡理论，并以此取代难以实际应用的一般均衡理论。马歇尔在《经济学原理》一书中提出的局部均衡分析，即假定其他条件既定不变，个别地考察任何一种产品或生产要素的供求达到均衡状态所需具备的条件和相应的均衡价格和数量。通常假定消费者的收入和其他商品的价格保持不变，在此基础上，分析消费者效用最大化行为及其经济后果。马歇尔还开创性地勾画出了供求曲线。在马歇尔所作的相关论述之后，局部均衡分析中供给与需求曲线图也称马歇尔供给与需求曲线图，才在英语国家中广为人知。但从本质上讲，一般均衡与局部均衡是一致的。

经济均衡状态只是一种理想状态，是相对的、暂时的。随着社会经济的发展变化，经济均衡状态必然要被打破，社会经济运动是非均衡的发展过程。

（二）新古典经济学的均衡观

经济均衡是宏观经济政策所追求的一种资源得到充分利用的稳定增长状态。古典经济学家中，亚当·斯密有一只“看不见的手”，萨伊提出了“供给创造需求”的法则。新古典经济学家们都信奉一个理论，即“在整个经济中不存在一种会阻碍达到最高生产能力的内在力量”，“社会通过竞争可以达到最佳利用资源的均衡”①。换句话说，自由竞争总能使资源自动流动到边际效益最高的领域，使得消费者得到最大效用，生产者得到最大利润，社会达到充分就业，经济增长速度无限逼近其潜在增长率，政府无须对宏观经济进行任何干预。在凯恩斯以前人们对均衡价格理论几乎坚信不移，那就是一切都是供求决定价格，而供求关系总能使要素的配置达到最优化，使各种资源充分利用，不多也不少。即使是短期内会出现不平衡，经过一段时间的调整，市场总能自动地实现平衡。经济调节只要调整利息率就足够了，甚至利率也可以由市场自动调节。显然，这些经济学大师们都忽视了技术创新的频繁发生，使得经济均衡难以实现，即使实现，也只是短暂的、不充分的。

在新古典经济学家当中，创新理论的伟大奠基人约瑟夫·熊

① 杨君昌：《凯恩斯革命》，四川人民出版社 1985 年版，第 5 页，第 9 页。

彼特是一个例外。1912 年，他发表了著名的《经济发展理论——对于利润、资本、信贷和经济周期的考察》一书，他坚信新古典经济学的理论核心：市场可以自动达到均衡。但他运用经济的、技术的、社会的、心理的、文化的、历史的、哲学的等多方面的动机，来分析创新的实践者群体——企业家的行为，从而分析了由于技术创新而使经济从均衡走向非均衡，再走向均衡的循环往复的周期波动规律。

（三）现实中的经济均衡

无论是古典学派还是新古典学派，他们的基本经济观都是均衡，认为完全的市场经济不会发生全面的生产过剩型经济危机。但是，1929～1933 年由于生产过剩而导致的世界范围内的全面经济危机宣告了上述理论的破产。大规模的全面生产过剩在长达四年多的时间内没有能够自动回到均衡，失业率急剧上升，资源充分利用成为空话。这说明，经济均衡的条件仅靠市场的调节是难以满足的，而且越来越难以满足，因此，经济发展的现实日益远离古典均衡而去。

1936 年凯恩斯发表了著名的《就业、利息和货币通论》一书，他通过有效需求理论和收入决定理论，对经济均衡作出了新的解释，打破了充分就业的均衡学说，提出了非充分就业的均衡概念。他认为，经济在非充分就业的水平下达到均衡，是因为边际消费倾向递减使得消费需求不足；资本边际效率降低，使得利率调节部分失效，储蓄不能及时全部转为投资导致投资需求不足；流动使得利率在一定水平上调节投资失效，直接影响投资需求不足。因此，按照凯恩斯的分析，经济不能达到充分就业的均衡的根本原因是储蓄不能及时完全转化为投资，而产生这种问题的关键不是利率的变化，而是收入水平的变化，收入水平的变化又决定于支出变化，即有效需求的变化。因此，源于前期支出的收入形成新的支出的比例下降，导致新的需求增长减速，使得当期生产出现相对过剩，如果这一过程进一步推移下去，就会导致全面的生产过剩，造成经济萧条。也就是说，凯恩斯指出了均衡可以在资源非充分利用的状态下发生，这是一种低水平的货物均衡（货币可能是非均衡的），这种均衡只能导致经济萎缩。这时候，因为有大量的闲置生产能力存在，如果增加政府投资（或有较多的外来投资）形成新的需求，就会具有较强的乘数作用，从而增加就业，增加收入，使经济达到充分就业下的均衡。在凯恩斯理论中，资源充分利用的均衡要借助于政府的干预才能实现。

后凯恩斯主义主流学派，即新古典综合学派是将凯恩斯的思想和新古典的核心思想结合在一起发展演变的产物，他们对于经济均衡的解释增加了诸如合理预期、信息经济理论、公共产品理论等新内容。20 世纪 90 年代以来，一种新的观点认为，由于现代技术不断创新，尤其是信息技术的高度发展，知识经济成分日益增加，信息不对称的程度正在改善，经济均衡离现实可能更近了。但同时也应看到，正是由于知识经济成分的增加，技术变化速度加快，投资的风险可能正在加大，经济发展中的不确定性因素进一步增加，经济均衡可能更难以达到①。

二、教育均衡

实际上，教育均衡是经济均衡的发展和移植，它也是由于人类教育资源的稀缺和有限以及现有教育资源配置不均衡、不合理而引出的。从一定意义上讲，教育均衡是人们相对于目前现实存在的教育需求与供给不均衡而提出的教育发展的美好理想。由此可见，教育均衡首先是教育资源配置的均衡。

经济是教育发展的物质基础，直接决定着教育的发展规模、结构和速度，以及教育的发展。所以，教育均衡发展必须建立在

① 齐建国：《技术创新与我国当前低水平经济均衡》，1999 中国青年科技论坛。

一定的经济基础之上。

教育是一种复杂的社会行为，也是在群体约束下的个体行为。教育均衡发展既是一种理想追求，也是现实的阶段性目标。教育均衡发展是一个目标，也是一个发展的过程。

教育均衡发展是一个历史范畴，随着时代的进步，其内涵也相应地发生着变化。教育均衡发展应该逐步实现三个目标：为更多的人提供更多的教育机会；为所有的人提供基本均等的教育；为尽可能多的人提供尽可能好的教育。

教育均衡的目标是教育需求与教育供给的相对均衡，教育资源配置的均衡是教育均衡的基础和前提。

国家和社会为所有的学校都创造尽可能均衡的物质条件，这只是促进学校教育均衡发展的一个方面。除此之外，我们还应关注更深层次的学校教育发展均衡问题，即人的培养和发展的问题。就教育的培养目标而言，没有地区差别，也不应有学校间的差别，更不应有学生间的差别。但现实中这种差别是普遍存在的。这种差别很大程度上来自校长、教师和他们的教育思想、教育观念、责任心以及对学生的了解、期望和尊重；来自于他们对教育教学内容、规律、方法的理解和把握。可以说，这些正是学校教育发展不均衡现象更本质、更深层的原因。所以，从根本上保证和实现公民受教育权利的均等，促进学校教育均衡发展，毫无疑问也是学校的责任。校长和教师必须进一步端正教育思想，更新教育观念，不断提高自身素质，充分挖掘优质教育资源，掌握和运用正确的教育方法，积极探索适合本校实际的改革之路和发展模式，更好地肩负起培育高素质公民的重大使命。

因此，教育均衡就是政府提供给每个孩子的学习条件、权利、机会是平等的，它符合社会主义国家的公平原则。让所有的孩子——不管他生活在城市还是乡村，不管他有怎样的家庭背景，都能受到良好的教育，这是我们追求的理想和目标。保证受教育者接受基础教育所必需的校舍、设备、师资等基本条件，均衡配置教育资源，是让全体适龄儿童少年享受平等教育的基本体现，也是教育事业发展义不容辞的责任。

三、教育发展

发展是指一个国家或社会由落后的不发达状态向先进的发达状态的过渡和转化，它包括经济发展、社会发展、政治发展、文化发展、教育发展和人的发展等诸多内容。发展首先是指经济发展，经济发展是基础，社会发展是经济发展的结果，政治发展是经济发展的条件，人的发展是一切发展的核心和最终目的。因此，发展归根结底都要着眼于人的发展，着眼于对人日益增长的物质和精神的需要，以及人的自身发展需要的满足。马克思主义认为，人是生产力中最活跃的、最具革命性的要素，是生产力的第一要素。经济发展的出发点是促进社会全面进步和发展，落脚点是人的全面发展，因此，人的素质问题不仅是生产力强弱的重要标志，也是经济社会发展的重要体现。

教育事业是教育和培育人的事业，教育是经济社会发展的基础，也是人才资源开发和科学技术发展的基础，在现代化事业中具有基础性、先导性和全局性的重要战略地位，只有加快发展教育，才能把我国沉重的人口压力变为巨大的人才资源优势。因此，教育不仅是经济社会发展的基础，也是树立和落实科学发展观的基础。中央提出坚持以人为本，树立科学的发展观，为我国教育事业的发展带来了非常难得的发展机遇。按照党的十六届三中全会精神，牢固地树立起科学的教育发展观，促进各级各类教育持续健康协调发展，对于深化和加快我国教育事业的改革和发展，对于落实科教兴国和人才强国战略，对于培养为中华民族伟大复兴而奋斗的一代新人都具有重要的意义。

教育发展的关键是发展政策的选择。教育发展要解决的核心问题是发展的模式与途径，也就是发展政策的选择问题。用科学的发展观指导教育工作，就要求我们把教育摆在优先发展的战略地位，牢固地树立起科学的教育发展观，促进各级各类教育持续健康协调发展。在现阶段树立和落实科学的教育发展观，在教育的宏观决策方面，必须坚持和树立以人为本的教育均衡发展观。在教育发展中，要树立发展意识、创新意识，用发展的眼光来谋划发展、规划未来；用发展的观点来解决教育发展中出现的一些困难和问题；注重创造教育发展的外部环境，挖掘教育发展的内部潜力，把握教育发展的难得机遇，营造有利于教育整体发展和人的全面发展的良好氛围。在学校教育中，要以现代学校制度建设推动教育持续发展，构建以学生发展为本、以教师专业化发展为本的现代学校教育制度管理体系和服务体系，最大限度地开发人的潜能，调动人的学习工作积极性和创造性。总之，教育发展是一个系统工程，需要社会、教育部门和学校上下的共同努力，才能确保教育事业全面健康协调持续发展，并最终促进教育与经济、社会、人和自然的和谐发展。

四、教育公平

公平是一个相对的历史概念，是一个社会学和政治学的概念，强调的是社会各个成员之间、各个利益集团之间的利益分配问题。在一定的历史阶段，公平只能与当时社会经济发展水平和社会价值体系相适应。正如恩格斯所说："希腊人和罗马人的公平观认为奴隶制度是公平的；1789 年资产阶级的公平观则要求废除被宣布为公平的封建制度……所以，关于永恒公平的观念不仅是因时因地而变，甚至也因人而异。"①

① 《马克思恩格斯全集》第十八卷，弗·恩格斯：《论住宅问题》，人民出版社 1963 年版，第 310 页。

（一）教育公平的历史回顾

教育公平是一个社会学概念，也是一个多维度、多层次的概念。目前国内外学术界对此有着不同的观点和争论。教育公平就其存在形态而言，与一定的社会发展的历史阶段和一定的社会政治经济形态密切相关，社会发展不同的历史阶段、不同社会经济形态及政治形态的国家对教育公平有着不同理解，政府对实现教育公平所采取的政策策略也有所不同。

追求社会公平是人类社会的理念，教育公平是社会公平的基础，是社会民主思想和教育民主思想的体现。在西方思想史上，柏拉图被认为最早提出了实施初等义务教育的思想，亚里士多德被认为首先提出了通过法律保证自由民的教育权利。

在西方国家，教育公平是随着资本主义民主化进程和公共教育的发展而逐渐演进的。20 世纪五六十年代以来，西方国家对教育公平问题进行了大量理论的探讨和实证研究。当时影响最大的是自由主义哲学观，认为教育公平就是要求教育制度能够平等地对待每一个儿童，让每一个儿童受同样的教育。比如，科尔曼提出了教育均等的四项内容：（1）进入教育系统的机会均等；（2）参与教育的机会均等；（3）教育结果均等；（4）教育对生活前景机会的影响均等。此理论导致补偿教育模式成为当时实现教育公平的重要策略。这一时期，在美国产生了兼有升学与就业双重目标的综合中学，西欧各国也都在推行各项教育改革，如取消双轨制，贯通初、中、高三级学校教育，缩小义务教育阶段各类学校差别，增加初等教育统一性，消除由贫困和阶级（阶层）之间“隔离”所带来的障碍，等等。20 世纪 70 年代以后，由于公众对学校教育的成效日益不满，教育公平集中指向与教育质量紧密相关的学业成功机会均等。

最早将受教育作为公民的一种权利写进法律的是 1791 年的法国宪法。二战以后，平等受教育权利作为一种基本人权被写入许多国家的法律之中。国际公约和国际法也陆续确认了公平教育权利问题。联合国1948年通过的《世界人权宣言》第二十六条规定："一、人人都有受教育的权利。教育应当免费，至少在初级和基本阶段应如此。初级教育应属义务性质。技术和职业教育应普遍设立。高等教育应根据成绩而对一切人平等开放。二、教育之目标在于充分发展人的个性，加强对人权及基本自由之尊重。教育应促进各国、各民族或各宗教团体间的了解、容忍和友谊，并应促进联合国维护和平的各项活动。三、父母对其子女所应受之教育的种类，有优先选择的权利。"1989年联合国第四十四届大会通过的《儿童权利公约》，规定了儿童出生后具有姓名权、国籍权、生存权、受教育权、不受剥削和虐待等各种权利，不受种族、肤色、性别、语言、宗教信仰、政治主张等影响。

鉴于法律条文规定与实际状况毕竟存在着距离，南格尔（T. Nagel）就把教育机会均等分为："消极平等"即国家教育平等的有关规定（包括法律条文）；"积极平等"即事实上促进教育机会均等的具体措施。两者是相辅相成的，而且更重要的是后者。

（二）教育公平的内涵

教育公平是指国民在教育活动中的地位平等和公平地占有教育资源，是社会公平价值在教育领域的延伸和体现。教育公平之所以成为世界各国教育制度的道德基础，成为制定教育政策的基本出发点，是因为接受教育是现代社会公民的基本人权，特别是接受良好教育能够显著改善人的生存状态。从这个意义上讲，教育公平是社会公平的基础，没有教育公平就不可能实现真正的社会公平。

教育公平有相互联系的三层含义：（1）确保人人都有接受教育的权利和义务；（2）提供相对平等的接受教育的机会和条件；（3）教育成功机会和教育效果的相对均等。在我国，公民的受教育权为《宪法》所保护，公民平等接受教育的权利受到《教育法》的法律保障。但由于种种复杂原因，教育公平尚未得到很好的实现，我国大中城市出现的中小学“择校热”，城乡教育条件的巨大反差，就是教育不公平在基础教育领域的深刻反映。推进基础教育均衡发展，可以相对均等地分配教育资源及其份额，达到教育需求与供给的相对均衡，以切实保障所有青少年儿童的学习需求。

教育公平包括教育权利平等与教育机会均等两个基本方面。教育权利平等的理念是政治、经济领域的平等权利在教育领域的延伸。在超越了身份制、等级制等将教育视为少数人特权的历史阶段之后，平等接受教育的权利作为基本人权，成为现代教育的基础价值之一。20 世纪 40 年代的《世界人权宣言》即规定“不论什么阶层，不论经济条件，也不论父母的居住地，一切儿童都有受教育的权利”。在 20 世纪 60 年代以来世界性的教育改革浪潮中，教育平等成为“全世界所有国家和所有与教育问题有关的人最关心的问题”①。

1960 年，UNESCO 详尽阐述了教育机会均等的概念，它包括“消除歧视”和“消除不均等”两部分。“歧视”系指“基于种族、肤色、性别、语言、宗教、政治或其他观点、民族或社会出身、经济条件或家庭背景之上的任何差别，排斥、限制或给予某些人以优先权，其目的在于取消或减弱教育中的均等对待”。其表现为：（1）剥夺某个体或某团体进入各级各类教育的机会；（2）把某个体或某团体限于接受低标准的教育；（3）为了某些人及团体的利益，坚持分流教育制度；（4）使某些人及团体处于与人的尊严不相容的处境。“不均等”是指在某些地区之间和团体

① ［瑞士］赫梅尔著，王静、赵穗生译：《今日的教育为了明日的世界：为国际教育局写的研究报告》，中国对外翻译出版公司 1983 年版，第 69 页。

之间存在的、不是故意造成也不是因偏见形成的差别对待①。

教育公平某种意义上是指教育机会均等，即“各族群接受学校教育的学生，在总学生数中所占的比例，应与各族群在同一年龄人口中所占的比例相等”。这既是“教育机会均等”的概念，也是“教育机会均等”的衡量指标。由于传统的教育制度有利于享有特权的社会阶层，因而，教育机会均等作为现代教育基本理念，具有鲜明的价值指向，主要是改变处于不利地位的社会阶层的教育状况：“机会均等的原则意味着任何自然的、经济的、社会的或文化方面的低下状况，都应尽可能从教育制度本身得到补偿。”②

“教育机会均等”包括三个层面：入学机会均等、进入不同教育渠道的机会均等、取得学业成功的机会均等。事实上，教育公平与其他社会领域的公平一样，可具体地区分为起点公平、过程公平和结果公平三种不同类型的公平。起点公平是指尊重和保护每一个人的基本人权与自由发展，即教育权利平等、教育机会均等，包括在价值层面和制度层面的构造；过程公平既指在起点不公的现实中，通过相应的制度、政策继续体现和维护教育公平，也包括在教育过程和师生关系的互动中微观层面的公平；结果公平是指最终体现在学生的学业成就上的实质性的公平，即教育质量平等，目标层面上的平等。而平等学业成就的实现，至今仍然是一种比较遥远的理想。它不仅反映了受教育者的个体差异及适应这一现实的“差别性教育”的不足，也反映了在贫富分化、社会阶层分化的现实中，具有传递性的“文化资本”在教育中的深刻作用③。

---

① ［瑞士］赫梅尔著，王静、赵穗生译：《今日的教育为了明日的世界：为国际教育局写的研究报告》，中国对外翻译出版公司 1983 年版，第 69 页。

② 马和民、高旭平著：《教育社会学研究》，上海教育出版社 1998 年版，第 86 页。

③ 杨东平：《教育公平的理论和在我国的实践》，《东方文化》，2000 年第 6 期。

法国国立教育研究所认为，导致教育不均等的主要因素是：（1）受教育愿望与阶级文化价值观念；（2）学业成绩与家庭的教育背景；（3）社会语言方式、社会监督学业成绩；（4）文化欠缺和认知能力上的差别。库姆斯（Philip H. Coombs）定义了教育不平等的类型，主要有地区之间、性别之间和社会经济、种族和民族之间的教育不平等。詹克斯（christopher S . Jencks）主张从表现形式上判断教育不平等，一是教育资源，二是学生就学机会，三是一些学生选择课程之间的机会，他所倡导的有限制的“学券”制度，对实施选择机会均衡与保护处境不利群体结合的政策有较大影响。

教育公平是一种美好的社会理想，它之所以成为现代教育的基本价值，由于教育具有促进社会平等的社会功能。杜威等教育改革者认为，教育至少有三种重要的职能：将青年人“整合”到社会及各种成人角色中去的“社会化”的职能；促进个人心理和道德生长的“发展”的功能；同时，在存在经济、社会地位等方面巨大不平等的情况下，教育给人提供公平竞争、向上流动的机会，帮助弱势者摆脱他出身的那个群体的局限，能够显著地改善人的生存状态，减少社会性的不公平。因而，现代社会的教育，一方面在社会流动、社会分化中具有“筛选器”的功能；同时，又具有稳定器、平衡器的功能，被视为是实现社会平等“最伟大的工具”。这即是教育的“平等化”职能①。

教育均衡发展是教育公平的基础，教育公平是社会公平价值在教育领域的延伸和体现，它包括教育权利平等和教育机会均等两个基本方面。教育公平之所以成为教育现代化的基本价值，成为世界各国教育政策的基本出发点，除了接受教育已经成为现代

① ［美］鲍尔斯、金蒂斯著，王佩雄等译：《美国：经济生活与教育改革》，上海教育出版社 1990 年版，第 28 页。

化社会公民的基本人权外，教育还能够显著地改善人的生存状态，增进社会公平，因而被视为实现社会平等“最伟大的工具”。

（三）教育公平与教育效率

教育公平是社会公平的基石。当前，在我国社会新的发展阶段和社会背景下，我们有必要将教育公平问题作为与效率同样重要的价值目标，有必要深化对社会发展中公平与效率的矛盾和教育公平问题的认识。

孟繁华教授认为，公平是现代社会的首要价值和基本取向。公平是由社会成员生存底线确保的规则、机会平等的规则、按贡献进行分配的规则和社会调剂的规则共同组成的一个完整的体系。公平规则体系直接体现了人人共享、普遍收益的社会发展宗旨。要想获得健康、持续、稳定的效率，就必须遵循公平的规则，而不能是“兼顾”。“效率优先，兼顾公平”体现的价值在于“破旧”，即冲击、消解以往计划经济体制和平均主义，但在“立新”，即进行现代社会的制度设计和制度安排方面，这一提法是力所不及的。现实中过大的东西差别、城乡差别、基础教育与高等教育差别等，均与“效率优先，兼顾公平”这一提法有关。

杨东平教授认为，在我国多数农村和广大的经济欠发达地区，优先普及和发展教育，不仅对于经济增长具有重要的促进作用，具有最高的投资效益，而且最符合公平原则。在这一阶段，公平与效率的目标是高度重合的。在经济和教育比较发达的地区，则有可能更多地“兼顾公平”，重视和发挥教育所具有的减少贫富差距、增进社会公平的功能。应当建立新的指导思想：在教育改革和发展的过程中，更加重视教育公平的价值，被视为与效率同样重要的目标。

在社会现代化的发展过程中，公平与效率经常处于难以兼得的冲突状态。教育发展面临类似的困境。但与社会、经济领域不同的是，教育领域的这一矛盾呈现出自身的特殊性。研究表明，在基础教育阶段，这两者的目标是高度重合的，“在发展中国家，普及基础教育不仅是最公平的，也是效率最高的”。因而，在不同的发展阶段，教育公平问题的特征和重心是不同的。在发展之初，贯彻“教育机会均等”的原则，最重要的是普及教育，保障儿童平等接受教育的权利。在教育初步普及之后，追求的是教育过程中的公正待遇和更高的教育质量，即对教育品质的追求。一般认为，就事实而言，世界各国在教育质量上的不公平比教育机会不公平严重得多①。

在现阶段，基础教育均衡发展的选择就意味着有其他的价值替代形式和消极后果的存在，我们无法完全兼顾。首先就是效率的一定损失。公平和效率是社会发展中遇到的主要问题，虽然它们并不是一对永恒对立的矛盾，但从现阶段国家教育的整体发展上看，效率和公平在相当一段时间内还是针锋相对的。在资源有限的情况下，要把公平问题摆在首位，特别是在今后一段时间内对贫困地区财政投入的加大，必然要以牺牲一定的教育发展速度和发展势头为代价。目前，我国教育发展失衡就是过分追求效率的结果。

公平与效率之间的矛盾，主要表现在政府对有限教育资源进行公平分配的过程中。由于教育公平所讨论的领域主要在公共教育，它要求达到在已有教育资源和社会制度范围之内分配上的公平，这种教育公平的实现，不仅需要在整个社会发展的宏观规划中依据同质平等原则加以通盘考虑，而且在具体推行时，又要求依据异质平等的原则，设计多样化的区域实施方略，以符合当时当地的经济发展与教育实际②。

---

① 杨东平：《教育公平的理论和在我国的实践》，《东方文化》，2000 年第 6 期。

② 国家教育发展研究中心：《2002 年中国教育绿皮书——中国教育政策年度分析报告》，教育科学出版社 2002 年版，第 77 页。

五、教育公平与教育均衡

在讨论和研究教育均衡时，我们必须先界定和研究教育均衡与教育公平两个不同概念之间的区别和联系，以及它们之间的相互关系。

（一）教育公平与教育均衡共同之处

1. 从社会学角度看，教育公平和教育均衡都是一种理念、一种公共政策选择。

2. 从法律学角度看，教育公平和教育均衡都关注起点的均等，强调受教育权利的平等和受教育机会的均等。教育公平包括起点公平、过程公平和结果公平三个环节；教育公平最基本的要求是强调教育机会的均等，让人人都能接受同样的教育，其更高的要求是强调教育的个性、差异、选择，使教育成为适合每个人自身的需要和潜在能力，以及各方面能力和全面发展的需要。教育均衡包含着教育起点的均等、教育资源配置的均衡、教育质量和教育结果的均衡等方面，教育均衡强调教育资源配置的均衡，其最基本的要求也是强调教育机会的起点的均等。

3. 从发展态势看，教育公平与教育均衡一样都是相对的、具体的、发展的，绝对的教育公平和教育均衡是不可能实现的。在现实的社会中，二者作为社会进步的重要标志，伴随经济发展和社会民主化的进程而逐渐扩大和深入。作为由国家实行的公共政策，扩大教育公平的主要途径是：实行义务教育制度，逐渐普及教育；在教育政策制定和制度安排上，消除基于偏见、意识形态或既得利益的不公平限制，建立公平、公正的规则；作为教育均衡的主要表现，教育资源配置的基本原则是有利于缩小事实存在的不公平，努力纠正教育资源分配不公的状况，并帮助处于最不利地位的阶层和群体等。

（二）教育公平与教育均衡的区别

1. 从内涵分析，公平与均衡有着不同含义。“均衡”重视数量、程度、质量上的一致，更具体，但“均衡”的分配并不一定是公平的，教育均衡不等于教育公平；同样，“公平”也不一定是均衡的。公平作为一个含有价值判断的“规范性概念”，比平等、均等、均衡更抽象，更具道德意味、伦理性和历史性（见专栏 2—1）。

2，从学理分析，教育公平是一个社会学概念，教育均衡是一个经济学概念。作为一个社会学范畴，教育公平是一种受教育权利和受教育机会均等。教育公平更加关注受教育者教育的机会均等。教育公平、教育民主化的核心是“教育机会均等”。由于事实上存在的个体才能、禀赋的差异、社会政治经济地位的不平等，人们对教育公平的关注集中在给所有人公平的发展和竞争的机会。作为一个经济学范畴，教育均衡则更加关注教育资源在受教育者之间配置的均等。

3. 从法律角度看，教育公平是保障公平教育权利，更多关注的是受教育者的受教育权利；教育均衡是确保教育资源的公平分配，更多关注的是教育资源在受教育者之间的配置。

4. 从发展形态看，均衡是动态的而不是静态的，是相对的而不是绝对的。公平是静态的而不是动态的。教育均衡发展的过程是由不均衡逐渐走向均衡；再由均衡到不均衡，并在更高层次上再次从不均衡走向均衡，这是一个动态的螺旋式的上升发展过程，它是一个全面、协调、可持续的发展。而教育公平更强调权利和机会一致。

从二者的相互关系分析，教育公平是教育均衡发展的理论基石，教育均衡是教育公平的基础和前提。教育均衡发展是促进教育公平乃至社会公平的调节手段和重要举措，教育公平是教育均衡发展的历史必然和最终结果。

专栏 2—1　公平与均等的差别

在公平理论的讨论中，有三个概念是经常涉及的：均等（Equality）、公平（Equity）、正义（Justice）。均等（有时被翻译为“平等”或“平均”）是一个实证性的概念，它是对一种客观的分配结果或分配状况的描述，它只回答不同人之间分配的结果是否有差别或者是否有差距，但并不回答这种分配结果是“好”还是“坏”，也不判断这种分配结果是“合理”还是“不合理”。均等是可以测量的。一些测量指标如基尼系数、变异系数、泰尔系数都是用来测量收入分配的均等程度的工具。

在讨论公平（有时被翻译成“公正”或“平等”）之前，需要先解释正义的概念。“正义”是一种价值观，是对社会运行状态和人际关系（包括分配关系）进行判断的价值标准。“正义”包含了“合理性”和“善”的内容，因而具有非常强烈的规范性。社会正义是任何一个社会必不可少的精神支柱，是社会成员达成共识和合作的基础，是解决矛盾和冲突的依据。

公平也是一种价值判断，是用正义原则对分配过程和分配结果的价值判断。当一种分配结果被认为是“公平”的，它是在表达这样一个含义：这种分配结果是符合正义原则的。也就是说，“公平的收入分配”是指符合正义原则的收入分配结果，“收入分配不公”是指收入分配的过程或结果完全地或部分地违反了正义原则。

由此可见，均等与公平是两个相互有联系但又有所不同的概念。均等并不必然意味着公平，公平也不完全等同于均等。就收入分配而言，收入分配的绝对均等化并不一定是公平。公平的收入分配结果不一定是平均分配的。由于中文中的"平等"一词既有"均等"的含义，又有"公正"的含义，当对一种分配状态的两种含义无法严格区分时，最好的办法是使用"平等"或"不平等"。

（摘自联合国开发计划署驻华代表处委托中国发展研究基金会协调撰写的《中国人类发展报告　2005　追求公平的人类发展》一书。）

实施教育均衡发展，追求的就是教育公平，教育公平是社会公平的基础，也是和谐社会的基石。教育公平不仅要关注教育数量的公平，更要关注教育质量的公平，从目前我国的教育发展情况看，教育质量的公平已成为追求教育公平的主要矛盾。在教育公平中，我们首先要解决起点公平，因为起点公平最终是过程公平、终点公平的基础和条件。因此，教育公平首先追求的目标就是起点公平，可以说，我们办好每一所学校、教好每一个学生，推进教育均衡，其实质就是追求教育公平。

综上所述，实现教育公平，作为现代社会政策和教育政策的一个目标，也是实现社会公平、促进社会民主化的重要手段，实质上应成为政府的行为。教育公平是指教育资源的公平分配，特别是公共财政支持的教育资源的均衡配置。为此，教育法律和教育政策应当体现对教育公平的保障，教育制度和教育结构的设计与调整应当有利于实施教育公平。而到目前为止，各国实现教育公平的策略主要有两种，即确保补偿与增加选择。

第二节　教育均衡发展的经济学分析

教育为什么要均衡，这是由教育产品的基本属性决定的，教育供求均衡是研究教育与社会经济协调发展的基本出发点，教育均衡的目标是教育需求与教育供给的相对均衡。

一、教育产品的属性

教育作为社会活动的一部分，教育的费用究竟应该由谁来提供：是由政府提供，还是由人民提供？教育是否产业化、市场化？要研究这些问题，首先需要我们准确界定教育服务的性质，即界定教育是属于公共产品，还是属于私人产品。

由于大多数类型的教育在技术上是可以实现排他的，并且教育还具有“拥挤的公共产品”的特性，因此，经济学家大多将其看成准公共产品。任何教育支出的直接受益者都是受教育者本人和他们的家庭。从这个角度考虑，教育的受益是可分割的。但是教育不能完全由私人市场来筹资，政府的筹资或经营是必要的。因为教育除了其可分割的私人利益之外，还具有重要的社会利益。这些利益从受教育者本人和他们的家庭外溢给社会的其他成员。如果把支付教育服务的全部责任都直接留给私人，那么，由于私人不会考虑给社会带来的外部效益，而只有在自己的预期利益等于或超过其私人成本时才愿意付费，这样就会出现教育经费不足的情况。

为了更加详细地讨论教育产品的属性，一般都对义务教育和非义务教育加以区分。义务教育具有很强的公共产品性质，它通过立法规范受教育者家庭以及各级政府的行为。在普及义务教育的地区，某个人接受了义务教育并不会妨碍其他人也接受义务教育，即义务教育具有消费上的非竞争性。从理论上说，所谓义务教育就应该是免费的，因此在提供了免费的义务教育的地区不存在因某人没有或不愿付费就将其排除在义务教育的范围之外，即义务教育应该具有受益的非排他性，这种非排他性并不是由于技术上难以实现造成的，而是属于一种制度安排。厉以宁教授曾将义务教育等形式的教育看成是具有纯公共产品性质的教育服务，原因在于“接受这些类型的教育服务的人并不直接付费，而维持这些教育服务的费用则由政府的财政部门承担，不享用这些教育服务的人也需要为此支付费用（如纳税）”。“对于接受这些教育服务的人来说，是不具有排他性的。”

将义务教育划归为纯公共产品，奠定了义务教育应该是免费教育的理论基础。政府应该通过财政手段向义务教育提供充分的资金。实际上，将义务教育看成是公共产品的观点很大程度上是基于公共产品应该由政府来提供的推论，而不是义务教育本身的产品特性。

也有观点认为，义务教育是一种制度安排。从产品特性的角度看，即使是义务教育的供给也可以实现受益的排他性，而且接受义务教育的人数的增加所带来的边际成本一般并不为零，另外不否认义务教育有巨大的社会效益，它毕竟也给受教育者个人和家庭带来了可分割的直接利益。因此，从严格的产品属性上划分，义务教育并不是一种纯公共产品，而是一种准公共产品。

近年来，我国教育资源配置政策发生了一些变化，国家逐步对义务教育阶段学生实行免费教育。因此，从我国教育实践的角度看，义务教育逐渐成为纯公共产品。但无论如何，如果我们将纯私人产品和纯公共产品看成是产品属性的两个极端，介于其间的是不同程度地拥有公共产品特性的准公共产品，那么，与其他形式的教育相比，义务教育无疑是更接近纯公共产品一端的。

义务教育以上阶段的教育具有消费的竞争性。高等教育更明显地具有“排他性”的特征，比如限于高等教育规模的制约，招生人数是有限的，一些人一旦被高等院校录取而占用了高等教育的资源，享用了其服务之后，至少就意味着另一些人将不能接受高等教育，阻止了他们对高等教育服务的享用；高等教育还具有“拥挤的公共产品”的特性；另外，对于高等教育来说，技术上也是可以实现受益的排他的。但是由于高等教育不仅使受教育者直接受益，而且具有正的外部效应，因此它们是准公共产品。

综上所述，由于教育在消费上具有一定的竞争性和不完全的排他性，因此，从整体上来说，教育属于有巨大正外部效益的准公共产品。不同类型的教育在“纯公共产品”与“纯私人产品”这两个极端之间所处的位置是不同的。义务教育等更偏向于“纯公共产品”一端，而相比之下，高等教育则更具有“私人产品”的色彩。所以，义务教育在一定意义上属于公共产品，它是一种强制的免费教育，在消费上不具有完全的竞争性和排他性，是同龄人都可以受到的教育。非义务教育中的高等教育，相对于义务教育而言，则更接近于私人产品。它不仅在消费上具有竞争性，而且也具有一定的排他性，不是同龄人都可以受到的教育。

二、教育产品的配置

教育的性质界定之后，教育应由谁提供，采取什么机制配置资源和提供支持，基本上就可以确定了。原则上公共财政应负担公共产品，并对具有外部性的准公共产品实行补贴。既然教育具有明显的积极的外部效应，那么，国家财政必须对教育给予支持。但是社会资源的稀缺性和政府财政能力的限制，决定了教育资源合理配置的必要性。如果教育服务完全依靠国家财政，而享受任何类型教育服务的个人并不支付费用，进行成本分担，那么不仅有限的财政资源难以支撑教育的庞大支出，而且由于受教育者可以通过接受教育获得部分的可分割的利益，因此，完全免费的教育在某些情况下会导致明显的公共资源的过度投资。也就是说，如果受教育者不用支付任何费用就可享受教育服务，那么，教育需求不可避免地将无限扩张，从而大量的资源将不得不用于供应这种需求。为了避免消费过度的问题，更为了将稀缺的资源合理有效地使用，政府必须在有限的资源范围内，有选择地对不同类型的教育给予程度不同的财政支持。

根据具有公共产品性质的程度，可以将教育类型划分为基本上具有公共产品性质的教育服务、具有准公共产品性质的教育服务和基本上具有私人产品性质的教育服务。

（一）公共产品的配置

具有公共产品性质的教育服务可以包括：义务教育、特殊教育、以广播电视等形式进行的公开教育等。比照关于公共产品所具有的特性，这些类型的教育基本上是依靠国家财政支出的。在实践中，政府按照对公共产品的提供方式将以上类型的教育划归为完全由公共经费支持的公共产品。

（二）准公共产品的配置

义务教育阶段以上的各类以公立教育机构为主要办学形式的学校，包括高等院校、高中、中等专业学校、职业技术学校、成人教育学院。这些学校所提供的教育服务一般具有“拥挤的公共产品”的性质，其数量是受到限制的。一些人享受了这类教育服务，另一些人就不能再享受了。即这些服务具有消费上的竞争性，而且可以通过向受教育者收费实现教育的排他性。政府是否应该支持这类具有准公共产品特性的教育服务呢？教育经济学研究的大量实证分析证明，在一定的条件下，教育可以提高受教育者的终身收入，带来私人的可分割的经济利益。而且随着受教育程度的提高，这种私人收益一般显现出增长的态势。在这种前提下，接受以上教育类型服务的受教育者进行教育成本的分担是合乎情理的。但是由于这类教育一般具有广泛的社会效益，受教育者个人所获得的知识、技能、态度等不仅可以为个人带来正的收益，而且会外溢到全社会，促进社会经济的发展，最终使其他的社会成员受益。因此，对这类教育政府财政应给予适当补贴以弥补受教育者付费的不足。

（三）私人产品的配置

收取报酬的家庭教师进行的教育，各种为满足个人自身发展或消遣而开办的兴趣班和补习班的教育等。这些形式的教育，可以通过市场的运作自行发展而无须国家财政的补贴。

国家财政究竟应该负担什么类型的教育在理论上属于规范性问题，在实践中各国的做法也不尽相同。它受到国家财政承担能力的制约，也是对不同价值偏好的公共选择。但原则上一般国家都是根据不同类型的教育所具有的公共产品性质的程度来决定财政的负担程度的。即某种教育类型所具有的公共产品性质越强，拥有的正的外部效应越大，则财政支持的力度越大。但也有例外的。例如非洲的一些国家教育财政的重点是高等教育，而基础教育则主要依靠家庭和个人出资。

总之，既然教育属于准公共产品，就应当由政府和市场共同提供，由公共选择机制和市场机制共同发挥作用。但教育的不同部分，由于产品属性不完全相同，提供方式和资源配置方式也应有所区别。义务教育因其纯公共产品的性质，基本上应当由政府提供财政支持；基础教育属于准公共产品，兼有公共产品和私人产品的双重性质，应由政府和市场双边提供，除政府提供财政支持外，还可以采取成本分担或成本补偿的办法，从学生及其家庭以及其他可能的渠道筹集一部分经费来保证基础教育工作的正常运行。

因此，发展教育主要是政府的责任。基础教育特别是义务教育投入要以政府为主。职业教育也要由政府主导，基础设施建设还要靠政府投入。高等教育经费大部分还是要靠政府投入，逐步实行以政府投入为主的教育成本分担机制。可以说，过去我国曾经提出过的“人民教育人民办”的口号，当时在国家财政还比较困难的条件下，我们穷国办大教育，依靠人民和社会力量办教育有一定的历史积极意义。但这绝不应当误解为推卸政府办教育的责任。同时，对于教育是否应当产业化，作为学术讨论是可以的，但各级政府在制定教育和经济政策中应避免用“教育产业化”概念，更不能以“教育产业化”思想来指导教育发展，不能用"教育产业化"思想作为政府摆脱财政困难和推卸政府承担办教育主要责任的手段。至于"农村义务教育政府办"，目前我国正在实施的农村义务教育经费保障机制改革表明国家正在向这个目标努力。

三、教育均衡的条件

从前面有关理论探讨和分析中，我们不难看出，归根到底，教育均衡的目标是教育需求与教育供给的相对均衡，教育资源配置的均衡是教育均衡的基础和前提。下面我们从教育资源需求与供给均衡的数理分析中，研究均衡的条件。

（一）教育市场

西方经济学认为一切资源都是有限的，从微观经济学的角度分析，教育均衡就是如何通过市场机制对有限的教育资源进行优化配置。然而，由于市场经济中存在盲目性、风险性和不确定性，必须通过制定一定的有效机制对教育的需求与供给进行必要的约束，使教育市场沿着正确的方向健康、持续地发展。

基础教育特别是义务教育属于公共产品，由国家强制性实施，其需求供给由接受义务教育的学生数量决定。因此，各级政府的任务是拿出切实可行的方案，保证所辖区内所有学龄孩子能够进入学校正常接受九年义务教育。社会公民享受国家统一提供的接受教育的平等权利和同等的受教育机会，同时具有选择接受更高级和更好条件的机会，也必须相应地为接受不同类型教育提供一定的教育成本补偿。这就形成了教育供求双方，也形成了以学校为教育供方、以社会用人单位和受教育者为教育需方的选择性教育市场。由于机会有限，为保证教育质量，政府政策和市场机制共同作用于教育领域，以保证教育供求平衡，进而保证教育市场（人才市场、技术市场、信息咨询市场、就学市场）的稳定发展。

建立教育经济的供求模型，需要以一定的假设条件为前提。这里，我们假设教育市场是一个相对独立的完全竞争市场，假设在这个市场里，每一个参与者都能及时和全面地掌握信息，可以根据所掌握的信息准确地作出决策①。在此前提下，我们从教育市场的供求模型来研究教育供给与教育需求之间的均衡问题。

（二）教育需求

1. 教育需求的概念

在经济学中，需求是指“消费者在一定时期内，在各种可能的价格下愿意而且能够购买的该商品的数量”②。

教育需求是指人们在一定的社会经济条件下对教育有支付能力的需要③。教育需求是人们的求知欲望与支付能力的统一。

教育需求在现代社会中，从教育需求主体来说，可分为国家需求、社会（生产或社会单位）需求、个人或家庭需求。其中，个人或家庭需求是教育需求的基本主体，社会需求最终体现为个人和家庭的需求，受教育者是各级各类教育的需求主体。从教育需求对象来说，可分为教育机会需求和教育产品需求，教育机会需求的主体是受教育者个人，因为教育机会的获得总是通过受教育者个人表现出来，个人为了满足某种精神或物质需要，对教育机会产生需要，如果个人没有接受教育的愿望或没有一定的支付能力，就不能形成有效的教育机会需求。教育产品需求是指受教育者在完成教育过程后所增加的人力资本，需求主体是各级各类的用人单位，社会用人单位为了提高劳动生产率，提高经济效益，增强创新能力，对教育产品产生需要。

（1）个人需求。个人需求对教育需求是多方面的，既有精神

① 娄成武、史万兵编著：《教育经济与管理》，中国人民大学出版社 2004 年版，第 134 页。

② 高鸿业主编：《西方经济学》，中国经济出版社 1996 年版，第 24 页。

③ 王善迈著：《教育投入与产出研究》，河北教育出版社 1996 年版，第 317 页。

的需求，也有物质的需求。由于教育需求是一种有支付能力的需求，因此，从经济学分析，影响个人教育需求的主要因素有：一是居民家庭收入水平和由此决定的消费支出结构；二是教育的个人成本；三是人们对教育的预期收益率；四是理想职业的需要。

（2）社会需求。社会（生产或社会单位）对教育的需求来自于社会对劳动力的需求。社会对教育的需求表现在：一是社会对在职职工岗前和在职培训的需求；二是社会对受过较高教育劳动力的需求。

（3）国家需求。国家的教育需求是通过政府对教育的需求来体现的。受过教育的劳动力是一切社会经济活动的基本投入要素，居民受教育水平的提高，是经济社会发展的必要条件和目的。因此，国家和政府有义务发展教育。为了发展教育，政府必须兴办学校和为学校发展支付必要的经费。

2. 教育需求曲线

教育需求量可看做所有影响因素的函数，为了便于分析，这里，我们假定其他条件保持不变，集中分析教育价格对需求量的影响，即把教育需求量看做价格的函数。这样，教育需求函数可以简单地表示为：

$Q_d=f(P)$ 式中，P 表示教育的价格，Q_d 表示教育的需求量。

一般来说，教育的价格越高，教育的需求量就越小；相反，教育的价格越低，教育的需求量就越大。

在其他条件不变的情况下，教育需求函数可以用需求曲线来表示。我们把表示教育需求量和教育价格之间对应关系的曲线称为教育需求曲线。教育需求曲线是一条向右下方倾斜的曲线，它表示教育需求量和价格之间呈反方向变动。

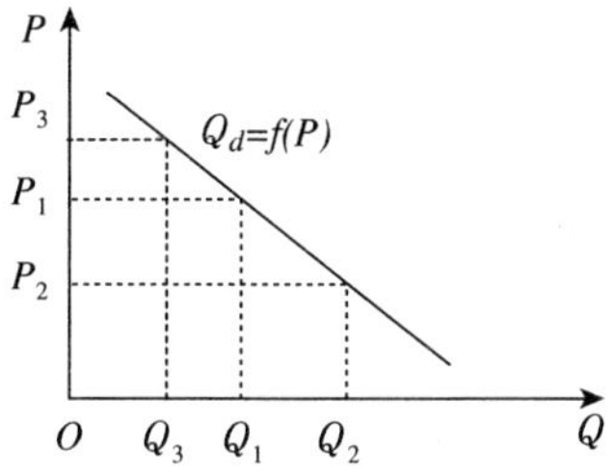

图 2—1 教育需求曲线

如图 2—1，横轴 OQ 表示教育需求量，纵轴 OP 表示教育价格。经济学中分析需求曲线和供给曲线时，通常以纵轴表示自变量 P，以横轴表示因变量 Q，这与数学上的习惯正好相反。

从图中可以看到，当教育价格为 P_1 时，与其对应的教育需求量为 Q_1；当教育价格由 P_1 下降为 P_2 时，教育需求量相应地由 Q_1 上升为 Q_2；当教育价格由 P_1 上升为 P_3 时，教育需求量也相应地由 Q_1 下降为 Q_3。

3. 需求曲线的移动

教育需求曲线是在影响教育需求量的其他因素保持不变的条件下得到的。如果在教育价格保持不变的条件下，其他因素发生变动，那么将会引起需求曲线的移动。某一因素变动所引起的需求曲线变动的方向与该因素所引起的需求量变动的方向相同。

如图 2—2 所示，D_1 为原有的需求曲线。在教育价格不变的条件下，如果某种因素发生变动使得需求增加，则需求曲线向右平移，在图中表现为 D_1 曲线向右平移到 D_2 的位置。如果某种因素发生变动使得需求减少，则需求曲线向左平移，在图中表现为 D_1 曲线向左平移到 D_3 曲线的位置。由其他因素引起的需求曲线的移动，表示在任何既定的教育价格水平下，需求数量都增加或减少了。

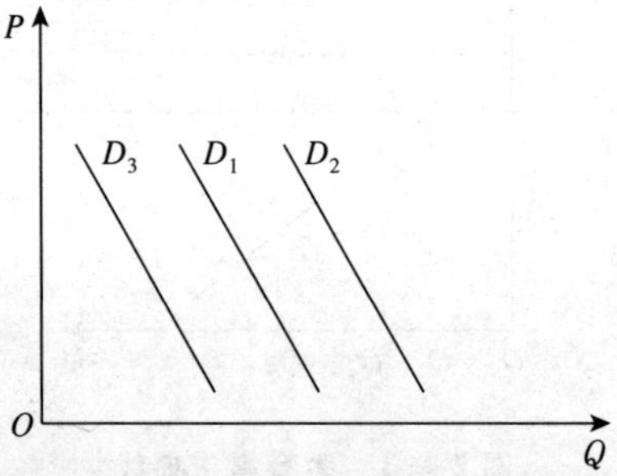

图 2—2　教育需求曲线的移动

（三）教育供给

1. 教育供给的概念

在经济学中，供给是指“生产者在一定时期内，在各种可能的价格下愿意而且能够提供出售的该种商品的数量”①。根据这个定义，供给必须是同时具有提供出售的愿望和能力的有效供给。

教育供给是指在一定时期内，一定单位教育成本下，教育机构所能提供的教育，表现为教育机构培养一定数量、质量、结构的劳动者的能力。学校是教育供给的微观主体，教育部门是教育供给的客观主体②。教育机构所提供的教育，既取决于社会和个人投入教育资源的多少，也取决于单位教育成本的大小，因此，教育供给是愿望与提供能力的统一。

教育供给在现代社会中，从教育供给对象看，可分为教育机会供给和教育产品供给。教育机会供给主体是国家和政府兴办的教育机构，如果教育机构不能够为受教育者提供教育机会，就不能形成有效的教育机会供给。教育产品供给主体也是教育机构，如果教育机构提供的教育产品不能符合用人单位的需求，就不能形成有效的教育产品供给。

---

① 高鸿业主编：《西方经济学》，中国经济出版社 1996 年版，第 24 页。

② 王善迈著：《教育投入与产出研究》，河北教育出版社 1996 年版，第 317 页。

影响教育供给的主要因素，除了教育价格之外，还有许多其他因素。一是教育投入。在教育资源利用率一定的条件下，教育供给取决于教育资源的投入。增加教育资源的投入，教育的供给就会相应增加；减少教育资源的投入，教育的供给就会相应减少。二是教育成本。教育成本是指培养一个学生所需要的花费，包括直接成本和间接成本。教育的单位成本增加，教育机构就会减少教育的供给；教育的单位成本降低，教育机构就会增加教育的供给。三是师资状况。在一般的情况下，师资的队伍越壮大、师资的质量越高，该教育机构提供教育供给的能力就越强，供给就会增加；相反，如果师资队伍缩小或师资质量下降，则该教育机构的教育供给能力就会下降，供给相应地减少。四是国家政策。取决于政府对教育的重视和努力程度。国家重视教育，增加教育投入，出台教育优惠政策，教育供给就会增加，教育就会发展，否则，教育供给就会减少，教育发展就会受到影响。

2. 教育供给曲线

教育供给量可以看做所有影响因素的函数。如果假定其他因素均不发生变化，只考虑教育价格的变化对供给量的影响，即把教育供给量看做价格的函数，则教育供给函数可以表示为：$Q_S=f(P)$。式中，P 表示教育的价格，Q_S 表示教育的供给量。

一般说来，教育的价格越高，教育的供给量就越大；相反，教育的价格越低，教育的供给量就越小。

在其他条件不变的情况下，教育供给函数可以由供给曲线加以表示。表示教育供给量和教育价格之间对应关系的曲线被称为教育供给曲线。教育供给曲线是一条向右上方倾斜的曲线，它表示教育供给量和价格之间呈正方向变动。

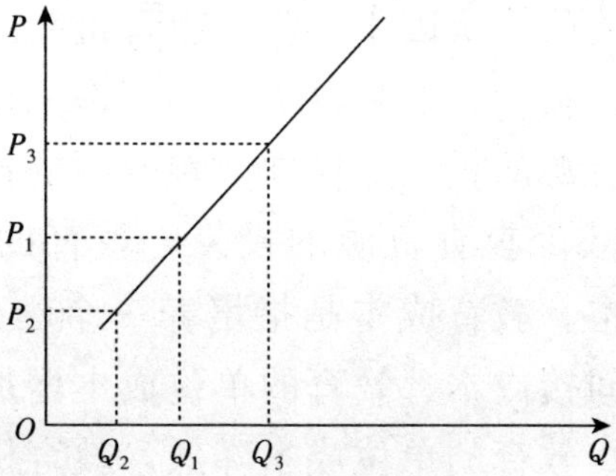

图 2—3　教育供给曲线

如图 2—3，横轴 OQ 表示教育供给量，OP 表示教育价格。从图中可以看到，当教育价格为 P_1 时，与其对应的教育供给量为 Q_1；当教育价格由 P_1 下降 P_2 时，教育供给量相应地由 Q_1 减少为 Q_2；当教育价格由 P_1 上升为 P_3 时，教育供给量相应地由 Q_1 增加为 Q_3。

3. 供给曲线的移动

除了教育价格外，影响教育供给量的任何因素发生变动，都可能导致供给曲线发生移动，并且某一因素导致的供给曲线的移动方向和该因素所引起的供给量变动的方向相同。

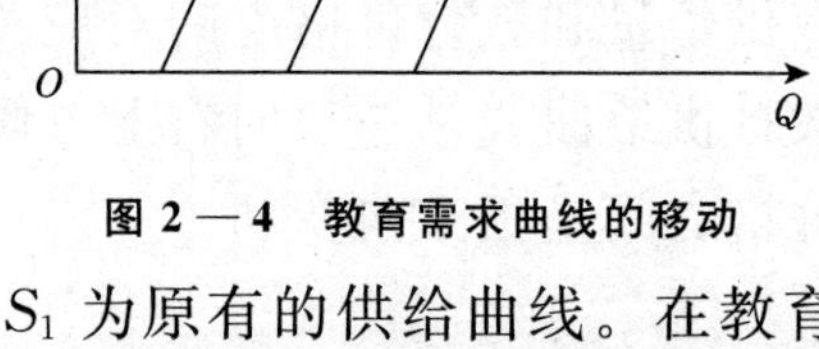

图 2—4　教育需求曲线的移动

如图 2—4，S_1 为原有的供给曲线。在教育价格不变的条件下，如果某种因素发生变动使得供给增加，则供给曲线向右平移，在图中表现 S_1 曲线向右平移 S_2 曲线的位置。如果某种因素发生变动使得供给减少，则供给曲线向左平移，在图中表现 S_1 曲线向左平移 S_3 曲线的位置。由其他因素引起的供给曲线的移动，表示在任何既定的教育价格水平下，供给数量都增加或减少了。

（四）教育供求均衡

1．教育供求均衡的含义

在经济学中，供求均衡是指当供给和需求这两种相反的力量相互作用达到一种平衡时产生的均衡，此时所决定的市场价格就被称为均衡价格，而与供求相等的数量被称为均衡数量。

教育供求均衡是指教育供求双方的愿望都得到满足，教育的供给量和需求量相等。这时所决定的教育价格就是均衡的教育价格，在均衡价格水平下的相等的供求数量就是均衡数量。从数学意义上说，教育市场的均衡出现在教育供给曲线和教育需求曲线的交点上，该交点被称为均衡点。均衡点上的价格和相等的供给量分别被称为教育均衡价格和均衡数量。在教育供求的均衡点处，教育的供给全部实现；对教育的需求全部得到满足；教育活动正常稳定，社会生活中不存在人才过剩或短缺，并能够人尽其才。

2．教育供求均衡曲线

从教育供求的总体来看，教育供求均衡表现为：第一，教育机会供给与个人需求的均衡；第二，教育产品供给与社会用人单位需求的均衡。下面用图 2—5 来说明教育供求的均衡。

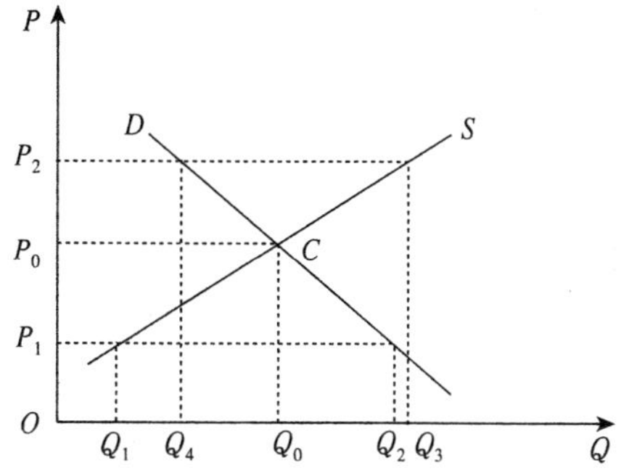

图 2—5 教育供求的均衡

在图 2—5 中，假定 D 曲线为教育市场的需求曲线，S 曲线为教育市场的供给曲线。需求曲线 D 和供给曲线 S 相交于 C 点，C 点即为均衡点。此时，教育均衡价格为 P_0，均衡数量为 Q_0。在 C 点，教育的供给量等于教育的需求量。当教育价格低于均衡价格为 P_1 时，教育的供给量为 Q_1，教育的需求量 Q_2，需求量超过了供给量，出现了短缺，Q_1Q_2 为短缺的数量，这种短缺的状况将迫使教育价格上升到均衡水平。当教育价格高于均衡价格为 P_2 时，教育的供给量为 Q_3，教育的需求量为 Q_4，供给量超过了需求量，结果出现了过剩，Q_3Q_4 为过剩的数量，这种过剩的状况将迫使教育价格下降到均衡水平。

在教育市场中，教育的均衡价格是在市场的供求力量的自发调节下形成的。当市场价格偏离均衡价格时，均衡价格就会发生相应的变化。在供给不变的情况下，如果由非价格因素引起需求增加，使需求曲线向右平移，从而使均衡价格和均衡数量都增加；如果由非价格因素引起需求减少，使需求曲线向左平移，从而使均衡价格和均衡数量都减少。在需求不变的情况下，如果由非价格因素引起供给增加，使供给曲线向右平移，从而使均衡价格下降，均衡数量增加；如果由非价格因素引起供给减少，使供给曲线向左平移，从而使均衡价格上升，均衡数量减少①。

教育供求均衡是研究教育与社会经济协调发展的出发点，其目标是教育需求与教育供给的相对均衡。然而，在现实的教育发展过程中，教育供求往往是非均衡的，这种非均衡不利于教育与社会经济的协调发展。

四、教育资源的配置

经济学是研究资源如何才能得到合理和有效配置的科学。经

① 娄成武、史万兵编著：《教育经济与管理》，中国人民大学出版社 2004 年版，第 133～141 页。

济学认为，人类的资源是稀缺的，为了使有限的资源被用于最合理的方面，或者说，为了寻求一种满意的体制或机制，以合理利用资源、配置资源，促进社会财富的增加，使财富或收入的分配趋于公平，必须进行资源配置问题的研究。

自古典经济学产生以来，有关资源配置问题的研究有两种趋向：一种观点认为，在社会有限资源条件下，市场机制是能够完善地、合理地配置资源的唯一有效的机制，资源配置学说是一种通过市场对经济自发进行调节的学说。另一种观点认为，从资源配置的过程和效果来看，市场机制具有相当大的局限性，这种局限性或者反映于对社会资源的利用不善，从而造成资源的闲置或浪费，或者反映于资源配置与收入分配之间的不协调，从而必须通过政府的调节职能或计划机制来取代市场机制的作用，以克服市场机制的局限性。

关于社会经济中资源配置机制的研究，以及社会主义社会的个人选择和政府选择问题，一直是经济学研究的重要问题。厉以宁教授认为，市场选择无非是投入的选择、产出的选择、分配的选择，而所有这些，都可以被看成是资源组合的选择。但如果在社会经济中的资源供给是有限的并且不同的资源的短缺程度不相等，那么就需要有政府的调节。政府调节的作用正在于影响微观经济单位的投入、产出和分配的选择，即政府采取一定的措施，使微观经济单位感到某种资源组合方式对自己比较有利，某种资源方式对自己比较不利，从而作出符合政府意图的选择。教育作为社会经济的重要组成部分，教育资源配置也必须按照社会经济中资源配置的基本规律进行。但教育资源配置还必须根据教育自身的规律和特点。义务教育主要应当由政府来配置，义务教育以外的教育资源配置应由市场调节和政府调节两种手段同时起作用。

在经济学中，资源配置是指以什么方式将社会资源分配到国民经济各个组成部分中去，以保证经济正常运行和社会资源得到最有效的配置和使用，从而满足人们各种不同的需要。采取什么样的方式分配资源以达到资源配置的合理与有效，是资源配置方式要解决的问题。在现代经济条件下，社会资源的配置方式从理论上说有计划和市场两种形式，而在现实经济中，两种方式同时作用，只有以哪种方式为基本方式的区别。

美国著名经济学家罗尔斯提出了作为正义的公平原理。罗尔斯正义的公平原理包括两个层次三个原则：第一层次为平等自由原则，第二层次为机会公正平等原则和差别原则。其中，第一个原则优先于第二个原则，第二个原则优先于第三个原则。罗尔斯公平三原则在教育经济学领域的具体运用，二者在公平原则上有着很大的共通性，涉及教育资源分配的以下五项原则。①资源配置均等的原则。保障公共教育资源的分配对所有学生都平等，符合罗尔斯的第一原则。②财政中立的原则。保证不同背景学生在享有资源分配上的机会均等，与罗尔斯的第二原则一致。③调整特殊需要的原则。保障对处境不利的群体进行补偿的倾斜政策，符合罗尔斯的第三原则。④成本分担和成本补偿的原则。在具体实施上述公平原则的过程中用以协调有限的教育资源整体平衡的具体措施。⑤公共资源从富裕流向贫困的原则。这是衡量教育资源分配是否公平的最终标准。

王善迈教授在分析市场机制条件下的资源配置时认为，在完全竞争的条件下，市场机制会使供给与需求逐渐趋于均衡，当所有物品都达到供求均衡时，可实现资源配置的帕累托最优。经济学分析还表明，当市场中的所有物品的边际成本等于边际收益时，市场达到均衡。这是因为对供给者来说，在当前的技术条件下，能用最低的平均成本生产出达到均衡点的产量，实现最大利润；对于需求者来说，这时的物品价格最低，给定的购买力能获得最大的满足水平。因此，也可以说，边际成本等于边际收益是市场机制下的资源有效配置的原则。

公共物品配置的目标与私人物品是一样的，也是收益（福利）的最大化，因此公共物品的配置原则也应与私人物品一样，是边际成本等于边际收益。因为只要边际成本小于边际收益，增加公共物品的供给会使社会净收益（福利）增加，而当边际成本大于边际收益时，增加公共物品的供给会使社会净收益降低。所以，在边际成本等于边际收益时，能使公共物品的社会净收益最大①。

教育资源配置是指教育资源在教育系统内部各组成部分或在不同子系统之间的分配。教育资源配置包括社会总资源对教育的分配、教育资源在各地区教育之间的分配（包括在各省、市、县之间的分配）、教育资源在城乡之间的分配、教育资源在教育内部各级各类教育之间的分配、教育资源在教育内部各级各类学校之间的分配。

根据我们前边对有关教育属性的分析，义务教育属于公共产品，是通过立法约束的受教育者的家庭和政府的行为，是一种强制性的免费教育。因此，义务教育不能通过市场交换来提供，全部应由政府免费提供。就我国现阶段而言，非义务教育，包括学前教育、高中教育、职业教育、高等教育和成人教育，均属于准公共产品。作为非义务教育的准公共产品主要应由政府提供，其资源配置的主要方式：一是教育机构由政府举办，教育经费由政府财政拨款提供；二是教育机构也可由私人或民间举办，由政府进行资助；三是可以向受教育者收取一定的学费。

五、教育资源配置的基本特征

教育资源配置的不均衡，是导致教育发展不均衡的主要因

① 王善迈主编：《教育经济学简明教程》，高等教育出版社2000年版，第117页。

素。教育资源配置不均衡是教育资源的短缺问题。事实上，义务教育也好，基础教育也好，在社会主义初级阶段，在中国这样一个发展中的人口大国，资源供给的短缺总是会存在的。一般来说，这种教育资源的短缺开始表现在满足基本教育机会的资源短缺，之后是扩大和增加教育机会的资源短缺，再后就是接受高水平和高质量的教育资源的短缺。在不同的地区，随着普及义务教育质量的不断巩固和人口覆盖面的逐渐提高，这种情况逐步呈现出递进的发展趋势。

我国是世界上受教育人口最多的发展中国家，教育供给不能充分满足社会日益增长的教育需求，教育资源供给的总量性短缺和结构性矛盾将会长期存在。在不同时期，我国教育资源的短缺又表现出不同的阶段性特征，主要体现在三个层次——教育的起点、过程和结果。第一层次：在起始阶段主要表现为满足基本教育机会的资源供给短缺；第二层次：在发展过程中主要表现在扩大和增加教育机会的资源供给短缺；第三层次：结果则主要表现为接受高水平、高质量教育机会的资源供给短缺。

在我国现阶段，这三个阶段的特征并存，只是在不同的经济和教育发展水平的地区，所表现的特点有所不同。目前，在我国西部经济欠发达地区，大部分地区普及九年义务教育的目标尚未实现，资源短缺主要集中反映在满足教育机会方面；在中部中等经济发达地区，已初步普及九年义务教育，资源性短缺主要反映在巩固普及九年义务教育成果和普及高中阶段教育方面；在东部经济发达地区，正在普及高中阶段教育，资源性短缺主要集中在优质教育资源方面。由于经济发展水平以及体制、政策等多方面的原因，长期以来在资源配置上，无论在区域之间，还是在区域内部，我国基础教育都存在教育资源配置不均衡的现象。

第三节　教育均衡发展对经济社会发展的作用

教育均衡对于经济社会和教育发展有什么作用，教育发展不均衡会产生什么样的结果？这是教育发展必须正视的问题，也是我们研究教育均衡发展的意义所在。

一、教育均衡发展是经济均衡发展的重要条件

教育均衡与经济社会均衡发展是相互作用、相互促进的关系。教育均衡是经济均衡和社会均衡发展的重要条件。教育均衡对于经济社会发展具有重要的推动作用。教育在推进经济社会发展中具有“优化发展环境、助推经济增长”，“创造代际公平、缩小社会差距”，“传播先进文化、构建和谐社会”等方面的重要作用，已受到了世界各国的广泛重视。2000 年，诺贝尔经济学奖得主詹姆斯·赫克曼曾以中国为例，通过对影响我国经济发展的投入不平衡、教育回报率潜力大，人力资本投资和缩小劳动力市场等的分析，认为中国经济增长的绩效将通过人力资本教育的增加而强化。

近年来，随着城市化进程的加快，我国正面临着因失业率上升、社会差距拉大，以及各领域不平等现象而引发的社会矛盾不断激化的难题；有的甚至酿成恶性事件，严重影响了经济发展和社会稳定。在这各种各样的社会矛盾中，教育问题因涉及千家万户而备受关注，尤其是基础教育的公平问题，更成为了一个绕不开的敏感问题，在整个社会、经济、文化、环境等多因素交织在一起的复杂过程中，有着牵一发而动全身的重要地位和作用。

教育发展是由一定经济发展水平决定的，但教育又是经济发展的重要基础和先决条件。越来越多的事实证明，经济的内涵和教育的功能在不断变化，因而教育不仅是经济发展的内在要素，

而且构成经济发展的新的生长点。教育均衡发展对于经济社会的均衡发展具有重要的推动作用。

（一）教育是区域经济的“助推器”

近年来，随着我国城镇化的发展，人口流动规模的不断扩大，未来人口将大量涌入城市。人口流动本身是一种资源流动，必然带来大量资金、物资、文化等其他资源的流动，有利于推动区域经济的发展。教育不仅是提高人口素质的根本途径，而且在经济社会发展中具有提升人力资源水平、优化投资环境、促进文化交流和融合等方面的独特功能，因此，必然成为区域经济的“助推器”。教育特别是基础教育，在吸引和留住人口方面更具有无可比拟的优势，可以说是最具长效性的引资方式，对区域经济发展有着非常重要的显著推进作用。目前各地区发展中出现的追求优质教育资源的现象，就是对基础教育这一功能价值的诠释。

（二）教育是社会公平的“平衡器”

教育公平是最基本的公平，教育向来被视为是实现社会平等“最伟大的工具”。在“知识改变命运，教育成就未来”的时代，为来自不同阶层家庭的孩子（尤其是农民工子女）提供均等的受教育机会，不仅是维护社会稳定的重要举措，而且从长远发展来看，也为这些人群的孩子打下发展的良好基础，就能使他们在未来社会中拥有较好的生存环境，从而有能力奉献社会和反哺自己的父母，这对于从根本上防止产生新的弱势群体，维护我国社会的长久稳定具有不容忽视的重要作用。

（三）教育是城乡文明的“传播器”

从根本上来讲，推进教育均衡发展的过程，就是城市文明向农村的传播辐射过程，也是推进农村教育发展的过程，其核心是将文化水平较低的农民转变成具有较高文化和文明素养的市民，以改变目前我国农村教育发展相对落后的现状。通过教育的文明传播器作用提高农民的现代公民意识和创业能力，转变其思想观念、思维方式、情趣追求以及生产、生活方式，使其认识水平、素质水平、行为水平都获得与时代相适应的发展。

近年来，随着学校、家庭、社区共建活动的开展，中小学校作为先进文化辐射源的功能逐渐显现出来，“学校→学生→家长→社区（或居住区、村落）→社会”这条文明渗透和公民教育的通道，引起了越来越多的人的重视。“以学生发展带动家长发展，以家长发展推动村落（或社区）发展”的实践探索，也产生出了巨大的效益，极大地提高了学生家长的文明程度，进而有力地推动了区域和社区的精神文明建设。

二、经济发展均衡是决定教育均衡发展的基础

经济社会发展是教育均衡的基础。在发展极不平衡的经济基础之上，学校教育要实现均衡发展是很困难的。教育均衡是由相应的经济关系所决定的，它是社会经济发展到一定阶段的必然产物。因此，教育均衡必须以一定的经济环境为依托，以经济发展的一定阶段为基础，我们只有结合经济发展实际来研究教育均衡，教育均衡才有可能，也才有实际意义。

教育公平是社会公平的一个重要方面，教育公平的实现需要一定经济社会条件做保障。经济社会发展是教育均衡发展的物质保障，一定的社会经济基础作为教育均衡发展的物质保障，在推进教育均衡发展的过程中具有极其重要的作用。在一国或一个地区，经济没有发展到一定程度，社会还没有解决人的基本温饱问题，国家的教育资源特别是优质教育资源在相当匮乏的情况下，也就没有教育均衡而言。因此，教育均衡发展是社会经济发展到一定水平的产物，经济发展均衡是教育均衡发展的基础前提。

詹姆斯·赫克曼认为，在物质资本和人力资本投入更加均衡，以及教育水平对于城乡及家庭背景依赖程度进一步减少的情况下，中国的经济增长也将因受教育的均等而得到加强。詹姆

斯·赫克曼特别提出，中国要重视人力资本投入，即重视对教育的投入。可见，加快经济发展，推动社会全面进步，加速发展教育事业，是推进教育均衡发展的前提。

迄今为止，即使在世界上最发达的国家，也仍未实现真正意义上学校教育的均衡发展。事实上，在教育资源达到极大丰富、不同地区之间经济存在差距的状况彻底改变之前，是不可能实现真正意义上的学校教育均衡发展的。在我国现实中，由于城乡差别、各地经济和社会文化的差异、管理体制不顺等原因，使得本已存在的区域之间、学校之间的教育发展不均衡现象有进一步加剧的趋势。如果任其发展，则因学校教育发展不均衡所导致的国民素质差异的扩大，必然会引发新的经济发展不均衡、社会发展不均衡，甚至会造成诸多社会隐患。

第三章

教育均衡发展的理论基础

教育均衡的理论基础是什么，教育均衡发展的核心因素是什么，教育公平与效率的关系是什么？这是教育均衡发展研究的经济学基础。

第一节　人力资本理论

教育经济学是研究教育与经济关系的科学，对于教育的改革与发展，以及经济社会的改革与发展的相互协调，对于政府、学校和家庭的教育决策，以及教育的管理都具有重要作用。因此，研究教育均衡发展必须以教育经济学的基本理论为指导。人力资本理论既是教育经济学的理论基础和基本方法论，也是教育经济学的核心内容。在国际权威的经济学大辞典《新帕尔格雷夫经济学大辞典》中，把教育经济学视为人力资本经济学。

一、人力资本理论的产生

人力资本是为提高人的能力而投入的一种资本，是西方教育经济学中的一个基本概念。这一理论的创始人是美国芝加哥大学教授、1979年诺贝尔经济学奖获得者西奥多·舒尔茨（Theodore W. Schultz），其代表著作是《人力资本投资——教育和研究的作用》。舒尔茨在这本书中，深入地探讨了人力资本的基本概念和一般属性，重点研究了对人力资本投资的过程以及促使人们进行这种投资的机会，分析了对稀缺性资源的有效配置，介绍测算了对人力资本投资收益率的方法，并评述了经济学家在探讨人力资本问题上畏缩不前的原因。舒尔茨认为，人力资本同其他资本一样，具有许多不同形态，可以作数量和质量的分析；传统的资本概念必须加以扩大。他还从正规教育和有组织的研究活动两方面阐明了人力资本理论，明确指出了人类获得的能力是生产力提高的一个重要因素，以及人力资本投资——提高知识水平和改善劳动力素质——在现代经济中所起的广泛作用及其重要的现实意义。

舒尔茨认为，完整的资本概念应当包括物力资本和与其相对应的人力资本两个方面。物力资本体现在物质产品上，人力资本体现在劳动者身上，指凝聚在劳动者身上的知识、技能及其表现出来的能力。舒尔茨指出，劳动者身上的这种能力是生产增长的诸因素中的主要因素。

经济学家对于人力资本的研究，激励因素主要有两个：对经济“增长剩余”的解释和发展经济学对教育与经济发展相关性的研究。人力资本的基本观点可以归纳为以下几点：（1）有技能的人的资源是一切资源中最为重要的资源；（2）人力资本投资的效益大于物力资本投资的效益；（3）教育投资是人力资本投资的主要部分；（4）人力资本的理论是经济学的重大问题；等等。

人力资本理论从20世纪80年代后期开始，特别是进入90年代以来，掀起了热烈的研究浪潮，其所及范围日益广阔。20世纪90年代初以来，经济学家和政治家逐步形成了基本一致的认识，即形态日趋显著的新经济是人力资本经济，决定一个国家和民族国际竞争力最基础、最重要的因素是人力资本。

二、人力资本理论的基本内容

在人力资本理论的形成过程中，许多经济学家作出了重要贡献。舒尔茨最早提出了人力资本理论体系，对经济发展的动力作出了全新的解释，是人力资本学说的奠基者和第一创始人。舒尔茨的理论体系的基本内容，可以概括为以下四点。

（一）人力资本积累是经济增长的重要源泉。舒尔茨认为，现代经济增长主要凭借人的质量的提高而实现。生产的发展，对劳动者的素质提出了越来越高的要求；凝聚在劳动者身上的知识和技能，日益成为决定生产水平和效率的关键因素。高素质的劳动力，必然具有高效率的劳动生产率，从而能够促进经济较快增长。

（二）人们处理不均衡状态能力的提高是教育促进经济增长的重要方式。假定技术等经济条件相对稳定，那么教育对经济增长的促进，一般说，可以理解为是由于劳动者知识和技能的增加，提高了劳动生产率。教育以怎样的方式来促进经济增长呢？舒尔茨认为，是以一种更为重要的方式，即提高人们处理经济条件变化能力的方式，间接地促进经济增长。

（三）有效地分配和利用时间的能力是人力资本的重要组成部分。舒尔茨认为，随着经济的不断增长，人类时间的价值变得越来越高。如何有效地分配和利用时间，已成为现代经济中获得较高劳动生产率的一个重要方面；关于如何有效地配置和运用时间资源的知识和技能，也已经或正在成为劳动者人力资本存量中的一个重要的和必不可少的组成部分。

（四）教育是使个人收入分配趋于平等的重要因素。经济增长的效应之一，是有助于消灭贫困，有助于熨平收入分配中的不平等。舒尔茨认为，在这一过程中，人力资本投资（主要是教育）发挥着积极的促进作用。在教育中获得了知识增加和技能提高的劳动者，不但提升了劳动生产率，而且与此同时也增强了获取收入的能力。由此可见，教育除了具有促进经济增长的经济价值，还具有改变工资结构和水平并进而改变收入分配不平等的力量。舒尔茨指出："对于经济增长、工资结构和收入分配这三项中的任何一项来说，都可以用受教育的多寡作为说明问题的重要可变因素。"①

研读舒尔茨的这些理论观点，我们可以看出：第一，舒尔茨对人力资本积累与经济增长高度相关的判断是正确的。随着人类社会物质资料生产规模的不断扩大和生产活动的多样化、复杂化发展，物力资源的稀缺性增加，生产物力资本的成本和难度上升，生产技术水平和对劳动者的知识和技能的要求日益提高。生产决策者和劳动者的知识与技能逐步成为发展生产并在竞争中获胜的决定因素。经济活动中的人力资本积累越丰富，越有利于生产的发展和经济的增长。第二，通过教育，不仅能够增加人力资本投资者个人的人力资本存量，而且能够提高投资者分析问题、解决问题和风险决策的能力。正如舒尔茨所言，提高人们应付经济条件变化的能力，是教育促进经济增长的一种重要方式。第三，舒尔茨认为有效地分配和利用时间的能力属于人力资本的重要组成部分。教育能够使受教育者的知识增加、智力开发，使其配置和利用包括时间在内的稀缺资源的能力提高。第四，舒尔茨认为教育使个人收入分配趋于平等的因素，这对于初等教育或义务教育来说是完全正确的。但对于非义务教育，特别是高等教育

① Schultz，T. W.，*The Economic Value of Education*，New York：Columbia University Press，1963。

来说，这一观点却不能成立。[1]

三、人力资本理论是制定教育均衡发展政策的理论基础

人力资本理论为西方教育经济学奠定了重要的理论基础。由于舒尔茨创立的人力资本理论被广泛接受，人力资本理论成为许多国家制定教育发展政策的理论基础。

人力资本理论通过“教育—劳动生产率—工资”的关系，证实教育的经济价值。通过教育与工资关系的实证分析，说明工资差别反映了教育水平的差别，通过教育发展，缩小国民教育水平的差别，国民收入分布的方差就会相应减少，教育成为缩小人们收入差别、促进社会公平的政策工具。因此，教育均衡发展是一个教育经济学的问题，因为均衡发展的核心就是通过改变资源配置的方法缩小差距。

美国经济学大师萨缪尔森认为：“经济学研究社会怎样把有限的资源变成有价值的东西，并且把它们在不同的人们之间进行分配。在这条件下，有两个重要的经济学观点：由于物品是稀缺的，因此社会必须有效利用资源；经济学由于稀缺的现实和提高效能的渴望而由此成为重要的学科。”[2] 经济学之所以重要，主要在于其揭示了资源稀缺性与人的需求无限性之间的矛盾。

王善迈教授认为：“教育经济学主要是运用经济学的理论和方法，研究教育与经济的相互关系及其变化发展规律，研究教育领域中资源投入和产出规律的科学。”[3] “资源配置问题实质上就是对稀缺资源使用的选择问题。经济学把资源配置问题归结为四

① 王建民著：《人力资本生产制度研究》，经济科学出版社 2001 年版，第 19～21 页。

② Paul A. Samuelson，Willam D. Nordhaus：*Economics sixteenth edition*，机械工业出版社 2002 年版，第 4 页。

③ 王善迈著：《教育投入与产出研究》，河北教育出版社 1999 年版，第 29 页。

个关于经济如何运行的问题：生产什么，生产多少；如何生产；为谁生产；谁作出经济决策，以什么方式作出决策。这四个问题是资源配置的核心问题，对这些问题的不同选择就形成了不同的资源配置方式。”①

靳希斌教授也认为：“人类的需求是无限的，而满足人类需求的经济资源则是稀缺的，这种需求的无限性与经济资源的有限性之间的矛盾，要求人们必须合理有效地配置各种经济资源。资源配置就是将有限的经济资源在不同的需求之间进行分配。”②所以，资源配置就成为教育经济学研究的核心问题，也是推进基础教育均衡发展的关键问题。

通过教育的均衡发展，逐步解决区域内教育资源配置的失衡现象，尽可能均衡地分配基础教育资源特别是义务教育资源，是政府制定公共教育政策的基本原则。长期以来，我国在教育资源配置上，无论区域间，还是区域内部都存在着明显的失衡现象。因此，在当前基础教育改革与发展的进程中，我们必须立足于不同地区的实际，采取积极进取、实事求是、因地制宜、分区规划、分类指导、分步实施的方针，建立起合理的教育资源配置机制，逐步解决教育资源配置的失衡现象，以推进基础教育的均衡发展，大面积提升我国基础教育的总体水平。

第二节　新制度经济学理论

按照舒尔茨的制度均衡理论模型，制度变迁是制度由初始均衡到非均衡再到新的均衡的演进过程。新制度经济学家接受并发

① 王善迈主编：《教育经济学简明教程》，高等教育出版社2000年版，第31页。

② 靳希斌主编：《教育经济学》（修订本），人民教育出版社2004年版，第144页。

展了舒尔茨的制度均衡理论模型，建立了制度均衡分析框架。对这一分析框架的理解，需要从制度均衡与非均衡的基本问题开始。

一、人力资本的生产制度是由均衡到非均衡再到新的均衡的演变过程

所谓制度均衡是指这样一种状态，即在其他条件不变的情况下，“现在制度安排的任何改变都不能给经济中任何人或任何团体带来额外的收入”。① 制度均衡意味着在当事人的讨价还价能力既定的条件下，没有人能够从改变现有制度中获得好处。这可看成是制度的“帕累托最优”（Pareto Optimal）状态。当一种制度处于均衡状态时，对这种制度的需求与供给，即对这一制度所提供的服务的需求与供给相等；否则，制度非均衡。制度非均衡最主要的表现在于以下几个方面。

一是制度供给不足。即相对于对制度所提供的服务或对新制度的需求而言的供给不足。制度供给不足反映的是制度供给的“时滞”问题，这从根本上反映了制度供给的复杂性。影响制度供给效率的因素包括宪法秩序、制度设计的成本、现有知识积累水平与社会科学的进步、实施新制度安排的预期成本、现存制度安排（新制度安排创新中对原制度安排的“路径依赖”）、意识形态、国家预期净收益等。这些制约因素以及环境对制度服务需求的变动，以至制度供给不足成为制度非均衡的主要形态。

二是制度供给过剩。即相对于经济社会对制度或制度所提供的服务的需求，有多余的制度或过量的制度服务供给。在这种情况下，只要取消多余的制度安排，或者限制服务某些制度安排的

① ［美］R. H. 科斯等著，刘守英译：《财产权利与制度变迁：产权学派与新制度学派译文集》，上海人民出版社 1994 年版，第 297 页。

作用，即可增加收益。

三是制度效率降低。由于制度选择集合中其他制度安排效率的提高，使现行制度安排在这个制度安排选择集合中不再有最佳效率。这同样会造成制度非均衡态。

制度均衡是暂时的、相对的。制度均衡可以理解为制度结构中各制度安排保持着构成、功能和运行效率不变化，或者说环境对制度所提供的服务的需求与制度对服务的供给相等。均衡还意味着，在现存制度结构下，各利益主体的获利潜力和获利机会，基本上可充分释放或满足，暂时不存在建立新的制度安排的压力。这样的均衡状态，只有在环境要素保持不变或基本不变前提下，才可能存在。然而随着生产方式的改进与技术的进步、产业结构的调整、国民收入的增加、高新科学技术创新等变化与发展，必将改变对人力资本总量、层次和结构的需求，引致人力资本生产制度的变迁，从而打破人力资本生产制度的均衡状态。因此，人力资本生产制度的均衡具有暂时性和相对性。

制度均衡是相对的，非均衡是绝对的。首先，这是因为制度结构中各制度安排本身，具有向更加完善、更有效率或更高层次演变的趋势。例如教育法律制度在实施一定时间之后，需要根据具体情况的变化加以修订；学校教育制度和业余教育培训制度，需要注意调整运行机制和结构，以维持或提高运行效率；教育目的、教学内容和教学方法与手段，也会向完善、适用、效率方向发展。其次，还在于环境要素的变化而引起的环境对制度服务需求的变动。

总之，人力资本的生产制度是由均衡到非均衡再到新的均衡的演变过程。即由均衡到非均衡主要取决于客观环境因素的发展变化，以及制度结构中各种制度安排按照自身规律的自发演进；而从非均衡到均衡虽然根本上仍决定于客观因素发展变化所创造的机会和空间，但制度安排的创新却在很大程度上取决于创新主体职能的发挥。①

二、教育均衡发展选择的基本规范是制度

发展经济学早期已有经济学者意识到了制度在经济发展中的重大作用。如刘易斯（Lewis）在对经济增长源泉的分析中指出，技术进步是表层原因，而由土地制度、产权制度和专利制度等所激发的技术创新热情才是更为深层次的因素。他对二元结构的分析显著地解释了发展中国家经济制度各方面的不均衡性。缪尔达尔讨论了许多发展中国家的循环累计因果效应，揭示了其制度根源，提出只有进行农村土地制度创新，才能摆脱恶性循环，走向良性循环。库兹涅茨（Kuznets）对大量低收入国家的历史统计和罗斯托（W. W. Rostow）对“传统社会”的分析，也体现了政治结构、法律体系及社会文化整合等方面的特征，指出了制度缺陷是发展中国家经济落后的根源。在这些学者看来，制度是很难进行严格分析的范畴。

新制度经济学一反经济学传统，把制度作为经济发展的“内生”变量引入经济分析，从而引起了西方经济学的一场革命性的变革。新制度经济学立足于人的现实需要和人类行为动机的复杂性来研究人，开辟了西方经济学的人类行为分析、利益分析和人与人之间的关系（生产关系）分析的新境界和新的理论范式。它关于人的行为的三个著名假设是：(1) 人是在一定的制度和生产力水平约束条件下追求利益最大化的经济人；(2) 人在追求利益最大化的过程中存在着机会主义行为倾向，威廉姆森（Oliver E. Williamson）认为，机会主义就是指在非均衡的市场上，人们故意在信息方面进行误导、歪曲、掩盖、搅乱或混淆的行为，

① 王建民著：《人力资本生产制度研究》，经济科学出版社 2001 年版，第 182～190 页。

从而造成信息不对称，使经济组织的问题复杂化；(3) 人们面临着一定社会阶段的资源的稀缺性与人们的需求偏好的多样性以及人们需求欲望的无限性之间，存在着永恒的普遍的利益冲突。由于信息的不对称、不完全以及人们对知识和信息的获取能力的有限性，再加上市场经济中各种不确定因素和风险的存在，所以人们只具有有限的经济人理性（而不是新古典经济学假设的完全经济人理性）。

马克思主义认为，社会制度是由经济制度、政治制度、法律制度和文化制度构成的制度体系。经济制度是最基本的社会制度，它又可以分为以占主导地位的生产资料所有制性质（财产所有权）决定的并由一个社会全部经济基础（生产关系）总和构成的基本经济制度结构，以及由社会交换方式、分配方式、资源配置方式和企业财产组织与经营方式决定的具体经济制度即经济体制。我们现在所说的制度不均衡或制度变迁、制度创新主要指经济体制的不均衡、变迁与创新。而对于什么是制度或制度的基本内涵，西方经济学家根据自己不同的研究目的作出了不同的解释。舒尔茨把制度定义为一种行为规则，这些规则涉及社会、政治与经济行为。诺思认为“制度是一个社会中的一些游戏规则；或者，更正式地说，制度是人类设计出来调节人类相互关系的一些约束条件”。这里的“游戏”，也就是“博弈”，指人们相互作用、相互制约，即为争取实现各自的往往是相互冲突的利益目标时结成的一种相互关系。制度也就是人们设计出来用于调节人与人之间利益关系的一种社会机制①。

新制度经济学派将“制度”概念纳入经济模型后，探讨了制度的基本功能和对经济增长的影响，以及制度变迁、制度选择与

① 柳新元著：《利益冲突与制度变迁》，武汉大学出版社 2002 年版，第 14～19 页。

安排等，认为制度非均衡是引起制度变革的主要原因。他们对制度均衡和制度不均衡的理解主要有以下几种：诺思认为，制度均衡指在给定的一般条件下，现存制度安排的任何改变都不能给经济中任何个人或任何团体带来额外的收入的状态。与这种均衡相对应，制度非均衡是指存在现存制度改革将导致帕累托最优的机会，有可能使制度均衡状态得到改变。这些机会具体指：(1) 安排创新的潜在收入可能会增加；(2) 组织或者操作一个新制度安排的成本可能发生改变；(3) 法律上或政治上的某些变化可能会影响制度环境，使得某些集团实现一种再分配或趁机利用现存的外部利润机会成为可能。

青木昌彦则从博弈均衡的角度来定义制度，认为制度是“经济行为者就现实中的博弈如何进行而达成的共有信念”。这些共有信念反映了包括政府在内的所有行为者在战略行为上的均衡。而且，由于人们经济、政治、组织和社会诸领域中所选择的（主观认为的）最佳战略互相依赖，可以出现多重均衡。反之，如果这些共有信念不能维系，各种行为者的博弈不能互相支持，甚至彼此矛盾冲突，就出现了制度非均衡①。可见，制度的均衡态就是既适调又适意的状态，简称双适态。一个制度系统可能处于适调态但未必同时又处于适意态，这时制度系统处于不均衡状态中②。

无论是制度选择中历史程序决定制度选择结果的理论，还是路径依赖和报酬递增效应，都揭示了公共决策对社会发展进程有着重要的影响。不同的决策选择会导致不同的历史发展进程。因此，在公共决策的实践中，我们不仅要用科学的技术和方法，更

① ［日］青木昌彦：《飞雁式制度变迁》，《比较》，2002 年第 1 期。

② 张旭昆：《论制度的均衡与演化》，《经济研究》，1993 年第 9 期。

要以公平、民主、正义等价值作指导①。

教育均衡发展问题又是划时代的公共选择问题，选择的基本规范是制度。因为，“制度理论描述、解释和预测规则的出现及其效应，并研究，改变特定规则会如何促进或阻碍某些后果或某类后果。”② 教育均衡发展必须选择和创建一系列规则，因为，基础教育是一个“外部性”很强的领域，必然涉及“公共选择”问题。由此可见，实施基础教育均衡发展，政府在教育的公共决策中不仅要体现教育公平、民主、正义的价值观，还要采取科学的对策和方法。

第三节　公共产品理论

自改革开放以来，我国经济体制逐渐实行了由计划经济向市场经济的转变。市场经济体制的逐步实施给我国的经济和社会发展带来了极大的活力，从而使经济和社会进入了一个高速发展时期。然而，由于长期以来计划经济模式已在人们的头脑里占据了根深蒂固的位置，同时不少人对市场经济还缺乏全面正确的理解，因此在处理教育领域中的具体问题的过程中常常存在着对市场经济的误解。一些人仍然习惯于计划经济体制下的工作方式，另一些人则走向了另一个极端，片面追求市场经济的“自由放任”。为此我们有必要深入探讨一下市场经济与教育相关的一些基本概念，通过公共产品理论，探讨一下政府在发展教育中的责任，为全面地把握市场经济条件下中国教育运行机制奠定理论基础。

① 王佃利、曹现强主编：《公共决策导论》，中国人民大学出版社 2003 年版，第 311～313 页。

② [德] 柯武刚、史漫飞著，韩朝华译：《制度经济学》，商务出版社 2002 年版，第 38 页。

西方经济学历来重视对公共产品问题的研究。这不仅因为公共产品是市场机制发生失灵的一个重要领域，公共经济学中的资源配置职能也主要体现在公共产品的提供上，而且市场经济体制下政府的公共支出主要以公共产品的提供范围为依据。因此，公共产品的研究，构成了公共经济学理论的一个核心内容。公共产品理论对于教育均衡发展研究具有重要的指导意义。

一、公共产品与准公共产品

根据公共产品理论，我们可以把社会总产品分成私人产品、公共产品以及介于它们两者之间的混合产品。

（一）公共产品

公共产品的概念最初是由兰度尔（E. R. Lindahl）提出的，后来萨缪尔森将其加以发挥。这被看成是“公共财政理论发展的主要突破之一”。按照萨缪尔森的观点，所谓公共产品就是所有成员集体享用的集体消费品，社会全体成员可以同时享用该产品；而每个人对该产品的消费都不会减少其他社会成员对该产品的消费。现代经济学所广泛接受的定义，是后来被经济学家所发展的萨缪尔森式的定义，它从分析公共产品所具有的两大特征来界定公共产品的概念。这两大特征，一是消费的非排他性，一是消费的非竞争性。

公共产品的特征，有的教科书中将其归纳为非排他性和非竞争性两个基本特征及生产的不可分性，规模效益大，初始投入特别大、随后所需经营资本额减少，生产具有自然垄断性，对消费者收费不易或收费本身所需成本过高，其消费具有社会文化价值等六个其他特征。有的教科书认为，与纯粹私人产品相比，纯粹的公共产品有以下三个主要特性。

第一，效用的不可分割性。私人产品的一个重要特征是它们可以被分割为许多能够买卖的单位。私人产品的总量等于每一个消费者所拥有或消费的该商品的数量的总和。而公共产品则是作为一个整体提供的，不能被分割为若干单位分别提供给不同的消费者。任何一个消费者实际享用的公共产品的数量就是该公共产品的总量。公共产品具有使社会共同消费、共同受益的特点。

第二，消费的非竞争性。对于一般的私人产品，当增加一个消费者时，其边际成本不等于零，这就是消费的竞争性。但对于公共产品则不然，在一定条件下，增加一个消费者不会减少任何一个人对该产品的消费量，生产的可变成本并没有发生变化。这种消费上的非竞争性来自于商品的不可分性。某个人或某个群体对公共产品的享用不会妨碍或减少其他人或群体对这种产品同时享用，即新增加的消费人数所带来的边际成本为零。这就是公共产品的“非竞争性”。

第三，受益的非排他性。对于私人产品，购买者支付了价格就取得了该产品的所有权并可轻易地排斥他人消费该产品，这就是受益的排他性。但某个人或某个群体在享用公共产品的同时，无法将另一些人或群体排除在公共产品的受益范围之外。

同时满足以上三个条件的产品是严格意义上的公共产品，称为纯公共产品。纯公共产品最典型的例子是国防。另外，法律和秩序、环境保护、物价稳定等都类似于国防，具有纯公共产品的性质。

（二）准公共产品

在现实生活中，纯公共产品并不普遍存在。一些产品虽然具有消费的非竞争性，但在技术上却能够实现受益的排他性；而另一些产品虽然不具有消费的非竞争性，却因排他的成本过高而很难在技术上实现受益的排他性。这些都既不是纯公共产品，也不是纯私人产品。实际上纯私人产品和纯公共产品可以被看成是一个产品属性的两个极端，基于这两极之间的具有公共产品的部分特性的产品是混合产品，也称为准公共产品。

“拥挤性的公共产品”就属于这种范畴。它是指虽然某种产品的效用可为全社会所享用，但由于消费者数量的增加会导致拥挤，使得每个消费者从中所获得的效益下降，即消费上具有一定的竞争性。举例来说，名义上一地区的儿童均可进入某所小学就读。但实际上随着就学儿童人数的增加，班额可能会提高，师生比可能会下降。当学生数量增长到一定程度而学校办学条件又不能相应调整的时候，学生所能享受到的教育服务质量将受到影响，这时的边际成本为正数。

另外，“价格排他的公共产品”也属于这种范畴。它是指某种产品的效用虽然可以被全社会享用，但产品却可以定价，在技术上能够实现排他，那些不愿意支付费用的消费者可以被排除在消费范围之外，即消费上具有一定的排他性。如上例中的小学可以采取收费的手段限制入学。虽然名义上该地区的儿童都可以入校就读，但那些不愿付费的家庭将不能让子女享受到该校的教育服务。

二、公共产品与准公共产品的供给

（一）公共产品的供给

公共产品与经济的外部效应密切相关。所谓外部效应是指某些产品给生产者或消费者之外的人带来了正的或负的影响。公共产品具有巨大的外部效应，准公共产品具有明显的外部效应。准公共产品所提供的一些利益对个人来说是可分的，另一部分利益对社会来说却是不可分的。考虑到外部效应既有积极的，也有消极的，所以有学者将准公共产品进一步界定为具有积极的、正的外部效应的混合产品。也有学者将具有正的外部效应的产品定义为狭义的准公共产品，用来区分将混合产品定义为广义的准公共产品的说法。

公共经济学理论认为，为了有效地配置社会资源，纯私人产品应该由私人部门通过市场提供。纯公共产品应该由以政府为代表的公共部门以非市场的途径提供。

（二）准公共产品的供给

对于介于私人产品和公共产品之间的准公共产品的供给，则应该是市场供给和政府供给相结合。这种结合形式既可以是以私人部门通过市场途径为主，也可以是以政府部门的直接提供为主，还可以是市场提供，而政府部门填平补齐。

政府对准公共产品的支持范围和程度一直存在着争议，这也决定了人们对政府筹资的态度。如果没有外部效应的成分，那么就应该由私人市场提供。但是如果有外部效应，则混合的筹资方式是必要的。向使用者或者消费者直接收费，而不是完全依赖税收，能产生充足的收入，弥补政府财政的不足，为准公共产品的供给提供资金。由税收来补充并结合直接使用者所付的费用应该是融资的方式。然而，由于对私人利益和公共利益没有科学和客观的度量方法，而且人们的价值判断也是千差万别的，所以不同政府对准公共产品的生产组织和筹资方式也是不同的。

综上所述，由于公共产品的特性，所以公共产品必须由公共部门来提供。对于准公共产品，其外部效应导致了社会边际成本和社会边际效益的分离，所以完全由私人通过市场提供将会出现供给不足。因此对于具有外部效应的准公共产品，应该采用市场机制和政府机制结合的融资方式，在个人付费的同时，政府通过财政给予补贴。政府可以以此为原则，通过财政资源配置职能，调节和影响社会总资源配置的方向和数量，合理地在私人产品和公共产品之间分配社会资源，组织提供公共产品的生产并优化公共产品的构成，最终实现社会资源的优化配置。因此，公共物品和外在性的存在为公共选择提供了理由。由于公共物品不能通过市场过程有效地提供，因此，就需要通过集体选择来决定公共物品生产什么、如何生产和为谁生产的问题。基础教育属于准公共物品，其提供应当通过集体选择来决定，由政府负责提供，进行基础教育资源的优化配置。

第四节　公平与效率关系理论

实现公平和提高效率是现代社会经济发展的两大主要目标。公共分配的基本原则主要就是如何处理公平和效率的关系问题。但二者的关系问题长期以来一直困扰着人们，即二者是统一，还是此增彼消，抑或是对立统一的关系呢？

美国经济学家阿瑟·奥肯在《平等与效率——重大的抉择》一书的序言中写道："社会面临着选择：或是以效率为代价稍多一点的平等，或是以平等为代价稍多一点的效率。"短缺经济学家科尔奈认为，公平和效率二者是鱼和熊掌不可兼得。我国学者依据马列主义唯物辩证法的观点认为二者是辩证统一的关系，但缺乏深入的研究。因此，正确地认识这一关系，明确公共分配的基本原则，对于坚持市场化的改革取向，建立社会主义市场经济体制，推动社会经济的发展，促进社会公平，保持社会稳定具有重大意义，对于推进基础教育均衡发展也具有重大意义。

一、公平与效率的内涵

（一）公平的内涵

正确认识和把握公平与效率的关系，首先要科学界定公平与效率的内涵。社会公平是一个有争议的概念，因为它同主体的价值判断有关，它体现着不同利益主体的不同价值判断，具有历史性和相对性。综观历史，大致有以下几种社会公平观：

一是平均主义公平观。这是手工业与小农经济的产物，它把平均与均等化作为衡量社会公平的标准。

二是等级主义公平观。它认为人天生就是不平等的，因而在社会中理应得到不同的待遇。

三是功利主义公平观。主张以功利、国家利益或“最大多数人的最大幸福”构成社会公平的目的，公平的分配方式也就是最有助于实现这一目的的分配方式，即按贡献大小分配。

四是自由主义公平观。其核心内容是对不同出身、不同民族、不同信仰、不同肤色、不同性别的人都给予同等的竞争机会，亦就是机会均等与起点平等。

五是马克思主义公平观。马克思主义公平观认为，只有消灭了生产资料的私人占有制，消灭了阶级和阶级剥削，无产阶级才能在实际上取得平等的权利。但是，今天我们不能拘泥于马克思主义创始人的某些论断，而应该注意到他们当时的思路：消灭阶级差别，实现真正的公平要经历不同的发展阶段，每一个阶段的公平都要有同现实的经济、政治与文化环境相适应的具体内容。

根据市场经济的内在要求，我们应该确立这样的公平观：即在社会政治领域内，每个人享有的地位和权利应该是平等的，同时，他们对社会所尽的义务也应该是平等的；而且每个公民在法律面前都应该一律平等。在经济领域内，国家首先要从宏观上积极创造外部环境，使每一个人都有同等的竞争机会，使他们能够“站在同一个起跑线上”。在市场经济条件下，机会的公平表现为：平等的市场参与权、平等的市场竞争权和平等的市场经营权等。国家要通过运用法律来规范微观主体的经济行为，使其在市场规律的支配下用正当的竞争手段进行竞争，并且要弱化进入市场的壁垒。在公共收入分配方面，应坚持收入分配方式的公平性和分配结果的合理性。

现代社会收入分配的公平是指人们在取得收入的机会和权利平等的基础上，根据各自生产性贡献的大小而获得相应收入。它包括四方面的内容：一是取得收入机会的均等。每个社会成员都有通过自己的努力而获得收入的机会与权利，排除任何特权、优惠、垄断等不平等因素对收入的影响。二是分配尺度的统一。公平的尺度构成公平的内容，对每个人按同样的尺度进行收入分配，即同工同酬。三是分配的公平不是分配结果的均等化。公平不等于均等，因为“收入均等”使能力强、效率高、贡献大的人与能力差、效率低、贡献小的人获得同样的收入，这样既挫伤了一部分人的生产积极性，又养起了一群懒汉，既降低了效率，又是不公平的。四是收入差距的合理性。由于不同的人存在着先天或后天的差别，即使同等的机会、同等的尺度，也会产生收入分配的差别。但这种差别不能太大，必须让大多数人能够接受，可以容忍。

（二）效率的内涵

学术界对效率的看法也有多种观点：有学者把马克思的生产费用对效用的观念看做效率；有学者用丁伯根的全要素生产率代替效率；还有学者用综合投入产出系数、全社会劳动生产率、资金利润率等作为效率的代名词。在我国，一般把投入与产出持平作为衡量效率的唯一指标，即投入固定产出最大，或是产出固定而投入最小。但是，并不能简单地认为用同样或更少的投入，得到更多的产出便是效率的提高。阿瑟·奥肯指出：“所谓效率，即多多益善。但这个‘多’须在人们所愿购买的范围内。”[①] 由此可见，效率还必须以生产的产品和提供的服务符合社会需要为前提，否则生产越多，浪费越大。

马克思认为，人的本质是人的社会性。人所从事的经济活动也有其丰富的社会内涵，所以，界定效率这一概念，不能仅仅用量化的原则去衡量，还应融入丰富的社会内容。尤其是在当前社会主义市场经济条件下，生产从粗放型向集约型和从掠夺式发展

① [美] 奥肯著，王奔洲等译：《平等与效率——重大的抉择》，华夏出版社 1987 年版，第 2 页。

模式到可持续发展模式转变过程中，更应赋予效率以多元、具体的内涵。

二、公平与效率的辩证关系

公平与效率的关系是对立统一的。统一关系是指效率与公平能够同向运动，即某些因素可以同时提高效率和维护公平，或同时降低效率和损害公平；对立的关系是指保证公平必须牺牲一部分效率，提高效率又必须放弃一部分公平，或者是过度不公平会引起效率下降。

（一）公平与效率的统一

在社会经济运行过程中，总有一些因素可以同时提高效率和维护公平，或者同时降低效率和损害公平。这些因素是：①机会平等的竞争环境既可以提高效率又可以维护公平；②公共教育、就业培训等因素也可以使公平与效率齐头并进；③垄断因素既降低效率又损害公平；④经济政策的应用失当，如过高的税负也会使公平与效率两败俱伤。

公平与效率的统一关系还表现在：

一是效率是社会公平的基础。首先，效率决定公平的发生。从人类历史上看，只有当效率提高到剩余物品产生之后，社会才会出现公平问题。其次，只有高效率，才能实现高水平的社会公平。在一个效率低下、物质匮乏的社会中，社会公平充其量不过是低水平的平均分配而已，这是一种原始的、消极的、低水平的社会公平。

二是公平制约着效率。低效率不是由于公平造成的，而是由于不公平造成的。一个不公平的社会必然是一个低效率的社会。效率问题的关键是人的积极性和创造性的释放，而对人的积极性和创造性的激发，在各种社会运作机制中，物质利益具有最巨大、最持久、最稳定的优势。物质利益原则直接与公平原则相联系，即如何获取物质利益和分配物质利益，本身就是社会公平问题。因此，任何社会要想维持一定的发展效率都必须建立在某种公平的基础上。

（二）效率与公平的对立

提高效率必须牺牲一些公平或保证公平必须放弃一些效率；利益分配结果过度不公平又会使效率下降。公平与效率的对立关系还表现在：

第一，导致提高效率必须牺牲一些公平或保证公平必须放弃一些效率的根本原因在于：一是市场经济中人们获得利益的多少是与其资源（资本、土地等）特别是与劳动贡献大小直接挂钩的；二是国家如果通过再分配和社会保障制度强调公平，实现缩小分配差别的目的，则又会出现损失效率的现象。

第二，利益分配过度不公平导致效率下降的根本原因在于：效率的提高要受到许多非经济因素的影响与制约。

关于公平与效率的关系问题，千百年来一直是理论界为之争论不已的问题，由于对公平和效率的评价标准不同，人们的争论永远不可能在缺乏一个合理的平台上得到解决。这样，公平和效率的平衡器问题便突出出来①。纵观人类历史，对比东西方国家社会经济文化状况，这个支点就是社会政治经济的稳定。因为经济效率的提高、社会公平的实现都必须有一个稳定的社会政治、经济环境。美国经济学家阿瑟·奥肯还提出“漏桶”原理来说明这种对立（见专栏 3—1）。公平与效率是有矛盾的，一个是超功利的，一个是功利的，但它们却是一个社会快速健康发展的“两条腿”，哪条腿长了，社会跑起来都会颠簸。二者又不是绝对对立、简单机械地对立，而是历史地统一于社会发展进程中。一方

① 黄恒学主编：《公共经济学》，北京大学出版社 2002 年版，第 303～304 页，第 318～319 页。

面，效率是公平的基础，提高效率的过程就是促进公平的过程；另一方面，公平能够促进效率，社会公平对效率有重大影响。

专栏3—1　阿瑟·奥肯提出的“漏桶”原理

阿瑟·奥肯认为，把收入从幸运的人再分配到不幸的人就像用漏桶把水从一个大桶转移到另一个大桶。在进行转移的过程中，水（收入）永远在失去。如果漏得少，则再分配的社会成本就小；如果漏得多，则总收入的损失就大。

如果对富裕家庭征收一定的附加税，来资助贫困家庭，那么，贫困家庭得到的资助总量一定小于富裕家庭缴纳的税收总量。因为这笔资助在转交过程中要经过一系列中间环节，要花费成本，如行政管理成本；同时，这种政策还会对人们的工作积极性、储蓄和投资等产生影响。这种“漏桶”原理说明了为追求公平而对效率造成的损失。

通过对公平与效率内涵，以及公平与效率辩证关系的剖析，可以认为公共分配的基本原则应该确定为：效率优先，兼顾公平，稳定是标准。但随着社会发展这一原则也会发生变化。在我国当前经济社会大发展的条件下，这一基本原则应当确定为公平和效率兼顾，稳定是标准。

三、社会公平问题

社会公平是构建社会主义和谐社会的一个重要问题。如果社会公平状况不好，就难以推进社会主义和谐社会的建设。这里一个十分重要的问题就是要正确处理经济效率与社会公平的关系。从理论上说，公平与效率是一个矛盾统一体。收入分配越平均，人们的积极性越削弱，效率自然会低；适当拉开收入差距，只要分配程序、规则公正，就会有助于提高效率。从另一角度说，不提高效率，蛋糕做不大，就难以实现持久的、更多的公平措施，解决社会日益增多的矛盾；但是，如果不讲公平，收入差距拉得过大，特别是分配程序、规则不公，也会导致效率的下降，甚至影响社会稳定。所以，效率和公平从来就是既矛盾又统一的，处理好这两者的关系不容易。

改革开放前，我国是一个绝对平均主义的国家，“大锅饭”的分配体制，使效率大受影响。二十多年前实行市场取向的改革后，逐渐讲求效率，拉开收入差距，“让一部分人先富起来”，从农村到城市，经济活跃起来，非常见效。于是经过十多年，就把“兼顾效率与公平”作为经验总结，写进了党的十四大决议。从党的十四届三中全会开始，在效率与公平关系问题的提法上有一个新的变化，即把以前的“兼顾效率与公平”，改变为“效率优先，兼顾公平”，使这两者关系，由效率、公平处于同等重要地位，改变为效率处于“优先”的第一位，公平虽然也很重要，但处于“兼顾”即次要地位。

这一方面与我国经济长期落后，难以迅速提高人民生活水平和解决众多社会矛盾有密切的关系；也与我国在20世纪90年代到21世纪初面临的国内外形势的深刻变化和发展趋势，及其带来的巨大机遇与挑战有着密切关系。另一方面，制约我国提高效率的主要因素，当时仍然是过去计划经济时代遗留下来的平均主义的影响。因此，党的十四届三中全会关于效率与公平关系的新提法，是适合我国当时实际情况和发展需要的，是完全正确的。

随着总量发展、经济效率问题逐步得到相对的解决，社会公平的问题会逐步上升为突出的问题。对此，邓小平同志在1992年就对突出解决贫富差距问题作出前瞻性的论断。他曾设想，在20世纪末到达小康水平的时候，就要突出地提出和解决这个问题。但是到世纪之交，我们并没有按照邓小平的论断，突出提出和解决贫富差距问题，调整经济效率和社会公平的关系。所以，我们必须从现时起进一步重视社会公平问题，调整效率与公平关系，加大社会公平的分量。第一步可以逐步减少收入差距扩大的幅度，以后再逐步降低基尼系数的绝对值。所以“效率优先，兼顾公平”的口号现在就可以开始淡出，逐渐向“公平与效率并重”或“公平与效率优化结合”过渡①。

教育公平是社会公平的基础。因此，当前，我们也有必要将教育公平问题作为与效率同样重要的价值目标。在当前这一新的发展阶段和社会背景下，有必要深化对社会发展中公平与效率的矛盾和教育公平问题的认识。

第五节　区域经济理论

区域经济理论是从空间角度来研究经济活动在一定地域空间范围内的运动变化规律的综合科学，其中诸多理论就是从区域经济发展非均衡性出发，从不同视角研究区域经济发展规律的，比如区位理论、区域差异理论、增长极理论和梯度理论等。而区位选择与区域经济发展是西方区域经济发展的两大主题，微观经济活动主体理性的区位选择导致经济活动在某一优势区位的聚集和扩散，在中观和宏观上表现为区域经济增长。

一、区位理论

区位理论是关于人类活动所占有场所的理论。它研究人类活动的空间选择及空间内人类活动的组合，主要探索人类活动的一般空间法则。

理论上，西方区域经济理论的形成得益于传统区位论，并以德国经济学家杜能（Tunen）在《孤立国》一书中提出农业区位

① 刘国光：《重新审视社会公平问题》，《北京日报》，2005年4月25日第17版。

论为开端。20世纪初，资本主义进入垄断阶段，德国经济学家韦伯（Alfred Weber）提出了工业区位论。20世纪30年代初，德国地理学家克里斯塔勒（Christaller）根据村落和市场区位，提出中心地理论。稍后，另一德国经济学家勒什（Losch）利用克里斯塔勒的理论框架，把中心地理论发展成为产业的市场区位论。这些区位论都采用新古典经济学的静态局部均衡分析方法，以完全竞争市场结构下的价格理论为基础来研究单个厂商的最优区位决策，因而又叫古典区位论。但传统区位论是一种静态的、抽象的纯理论模型分析，研究对象局限于对企业、产业和城市的区位选择、空间行为和组织结构等方面。

第二次世界大战以后，随着大量的区域发展理论和战略模式相继提出，以及网络和扩散理论、系统论及运筹学思想与方法的应用，促使现代区位论逐渐形成。现代区位论使区位论研究从单个厂商的区位决策发展到区域总体经济结构及其模型的研究，从抽象的纯理论模型推导，发展为建立接近区域实际的、具有应用性的区域模型。同时也使区位决策客体扩大到第三产业。战后区位理论的发展主要是由美国学者推动的。其中，艾萨尔德（Isard）把古典区位论动态化、综合化，根据区域经济和社会综合发展要求，把研究重点由部门的区位决策转向区域综合分析，建立区域的总体空间模型，研究了区域总体均衡及各种要素对区域总体均衡的影响。

现代区位论立足于整个国民经济，着眼于地域空间经济活动的最优组织，但其整个理论框架仍然是新古典经济学的完全竞争和规模报酬不变假设，这极大地影响了现代区位论对现实区域经济问题和区域运行的解释力。

二、区域发展理论

区域发展理论是在20世纪50年代至70年代发展起来的。

由于世界各国区域经济问题的出现，区域经济理论开始注重研究区域经济增长、发展与区域政策问题，同时也涉及区域收敛问题。其中非常有影响的有索罗—斯旺（Solow and Swan）增长模型、收入趋同假说、循环积累因果理论、中心边缘理论、增长极理论、发展极理论、依附理论、区域发展梯度推移理论等。

传统区域经济增长理论分为区域经济平衡增长理论和区域经济不平衡增长理论。在新古典经济学的基本假定下对区域经济增长问题研究的主要成果是索罗—斯旺增长模型。索罗—斯旺在生产要素自由流动与开放区域经济的假定下，认为随着区域经济增长，各国或一国内不同区域之间的差距就会缩小，区域经济增长在地域空间上趋同，呈收敛之势。不平衡增长是短期的，平衡增长是长期的。美国经济学家威廉姆逊（Jeffery G. Willamson）在要素具有完全流动性的假设下，提出区域收入水平随着经济的增长最终可以趋同的假说。这两种理论实际上就是新古典经济学的空间均衡论，即市场价格机制能够使区域间的收入均等化。

区域发展梯度推移理论的核心内容是经济发展梯度推移论。经济发展的梯度推移论源于弗农（Raymond Vernon）的工业生产生命循环阶段理论。借鉴弗农的理论，我国一些区域经济学家创立了梯度推移理论。该理论认为创新活动是决定区域发展梯度层次的决定性因素，而创新活动大多发生在高梯度地区。随着时间的推移及生命周期阶段的变化，生产活动逐渐从高梯度地区向低梯度地区推移，这种梯度推移过程主要是通过多层次的城市系统而扩展开来。梯度推移之所以成为必要与可能，主要是由于市场的扩大及由此而引发的生产规模扩大、生产费用节约等，从而使处于下一级梯度的具有某些比较优势的城市或地区成为该产品的最大生产地，而取代原来最高梯度的创新发源地，进而实现了技术及产品生产的梯度转移。梯度理论实际上是从静态的观点将不同的区域划分成不同的等级梯度，从而使产品的生产技术依次转移。但从动态的角度讲，区域经济的发展受极化效应、扩展效应与回程效应三种综合力量的影响，而何种力量占主导地位，则将影响到区域经济所处的发展梯度及区域之间的差异。与梯度推移理论相类似的是日本学者提出的雁行模式，他们将日本、韩国、新加坡、中国（包括香港、台湾地区）、东盟等国家、地区和组织列为不同的发展梯度，并冠之以第一、二、三、四批大雁等。

教育均衡发展既受到区域经济社会发展水平的影响，也对区域经济社会的协调发展具有重要的推动作用。经济社会发展是教育均衡发展的前提和基础，经济社会较发达的地区教育也会相对发达，推进教育均衡发展更有潜力，才更有利于推进区域教育均衡发展。因此，研究教育均衡发展，特别是区域教育均衡发展必须了解和借鉴区域经济理论。

第四章 教育均衡发展的理论阐释

教育发展，包括规模的扩大和结构的优化，最直接的因素是教育需求与教育供给作用的结果。教育均衡实质上是指在教育公平思想和教育平等原则的支配下，教育机构、受教育者在教育活动中平等待遇的教育理想和确保其实际操作的教育政策和法律制度。其最基本的要求就是在教育机构和教育群体之间平等地分配教育资源和份额，达到教育需求与教育供给的相对均衡，并最终落实在人们对教育资源的分配和使用上。实际上，我国的《宪法》、《教育法》都明确规定了教育弱势群体享有与正常群体同等的受教育权利，但人们在关注教育弱势群体应该占有的份额的同时，更加关注其对教育资源的实际占有情况。

第一节 教育均衡发展的内涵

教育是一种复杂的社会行为，也是在群体约束下的个体行为。从个体看，教育均衡指受教育者的权利和机会的均等，学生能否在德智体美劳等方面均衡发展，全面发展；从学校看，教育均衡指区域间、城乡间、学校间以及各类教育间教育资源配置是否均衡；从社会看，教育均衡指教育所培养的劳动力在总量和结构上是否与经济、社会的发展需求达到相对的均衡。

基础教育均衡发展，是关系到当前和今后一个时期中国基础教育发展的整体战略问题。基础教育均衡是一个可持续发展的动态过程，既是基础教育可持续发展的永恒主题，也是一个循序渐进的过程。推进基础教育均衡发展，必须首先科学地理解基础教育均衡发展的基本含义和基本内涵，以及基本的理论问题。

对基础教育均衡发展的内涵，学者们有着不同认识。有学者认为教育均衡发展是教育与其他社会领域之间的均衡发展，有学者认为是教育领域内部各级各类教育之间的均衡发展问题，有学者认为是教育系统内部各种要素之间的均衡发展问题，以及教育各要素内部的各组成单元的均衡发展问题，还有的认为是教育领域横向各要素之间的均衡发展，以及纵向各阶段之间的均衡发展问题，等等。当前人们关注的基础教育均衡发展，主要是指我国不同地区之间、城乡之间、同一地区不同学校之间、同一学校不同群体之间的教育均衡发展问题；或者说，它主要涉及的是受教育者的教育权利的保障问题，教育的民主与公平问题。这里，应着眼于《中华人民共和国宪法》、《中华人民共和国义务教育法》等所规定的我国公民应享有的基本教育权利，探讨如何让最大多数适龄儿童享有教育，而且能够享有尽可能优质的教育的权利。这是基础教育的本质要求，也是社会主义教育事业的本质要求。教育均衡发展的提出和引起社会的广泛关注，既是目前我国现实教育问题的反映，也是人们对未来教育发展的美好理想，是教育发展的新境界，是一种全新的教育理念、全新的教育发展观。在我国教育现代化进程中，以基础教育均衡发展作为目标取向和策略选择，充分体现了人民群众的根本利益，有利于推进素质教育，提升全民族素质，必然会受到人们的普遍重视和赞同。

基础教育均衡发展就是在教育公平、教育平等原则的支配下，国家制定的有关基础教育法律、法规、政策，以及各级政府和教育部门制定的有关基础教育法规、政策都要体现教育均衡发展的基本理念和思想，不同地区之间、城乡之间、学校之间、群体之间的基础教育资源必须均衡配置，各级学校和教育机构在具体教育活动和教学活动中要为每一个受教育者提供均衡的教育和发展机会。因此，我们所说的基础教育均衡发展的内涵，不仅包含着宏观层次的国家法律政策的因素，也包含着中观层次的区域之间、城乡之间、校际之间、群体之间的教育资源配置的因素，也包含着微观层次的学校内部的教育教学和管理等因素。

教育均衡的内涵可以从下面几个层次来理解：从教育资源的配置看，教育的“硬件”设施包括生均教育经费投入、校舍、教学实验仪器设备等的配置，教育的“软件”包括教师、图书资料等的配置是否均衡；从教育的目标看，学生能否在德智体美劳等方面均衡发展，让学生全面发展；从教育的功能看，教育所培养的劳动力在总量和结构上是否与经济、社会的发展需求达到相对的均衡。因此，无论从教育为受教育者所提供机会的起点、过程、结果三个维度考察，还是从教育均衡所体现的教育资源配置是否均衡、学生能否在德智体美劳等方面均衡发展、教育所培养的劳动力在总量和结构上是否与经济社会的发展需求达到相对的均衡三个维度考察，教育均衡的目标都是教育需求与教育供给的相对均衡，教育资源配置的均衡是教育均衡的基础和前提。

从基础教育的本质要求、社会主义教育事业的本质要求，以及基础教育均衡发展的本质要求出发，我们认为，基础教育均衡发展大致包括八个方面的含义，主要表现为“八大均衡”。一是基础教育入学权利和入学机会实现均等发展，即适龄儿童受教育机会的均衡，其中包括有能力就读的残疾儿童等弱势群体学生都享有均等的受教育机会，这是实现教育均衡发展的前提；二是基础教育在区域间实现均衡发展，即在省域之间、市域之间、县域之间、乡域之间统筹规划，这是实现区域教育均衡发展的基础；三是基础教育在城乡间实现均衡发展，这是实现城乡教育均衡发展的基础；四是基础教育在校际间实现均衡发展，其中包括学校布局和规模均衡合理，教育经费投入、学校设备设施、师资配备、生均教育资源、学生生源的均衡等多方面，这是实现学校教育均衡发展的基础；五是基础教育在学生间实现均衡发展，包括校内各班级在设施、师资、生源、管理等方面的均衡，这是实现群体间教育均衡发展的基础；六是基础教育在不同类别、不同级别教育间实现均衡发展，这里包括基础教育内部普通教育与职业教育均衡发展，也包括初等教育、中等教育与高等教育之间的均衡发展；七是基础教育在教育质量上实现均衡发展，包括课程设置、教学水平和效果的均衡；八是基础教育结果在学校教育中和受教育者间实现均衡发展。从宏观看，基础教育均衡指教育所培养的劳动力在总量和结构上是否与经济、社会的发展需求达到相对的均衡；从中观看，基础教育均衡指教育资源配置的均衡；从微观看，基础教育均衡指学生能否在德、智、体、美、劳等方面均衡发展、全面发展。基础教育均衡发展的基础是学校的均衡发展。因为学校是教育教学的基本实施机构，学校均衡发展是教育均衡发展的基础。基础教育均衡发展，是一种科学合理的政策导向，更是今后一段时期我国基础教育发展的一个重要的战略性指导思想。基础教育均衡发展的最终目标，就是要合理配置教育资源，办好每一所学校，教好每一个学生。

第二节　教育均衡发展的理论体系

本书从宏观、中观、微观三个维度出发，从 15 个内涵指标进行分析，构建教育均衡发展体系，对教育均衡问题进行了深刻的理论探索。

一、宏观层次的教育均衡

在宏观层次上，教育均衡作为教育方针政策、法律法规的重要内容，包括教育权利的公平和教育机会的均等，以及教育发展如何与经济社会相互协调发展等。它在整个教育均衡体系中以外在的形式，体现了教育均衡的社会学特点。反映的是形式的、内在的教育权利和教育机会。

首先，从宏观层次分析，宏观层次教育均衡思想主要体现在：一是国家制定的各种教育法律、法规，以及各种教育政策都要充分体现教育均衡的基本理念和思想；二是各级政府和教育部门制定的有关教育法规、政策都要体现教育均衡发展的基本理念和思想；三是各级政府和教育部门在推动教育改革和发展的过程中要以教育均衡发展思想指导教育工作，把教育均衡发展的思想作为教育事业发展，特别是基础教育发展的长期的指导思想和工作思路。

1．教育权利公平

教育权利是教育公平最基本的内容。从法律意义上说，受教育权是宪法赋予公民的基本权利。如我国《宪法》第四十六条规定："中华人民共和国公民有受教育的权利和义务。"我国《教育法》第九条规定："中华人民共和国公民有受教育的权利和义务。公民不分民族、种族、性别、财产状况、宗教信仰等，依法享有平等的受教育机会。"

2．教育机会均等

教育机会是指受教育者进入教育机构和参与教育活动的各种条件的总和。教育机会均等是指从整体上说每个受教育者都应当享受到平等接受教育的机会。就基础教育而言，政府既要确保每个适龄儿童少年接受基础教育，特别是义务教育的权利和教育机会的平等，又要保证使每一个儿童少年都能按时达到国家规定的接受基础教育，特别是义务教育的最低标准要求。

其次，从教育与经济社会关系分析，教育是经济社会发展中最重要的组成部分，教育的重要功能就是为国家经济和社会发展培养和输送各种程度的劳动者。教育发展包括规模发展、结构发展、区域发展。因此，教育的发展必须与经济社会发展相协调，教育所培养和输送的劳动力在总量和结构上必须与经济社会的发展需求达到相对的均衡，教育的各项方针政策也必须体现制度均衡的思想。这种均衡主要表现在：

1. 规模均衡

教育培养和输送的劳动力在总量上与社会需求相对一致。因为在技术不变的条件下，社会对劳动者的总需求通常由经济社会的总量规模决定，供给总量由中等和高等教育的总规模决定，因此，规模均衡就是社会总需求与教育的总供给达到一种相对的均衡。

2. 结构均衡

教育结构包括教育的层次结构、形式结构和布局结构。从社会需求来说，劳动者的文化层次要与社会产业部门、行业部门对职业结构的需求相对一致；从教育供给来说，教育的层次要与社会对人才专业结构的需求相对一致。在教育布局结构优化方面，一是促进区域内部教育布局优化，使一个地区内教育布局与教育发展的需要相适应，地区教育所培养的劳动力，在总量与结构上与该地区的社会需求相对均衡；二是针对城市和农村的现状与发展进行优化，以促进其办学质量和规模效益的提高；三是促进各级各类教育持续健康协调发展，基础教育与职业教育、高等教育均衡发展。

3. 制度均衡

现代制度经济学认为，制度是人们交换活动和发生联系的行为准则，它是由生活在其中的人们选择和决定的，反过来又规定着人们的行为，决定了人们行为的特殊方式和社会特征。制度既可以是具体的制度安排，既指某一特定类型活动和关系的行为准则，也可以指一个社会中各种制度安排的总和，即“制度结构”[①]。所谓制度均衡，就是人们对既定制度安排和制度结构的一种满足状态或满意状态，因而无意也无力改变现行制度。人们作出的任何一种制度选择都是在当时、当地具体条件下，运行效益大于运行成本的制度，即制度净效益大于零的制度。一种制度安排和制度结构只要其净效益大于零，且在各种可供选择的制度安排和制度结构中净效益最大，这项制度就是最好、最优越的制度。这时，对制度服务的需求就等于制度服务的供给，人们既无改变现行制度的动机和要求，也无改变的能力和力量，更不会采取变革的行动。这时的制度状态就是制度均衡。制度均衡是一种行为均衡[②]，制度均衡是教育均衡的重要内容。

二、中观层次的教育均衡

在中观层次上，教育均衡包括区域均衡、城乡均衡、校际（包括各类教育之间）均衡、群体均衡。中观层次的教育均衡是内在的、实质的教育均衡，它在整个教育均衡体系中体现了经济学的特点，反映的是教育资源配置的均衡。

首先，从内涵看，中观层次教育均衡发展是指各级政府要确保教育资源在区域之间、城乡之间、校际之间、受教育群体之间合理和有效的均衡配置。主要体现在：

1. 区域教育均衡

各级政府要确保教育资源在区域之间合理和有效的均衡配

① 林毅夫：《论制度和制度变迁》，《中国：改革与发展》，1988 年第 4 期。
② 张曙光：《论制度均衡和制度变革》，《经济研究》，1992 年第 6 期。

置。国家要采取措施缩小发达地区与欠发达地区之间、东部地区与西部地区之间的差距，各地区要缩小区域内部的教育差距，加强教育资源的整合，均衡配置教育资源。

2. 城乡教育均衡

各级政府要确保教育资源在城乡之间合理和有效的均衡配置。

3. 校际教育均衡

各级政府要确保教育资源在学校之间合理和有效的均衡配置，这里不仅包括不同学校之间的均衡配置，也包括教育资源在不同层次学校（小学、中学、大学三级学校）之间的均衡配置，还包括教育资源在不同类型学校之间（基础教育与职业教育、高等教育）的均衡配置。

4. 群体教育均衡

各级政府要确保教育资源在不同受教育群体之间合理和有效的均衡配置。

其次，从资源配置看，中观层次教育均衡发展主要体现在：

1. 硬件均衡

硬件均衡指学校公用经费、生均经费等投入、校舍建设、教学实验仪器设备、图书资料等硬性资源的均衡。

2. 软件均衡

软件均衡指学校教师队伍的学历、素质，学校内部管理以及学校教育教学理念等软性资源的均衡。

高质量的师资是高质量教学的关键。应该看到，促进基础教育均衡发展，加强和改善硬件设施固然重要，而全面加强软件建设，即人的建设更为重要。没有合格的教育管理人员队伍，没有高素质的教师队伍，没有分布相对均衡的生源，从根本上达到基础教育均衡发展也是不可能的。因此，基础教育均衡不仅是校园和校舍等硬件的均衡，更应当包括优秀的教育管理和教师队伍，还有良好的生源群体及其由此长期形成的良好的学习氛围和学校文化等软件均衡。

教育资源包括物质的硬件资源，也包括学校教育理念和教育管理等软件的资源。教育理念不是空洞的，它表现在一个学校的教育教学质量标准上，反映在一个学校的评价体系上，反映在学校提倡什么、反对什么上。教育管理除了硬件管理之外，最重要的是软件管理。

三、微观层次的教育均衡

在微观层次上，教育均衡包括课程、教学和教育评价的均衡，它是教育均衡的具体化，是实质性的、内在的，更深层次的教育均衡，在整个教育均衡体系中体现了教育学的特点，反映的是实质的、内在的教育质量和教育效果。

微观层次教育均衡发展主要体现在：

1. 生源均衡

生源均衡即基础教育特别是义务教育阶段的学生生源必须符合就近入学的原则，不存在任何人为的选拔，以确保每个学校的学生生源基础均衡。这是从源头上保证基础教育均衡发展的重要前提。

2. 质量均衡

教育质量均衡包括课程和教学等学校教育内部的均衡发展。在课程设置方面，在校学习期间学生应该学习哪些类型课程、获取哪些方面的知识，学校和教师如何向学生传授这些知识。这些都涉及教育本身内在的权利和机会问题。基础教育均衡发展就是要构建均衡教育的课程和教材框架，融合中西文化教育精华，在教学中处理好知识与技能、过程与方法、情感态度价值观三维目标的关系，让学生的德、智、体、美、劳各方面全面发展；在教育和教学过程中关注每一个学生的成长，注重学生的全面发展；

在教育和教学结果中还要关注学生的升学率、巩固率、辍学率等情况。

3. 结果均衡

学校教育结果的均衡问题，即人的培养和发展的问题。学校教育要充分尊重学生的差异和个性，让每个学生最大限度地发挥自己的特长和学习潜能。

国家和社会为所有的学校都创造尽可能均衡的物质条件，这只是促进学校教育均衡发展的一个方面。除此之外，我们还应关注更深层次的学校教育发展均衡问题，即人的培养和发展的问题。就教育的培养目标而言，没有地区差别，也不应有学校间的差别，更不应有学生间的差别。所以，从根本上保证和实现公民受教育权利的平等，促进学校教育均衡发展，也是学校的责任。校长和教师必须端正教育思想，更新教育观念，不断提高自身素质，充分挖掘优质教育资源，掌握和运用正确的教育方法，积极探索适合本校实际的改革之路和发展模式，创新办学思路和特色，更好地肩负起培育高素质公民的重大使命。

4. 评价均衡

教育评价均衡是指教育行政部门和社会对学校的教育教学评价必须以教育均衡发展的理念和思想为指导，以素质教育和人的全面发展为宗旨，对学校工作进行评估。

总之，教育均衡发展从宏观层面分析是教育供给与需求的均衡，从中观层面分析是教育资源配置的均衡，从微观分析是学校教育过程包括内部课程教学资源配置的均衡、教育结果的均衡以及教育评价的均衡。从经济学的角度分析，教育均衡最重要的还是教育资源配置的均衡，这里的教育资源既包括硬件资源，诸如校舍、教学实验仪器、图书资料、教育投入等，也包括软件资源，诸如教师队伍素质、学校管理等。正是从这个意义出发，本书在教育均衡发展的研究方面更多关注于中观层面的研究，也可以说更多关注教育资源配置研究，既是理论研究，也属于实证性研究和对策研究。

第三节　教育均衡的基本理论视点

教育均衡发展是一个重要的实践问题，也是一个重要的理论问题。那种把教育均衡发展只仅仅看做一个实践问题，或者只仅仅看做一个理论问题的观点，都是不科学的。因为没有理论指导的实践是盲目的；没有实践检验的理论是空洞的、不切合实际的。因此，教育均衡发展必须立足各地丰富多彩的教育实践，以科学的教育均衡发展理论为指导，特别是需要用以人为本的科学发展观为指导。教育均衡发展的基本理论观点是：

1. 教育均衡发展首先是政府责任。一方面，教育均衡发展应该成为政府发展教育，特别是实施义务教育的指导思想；另一方面，政府推进教育发展的主要职责是为教育，特别是为义务教育阶段公办学校提供均衡的办学条件，在资源配置、政策制定以及宏观调控等行政决策中体现教育均衡发展的指导思想。

2. 教育均衡发展是一种发展目标，更是一种教育发展过程；教育均衡发展是教育发展的目的，更是一种促进教育发展的途径。均衡发展本身不是目的，其本质的目标是追求一种理想、公平、高效、优质的教育状态。教育权利的公平是一切教育公平的基础，也是教育均衡发展的前提。

3. 教育均衡是人们相对于目前现实存在的教育需求与供给不均衡而提出的教育发展的美好理想；教育均衡首先是教育资源配置的均衡，教育资源配置的不均衡，是导致教育发展不均衡的主要因素。教育均衡的目标是教育需求与教育供给的相对均衡，教育资源配置的均衡是教育均衡的基础。

4. 经济均衡是教育均衡发展的基础。教育均衡是一个相对的均衡，一个动态的行为，每一个时期由于社会经济发展等多方面因素的影响有着不同的表现。教育均衡是由相应的经济关系所决定的，它是社会经济发展到一定阶段的必然结果。

5. 教育均衡发展是一个长期的、动态的、辩证的历史发展过程。教育均衡作为社会进步的重要标志，是相对的、具体的、发展的，绝对的教育均衡是不可能的，也是不现实的。均衡发展是一种理想的状态，是相对的均衡发展。唯物辩证法关于事物运动发展的普遍规律揭示，任何事物都是在矛盾运动中寻求暂时的相对的均衡发展。这是我们探讨教育均衡发展的哲学前提。

6. 教育均衡发展是一个由“均衡—不均衡—均衡”不断地螺旋式上升的循环发展的动态过程。其原因在于，均衡是动态的而不是静态的，是相对的而不是绝对的。均衡发展的过程是整体办学条件和水平提升的过程，这种过程是从不均衡逐渐走向均衡；然后均衡再次被更高一级的发展需求打破，出现新的不均衡，并在更高层次上再次从不均衡走向均衡，这种动态的螺旋式上升而循环往复的发展，是一个使均衡不断接近终极目标的过程。因此，教育均衡更加注重的是发展的过程，而不是结果。

7. 教育均衡是教育发展的必然价值取向。在市场经济条件下，政府要为社会和教育发展建立一个公平规则。教育均衡是公民的基本教育权利保障和教育政策价值取向演变的必然趋势。

8. 教育均衡发展不能简单地理解为平均发展、均等发展，它更加强调的是全面、协调、可持续的科学发展。教育均衡发展必须树立全面、协调、可持续的科学教育发展观，促进各级各类教育持续健康协调发展。

9. 实现教育的均衡发展，提高义务教育阶段的整体水平，就是要为所有就学儿童提供平等而高质量的教育条件。教育均衡不只是一种理想，更是一种责任，是教育发展的必然选择，也是现代社会发展的必然要求。教育均衡的实质是政府作为控制社会运行的中枢与公共资源分配的主体，应该对全区域内的教育资源进行合理配置，以确保受教育群体和个体的权利平等。在义务教育阶段，受教育机会均等应体现为公民就学平等和受教育条件的平等。政府应办好每一所学校，为每一位学生提供相对平等的教育条件。

10. 教育均衡发展是一种新型教育发展观，其实质是代表最广大人民的根本利益，核心是追求教育公平。教育均衡是指政府提供给每个孩子的学习条件、权利、机会是平等的。保证受教育者接受教育特别是义务教育所必需的校舍、设备、师资等基本条件，均衡配置教育资源，是让全体适龄儿童少年享受平等教育的基本体现，也是教育事业发展义不容辞的责任。教育均衡首先是教育资源配置的均衡，教育资源配置实质上就是教育资源在教育系统内部各组成部分或在不同子系统之间的分配，既包括社会总资源对教育的分配，也包括教育资源在各级各类教育间的分配、各级各类学校间的分配、各地区教育之间的分配，必须建立合理的教育资源配置机制。

第四节　基础教育均衡发展阶段理论

任何事物的发展都是连续性和阶段性的统一，都具有一个不断发展上升的过程。教育均衡发展的过程也是如此。

一、基础教育均衡发展阶段理论的思想基础

马克思主义哲学的哲学史观理论建构起了其经典的发展模式理论，而且从历史与逻辑的统一方面，即发展模式方面揭示了事物发展规律，构建了唯物辩证法的理论基础。正如恩格斯在《路德维希·费尔巴哈与德国古典哲学的终结》一书中提出：“全部哲学，特别是近代哲学的重大的基本问题，是思维和存在的关系

问题。”① 按照恩格斯所作的理论界定，也就是说，全部哲学，特别是近代哲学，其发展模式是围绕基本问题所揭示的本体论、认识论以及与基本问题密切相关的方法论，这些主要方面展开一种发展模式。恩格斯的这一哲学发展模式理论，是以哲学的基本问题为中心建构的。继恩格斯的“问题论”发展模式理论之后，列宁提出了一个可以被称为“螺旋型”或者“螺旋论”的发展模式理论。列宁认为：“人的认识不是直线（也就是说，不是沿着直线进行的），而是无限地近似于一串圆圈、近似于螺旋的曲线。”② 列宁的“螺旋型”模式论揭示了事物发展的连续性和阶段性统一关系，不但被引为哲学史观和哲学史方法论的理论基础，而且被引为学术界分期的标准。科学发展模式是西方科学哲学的主要研究课题之一。西方科学发展理论的主旨是试图建构一种能描述科学发展历史进程和揭示科学发展一般规律的理论框架③。这些理论也是我们研究教育均衡发展，探索基础教育均衡发展阶段理论的基本理论基础和思想基础。

二、基础教育均衡发展四个阶段理论

教育均衡发展的本质是追求教育平等，实现教育公平。从教育发展看，教育平等、教育公平，特别是基础教育的均衡发展，大致可分为四个阶段。

第一个阶段：低水平均衡阶段。

也就是普及义务教育阶段，这个阶段主要是以追求教育机会的均等为目的，让每一个适龄儿童都能享有受教育的权利和均等的受教育机会。

---

①《马克思恩格斯选集》第4卷，人民出版社1995年版，第223页。

②《列宁全集》第55卷，人民出版社1990年版，第311页。

③ 童鹰著：《哲学概论》，人民出版社2005年版，第181～184页。

第二个阶段：初级均衡阶段。

推进教育体制改革创新，追求教育过程和教育条件的均等。这个阶段主要以追求教育资源合理均衡配置为目的，确保教育资源在区域间、城乡间、校际间、群体间的优化配置，以确保受教育群体和个体的权利平等、机会均等，具体体现为公民就学平等和受教育条件的均等。政府应办好每一所学校，为每一位学生提供相对均等的教育条件。

第三个阶段：高级均衡阶段。

深化学校教育改革，加强学校教育内部建设，追求教育质量的均等。这个阶段主要以追求学校教育发展均衡为目的，即以人的培养和发展为目标，办出学校特色，促使学生全面发展，充分尊重学生的差异和个性，让每个学生最大限度地发挥自己的特长和学习潜能。

第四个阶段：高水平均衡阶段。

这个阶段是基础教育均衡的理想阶段。其重要的标志是：国家经济社会高速发展，已经进入了现代化的理想阶段，人民生活水平大大提高，已经进入了真正意义上的全面建设的小康社会，社会上下都树立并具有了真正意义的现代教育理念，以人为本的社会发展观、教育发展观深入人心，教育资源极大丰富，区域之间、城乡之间、学校之间和不同受教育群体之间的差别极大缩小，教育资源在社会和学校得到了合理优化的配置，每一个学生都能接受相对均等的教育，每个学生都能最大限度地发挥自己的特长和学习潜能，每个学生都能获得学业成功的平等机会（见表4—1）。

在这四个阶段的发展过程中，无论是在四阶段之间，还是每个阶段内部，教育均衡发展是一个相对的动态过程，是一个动态的螺旋式的上升而循环往复的发展过程，使均衡不断接近终极目标。因此，教育均衡发展重要的是一个发展过程，而不仅仅是结果。而从基础教育均衡发展的本质和条件分析，第一阶段随着普及义务教育目标的基本实现，我国大部分地区已经基本实现了这一阶段目标，进入了第二、第三阶段，也就是初级均衡阶段和高级均衡阶段，这个阶段在整体推进基础教育均衡发展还面临困难的情况下，区域推进基础教育均衡发展应当成为重要的政策选择。

从我国基础教育发展水平来看，由于各地经济社会发展不平衡，教育发展的不平衡，综合分析我国基础教育均衡发展，可以说，前三个阶段都不同程度上存在。目前，我国东部的有些经济发达地区已基本普及了高中阶段教育，已经进入了我们所说的初级教育均衡阶段，有的正在努力向高级的教育均衡阶段迈进，而广大中西部地区已经或正在进行“两基”攻坚的地区，尚处于低水平均衡阶段，还需要国家加大支持的力度。

就我国教育发展而言，教育平等的实现，分为不同层次的三个阶段：第一个阶段是普及九年义务教育，追求教育机会的均等；第二个阶段是推进管理体制改革，追求教育条件的均等；第三个阶段是加强教育内部建设，追求教育质量的均等。

表 4—1　基础教育均衡发展阶段理论的组成、目标和特点

组　成	目　标	特　点	体　现	策　略
低水平均衡阶段	追求教育机会的均等	让每一个适龄儿童都能享有受教育的权利和均等的受教育机会	追求起点公平	重点加大教育投入
初级均衡阶段	追求教育资源合理均衡配置	办好每一所学校，为每一位学生提供相对均等的教育条件	追求教育过程和教育条件的均等	重点加快教育硬件和软件建设

（续表）

高级均衡阶段	追求学校教育发展均衡为目的，即人的培养和发展为目标	充分尊重学生的差异和个性，让每个学生最大限度地发挥自己的特长和学习潜能	追求教育质量的均等	深化学校教育改革，加强学校教育内部建设
高水平均衡阶段	追求教育现代化的理想目标	每一个学生都能接受相对均等的教育，每个学生都能最大限度地发挥自己的特长和学习潜能，每个学生都能获得学业成功的平等机会	追求教育结果的均衡，更多的是前几个阶段目标的综合现代化水平体现	现代教育理念引领

三、基础教育均衡发展的阶段性特点

任何教育都存在精英教育、大众化教育、普及教育三个发展过程、三个发展阶段。就基础教育而言，我国已经基本普及九年义务教育，从教育均衡发展的阶段性特点看，比较容易的阶段是普及阶段，从大众化阶段向普及阶段迈进并基本实现普及的阶段目标是实现教育均衡发展的最好时期。因此，基本实现普及教育时期是义务教育由非均衡发展向均衡发展的最佳时期。而实现了普及，进入巩固提高的阶段后，由于一些经济条件较好、办学条件较好的地方和学校又会有新的发展愿望、要求和发展提高的趋势，这时，在普及阶段大大缩小了的教育差距就会重新出现新的扩大的趋势。当普及教育从巩固提高阶段进入进一步提高阶段时，教育的均衡发展就又进入了一个比较好的时期。因此，在推进教育均衡发展过程中，我们要把握好不同阶段的特点，进而采取不同的对策。

第五节 教育均衡发展的发展观

教育均衡发展是一个相对的、动态的、历史的概念，它随着社会经济和文化的发展而变化。确立科学的教育均衡发展观，对于保证教育健康发展至关重要。

一、责任观

教育均衡发展首先是政府责任：一方面，教育均衡发展，应该成为政府发展教育，特别是实施义务教育的指导思想；另一方面，政府推进教育发展的主要职责是为教育，特别是为义务教育阶段公办学校提供均衡的办学条件，在资源配置、政策制定以及宏观调控等行政决策中，要体现教育均衡发展的思想。在市场经济条件下，政府要为社会和教育发展建立一个公平规则，因为教育均衡是公民的基本教育权利保障和教育政策价值取向演变的必然趋势。教育均衡的实质是，政府作为控制社会运行的中枢与公共资源分配的主体，对全区域内的教育资源进行合理配置，以确保受教育群体和个体的权利平等。政府应办好每一所学校，为每一位学生提供相对均等的教育条件。

二、过程观

教育均衡发展是一种发展目标，更是一种教育发展过程；教育均衡发展是教育发展的目的，更是一种促进教育发展的途径。均衡发展本身不是目的，其本质目标是追求一种理想、公平、高效、优质的教育状态。教育均衡发展是一个长期的、动态的、辩证的历史发展过程。教育均衡作为社会进步的重要标志，是相对的、具体的、发展的，绝对的教育均衡是不可能的，也是不现实的。每一个时期，由于社会经济发展等多方面因素的影响，教育均衡有着不同的表现。教育均衡发展是一个由“均衡—不均衡—均衡”，不断地螺旋式上升的循环发展的动态过程。教育均衡发展不能简单地理解为平均发展、均等发展，它更加强调的是全面、协调、可持续的科学发展。均衡发展的过程，是整体办学条件和水平提升的过程，这种过程是不均衡逐渐走向均衡，然后均衡再次被更高一级的发展需求打破，出现新的不均衡，并在更高层次上再次从不均衡走向均衡。

三、公平观

教育均衡发展是一种新型教育发展观，其实质是代表最广大人民的根本利益，核心是追求教育公平。教育均衡是指政府提供给每个孩子的学习条件、权利、机会是平等的。保证受教育者接受教育特别是义务教育所必需的校舍、设备、师资等基本条件，均衡配置教育资源，是让全体适龄儿童少年享受平等教育的基本体现，也是教育事业发展义不容辞的责任。

四、人本观

教育均衡发展必须坚持以人为本原则，树立全面、协调、可持续的科学教育发展观，促进各级各类教育持续健康协调发展。以受教育者的全面发展为根本，从受教育者的发展需要出发，努力创造相对均衡的受教育机会，不断提高各级各类教育的教育质量，力求使每一位受教育者，都能均等地获得自身发展所需的优质教育。

总之，教育均衡发展必须树立科学的教育均衡发展观，在不断发展中求均衡，不是搞“锦上添花”，而是要“雪中送炭”。

第六节　促进教育均衡发展的基本原则

按照教育均衡发展的思想和理念，我国现阶段，在基础教育发展中非均衡发展政策应该逐步淡出，取而代之的应该是均衡发展的政策。基础教育均衡发展的基本原则是：

第一，以人为本的原则。以受教育者的全面发展为根本，从受教育者的发展需要出发，努力创造相对均衡的受教育机会，不断提高各级各类教育的教育质量，力求使每一位受教育者都能均等地获得自身发展所需的优质教育。

第二，教育平等原则。这一原则包括入学机会平等和教育资源配置平等。应在基础教育阶段实行无差别的个人入学机会平等原则和学校之间教育资源配置的平等原则，让所有的学生享有人生教育起点入学机会的平等、人生受教育阶段的教育资源平等和教育质量平等，从而保障受教育者入学机会、教育过程平等和教育成功概率平等。缩小基础教育阶段学校之间的差异，坚持基础教育学校入学机会平等原则和学校之间教育资源配置平等原则，是推进基础教育均衡发展的基本途径。

第三，公平优先，注重效率的原则。教育均衡发展的根本价值取向，就是追求教育公平，就是要尽快把低水平教育的地区和学校扶上去，尽量让优质教育资源得到迅速发展，尽可能缩小区域之间、城乡之间、学校之间、群体之间的发展差距，从而实现区域教育高层次的均衡发展。因此，教育均衡发展的过程，也是在教育公平的前提下不断提高效率的动态发展过程，必须坚持公平优先，注重效率的原则，既“填谷”又“造峰”，既扶薄又培优。

第四，全面规划，因地制宜，区域推进的原则。根据我国区域经济社会发展水平和城乡、校际之间办学条件参差不齐、差距较大的客观实际，基础教育均衡发展在指导思想上要做到全面规划，区域推进，硬件与软件齐抓，数量与质量并重；在具体策略上，要因地制宜，根据不同区域、学校实际进行分类指导、分步推进，鼓励各区域、各学校结合自身特点，结合实际，开拓创新，加快发展，办出特色，把积极推进区域教育均衡发展作为重要的战略选择，促使区域教育呈现出各具特色多元化均衡发展的态势。

第五，促进受教育者利益最大化原则。这一原则是美国学者莱伊·道格拉斯（Rae Douglas）提出的处理平等问题的最为重要的原则。根据这一原则，在现阶段，在制定适合我国国情的基础教育发展政策时应做到：一是在教育资源方面实践整体平等原则，缩小同一层次、类型学校之间的差异和不同地区之间的差异，尽量淡化受教育者由于进入不同学校或处于不同地区而形成的教育资源配置不均衡；二是在价值取向上选择利益最大化原则。无论为受教育者提供何种教育机会，采用什么原则分配教育资源，都应该平等对待、无差别对待和最大化原则并重，其中尤为重要的是应该最大化地促进受教育者的利益。利益最大化原则是逐步缓解教育差异，迈向基础教育均衡发展的可行和现实的思路。

第六，矫正平等和补偿平等原则。这一原则是美国学者柯尔曼（Coleman James）提出的消解教育差异的原则。矫正平等就是采取经济措施补偿那些能力优秀但没有优秀背景的人；补偿平等的核心问题是对那些生来基因不良，或者处于恶劣环境中的人进行补偿①，也就是关注受教育者中弱势群体的原则。

① 刘微：《教育：如何缩小差距》，《中国教育报》，2004年1月18日第3版。

第七节　教育均衡发展需要面对的实际问题

从我国的实际国情出发，借鉴世界各国推进教育均衡发展的经验，在推进基础教育均衡发展，实现教育公平、社会公平的过程中，必须面对和处理好如下几方面的实际问题。

一、难点问题

第一，教育均衡发展中公平与效益的关系。

教育均衡如果完全只从公平角度出发去制定和实行有关政策，就必然会丧失教育效益，也是有许多弊端的。如近年来，韩国、日本等国家就发现，他们在推行“平准化”政策后，义务教育逐步丧失了效率，学校缺乏了多样性。因此，如果一味强调均衡化的政策，给薄弱地区或学校注入更多的资源，就会造成本来较好的城市学校发展受到严重限制，成为“跛子”。因此，从各国的实践看，政府想均衡义务教育资源配置的良好意图，如果不辅之以对效率的鼓励和支持，而仅仅强调公平，均衡并不能得到很好的实现。中国的地区发展非常不平衡，笼统地讲义务教育资源均衡是没有意义的。合理和可行的策略应该是在经济发展水平近似的区域内努力追求义务教育资源的均衡化①。我们强调社会公平，不会回到传统体制固有的平均主义，进一步重视社会公平，在效率与公平关系上加大公平的分量，是当前社会关心的问题。因此，我们在追求教育均衡性和公平性的基础上，还应适当兼顾地区差异。如何处理好公平与效益的关系，是基础教育均衡发展的难点（见专栏 4—1）。

① 丁小浩：《义务教育资源均衡化思辨》，《新闻周刊》，2003 年第 10 期。

专栏 4—1　平等、效能、小我、大我的关系

台湾的《教学研究电子报》1992 年 10 月 14 日发表丁志仁的文章《“九年一贯课程再出发”寻找教改源头系列（五）/具体推动课程发展》在其第一部分提出所有的教育政策都必须注意教育均衡的观点，并用下边的结构图说明了平等、效能、小我、大我之间的关系。

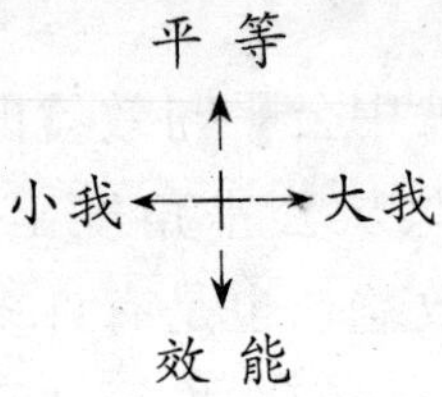

该文说，教育当中，既要注意到教育的效能：使教育尽可能让受教者得到成长上的帮助；但同时也要照顾到教育机会的均等：让多数国民都能享受到基本的受教育机会。这一对目标是相互抵抗的，对教育机会均等的无限上纲，会伤害效能；对效能的无限上纲会伤害到教育机会均等。我们追求的是两者都七八十分，不是一个九十分，导致另一个不及格。

教育另一对相互抵抗的目标是小我与大我的兼顾，完全泯灭小我，大我会得不到有个性、有创造力的成员；完全突出小我，不顾大我，小我也无法得到良好的发展环境。

这些教育均衡的基本思考，一样主导着九年一贯课程的设计。特别是在处理精英与普通（大众）关系时。九年一贯课程的立场是既要兼顾普通，也不牺牲精英。这就要靠运用弹性学习时间来增加选修，靠补救教学来帮助有学习落差的学生。

第二，示范性学校发展与教育均衡发展的关系。

教育公平原则要求教育资源公平地分配到每个学校和学生，

也就是要办好每一所学校，培养好每一个学生。教育均衡不仅指提供机会均等的受教育机会，也包括接受高质量教育的机会均等。我国是一个人口大国，也是一个教育大国，我国的优质教育资源严重短缺，为了推进教育发展，需要办好一批起带头作用的示范性学校。如何按照在保证一般学校的最基本需要的条件下，加强重点建设，有效地配置教育资源。从教育管理的角度看，要推动教育发展，既要抓一些示范性学校，又要抓一些示范性学科，从而带动整体教育水平的提高。但示范性学校发展起来之后必然导致学校之间新的不均衡。因此，如何处理好示范性学校发展与教育均衡发展的关系，也是基础教育均衡发展的难点。

二、关键问题

一是学校办学特色与教育均衡发展的关系。

办学要均衡，更要有特色，这是素质教育的需要，也是满足学生个性化教育和发展的需要，更是实现人的全面发展和实现教育现代化的需要。如何在实现基础教育均衡发展的基础上，办出学校的特色；在政府对学校的教育资源配置水平基本均衡的前提下，如何面对学校之间存在的客观差异，创建办学特色，不断提升办学水平，形成更多的能够满足学生个性发展需要的特色学校。这是学校教育均衡发展中必须注重和研究的问题。因此，如何处理好学校办学特色与教育均衡发展的关系，是基础教育均衡发展的关键。

二是教育创新发展与教育均衡发展的关系。

教育发展不仅要注重公平与效率，也要不断通过制度和机制创新，引入竞争机制，增强教育发展动力。从日本和韩国推进教育均衡发展的经验和教训看，如果一味地强调均衡，强调无差别，强调一致，学校教育就会失去动力和发展活力，直接影响到教育质量的提高。

教育均衡发展是一个只有起点而没有终点的动态的相对发展过程，教育均衡的发展过程实质上就是教育不断变革、创新、飞跃的螺旋式上升的发展过程，需要从教育的制度和机制上不断进行创新，以推进教育均衡向高质量、高水平发展。在这个过程中必须关注两点，一是学校之间教育资源配置的相对均衡，这里包括办学条件和教学设施等硬件资源和师资力量等软件资源的均衡；二是学校之间发展的动力机制的建立。如何在教育均衡发展的思想指导下，通过建立相互的竞争机制不断激活学校向更高水平的均衡阶段发展，是教育均衡的关键所在。因为只有在教育均衡发展的过程中引入竞争机制，才能带动高质量高水平的均衡。教师队伍建设是教育均衡发展的核心内容，一大批低素质教师的存在，现行的教育制度就难以解决教师资源合理均衡配置的问题，城乡之间、学校之间实现相对均衡发展就会有一个漫长的发展过程。从基础教育均衡发展的实践经验看，所有制约性因素最后都归结到教师资源的配置上，这涉及整个教师制度，如果教师队伍有动力和活力，整个教育就会有动力和活力，如果教师队伍缺乏动力和活力，整个教育也就会没有动力和活力。这是当前教育制度改革面临的大问题。这个问题解决不好，推进教育均衡发展就难于取得实质性进展。因此，我们在推进教育均衡发展过程中要使均衡不断向深度、广度和高水平阶段拓展，就必须抓住教师队伍这个核心，关注教师和校长队伍的发展，通过制度创新，激发教师和校长的职业活力、专业创造力和教育教学热情；必须通过引入竞争机制不断增强学校的发展动力、活力，激励学校之间、区域之间向更高水平的教育均衡目标发展。

三是教育改革与发展同教育均衡发展的关系。

教育要均衡，更要改革与发展，以改革促发展，以创新求发展。教育均衡发展绝不是放弃改革、走回头路，而是要始终坚持教育改革发展的方向不动摇，坚持以政府办学为主，积极鼓励和提倡社会力量参与办学，形成以公办学校为主体，公办、民办，民办公助共同发展的多样化、多元化办学格局。

四是弱势群体教育与教育均衡发展的关系。

弱势群体教育包括经济困难家庭子女的教育、残疾儿童少年的特殊教育、一些学习困难学生的教育、城市流动人口子女的教育等。弱势群体教育是教育均衡的难点，也是解决教育均衡发展的关键。

三、认识问题

第一，均衡发展不是限制发展，而是共同发展。均衡发展不是“削峰填谷”，而是“造峰扬谷”式发展。发展是教育事业永恒的主题，真正意义上的均衡是在发展中实现的，没有发展，就谈不上均衡。落后地区、薄弱学校需要发展，发达地区、基础好的学校同样需要发展，均衡发展就是要在发展中相互促进，在互帮互促中不断实现高位平衡。均衡发展不是限制或削弱发达地区、优质学校和强势群体的发展，而是要在均衡发展思想指导下，以更有力的措施扶持基础薄弱地区、薄弱学校、弱势群体，特别是农村教育和农村学校加快发展，进而把基础教育办成高水平、高质量的教育。

第二，均衡发展不是平均发展，而是分类发展。均衡发展绝不是教育的平均主义，不是把高水平的拉下来，而是要根据不同区域的实际情况，分区规划、分步实施、分类发展。要尽可能缩小区域之间、城乡之间、学校之间的发展差距；尽快用各种方法把低水平教育的地区、学校扶上去；尽量减少甚至消除低水平的学校，让优质教育资源得到迅速发展，从而实现教育的高层次均衡发展。

第三，均衡发展不是划一发展，而是特色发展。均衡发展不能简单地理解为同一化发展，它不是低水平、低层次上的整齐划一发展，而是高水平、高层次上的多元化、多样化、特色化发展。均衡发展不是一种模式、不是“一刀切”，要鼓励不同区域、不同学校、不同类型的教育根据各自的实际情况，创造性地探索有自己特色的发展道路，最终实现优势互补、特色发展、整体提升。教育个性化、办学特色化不仅是国际基础教育发展的大趋势，也是实现更高层次均衡发展，深化教育改革，全面推进素质教育的迫切需要。因此，在办学条件、师资水平相对均衡的情况下，要鼓励学校办出特色，为每一个孩子的发展留有个性发展的空间。

第四，均衡发展不是短期发展，而是持续发展。教育发展不均衡有着长期、深刻的历史原因，解决这个问题需要有一个过程。教育的均衡发展就是一个由不均衡到均衡再到新的不均衡的不断螺旋上升的过程。因此，促进教育均衡将是一个长期的、动态的、辩证的历史过程，需要持之以恒，常抓不懈。

第五，均衡发展不是单一发展，而是整体发展。基础教育均衡发展是整体发展，一要坚持城乡教育共同发展观。加强对农村薄弱学校的改造，以更多的政策支持促进农村教育的发展。二要坚持整体发展观。教育发展是由城市和乡村的教育行为共同构成的。这就是要把城市和农村作为任何一个教育问题的两个方面来看待，同时考虑城市教育和农村教育发展。当前最需要关注和最需要解决的关键问题就是城乡发展不均衡问题。只有把农村教育作为教育整体的一个组成部分，才能获得真正的城乡教育均衡和有效发展。教育均衡不等于教育分配的划一化。针对公共教育资源配置的公平、公正性而言，政府在教育指导思想上要逐步缩小以至消除日益扩大的教育差异，促进教育整体发展。

第六，均衡发展不是孤立发展，而是协调发展。要统筹区域教育、城乡教育、学校教育的协调发展。一是坚持农村教育重中之重的地位不动摇，我国农村教育本来就比较薄弱，只有长期加强农村教育，才能实现城乡教育的协调发展。二是促进城乡教育发展和城镇化进程协调。把城市和农村教育的发展规划、学校建设、教师配置统筹起来。三是切实保障进城农民工子女教育权，同时关心好农村“留守儿童”教育。

第七，教育均衡不是同步化发展，而是要积极推进区域均衡发展。教育均衡不等于区域之间教育发展的同步化。每一级政府管理所辖地区，不可能立即解决长期以来因历史造成的教育差异。我们在鼓励教育发展快的地区继续快速发展的同时，要按照教育均衡发展的思想，采取有力措施扶持后进地区加快发展，并在经济社会和教育文化条件好的地区积极推进区域基础教育均衡发展。

第八，教育均衡不只是办学条件和水平的均衡。那些把教育均衡与学校之间办学水平的划一化等同起来，把教育均衡与区域之间教育发展的同步化等同起来，认为只要办学条件、教学设施、师资力量校际之间、区域之间处在同一水准上，就达到了教育均衡目标，是不科学的，忽视了学校内在发展机制的作用，忽视了学校之间、区域之间地域区位不同、历史文化积淀有别、生源差异等方面的不均衡，以及办学理念、管理水平之间的不均衡。教育均衡不只是办学条件和水平的均衡，教育均衡发展的目标是合理配置教育资源，办好每一所学校，教好每一个学生。

第八节　警惕教育均衡发展中的低水平和高水平陷阱

教育均衡发展是教育发展的理想目标，教育均衡发展必须以一定的经济社会和教育发展条件为基础，在推进教育均衡发展过程中，我们既要不断创造条件促进教育尽快地实现均衡发展，又要因地制宜，结合经济社会和教育发展实际，寻找符合当地实际的基础教育均衡发展之路，还要警惕教育均衡发展中的低水平和高水平陷阱问题。

一、低水平教育均衡陷阱

“低水平均衡陷阱”是发展经济学的一个概念，它描述的是人均国民收入增长缓慢情况下人口增长与国民收入的持久均衡状态。这一理论最早由纳尔森提出，纳尔森的低水平陷阱论，以马尔萨斯理论为基础，说明发展中国家存在低水平人均收入反复轮回的现象。不发达经济的痼疾表现为人均实际收入处于仅够糊口或接近于维持生命的低水平均衡状态；很低的居民收入使储蓄和投资受到极大局限；如果以增大国民收入来提高储蓄和投资，又通常导致人口增长，从而又将人均收入推回到低水平均衡状态中，这是不发达经济难以逾越的一个陷阱。在外界条件不变的情况下，要走出陷阱，就必须使人均收入增长率超过人口增长率。因此，经济理论认为，贫困地区的农户经济已经实现了一种在贫困状态下的均衡。这是一种低水平的均衡状态，经济学家称之为“低水平均衡陷阱”。

如何打破这种“低水平均衡陷阱”，使之在更高层次上实现新的均衡呢？美国经济学家舒尔茨教授认为，应该在市场经济条件下导入新的生产要素，加大对人力资本的投资。这种新的生产要素就是科学技术。换句话说，市场和科技要素导入是反贫困的关键。对此，赖宾斯坦提出的“临界最小努力”论认为，发展中国家要打破“贫困恶性循环”、“低水平均衡陷阱”的困境，必须在经济发展的初始阶段实行大规模投资，使投资水平或投资率大到足以达到国民收入的增长超过人口增长、人均收入大幅度提高的水平，从而产生一个“临界最小努力”，以巨大的投资力量大力推动经济冲破低水平均衡状态，以取得长期的持续增长。

借用这一概念，描述发展层次与发展规模之间的均衡关系。我们可以看出，由于我国教育发展层次不高，发展规模的扩张是在低层次上实现的，发展规模的扩张不仅掩盖了发展的低层次性，而且进一步强化这种低层次性。这就陷入一个困局，越发展，原有的低层次特征越明显。基础教育均衡发展同样要注意“低水平均衡陷阱”问题。这种低层次性的突出标志：一是大而不强，即教育大而不强，存在大量的薄弱学校；二是发展不均衡，区域之间、城乡之间、学校之间存在很大差距；三是教育均衡发展层次不高，目前我国大部分地区基本上还处于普及教育的低水平或初级教育均衡发展阶段；四是教育经费长期投入不足。如果我国基础教育特别是义务教育长期投入不足，促进教育发展达到一定水平，就容易出现“低水平均衡陷阱”现象，使我国基础教育特别是义务教育发展处于低水平的均衡发展状态，仅满足于受教育者权利和机会的均等的“低水平均衡阶段”。我们欣喜地看到，2005 年 12 月，国务院关于深化农村义务教育经费保障机制改革的实施，可以说是我国推进义务教育均衡发展“临界努力”的重大举措，也是努力促使我国义务教育发展达到一定水平，冲破低水平均衡状态的重大举措。

二、高水平教育均衡陷阱

马克·艾尔温（M. Elvin）的“高水平均衡陷阱”理论从人口学的视角解释了中国现代化发展延迟的原因。艾尔温认为，到传统社会后期，中国经济虽然在量上仍有重大增长，但缺乏质上的变化，出现此种情况的原因，既不是资本的不足或市场的限制，也不是政治上的阻碍，更不是大企业的缺乏或者短命，关键原因是随着人口高度增长而形成了一种“高水平均衡陷阱”。在这种人口—经济结构中，人口压力通过两条途径导致了中国经济的停滞：一方面，它吞食了小农维持家庭生计以外的剩余，使小农无法积累资本；另一方面，传统方式的农业投入达到了再增加便会导致边际报酬递减的极限，把传统农业提高到了一个无法通过自身的力量来改变的水平。总之，这种经济结构对新式投资和工业发展起了抑制作用。尽管我们对艾尔温所提出的一些观点并不赞同，但我们也不能否认，高水平均衡陷阱理论揭示了中国传统社会中人口的过度增长与由传统农业向近代工业转变的内在矛盾。

基础教育均衡发展同样要注意“高水平均衡陷阱”问题。我国基础教育均衡发展突出的问题：一是受教育人口众多与优质教育资源不足的矛盾；二是受教育人口众多与教育投入不足的矛盾；三是受教育人口众多与教育发展不均衡的矛盾。我国是世界上受教育人口最多的国家，人口多是我们的基本国情，如何解决受教育人口众多与推进教育现代化、实现教育均衡发展的内在矛盾，是我们走出“高水平均衡陷阱”，推进教育快速均衡发展的重大问题。

高水平教育均衡发展必须建立在一定的经济基础之上，必须确保教育均衡发展最基本的经费投入，否则很难确保教育均衡的顺利和持续发展。日本是世界上最早推进义务教育均衡发展的国家之一，也是经济强国，可面对巨大的教育经费投入，日本在小泉内阁上台后，面对各种财政压力，就曾提出过改革对义务教育阶段进行全免费教育的方案，虽然最后没有通过，但这充分说明了“高水平教育均衡的陷阱”问题。因此，推进教育均衡发展必须结合一个国家或地区经济社会教育发展实际，量力而行，分步实施，分阶段进行，分区域推进，切不可不切实际地冒进。

总之，教育均衡发展是一种境界、一种理想，更是符合我国当前基础教育现实需要的发展策略。教育均衡发展是一种教育理想，也是一种教育目标，是实现社会公平的“最伟大的工具”，也是教育改革与发展的基本价值取向。因此，我们要引导社会大众树立科学的教育均衡发展观，防止把教育均衡等同于绝对的教育机会均等和教育资源平均分配，防止脱离生产力发展水平、教育发展水平等具体历史条件去追求教育均衡。我们应有的基本原则是：既要尽力而为、突出重点，大力推进基础教育均衡发展；又要量力而行、循序渐进，根据各地实际和可能切实维护基础教育均衡发展，真正做到以科学的发展观推进基础教育均衡发展。

第三部分

体系构建篇

对于如何分析和判断教育均衡发展，什么样的教育是均衡发展的，什么样的教育是不均衡发展的，甚至是失衡的，目前国内外没有研究建立起有关教育均衡发展的指标体系。本篇建立了教育均衡发展的指标体系和测度方法，构建了教育均衡发展指数体系。通过数据分析，计算出了基础教育均衡发展指数，勾画出了基础教育均衡发展指数的发展趋势。

第五章

教育均衡的指标体系和测度方法

对于如何分析和判断教育均衡发展，什么样的教育是均衡发展的，什么样的教育是不均衡发展的，甚至是失衡的，目前国内外没有研究建立起有关教育均衡发展的指标体系。通过一定的数据分析，建立适应我国国情和实际的基础教育特别是义务教育发展均衡指数，科学地选择基础教育均衡发展的要素，明确基础教育均衡发展的目标，无论是对于推动教育均衡发展，还是确保对教育失衡和失误的及时、准确和有效的测度、监控和调节，都具有非常重要的意义。

第一节　教育均衡度的测度

一国或一个区域之间的经济发展是不平衡的，教育发展也不平衡。我们借鉴经济学的分析方法，可以通过建立一定的指标体系来进行测量。为了衡量区域间教育发展的均衡度，对有关区域教育均衡的分析方法，这里我们用区域经济学关于区域经济发展差异分析方法和经济学的定量分析方法来进行。

一、教育均衡度测度的指标

经济社会系统是一个以人为中心的系统。经济社会发展这种以人为中心的特征，决定了经济社会生活质量不仅要关注人的物质生活水平，还要关注人的发展水平。这也就决定了我们对社会发展水平的评价，必须以人的物质生活水平评价作为基本的起点，又要以人的发展为目标。

教育是人的全面发展的基础和前提。世界各国和地区经济社会发展的实践都证明，经济社会发展越来越依赖于人力资源的优势，不仅取决于人力资源的数量，还取决于人力资源的质量；人力资源质量在经济增长过程中具有关键性的作用，而决定人力资源质量的最重要的因素就是人力资源的受教育水平。

经济社会的发展是教育发展的基础和前提，教育发展必须以一定的经济发展作为基础。因此，如何在分配上保证一定差别，以促进社会分配公平的同时，又将经济分配差异控制在一定的限度之内，以保证社会分配的公平，是经济社会均衡发展的重要课题，也是教育均衡发展的重要课题。

目前，关于区域发展差异的分析方法基本上是用经济学关于收入分配差异分析方法来进行的。衡量区域内经济分布的均衡度，可用下列指标。比较普遍使用的指标有：标准差、极差、方差、变异系数、加权变异系数、离均差系数、加权离均差系数、洛伦兹曲线和基尼系数等。洛伦兹曲线是国际上通常采用的用于反映收入分配不均等程度的统计方法。基尼系数是国际上度量收入分配不均等程度的重要指标。

统计学是区域经济定量分析的最基础的学科。统计指标按测量尺度不同，可以分为数值指标和品质指标两种。能够用具体数值来反映事物的特征的指标，被称为数值指标。不能够用具体数值而用文字形式来反映事物的性质的指标，被称为品质指标。数值指标按作用不同，分成总量指标和比例指标。总量指标也称绝对数，一般研究对象的总数值特征。比例指标也称相对数，具体又分为无名数和有名数两种形式。无名数没有具体的计量单位，一般用百分比表示。有名数有计量单位，用分子与分母相除的形式表示①。

教育指标是教育实证分析研究的基础，也是教育决策的重要参考。学术界对于指标的界定很多，例如约翰·斯通（John Stone）认为，指标是通过统计测量来反映某事物的重要维度；斯比和博曼（Spee & Bormans）认为，指标是用以显示制度表现状况的一种信号；史密斯（Smith）则认为，指标能够提供有用的信息，可描绘出整个体系所要实现的结果或核心特征②。教育指标起源于20世纪60年代的社会指标运动，是社会指标体系中的一类。结合指标的一般特征，教育指标具有以下基本特征：（1）输出导向：重视反映教育结果；（2）政策评估导向：对公共政策的改善有参考价值；（3）稳定性：可应用一定时间，其操作性定义不随意改变；（4）可比性：可进行时间系列的预测或区域之间的比较；（5）简明性：易于理解，资料收集与处理的成本应适当并具有弹性；（6）实用性：能与教育实践紧密结合；（7）学科性：测量中不能忽视教育自身特性和对本学科知识的改善③。教育指标体系是根据某种理论模式选取若干相关教育指标组合而成，指标之间相互依存，能够反映出教育目标及其优先顺序。教育指标体系的建构模式可按照系统模式、演绎模式、归纳模式、

① 侯景新、尹卫红：《区域经济分析方法》，商务印书馆2004年版，第7～9页。

② 林俐孜：《英国高等教育指标研究》，台湾中原大学工业工程研究所硕士论文，2004年，第17页。

③ 全国人大教科文卫委员会教育室、北京教育科学研究院、香港大学华正中国教育研究中心合作研究项目：《中国义务教育发展研究报告》，中国民主法制出版社2006年版，第519～520页。

目标模式和问题模式五种类型进行①。

正如本书前边有关教育均衡内涵和理论分析中所说，教育均衡发展包括受教育机会的均等、教育资源配置和教育条件的均衡、教育过程的均衡和教育结果的均衡。正是从这一基本思想出发，我们在测度教育均衡度时，可以从以下几个方面选定考察指标：从受教育机会看，可以用学生入学率、城乡学生入学率差异、城乡男女入学率差异等来测量；从教育资源配置看，可以用公共教育经费、生均教育经费、生均预算内教育经费投入，学校校舍面积、图书资料仪器和教师合格率等测量；从教育均衡的结果看，可以用学生毕业率、辍学率、巩固率，教育普及率等测量。也可借鉴 UNESCO 确定的世界教育指标体系，构建区域教育发达程度衡量指标体系（见专栏 5—1）。

专栏 5—1　UNESCO 确定的世界教育指标体系

一、教育供给（资源）

（一）经费

1. 公共教育开支占 GNP 的百分比

2. 公共教育开支占政府公共总开支的百分比

3. 各级教育公共日常开支占分配的百分比

4. 生均公共日常经费开支

（二）人力资源指标

1. 生师比

2. 女教师所占的百分比

二、教育需求

① 孙志麟：《国民教育指标体系建构之研究》，《台北师范学院学报》，2000 年 6 月第 13 期。

1. 成人文盲数
2. 教育成就

三、入学和参与

1. 表面入学率
2. 净表面入学率
3. 升学率
4. 预期受教育年限
5. 毛入学率
6. 净入学率
7. 分年龄的入学率

四、教育内部效率

1. 留级生所占的百分比
2. 留级率
3. 分年级的保留率
4. 效率系数
5. 每位毕业生的年均投入

五、教育产出

1. 识字率
2. 教育成就

注："教育成就"在这里指的是25岁以上人口受教育程度。它既是教育需要指标，又是教育产出指标。

（选自王绽蕊《区域教育发达程度衡量指标体系的构建》一文。）

同时，我们还可以借鉴世界经济合作与发展组织（OECD）制定的义务教育指标的构建思想。这是经济合作与发展组织教育研究和革新中心研制的教育指标体系，该指标体系是目前国际上对教育从投入到产出的过程描写和评价最系统的指标体系（见专栏5—2）。

专栏 5—2　经济合作与发展组织制定的义务教育指标体系

指标项目	主要指标内容	政策含义
教育人口背景	A_1：学龄人口的相对数量 A_2：成年人口受教育程度	
教育财政与人力投入	B_1：教育支出占 GDP 的相对比例 B_2：公共与私人教育投资的相对比例 B_3：公共财政对家庭的补贴 B_4：生均教育支出 B_5：按资金类型（流动与固定）分的教育支出 B_6：公共资金中各级政府投入所占的比例 B_7：生师比	支撑政府对教育合理、有效的投资目的
公民的教育参与和进步	C_1：正规义务教育中总体参与率 C_2：初中教育参与率 C_3：需要额外资助的学生的比率 C_4：特教学生的参与情况	正规教育是否实现教育的全民参与，以及是否体现教育的平等性和机会均等
学校学习环境与组织管理	D_1：公立中小学教师的法定工资 D_2：对新教师的职前培训要求 D_3：教学时间 D_4：中小学生预计课时数 D_5：学生缺课率 D_6：初中教育阶段课程决策情况 D_7：学校拥有计算机及使用情况	反映教育政策对教育实施过程及内部组织的影响力
学生的学业成就	F_1：四年级和八年级学生的数学成绩 F_2：四年级和八年级学生对待科学的态度 F_3：四年级和八年级学生对待取得数学好成绩的态度和观点	体现教育内部效益

注：资料来源于经济合作与发展组织教育研究与革新中心编著，教育部发展规划司、北京教育科学研究院组译：《经济合作与发展组织教育要览（1997）》，人民教育出版社 2000 年版。

二、教育均衡测度的方法

统计学对于数据分布特征和规律的分析，从三个方面进行测度：一是集中趋势，反映各数据向其中心值靠拢或聚集的程度；二是离散程度，反映某个数据远离其中心值的趋势；三是偏态和峰态，反映数据分布的形态。均衡度主要是分析数据间的分散程度，反映的是各变量值远离其中心值的程度，也称为离中趋势。一般情况下，测度数值型数据离散程度的方法主要采用的指标有平均差、极差、标准差、极差率、差异系数、洛伦兹曲线、基尼系数等。在这些指标中，平均差、极差、标准差等反映的是数据分散程度的绝对差异，而极差率、差异系数、洛伦兹曲线等反映的是数据分散程度的相对差异。“绝对差异是指某些变量值偏离参照值的绝对额，相对差异则是指某些变量值偏离参照值的相对额。”①

（一）绝对差异测度指标

1. 极差：极差也称全距、变幅，它是一组数据的最大值与最小值之差，反映了这组数据的最大差距，用 r 表示。其计算公式为：

$$r = y_{\max} - y_{\min} \qquad 式（5—1）$$

式中，$y_{\max}$ 和 $y_{\min}$ 分别表示一组数据的最大值和最小值。极差是描述数据离散程度的最简便的测度值，由于它只利用了数据两端的信息，不能反映中间数据的分散状况，因此极差不能准确地描述数据的分散程度。

2. 方差和标准差：方差和标准差是测度离散趋势最重要、最常用的指标。方差是各变量值与其均值离差平方的平均数，它是测度数值型数据离散程度的最重要方法。标准差为方差的平方根，用 S 表示。标准差相应的计算公式为：

① 贾俊平等编著：《统计学》（第二版），中国人民大学出版社 2004 年版，第 77 页。

$$S=\sqrt{\frac{\sum_{j}^{n}(y_j-\overline{y})^2}{N}} \qquad 式（5—2）$$

式中，y_j 和 $\overline{y}$ 分别表示 j 地区某项指标与各地区某项指标的平均值，N 为地区个数。与方差不同的是，标准差与变量的计算单位相同，比方差清楚。因此，我们在对实际问题的分析时更多地使用标准差。标准差是比较全面地反映区域绝对差异的指标。

（二）相对差异测度指标

1．极差率：极差率是一组数据最大值与最小值的比率，用 I 表示。它与极差结合，可全面反映数据离散程度的极端状况。其计算公式为：

$$I=y_{max}/y_{min} \qquad 式（5—3）$$

式中，y_{max} 和 y_{min} 分别表示一组数据的最大值和最小值。

2．变差系数：变差系数也称变异系数、离散系数、差异系数，用 V 表示。它是一组数据的标准差与其均值之比，是测度数据离散程度的相对指标。变差系数通常用标准差计算，因此，变差系数也被称为标准差系数。其计算公式为：

$$V=\frac{\sqrt{\frac{\sum_{j}^{n}(y_j-\overline{y})^2}{N}}}{\overline{y}} \qquad 式（5—4）$$

式中，y_j 和 $\overline{y}$ 分别表示 j 地区某项指标与各地区某项指标的平均值，N 为地区个数。

变差系数主要用于比较不同总体或样本数据的离散程度。变差系数越大，说明数据的离散程度越大，变差系数越小，说明数据的离散程度也越小①。变异系数是反映区域内各地区间相对差异的指标。

① 贾俊平等编著：《统计学》（第二版），中国人民大学出版社 2004 年版，第 97 页。

应用洛伦兹曲线和基尼系数可对中国不同地区间收入分配均等程度进行分析比较。也可以应用洛伦兹曲线和基尼系数反映出中国不同地区教育不均衡程度的表现。

（三）教育基尼系数及其计算

教育基尼系数是在收入基尼系数的基础上发展而来的，收入基尼系数是最常用的分析收入差距的工具，是20世纪初由意大利经济学家基尼（Gini）首创的，他根据收入洛伦兹曲线找出了判断收入不平等程度的指标。图5—1所示的洛伦兹曲线，以累积人口百分比（POP）作为横坐标，以累计收入百分比（IM）作为纵坐标。正方形对角线OT为绝对平均分配线，当洛伦兹曲线落在此条线上时收入分配是最平等的，这是一种理想的状态，一般情况下实际的收入分配曲线都落在对角线OT的下方。S_A表示实际收入分配曲线和绝对平均分配线之间的面积，S_B表示实际收入分配曲线右下方的面积，S_A+S_B为绝对平均分配线以下三角形OPT的面积，则收入基尼系数$GINI=\frac{S_A}{S_A+S_B}$。如果S_A为零，基尼系数为零，表示收入分配完全平等；如果S_B为零则基尼系数为1，收入分配绝对不平等。该系数可在零和1之间取任何值。收入分配越是趋向平等，洛伦兹曲线的弧度越小，基尼系数也越小，反之，收入分配越是趋向不平等，洛伦兹曲线的弧度越大，那么，基尼系数也越大。联合国有关组织规定：若基尼系数低于0.2表示收入绝对平均；0.2～0.3表示比较平均；0.3～0.4表示相对合理；0.4～0.5表示收入差距较大；0.6以上表示收入差距悬殊。

作为一种常用的统计分析方法，基尼系数不仅仅专用于收入分配问题的研究，而且可用于一切分配问题和均衡程度的分析。它是广义均衡分析的工具，尤其可用于描述财产、资本、资源、产品、市场等分配的均衡程度。

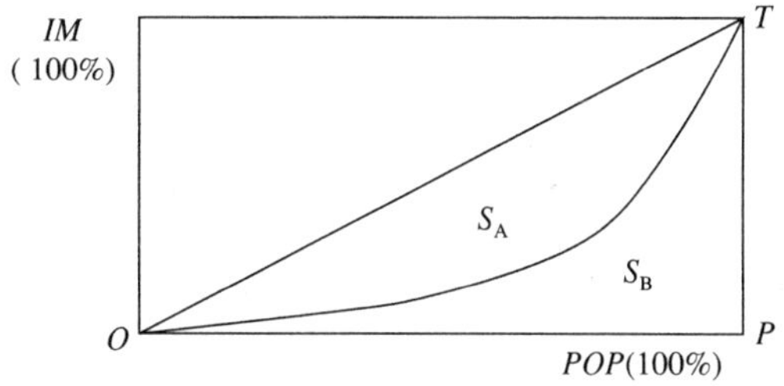

图 5—1　收入洛伦兹曲线

现在，在收入洛伦兹曲线的基础上，来绘制教育洛伦兹曲线，以计算教育基尼系数。我们利用教育成就的累计百分比（CEA）代替累计收入百分比（IM），作为纵坐标，得到受教育程度分布的洛伦兹曲线，如图 5—2 所示。然后，计算教育洛伦兹曲线和 45 度线（理想的社会平等线）之间的面积同三角形 OPT 的面积之间的比率，这个比率就是教育基尼系数。在这里，教育与其他资源的一个最大的不同是存在着一定比例的文盲和半文盲，他们的受教育年限是零，所以相应的教育成就百分比也为零。因此，教育分布的洛伦兹曲线不是从原点 O 开始，而是与横坐标相交。另外，我们是以各级教育作为分组的依据，由于教育本身的特点和统计资料的限制，分组的组数较少，只能分成 5 组。

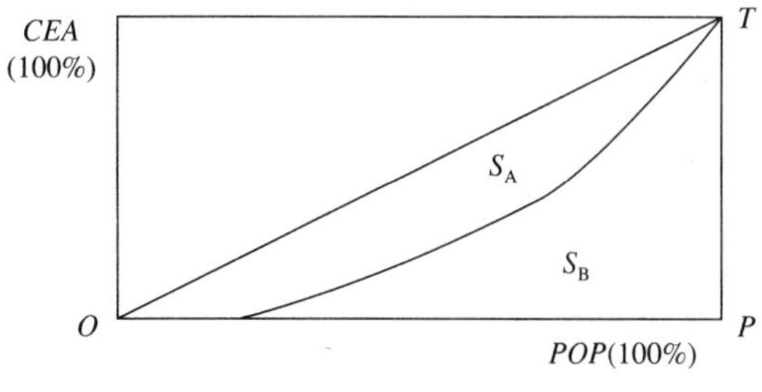

图 5—2　教育洛伦兹曲线

用各级教育的年数（EY_i）乘以受过相应教育的人数（POP_i）来表示各级教育的累计成就，各级教育成就的百分比（以 EA_i 表示）就是各级教育累计成就除以总的教育累计成就，数学定义式为：

$$EA_i=\frac{EY_i \cdot POP_i}{\sum_{i=1}^{5}(EY_i \cdot POP_i)} \quad i=1,2,3,4,5 \quad \text{式(5—5)}$$

教育成就累计百分比为：

$$CEA_i=\sum_{i=1}^{5} EA_i \quad i=1,2,3,4,5 \quad \text{式(5—6)}$$

由此，我们得到计算教育基尼系数（以 EGINI 表示）的公式：

$$\text{EGINI}=\left|\sum_{i=1}^{4}(CEA_i \cdot POP_{i+1}-CEA_{i+1} \cdot POP_i)\right| \quad i=1,2,3,4, \quad \text{式(5—7)}$$ [1]

总之，反映数据离散程度的各个测度值，适用于不同类型的数据。但主要是用方差或标准差、变差系数来测度其离散程度。因此，本书主要用标准差、变差系数、教育基尼系数来测度教育发展离散程度，即教育的均衡度。也可借鉴库兹涅茨倒“U”形曲线测度（见专栏 5—3）。

专栏 5—3　库兹涅茨倒“U”形曲线

1975 年诺贝尔经济奖获得者西蒙·库兹涅茨在研究人均财富差异（公平问题）与人均财富增长（发展问题）之间的关系时，首次提出了公平与发展遵循倒“U”形曲线规律。库兹涅茨在其经典论文《经济增长与收入不平等》（1955）中表述：在从前工业文明向工业文明极为快速转变的经济增长早期，不平等扩大，一个时期变得稳定，后期不平等缩小，这就是著名的“库兹涅茨假说”的最早提法，学术界称库兹

① 孙百才博士论文：《中国教育扩展与收入分配研究》，2005 年 4 月。

涅茨倒“U”形曲线。在对该假说进行实证研究时，又通常将其表达为几何形式：以人均财富（人均 GDP）为横坐标，以人均财富差异（基尼系数）为纵坐标，在人均财富较低时，随着人均财富的增加，人均财富差距逐渐增大，当差异达到临界最大值之后，再随着人均财富的增长，则人均财富差异呈现逐渐下降趋势，整个变化过程呈现倒“U”形曲线的特征。该假说实质上揭示了人均财富积累与社会分配之间对应的内在基本规律，也提示了财富累积对社会分配机制所带来的内在冲击与影响。

第二节　教育均衡的测度方法——教育均衡发展指数

指数（index number）是经济分析的一种特殊的统计方法，它主要是用来反映事物数量的相对变化。广义地说，任何两个数值对比形成的相对数都可以称为指数；狭义地说，指数是用于测定多个项目在不同场合变动的一种特殊相对数。从指数的理论和方法上看，指数研究的主要是狭义的指数。指数可以分为如下几种主要类型：一是从反映内容看，指数可分为数量指数和质量指数。数量指数主要反映物量变动水平，质量指数主要反映事物内含数量变动水平；二是从项目多少看，指数可分为个体指数和综合指数。个体指数反映一个项目或变量变动的相对数，综合指数反映多个项目或变量综合变动的相对数；三是从计算形式看，指数可分为简单指数和加权指数。简单指数把计入指数的各个项目的重要性视为相同，加权指数对计入指数的各个项目依据重要程度赋予不同的权数，然后进行计算；四是从对比场合看，指数可分为时间性指数和区域性指数。时间性指数又分为定基指数和环比指数①。

所谓教育均衡发展指数，就是通过对一定的教育指标数据进行动态分析，通过建立数据模型，计算出教育发展的一个个数值，再依据教育均衡发展的目标要求和经济社会发展，以及教育发展实际，确定不同的发展阶段标准和数值。这样不仅可从不同发展阶段划分和确定教育均衡的标准和要求，推动教育的均衡发展，特别是区域教育的均衡发展；同时，为了促进教育均衡发展，政府也可以对教育失衡和失误进行及时、准确和有效的测度、监控和调节，规定指数的最低值（下限），并通过法律或行政法规将教育均衡指数控制在一定的水平上，以此确保教育的均衡发展。

一、教育均衡发展指数的要素

教育是通过知识和技能培养而使人获得发展的一项社会活动，从本质上说，教育也是一个生产活动，也有其投入和产出。所以，度量教育活动的两个最基本方面就是教育投入和产出。前者主要指教育投入的规模、结构、能力等，后者主要是指教育投入的成果。教育产出规模不仅表现在当期培养学生的数量，也表现在各级教育的普及程度；不仅包括公民接受教育的机会，还包括人力资源的质量等。而教育产出最终是体现在整个国民的教育水平上，如人口平均受教育程度、人口识字率或文盲率，以及受教育人口在不同教育层次上的分布等。同时，从公共经济学理论分析，教育属于公共产品或准公共产品，因此，对一个国家或地区而言，除了投入和产出之外，评价教育的一个重要方面就在于教育的公平性，在于教育资源的投入和产出是否均衡。在我国，

① 贾俊平等编著：《统计学》（第二版），中国人民大学出版社 2004 年版，第 396～397 页。

教育均衡主要应从地区之间、城乡之间、学校之间和学生群体之间是否均衡四个方面考察。

在前面有关教育均衡的理论分析中，我们提出教育均衡不是绝对的，是一种相对均衡，并从宏观、中观、微观三个层次分析提出教育均衡包括四个方面，即教育机会均等、教育资源配置均衡、教育质量均衡、教育结果均衡。依据教育均衡发展的目标要求和经济社会发展，以及教育发展实际，基础教育均衡发展特别是义务教育均衡发展指数应从以下四个层次 25 个要素去测度。

第一，从教育所提供的机会看，基础教育机会均衡指数（$INDEX_1$）涉及如下要素。

教育均衡首先是教育机会的均衡。学生接受基础教育机会主要是指进入学校学习的机会，最常用的指标主要是基础教育阶段各级学校的总入学率或净入学率。总入学率是指某一阶段各种年龄的学生总数与官方规定的该教育阶段适龄人口的比例。净入学率是指在某一教育阶段在官方规定的年龄范围内就读的学生数与全部适龄人口的比例。由于留级生现象的存在，在实际统计数据中有时会出现总入学率大于 100％的情况。即使出现这种情况，也不能说明所有适龄儿童都已经入学，因此在评价适龄儿童入学机会时，最理想的指标是用净入学率。

从教育均衡评价看，教育机会均衡发展指数涉及如下要素。

1. 区域间学生入学率差异系数（I_{11}），反映的是地区与受教育机会。

2. 特殊教育学生入学率（I_{12}）。

3. 城乡学生入学率差异（I_{13}），反映的是城乡与受教育机会。

4. 男女入学率性别差异（I_{14}），反映的是性别与受教育机会。

其基本的计算方法是，对不同阶段的教育水平和机会进行比较，计算出对应比例或差值，以反映其间的差异。

一是地区之间的受教育机会差异程度，本书在评价适龄儿童入学机会时，指标尽量使用净入学率。考虑到我国各地区间的差异较大，为了更准确地反映地区间的教育差距，本书对于地区间差异的计算统一用差异系数计算（以下有关地区间差异计算均用差异系数值）。差异系数主要用于比较不同总体或样本数据的离散程度，是反映区域内各地区间相对差异的指标。本书以省市区行政区划层次计算，以反映不同地区学生在接受基础教育机会方面的均衡状况。

其计算方法是小学入学率、初中入学率、高中入学率三个阶段的学生入学率差异系数取平均值。

二是城乡之间的受教育机会差异程度，可以通过城乡文盲率的差异来计算，即城镇文盲率与乡村文盲率的比值，以反映城镇人口与农村人口在受教育机会上的差异。

三是性别之间的受教育机会差异，可以用学生净入学率的男女差异计算，即女性净入学率与男性净入学率的比值，以反映在学生入学机会上的男女差别。

第二，从教育资源配置看，基础教育资源配置均衡指数（$INDEX_2$）涉及如下要素。

5．地区间公共教育经费差异系数（I_{21}），按照前面计算差异系数公式计算。

6．地区间生均教育经费差异系数（I_{22}）。

7．地区间生均预算内教育经费差异系数（I_{23}）。

8．地区间生均校舍面积差异系数（I_{24}）。

9．生均教育经费城乡差异（I_{25}）

10．生均预算内教育经费城乡差异（I_{26}）

11．危房所占比例（I_{27}）。

12．教学仪器达标率（I_{28}）。教学仪器达标率，小学是指达到国家教委1993年颁布的《小学数学自然教学仪器配备目录》和教育部2000年对配备目录作出调整后的仪器配备标准（一类、二类、三类）的学校；中学是指达到国家教委1993年颁布的《中学理科教学仪器配备目录》和教育部2000年对配备目录作出调整后的仪器配备标准（一类、二类、三类）的学校。

13. 图书资料达标率（I_{29}）。图书资料达标率是指中小学达到本省根据教育部颁发《中小学图书馆（室）规程》及本省按实际情况规定的省内不同地区中小学图书馆（室）生均图书拥有量的标准。

14. 教师获得最后的学历合格率（I_{210}）。《中华人民共和国教师法》第十一条规定，取得教师资格应当具备的相应学历是：(1) 取得幼儿园教师资格，应当具备幼儿师范学校毕业及其以上学历；(2) 取得小学教师资格，应当具备中等师范学校毕业及其以上学历；(3) 取得初级中学教师、初级职业学校文化、专业课教师资格，应当具备高等师范专科学校或者其他大学专科毕业及其以上学历；(4) 取得高级中学教师资格和中等专业学校、技工学校、职业高中文化课、专业课教师资格，应当具备高等师范院校本科或者其他大学本科毕业及其以上学历；取得中等专业学校、技工学校和职业高中学生实习指导教师资格应当具备的学历，由国务院教育行政部门规定；(5) 取得高等学校教师资格，应当具备研究生或者大学本科毕业学历；(6) 取得成人教育教师资格，应当按照成人教育的层次、类别，分别具备高等、中等学校毕业及其以上学历。不具备本法规定的教师资格学历的公民，申请获取教师资格，必须通过国家教师资格考试。国家教师资格考试制度由国务院规定。

15. 教师合格率以上学历率（I_{211}）。

第三，从教育的过程看，基础教育质量均衡指数（$INDEX_3$）涉及如下要素。

16. 毕业生升学率（I_{31}）。考入上一级学校学生数与年度毕业生人数之比例。

17. 学生巩固率（I_{32}）。年级毕业生数与年级入学人数之比例。

18. 学生辍学率（I_{33}）。全年辍学生总数与年初在校生数之比例。

19. 教师合格率城乡差异（I_{34}）。

第四，从教育的结果看，基础教育成就均衡指数（$INDEX_4$）涉及如下要素。

20. 教育普及程度（I_{41}）。教育是社会发展和人的发展的基础，也是每个公民都应该获得的学习机会。所以，教育产出规模不仅包括当期实际进入学校学习、正在进行学习、完成学习的学生人数的多少，也包括应该接受教育的人群中有多少实际获得了受教育机会。即就是要将正在接受教育的学生规模与适龄人群的总体规模予以比较，以教育的普及程度反映教育产出的相对规模。

教育普及程度具体指标包括：一是学生入学率，是指已入学学生占所有学龄人群的比例，它反映的是已达到入学年龄人群的该阶段的普及率，是衡量各级教育普及程度的指标，可用净入学率和毛入学率表示，这里我们用净入学率计算；二是学生巩固率，是指完整读完一学年的学生所占的比例；三是毕业生升学率，是指低一级教育阶段毕业生中升入高一级教育阶段继续就读的学生比例。

基础教育普及率应包括小学学生入学率、初中学生入学率、高中（包括中职）学生入学率，小学、初中、高中学生巩固率，小学、初中、高中学生毕业生升学率。

21. 城乡非文盲率差异（I_{42}）。可以通过城乡非文盲率的差异来计算，即乡村非文盲率与城镇非文盲率的比值，以反映农村人口与城镇人口在受教育机会上的差异。

22. 男女性别非文盲率差异（I_{43}）。可以通过男女非文盲率的差异来计算，即女性非文盲率与男性非文盲率的比值，以反映男女人口在受教育机会上的差异。

23. 人口受教育年限的基尼系数（I_{44}）。教育产出最终体现在整个国民的受教育水平上，这个指标主要是通过计算平均受教育年限，以评价学生整体接受基础教育所达到的水平。即将学生按照受教育程度分组，把各级受教育程度折合为相应的受教育年数，然后计算其平均达到的年限和教育基尼系数。

公式为：

$$\text{平均受教育年限}=\frac{\sum\text{各级教育程度的教育年数}\times\text{受各级教育的人口数}}{\sum\text{受各级教育的人口数}}$$

式（5—8）

24. 不同经济收入家庭学生入学率差异系数（I_{45}）。

25. 不同民族学生入学率差异系数（I_{46}）。

二、教育均衡发展指数的编制

关于社会发展和教育发展多目标综合评价，国际上还没有公认的统一体系和方法。目前，国际上具有一定影响，且被普遍认可的是人类发展指数和社会进步指数的多目标综合评价方法。

人类发展指数（human development index，HDI）又译为人文发展指数或人的发展指数，是由联合国开发计划署在其《1990年人文发展报告》中提出的评价社会发展的方法。该报告认为，社会发展以人的发展为具体体现，为此应建立测量人的发展的综合指标，这个指标就是人类发展指数。当然，人类发展指数还是一个比较粗略的指数，还比较简单，它所包含的内容十分有限。为了克服简单化所带来的问题，并能够反映人类发展中普遍存在的贫困、性别歧视等问题，从 1995 年起，人类发展指数陆续开发了人类贫困指数，以及与性别相关的发展指数和性别赋权指数，对人类发展指数进行了补充①。

社会进步指数（index of social progress，ISP）是美国学者理查德·J. 埃斯特斯在20世纪80年代提出的，其基本思路是：首先确定体现社会进步的各项指标，然后将这些指标浓缩为一个综合指数，以此评价一个国家的社会发展进步状况②。

还有如UNESCO确定的全民教育发展指数（见专栏5—4）。

专栏5—4　UNESCO确定的全民教育发展指数

> 全民教育发展指数（EDI）于2003年提出，为各国的全民教育状况提供了总体衡量标准。
>
> 该指数包括四个目标：普及初等教育、成人扫盲、两性均等和教育质量。
>
> 全民教育发展指数中每一个目标都有一个代表性指数：
>
> 1. 普及初等教育为净入学率；
> 2. 成人扫盲为15岁以上人群中的识字率；
> 3. 两性问题为按性别划分的全民教育指数；
> 4. 教育质量为五年级的留校率。
>
> 全民教育发展指数在0～1之间，1代表全民教育成绩。

资料来源：UNESCO《全民教育全球监测报告摘要2006年：扫盲至关重要》。

本书在充分吸收和借鉴上述两个在国际上具有一定影响的综合评价方法指数的思想基础上，结合我国国情、经济社会发展和教育发展的现实，提出了构建教育均衡发展指数的思想，并建立了测量教育均衡发展指数的综合指标体系和教育均衡指数编制的

① ②高敏雪、李静萍：《经济社会统计》，中国人民大学出版社2003年版，第297页，第302页。

方法。

教育均衡指数编制包括如下步骤：

第一，确定每一个指标的最大值和最小值。根据国际教育发展，以及我国教育政策有关规定和教育实际，我们设定上述均衡指标要素最小值和最大值的标准分别为：

各级教育入学率、教育普及率、文盲率、升学率、巩固率、辍学率、教学仪器达标率、图书资料达标率、教师合格率等凡是与百分率有关的数据，其均衡指数要素的最小值和最大值的标准为 0%和 100%；

各级教育数据指标差异系数的最小值和最大值的标准为 0 和 1。具体可根据前边有关教育均衡度测度的方法计算出每个指标的差异系数。

第二，根据下面的公式将各指标转化为 0～1 之间取值的指数形式，即

$$I_{ij}=\frac{\text{实际值}\ X_i-\text{最小值}\ X_i}{\text{最大值}\ X_i-\text{最小值}\ X_i}\qquad \text{式（5—9）}$$

第三，将上述 25 项指数按照教育均衡指数四个方面分别做简单平均，分别得出教育机会均衡指数、教育资源配置均衡指数、教育质量均衡指数、教育成果均衡指数；然后再将这四个方面的指数做简单平均，其结果就是教育均衡发展指数。

为了使指数计算得更精确，这里，我们借鉴了从 1995 年起，联合国开发计划署陆续开发的有关人类发展指数的计算方法。用下列公式计算教育均衡发展指数（EEI），这里用 P 表示指标。

$$\text{EEI}=\left[\frac{1}{n}\left(P_1^3+P_2^3+\cdots+P_n^3\right)\right]^{\frac{1}{3}}\qquad \text{式（5—10）}$$

三、教育均衡发展指数的体系

在指数的实际应用中，我们不仅要计算单个指数，更重要的

是要确定指数组成体系。一般来说，总量指数是由两个不同时期的总量对比形成的相对数。为了分析总量指数变动中各因素的影响方向和程度，可把总量指数分解成为若干个因素指数。我们把由总量指数及其若干个因素指数构成的数量关系式称为指数体系。

从教育均衡发展指数的要素和编制看，教育均衡发展指数选定的指标共25项，分四个方面，在选定指标并取得相应数据的基础上，我们构造出教育均衡发展指数体系。其中：

体系一，主要是根据本书研究提出的有关教育均衡发展的基本理论，从教育机会均衡、教育资源配置均衡、教育质量均衡、教育成果均衡四个维度构建的教育均衡发展指数体系（见表5—1）；

体系二，主要是根据本书研究提出的有关教育均衡发展的基本理论，从教育资源配置这个教育均衡发展的最重要因素出发，从区域教育均衡、城乡教育均衡、校际教育均衡、群体教育均衡四个维度构建的教育均衡发展指数体系（见表5—2）。

可以说，这两种分析和构建方式各有特点和不足。

体系一，侧重从纵向分析和建立教育均衡发展指数体系，反映了教育均衡发展的全过程，其特点是更多体现出综合性，它的总指数可以直观地反映出一个国家或地区教育均衡发展的大致趋势，教育均衡的趋势是在逐步缩小，还是在逐步拉大，可以通过对数据的科学分析找到教育均衡发展的“零结点”，对教育发展及时“预警”，其子领域体现了教育均衡发展的阶段性趋势，不足是对系统内部各个环节教育均衡状况，无法直观表现。

体系二，侧重从横向分析和建立教育均衡发展指数体系，反映了教育均衡发展的最重要的因素，其特点是更多体现了多样性，它的各个分指数可以直观地反映一个地区、区域内的城乡之间、学校之间、受教育群体之间教育均衡发展的程度，教育均衡在哪些方面正在趋于均衡，在哪些方面还在拉大，可以通过对数据的科学分析找出区域教育均衡发展各个子领域的问题，及时提出政策建议，反映整体教育均衡发展的大致趋势，不足是对教育均衡的阶段性发展状况，无法直观表现。

因此，本书在教育均衡发展研究中对这两个体系都用相关一致的数据进行了计算。以期能从两个不同体系综合比较中，得出更科学的结论。

表 5—1 教育均衡指数的子领域与指数构成（体系一）

子领域	一级指标	二级指标	指标区间	指标方向
教育机会均衡指数（$INDEX_1$）	I_{11}地区间学生入学率差异系数	小学入学率差异系数	（0～1）	—
		初中入学率差异系数		
		高中入学率差异系数		
	I_{12}特殊教育学生入学率		（0～100%）	+
	I_{13}城乡教育入学率差异	城乡小学入学率差异	（0～1）	+
		城乡初中入学率差异		
		城乡高中入学率差异		
	I_{14}入学率性别差异	小学入学率性别差异	（0～1）	+
		初中入学率性别差异		
		高中入学率性别差异		
教育资源配置均衡指数（$INDEX_2$）	I_{21}地区间公共教育经费差异系数		（0～1）	—
	I_{22}地区间生均教育经费差异系数	小学生均教育经费差异系数	（0～1）	—
		初中生均教育经费差异系数		
		高中生均教育经费差异系数		

续表

子领域	一级指标	二级指标	指标区间	指标方向
教育资源配置均衡指数($INDEX_2$)	I_{23}地区间生均预算内教育经费差异系数	小学生均预算内教育经费差异系数	(0～1)	－
		初中生均预算内教育经费差异系数		
		高中生均预算内教育经费差异系数		
	I_{24}地区间生均校舍建筑面积差异系数	小学生均校舍建筑面积差异系数	(0～1)	－
		中学生均校舍建筑面积差异系数		
	I_{25}生均教育经费城乡差异	小学生均经费城乡差异	(0～1)	＋
		中学生均经费城乡差异		
	I_{26}生均预算内教育经费城乡差异	小学生均预算内经费城乡差异	(0～1)	＋
		中学生均预算内经费城乡差异		
	I_{27}危房所占比例	小学危房比例	(0～100%)	－
		中学危房比例		
	I_{28}教学仪器达标率	小学教学仪器达标率	(0～100%)	＋
		初中教学仪器达标率		
		高中教学仪器达标率		
	I_{29}图书资料达标率	小学图书资料达标率	(0～100%)	＋
		初中图书资料达标率		
		高中图书资料达标率		
	I_{210}教师合格率	小学教师合格率	(0～100%)	＋
		初中教师合格率		
		高中教师合格率		
	I_{211}教师合格率以上学历率	小学教师合格率以上学历率	(0～100%)	＋
		初中教师合格率以上学历率		
		高中教师合格率以上学历率		

续表

子领域	一级指标	二级指标	指标区间	指标方向
教育质量均衡指数($INDEX_3$)	I_{31}毕业生升学率	小学毕业生升学率 初中毕业生升学率 高中毕业生升学率	(0～100%)	+
	I_{32}学生巩固率	小学巩固率 中学巩固率	(0～100%)	+
	I_{33}学生辍学率	小学辍学率 中学辍学率	(0～100%)	—
	I_{34}教师合格率城乡差异	小学教师合格率城乡差异 初中教师合格率城乡差异 高中教师合格率城乡差异	(0～1)	+
教育成就均衡指数($INDEX_4$)	I_{41}教育普及程度		(0～100%)	+
	I_{42}城乡非文盲率差异		(0～1)	+
	I_{43}男女性别非文盲率差异		(0～1)	+
	I_{44}人口受教育年限的基尼系数		(0～1)	—
	I_{45}不同经济收入家庭学生入学率差异系数		(0～1)	—
	I_{46}不同民族学生入学率差异系数		(0～1)	—

注：计算城乡差异时，我们将相应的乡村指标除以城镇指标，得到二者的比值；计算性别差异时，我们将相应的女性指标除以男性指标，得到二者的比值。由于乡村指标小于城镇指标，女性指标小于男性指标，所以比值小于1，该比值越大则越均衡，因此该比值的方向为正。

表 5—2　教育均衡指数的子领域与指数构成（体系二）

子领域	一级指标	二级指标	指标区间	指标方向
区域教育均衡指数（$INDEX_1$）	I_{11}地区间公共教育经费差异系数		（0～1）	－
	I_{12}地区间生均教育经费差异系数	小学生均教育经费差异系数	（0～1）	－
		初中生均教育经费差异系数		
		高中生均教育经费差异系数		
	I_{13}地区间生均预算内教育经费差异系数	小学生均预算内教育经费差异系数	（0～1）	－
		初中生均预算内教育经费差异系数		
		高中生均预算内教育经费差异系数		
	I_{14}地区间生均校舍建筑面积差异系数	小学生均校舍建筑面积差异系数	（0～1）	－
		中学生均校舍建筑面积差异系数		
	I_{15}地区间学生入学率差异系数	小学入学率差异系数	（0～1）	－
		初中入学率差异系数		
		高中入学率差异系数		
城乡教育均衡指数（$INDEX_2$）	I_{21}城乡教育入学率差异	城乡小学入学率差异	（0～1）	＋
		城乡初中入学率差异		
		城乡高中入学率差异		
	I_{22}生均教育经费城乡差异	小学城乡生均教育经费差异系数	（0～1）	＋
		初中城乡生均教育经费差异系数		
		高中城乡生均教育经费差异系数		

续表

子领域	一级指标	二级指标	指标区间	指标方向
城乡教育均衡指数（$INDEX_2$）	I_{23}生均预算内教育经费城乡差异	小学生均预算内经费城乡差异	(0～1)	+
		中学生均预算内经费城乡差异		
	I_{24}教师合格率城乡差异	小学教师合格率城乡差异	(0～1)	+
		初中教师合格率城乡差异		
		高中教师合格率城乡差异		
	I_{25}城乡非文盲率差异		(0～1)	+
学校教育均衡指数（$INDEX_3$）	I_{31}教学仪器达标率	小学教学仪器达标率	(0～100%)	+
		初中教学仪器达标率		
		高中教学仪器达标率		
	I_{32}图书资料达标率	小学图书资料达标率	(0～100%)	+
		初中图书资料达标率		
		高中图书资料达标率		
	I_{33}危房所占比例	小学危房比例	(0～100%)	−
		中学危房比例		
	I_{34}教师合格率	小学教师合格率	(0～100%)	+
		初中教师合格率		
		高中教师合格率		
	I_{35}教师合格率以上学历率	小学教师合格率以上学历率	(0～100%)	+
		初中教师合格率以上学历率		
		高中教师合格率以上学历率		
群体教育均衡指数（$INDEX_4$）	I_{41}学生巩固率	小学巩固率	(0～100%)	+
		中学巩固率		
	I_{42}学生辍学率	小学辍学率	(0～100%)	−
		中学辍学率		

续表

子领域	一级指标	二级指标	指标区间	指标方向
群体教育均衡指数（$INDEX_4$）	I_{43}毕业生升学率	小学毕业生升学率	(0～100%)	+
		初中毕业生升学率		
		高中毕业生升学率		
	I_{44}教育普及程度		(0～100%)	+
	I_{45}人口受教育年限的基尼系数		(0～1)	−
	I_{46}特殊教育入学率		(0～100%)	+
	I_{47}入学率性别差异	小学入学率性别差异	(0～1)	+
		初中入学率性别差异		
		高中入学率性别差异		
	I_{48}非文盲率性别差异		(0～1)	+
	I_{49}不同经济收入家庭学生入学率差异系数		(0～1)	−
	I_{410}不同民族学生入学率差异系数		(0～1)	−

四、教育均衡发展指数的计算

（一）教育均衡发展指数计算方法

教育均衡发展指数的计算，根据上述有关指标构成和指数编制的思想，我们可按照下列有关指数的计算方式计算，根据指标数值高低与教育均衡程度高低的理论关系，计算指标得分的公式可分为两种。计算指标得分的方法如下：

1. 当指标数值高低与教育均衡程度高低正相关，即指标方向为“+”时，则这些指标得分采取下列公式计算，即

$$I_{ij}=\frac{\text{实际值 }X_i-\text{最小值 }X_i}{\text{最大值 }X_i-\text{最小值 }X_i}$$

其计算结果是，原始数据越高，指标得分越高，指标所体现的教育均衡程度越高。

2. 当指标数值高低与教育均衡程度负相关，即指标方向为“—”时，则这些指标得分采取上述同样的公式计算，其计算结果是，原始数据越高，指标得分越低，该指标所体现的教育均衡程度越低。为此，在计算中，我们对体系中指标方向为“—”的逆向指标，进行了转换，我们假设这个指标为 P，则逆指标变换为 $1-P$，这样 $1-P$ 的值越大，则表明越均衡。

经过上述处理，各项指标得分（包括指标得分、方面得分、最终总得分）均与教育均衡程度正相关。即指标得分越高，教育均衡程度越高，得分越低，教育均衡程度越低。

（二）教育均衡发展指数具体计算

这里我们以体系一为例计算。

第一项指数——教育机会均衡指数（$INDEX_1$）：

1. 这一项主要反映入学机会的均衡程度。这里使用了各地区，I_{11} 中小学入学率差异系数（包括小学入学率差异系数、初中入学率差异系数、高中入学率差异系数）、I_{12} 特殊教育入学率、I_{13} 城乡教育入学率差异（包括城乡小学入学率差异、城乡初中入学率差异、城乡高中入学率差异）、I_{14} 入学率性别差异（包括小学入学率性别差异、初中入学率性别差异、高中入学率性别差异）。

2. 因为在实际计算中，由于这里差异系数是“—”的逆指标，差异系数越大，则均衡程度越低。为了与计算中的正指标一致。所以，这里我们进行了逆转化。而男女入学率性别差异，用公式：

男女入学率性别差异＝1－女性入学率／男性入学率

其取值范围均为（0，1）。

3. 计算指数。根据下面的公式将各指标转化为0～1之间取值的指数形式，即

$$I_{ij}=\frac{\text{实际值 }X_i-\text{最小值 }X_i}{\text{最大值 }X_i-\text{最小值 }X_i}$$

分别计算出指数后，再按照下列公式计算形成第一项指数——教育机会均衡指数（$INDEX_1$）：

这里，我们假设指标为 P，即

$$INDEX_1=\left[\frac{1}{n}\left(P_1^3+P_2^3+\cdots+P_n^3\right)\right]^{\frac{1}{3}}$$

式（5—11）

用同样的方式，可以计算出：第二项指数——教育资源配置均衡指数（$INDEX_2$），第三项指数——教育质量均衡指数（$INDEX_3$），第四项指数——教育成就均衡指数（$INDEX_4$）。即

$$INDEX_2=\left[\frac{1}{n}\left(P_1^3+P_2^3+\cdots+P_n^3\right)\right]^{\frac{1}{3}}$$

式（5—12）

$$INDEX_3=\left[\frac{1}{n}\left(P_1^3+P_2^3+\cdots+P_n^3\right)\right]^{\frac{1}{3}}$$

式（5—13）

$$INDEX_4=\left[\frac{1}{n}\left(P_1^3+P_2^3+\cdots+P_n^3\right)\right]^{\frac{1}{3}}$$

式（5—14）

我们用上边的公式就可以计算出体系一中四个教育均衡指数。同样，根据上面的指数计算公式，给出我国基础教育的有关数据，亦可以计算出体系二中四个教育均衡指数。

第三节　中国基础教育均衡发展指标及教育均衡指数

根据上述教育均衡发展指数的要素、编制、体系构成，以及

指数的计算方法，我们根据现有国家有关文献资料公布的教育数据，就可以构建中国基础教育均衡发展指标及教育均衡指数。

一、中国基础教育均衡发展指标组成

我国的基础教育均衡发展指数，由于有关数据收集比较困难，我们在计算教育均衡发展指数时仅根据现有国家公布的教育数据进行了计算。其具体的中国基础教育均衡发展指标组成体系一（如表 5—3）和指数（如表 5—5）以及体系二（如表 5—4）和指数（如表 5—6），表中缺少的资料我们用“缺少资料”注明，这些指标由于数据收集困难，我们在计算教育均衡指数时未纳入。例如教育机会均衡由于获取数据的有限，这里我们主要使用了各地区小学净入学率差异系数和男女入学率性别差异两个指标进行了计算。

表 5—3　中国基础教育均衡指数子领域与指数构成（体系一）

子领域	一级指标	二级指标	指标区间	指标方向
教育机会均衡指数（INDEX$_1$）	I_{11}地区间学生入学率差异系数	小学入学率差异系数	（0～1）	—
		初中入学率差异系数		
		高中入学率差异系数		
	I_{12}特殊教育学生入学率（缺少资料）		（0～100%）	+
	I_{13}城乡教育入学率差异（缺少资料）	城乡小学入学率差异	（0～1）	+
		城乡初中入学率差异		
		城乡高中入学率差异		
	I_{14}入学率性别差异	小学入学率性别差异	（0～1）	+
		初中入学率性别差异		
		高中入学率性别差异		

续表

子领域	一级指标	二级指标	指标区间	指标方向
教育资源配置均衡指数（$INDEX_2$）	I_{21}地区间公共教育经费差异系数		（0～1）	－
	I_{22}各地区生均教育经费差异系数	小学生均教育经费差异系数	（0～1）	－
		初中生均教育经费差异系数		
		高中生均教育经费差异系数		
	I_{23}地区间生均预算内教育经费差异系数（缺少资料）	小学生均预算内教育经费差异系数	（0～1）	－
		初中生均预算内教育经费差异系数		
		高中生均预算内教育经费差异系数		
	I_{24}地区间生均校舍建筑面积差异系数	小学生均校舍建筑面积差异系数	（0～1）	－
		中学生均校舍建筑面积差异系数		
	I_{25}生均教育经费城乡差异	小学生均经费城乡差异	（0～1）	＋
		中学生均经费城乡差异		
	I_{26}生均预算内教育城乡差异	小学生均预算内经费城乡差异	（0～1）	＋
		中学生均预算内经费城乡差异		
	I_{27}危房所占比例	小学危房比例	（0～100％）	－
		中学危房比例		
	I_{28}教学仪器达标率	小学教学仪器达标率	（0～100％）	＋
		初中教学仪器达标率		
		高中教学仪器达标率		
	I_{29}图书资料达标率（缺少资料）	小学图书资料达标率	（0～100％）	＋
		初中图书资料达标率		
		高中图书资料达标率		

续表

子领域	一级指标	二级指标	指标区间	指标方向
教育资源配置均衡指数（$INDEX_2$）	I_{210}教师合格率	小学教师合格率	(0～100%)	+
		初中教师合格率		
		高中教师合格率		
	I_{211}教师合格率以上学历率	小学教师合格率以上学历率	(0～100%)	+
		初中教师合格率以上学历率		
		高中教师合格率以上学历率		
教育质量均衡指数（$INDEX_3$）	I_{31}毕业生升学率	小学毕业生升学率	(0～100%)	+
		初中毕业生升学率		
		高中毕业生升学率		
	I_{32}学生巩固率	小学巩固率	(0～100%)	+
		中学巩固率		
	I_{33}学生辍学率	小学辍学率	(0～100%)	−
		中学辍学率		
	I_{34}教师合格率城乡差异	小学教师合格率城乡差异	(0～1)	+
		初中教师合格率城乡差异		
		高中教师合格率城乡差异		
教育成就均衡指数（$INDEX_4$）	I_{41}教育普及程度		(0～100%)	+
	I_{42}城乡非文盲率差异(缺少资料)		(0～1)	+
	I_{43}男女性别非文盲率差异（缺少资料）		(0～1)	+
	I_{44}人口受教育年限的基尼系数		(0～1)	−
	I_{45}不同经济收入家庭学生入学率差异系数（缺少资料）		(0～1)	−
	I_{46}不同民族学生入学率差异系数(缺少资料)		(0～1)	−

表 5—4　中国基础教育均衡指数子领域与指数构成（体系二）

子领域	一级指标	二级指标	指标区间	指标方向
区域教育均衡指数（$INDEX_1$）	I_{11}地区间公共教育经费差异系数		（0～1）	－
	I_{12}地区间生均教育经费差异系数	小学生均教育经费差异系数	（0～1）	－
		初中生均教育经费差异系数		
		高中生均教育经费差异系数		
	I_{13}地区间生均预算内教育经费差异系数（缺少资料）	小学生均预算内教育经费差异系数	（0～1）	－
		初中生均预算内教育经费差异系数		
		高中生均预算内教育经费差异系数		
	I_{14}地区间生均校舍建筑面积差异系数	小学生均校舍建筑面积差异系数	（0～1）	－
		中学生均校舍建筑面积差异系数		
	I_{15}地区间学生入学率差异系数	小学入学率差异系数	（0～1）	－
		初中入学率差异系数		
		高中入学率差异系数		
城乡教育均衡指数（$INDEX_2$）	I_{21}城乡教育入学率差异（缺少资料）	城乡小学入学率差异	（0～1）	＋
		城乡初中入学率差异		
		城乡高中入学率差异		
	I_{22}生均教育经费城乡差异	小学城乡生均教育经费差异系数	（0～1）	＋
		初中城乡生均教育经费差异系数		
		高中城乡生均教育经费差异系数		

续表

子领域	一级指标	二级指标	指标区间	指标方向
城乡教育均衡指数（$INDEX_2$）	I_{23}生均预算内教育城乡差异	小学生均预算内经费城乡差异	(0～1)	+
		中学生均预算内经费城乡差异		
	I_{24}教师合格率城乡差异	小学教师合格率城乡差异	(0～1)	+
		初中教师合格率城乡差异		
		高中教师合格率城乡差异		
	I_{25}城乡非文盲率差异		(0～1)	+
学校教育均衡指数（$INDEX_3$）	I_{31}教学仪器达标率	小学教学仪器达标率	(0～100%)	+
		初中教学仪器达标率		
		高中教学仪器达标率		
	I_{32}图书资料达标率（缺少资料）	小学图书资料达标率	(0～100%)	+
		初中图书资料达标率		
		高中图书资料达标率		
	I_{33}危房所占比例	小学危房比例	(0～100%)	−
		中学危房比例		
	I_{34}教师合格率	小学教师合格率	(0～100%)	+
		初中教师合格率		
		高中教师合格率		
	I_{35}教师合格率以上学历率	小学教师合格率以上学历率	(0～100%)	+
		初中教师合格率以上学历率		
		高中教师合格率以上学历率		

续表

子领域	一级指标	二级指标	指标区间	指标方向
群体教育均衡指数（$INDEX_4$）	I_{41}学生巩固率	小学巩固率 中学巩固率	(0～100%)	+
	I_{42}学生辍学率	小学辍学率 中学辍学率	(0～100%)	−
	I_{43}毕业生升学率	小学毕业生升学率 初中毕业生升学率 高中毕业生升学率	(0～100%)	+
	I_{44}教育普及程度		(0～100%)	+
	I_{45}人口受教育年限的基尼系数		(0～1)	−
	I_{46}特殊教育入学率（缺少资料）		(0～100%)	+
	I_{47}入学率性别差异	小学入学率性别差异 初中入学率性别差异 高中入学率性别差异	(0～1)	+
	I_{48}非文盲率性别差异(缺少资料)		(0～1)	+
	I_{49}不同经济收入家庭学生入学率差异系数（缺少资料）		(0～1)	−
	I_{410}不同民族学生入学率差异系数（缺少资料）		(0～1)	−

二、中国基础教育均衡发展指数

根据上述中国基础教育均衡发展指标组成，运用教育均衡发展指数的计算方法，我们可以计算出中国基础教育均衡发展指数与各分项子指数。

表 5—5 中国基础教育均衡总指数与分项子指数（体系一）

年份	教育均衡分项子指数				教育均衡总指数
	教育机会均衡指数	教育资源配置均衡指数	教育质量均衡指数	教育成就均衡指数	
1995	0.963 82	0.641 74	0.841 39	0.541 08	0.782 1
1996	0.973 81	0.655 28	0.853 84	0.635 77	0.804 7
1997	0.978 35	0.665 16	0.862 96	0.690 09	0.819 6
1998	0.981 59	0.659 63	0.864 53	0.730 00	0.827 7
1999	0.981 59	0.664 84	0.877 66	0.767 51	0.839 6
2000	0.986 32	0.669 27	0.890 86	0.786 64	0.849 6
2001	0.989 24	0.668 80	0.897 23	0.829 25	0.861 7
2002	0.988 14	0.672 58	0.914 15	0.840 43	0.869 2
2003	0.988 69	0.673 94	0.920 40	0.844 77	0.872 3
2004	0.993 34	—	—	—	—

资料来源：历年教育部发展规划司《中国教育统计年鉴》和教育部《中国教育年鉴》。

说明：1. 2002 年的小学和初中辍学率缺失，我们使用 2001 年和 2003 年的算术平均数来代替；2. 2000 年城乡教师合格率差异，因数据缺失，我们使用估算数据，采用平均年增长率办法估算；3. 2003 年公用教育经费、生均教育经费，因当时数据尚未公开，我们计算时用 2002 年数据代替。

表 5—6　中国基础教育均衡总指数与分项子指数（体系二）

年份	教育均衡分项子指数				教育均衡总指数
	区域教育均衡指数	城乡教育均衡指数	学校教育均衡指数	群体教育均衡指数	
1995	0.713 46	0.565 99	0.700 59	0.800 89	0.705 1
1996	0.724 92	0.577 19	0.718 12	0.825 15	0.722 0
1997	0.728 15	0.575 72	0.737 10	0.841 78	0.732 8
1998	0.714 12	0.552 04	0.749 74	0.852 11	0.732 6
1999	0.712 28	0.552 25	0.760 35	0.868 31	0.740 5
2000	0.721 07	0.545 50	0.765 59	0.880 26	0.747 1
2001	0.721 21	0.570 32	0.760 47	0.895 26	0.754 5
2002	0.715 51	0.585 67	0.766 85	0.906 95	0.761 2
2003	0.711 76	0.583 72	0.773 38	0.911 39	0.763 3

注：体系一和体系二计算的总指数在绝对值上存在一定差别，主要是由于两套计算体系的分组不同，计算时权重也不同，但二者在变化趋势上是一致的。

（一）中国基础教育均衡指数体系一分析

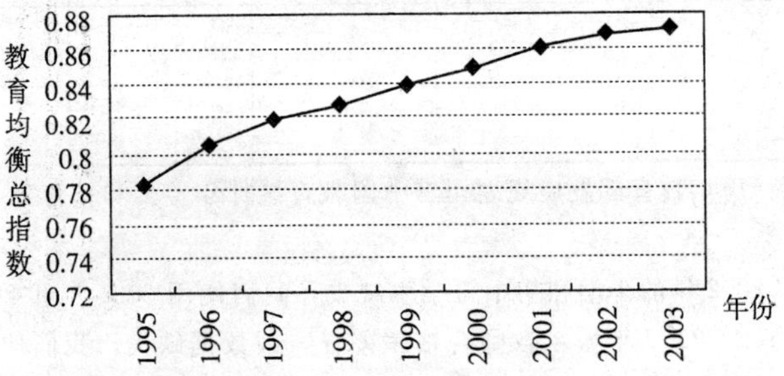

图 5—3　教育均衡总指数的时序变化

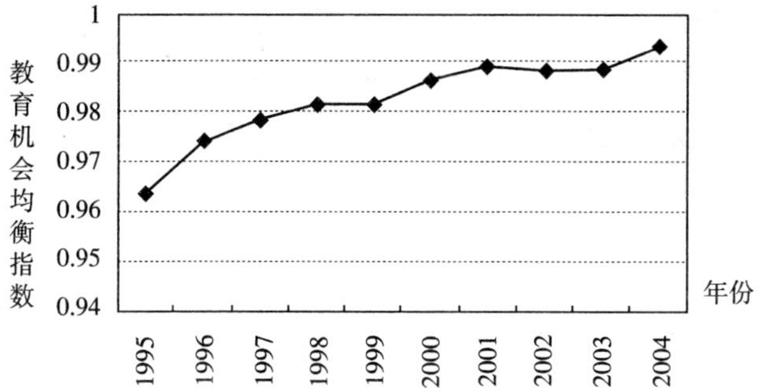

图 5—4　教育机会均衡指数的时序变化

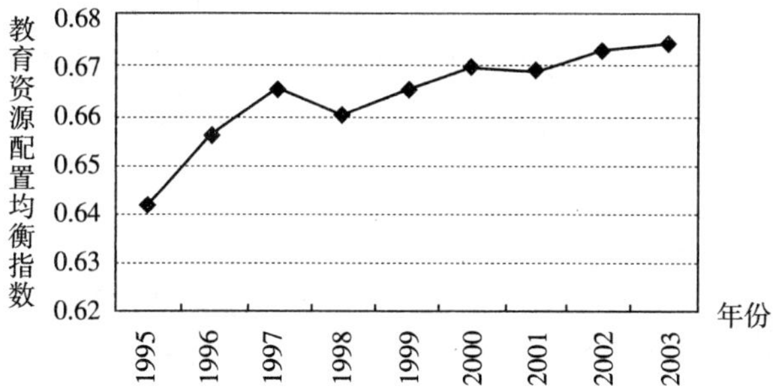

图 5—5　教育资源配置均衡指数的时序变化

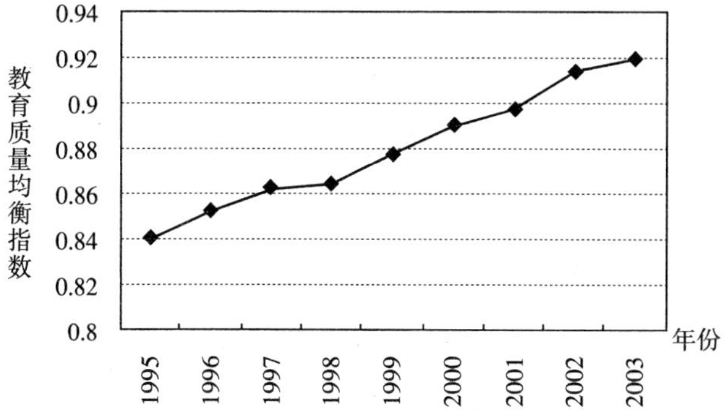

图 5—6　教育质量均衡指数的时序变化

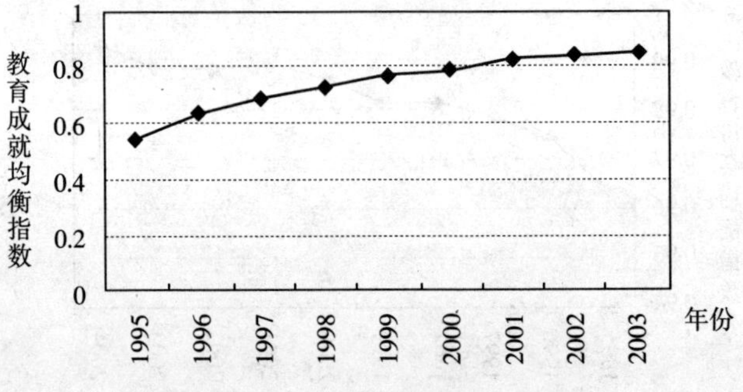

图 5—7 教育成就均衡指数的时序变化

从体系一图表所反映的发展趋势看，1995 年至 2003 年，我国基础教育的教育机会均衡指数、教育资源配置均衡指数、教育质量均衡指数、教育成就均衡指数四大指数以及教育均衡总指数都在随着时序变化逐步向趋于均衡的态势发展。

（二）中国基础教育均衡指数体系二分析

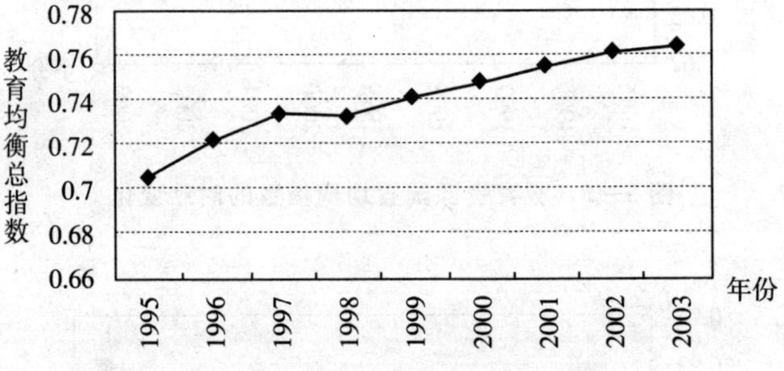

图 5—8 教育均衡总指数的时序变化

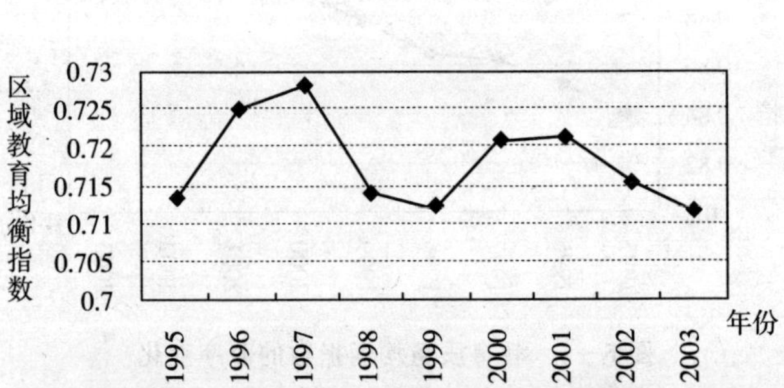

图 5—9 区域教育均衡指数的时序变化

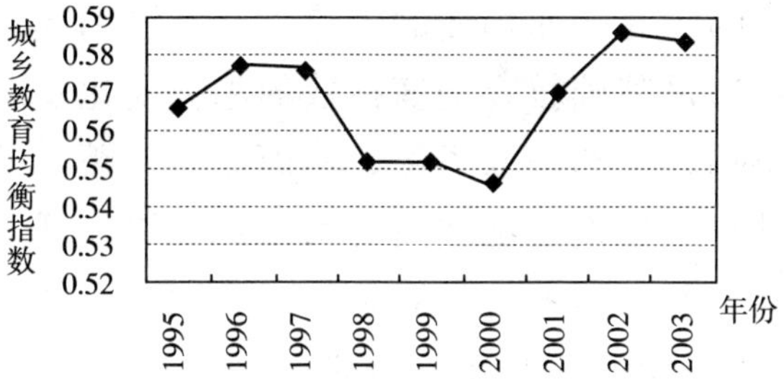

图 5—10　城乡教育均衡指数的时序变化

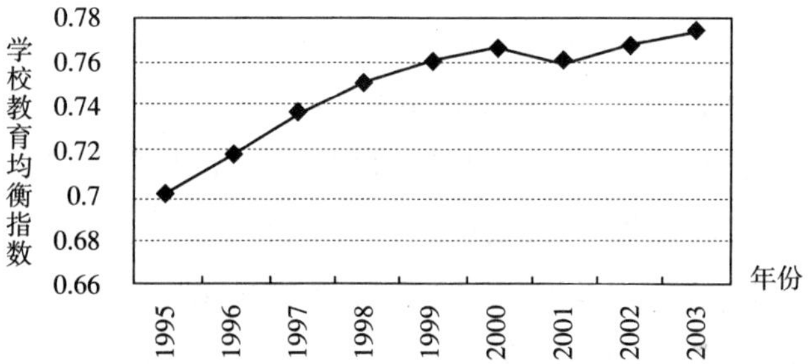

图 5—11　学校教育均衡指数的时序变化

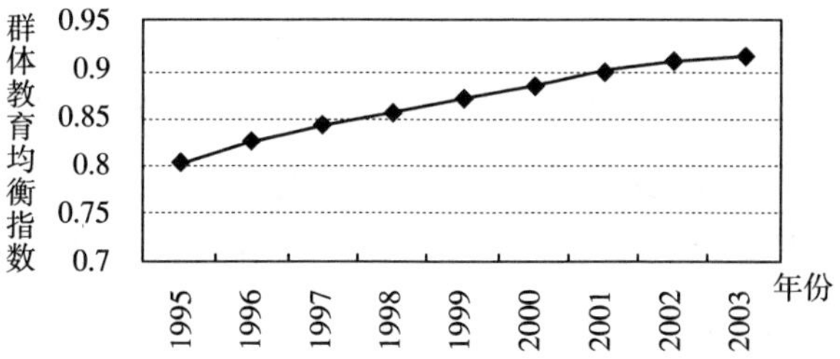

图 5—12　群体教育均衡指数的时序变化

从体系二图表所反映的趋势看，1995 年至 2003 年，我国基础教育的学校教育均衡指数、群体教育均衡指数以及教育均衡总指数都在随着时序变化逐步向趋于均衡的态势发展。

从每个子指数的发展趋势看，区域教育均衡指数和城乡教育均衡指数变化比较大，出现波浪式发展。特别值得注意的是近两年均衡趋势的峰头有向非均衡的走势，这必须引起我们的高度重视。政府可以通过基础教育均衡指数的趋势变化及时掌握发展态势，以及时调整政策和采取措施，进而缩小差距。学校教育均衡指数、群体教育均衡指数都在向着均衡的态势发展。

综合观察这两个体系的发展趋势，我们还发现，体系一中的教育资源配置指数在1998年出现走低现象，体系二中的地区教育均衡指数在1998年至1999年出现了走低现象，城乡教育均衡指数在1998年至2000年出现了走低现象，学校教育均衡指数在2001年出现了略微走低的现象。这主要是受经济发展影响的结果。1997年爆发的东南亚金融危机，对于1998年中国经济发展无疑造成了巨大的压力，使我国经济从高速增长阶段转入了相对稳定增长，经济发展中积累的一些矛盾也逐步暴露出来，国内需求不足，出口增长减缓，特别是国有大中型企业步履维艰。因此，导致我国教育均衡发展在1998年至1999年地区和城乡教育均衡发展指数走低的直接原因是受1998年东南亚金融危机影响，我国1998年经济增长速度下滑、效益徘徊的结果。而城乡教育均衡指数、学校教育均衡指数在2000年至2001年走低的原因则是受2000年我国农村税费改革的影响，农村教育投入不足以及农村义务教育投入和管理机制不健全的结果。自2001年我国完善农村义务教育“以县为主”的管理体制后，我国基础教育发展又恢复出现了均衡发展的良好态势。

总之，从体系一和体系二，25个相同指标、两个不同路径的计算结果看，两个体系所反映的结果异曲同工，各子指数和总指数的发展趋势基本上是一致的，都在向均衡的方向发展。这有力地说明，我国基础教育均衡指数从整体上看正在趋向均衡。

第四部分

实证分析篇

通过实证分析和实际调查，从区域、城乡、学校、群体四个方面对目前中国基础教育发展非均衡的现状进行考察，探讨基础教育发展不均衡的表现、特征、特点及其成因。重点是对中国基础教育发展均衡现状进行实证分析。综合分析实证数据和调查资料信息，本书研究认为，在当前我国经济社会差距不断扩大的背景下，我国基础教育差距整体上出现了逐步缩小的趋势。教育机会不断增加，适龄儿童的就学权利得到了有力保障，义务教育普及水平显著提高，地区间、城乡间基础教育差异明显缩小。造成一些不均衡的主要原因是由于我国基础教育资源配置不均衡。

第六章 中国基础教育均衡发展实证分析

对于基础教育均衡度的分析，这里我们从区域、城乡、学校、受教育群体四个方面进行分析。其中，对区域、城乡的差异分析，采用的是数据分析方法，主要从统计资料进行分析研究；而对于学校、受教育群体之间的差异分析，我们主要采用实际抽样调查方法进行分析。在研究中，无论是数据资料样本，还是抽样调查样本，我们选取的是将普通中小学作为研究对象，因此，这里我们所指的基础教育主要包括普通小学、初中和高中，不包括中等职业学校。

第一节 区域教育均衡度分析

本章对于区域基础教育均衡的差异分析，我们采用的是数据分析方法，主要从统计资料进行分析研究，其分析指标包括各地区间公共教育经费差异系数、各地区间生均教育经费差异系数、各地区间生均预算内教育经费差异系数、各地区间生均校舍建筑面积差异系数、各地区间学生入学率差异系数、各地区教师合格率差异系数、各地区教育基尼系数及其差异分析。由于数据收集困难，有些数据实际计算分析时未纳入。

一、各地区中小学入学率差异分析

以下几个图表是关于全国基础教育入学率发展趋势的分析。

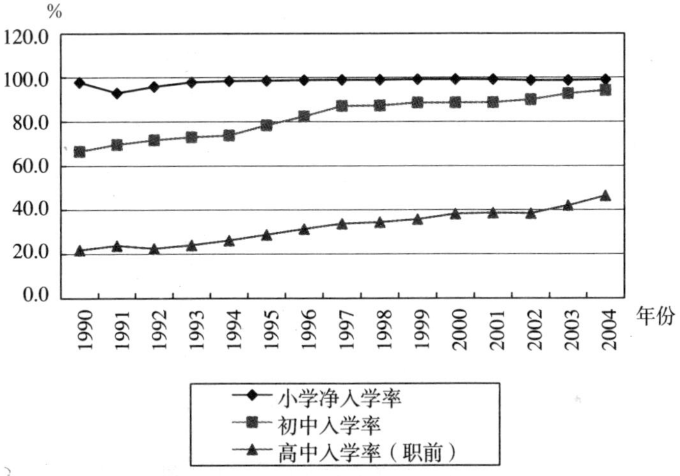

图 6—1　基础教育入学率的时序变化

表 6—1　各地区小学入学率的平均数、标准差和差异系数

年份	平均数	最大值	最小值	极差	标准差	极差率	差异系数
1995	97.24	99.93	64.55	35.38	6.52	1.55	0.067
1996	97.78	99.93	73.54	26.39	4.92	1.36	0.050
1997	98.03	99.99	78.2	21.79	4.10	1.28	0.042
1998	98.22	100.00	81.25	18.75	3.57	1.23	0.036
1999	98.22	100.00	81.25	18.75	3.57	1.23	0.036
2000	98.65	99.99	85.80	14.19	2.7	1.17	0.027
2001	98.62	100.00	88.60	11.40	2.04	1.13	0.021
2002	98.16	100.00	88.29	11.71	2.26	1.13	0.023
2003	98.29	100.00	91.06	8.94	2.18	1.10	0.022
2004	98.85	100.00	95.09	4.91	1.27	1.05	0.013

资料来源：根据各年的《中国教育经费统计年鉴》计算。

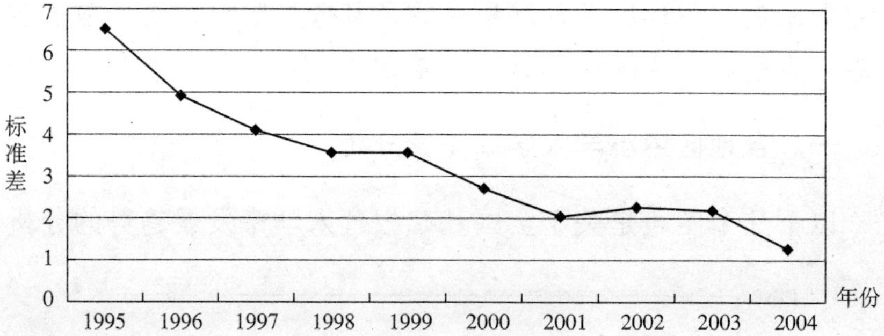

图 6—2　各地区小学入学率标准差的时序变化

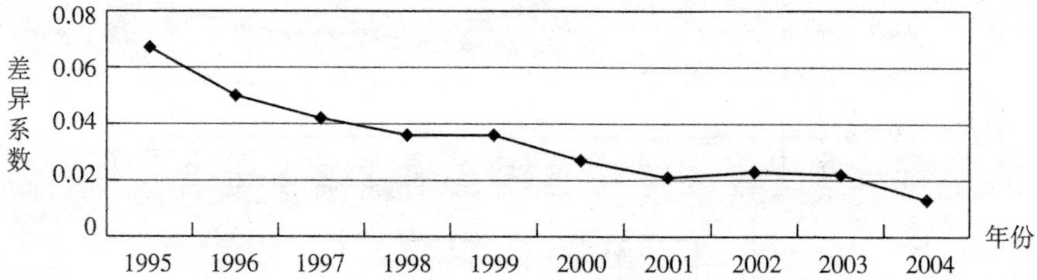

图 6—3　各地区小学入学率差异系数的时序变化

从图 6—1 的全国基础教育入学率发展趋势分析，我们可以看出，近年来全国小学生入学率差异不大，而且，从图 6—2 和图 6—3 小学生入学率的标准差和差异系数的趋势看，全国小学生的入学率差异逐步减少，其入学率已经基本上趋于均衡状态，但初中、高中生的入学率差异还较大，尤其是初中比高中稍大点。

二、各地区公共教育经费差异分析

表 6—2　各地区国家财政性教育经费的平均数、标准差和差异系数

年份	平均数	最大值	最小值	极差	标准差	极差率	差异系数
1995	470 510.2	1 233 181	41 983	1 191 198	285 024.0	29.37	0.606
1996	557 234.9	1 391 238	50 103.2	1 341 135	344 885.3	27.77	0.619

续表

年份	平均数	最大值	最小值	极差	标准差	极差率	差异系数
1997	591 579.2	1 541 211	31 773.10	1 509 438	384 929.9	48.51	0.651
1998	635 997.9	1 722 525	58 462.00	1 664 063	422 013.6	29.46	0.664
1999	737 798.6	1 868 330	74 104.00	1 794 226	456 608.5	25.21	0.619
2000	826 643.7	2 157 815	77 127.90	2 080 687	526 973.8	27.98	0.637
2001	986 132.1	2 566 792	95 944.10	2 470 848	611 280.3	26.75	0.620
2002	1 126 260	3 247 693	134 182.8	3 113 511	709 680.0	24.20	0.630

资料来源：根据各年的《中国教育经费统计年鉴》计算。

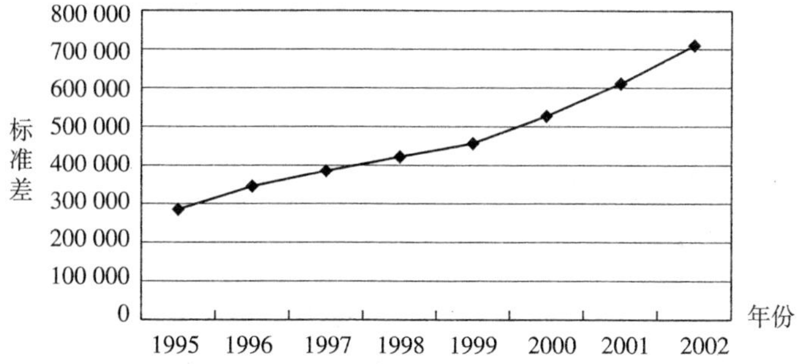

图 6—4　各地区国家财政性教育经费标准差的时序变化

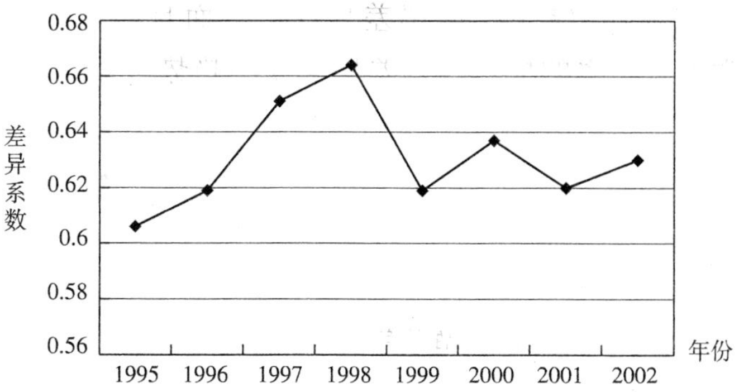

图 6—5　各地区国家财政性教育经费差异系数的时序变化

从表 6—2 反映的数据和图 6—4 与图 6—5 的趋势看，从 1995 年至 2002 年，全国各地区国家财政性教育经费标准差随着时序变化在不断拉大，差异系数呈现波浪式发展。这说明我国地区间财政性教育经费差异还在拉大。这是目前影响我国地区间基础教育均衡发展的重要因素之一，必须引起各级政府的高度重视。

三、各地区中小学生均教育经费差异分析

表 6—3　各地区初等教育生均教育经费的平均数、标准差和差异系数

年份	平均数	最大值	最小值	极差	标准差	极差率	差异系数
1993	325.47	783.44	125.64	657.8	147.14	6.24	0.45
1994	444.1	1 226.03	189.86	1 036.17	209.67	6.46	0.47
1995	542.29	1 591.53	216.06	1 375.47	270.09	7.37	0.5
1996	640.62	1 974.01	234.14	1 739.87	337.11	8.43	0.53
1997	692.68	2 340.43	259.35	2 081.08	403.06	9.02	0.58
1998	753.59	2 621.16	296.44	2 324.72	457.68	8.84	0.61
1999	859.8	3 106.81	363.38	2 743.43	560.96	8.55	0.65
2000	995.63	3 715.22	418.23	3 296.99	696.89	8.88	0.7
2001	1 259.81	4 875.97	536.64	4 339.33	912.99	9.09	0.72
2002	1 504.36	5 559.4	621.41	4 937.99	1 071.58	8.95	0.71

资料来源：根据各年的《中国教育经费统计年鉴》计算。

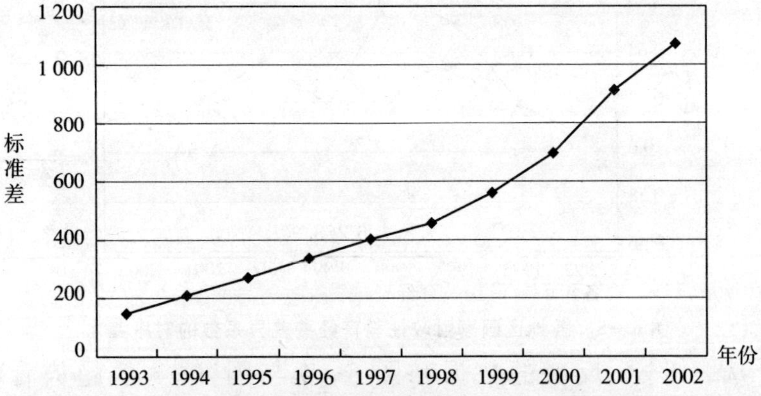

图 6—6　各地区初等教育生均教育经费标准差的时序变化

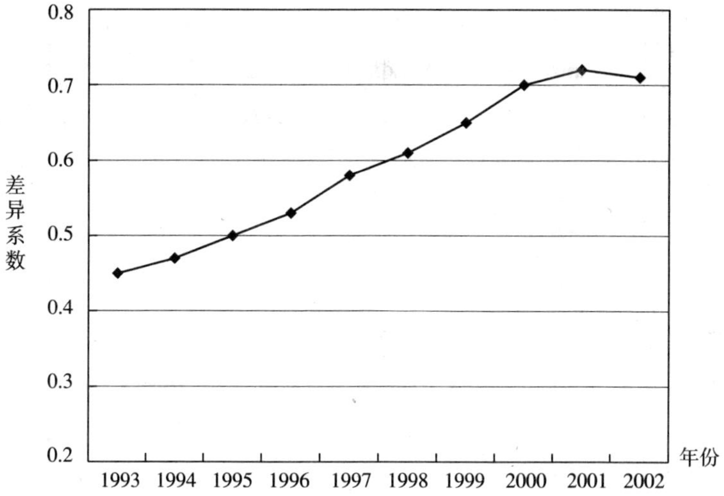

图 6—7　各地区初等教育生均教育经费差异系数的时序变化

表 6—4　各地区中等教育生均教育经费的离散程度

年份	平均数	最大值	最小值	极差	标准差	极差率	差异系数
1993	731.90	1 707.06	324.20	1 382.86	363.38	5.27	0.50
1994	967.25	2 191.39	458.02	1 733.37	436.28	4.78	0.45
1995	1 148.26	2 592.12	504.24	2 087.88	504.33	5.14	0.44
1996	1 292.56	3 111.27	551.27	2 560.00	568.25	5.64	0.44
1997①	1 380.16	4 021.82	581.33	3 440.49	723.00	6.92	0.52
1998	1 533.47	4 497.00	613.27	3 883.73	889.39	7.33	0.58
1999	1 688.81	5 228.74	670.06	4 558.68	1 066.61	7.80	0.63
2000	1 795.57	5 207.41	764.71	4 442.7	1 135.65	6.81	0.63
2001	2 097.00	6 340.72	994.07	5 346.65	1 346.94	6.38	0.64
2002	2 370.46	7 319.63	1 055.68	6 263.95	1 513.68	6.93	0.64

资料来源：根据各年的《中国教育经费统计年鉴》计算。

① 由于 1997 年西藏地区的生均经费较高，为 25 745.07 元，而贵州仅为 581.33 元，当年数据的离散程度的波动很大，因此，1997 年的计算不包括西藏地区。

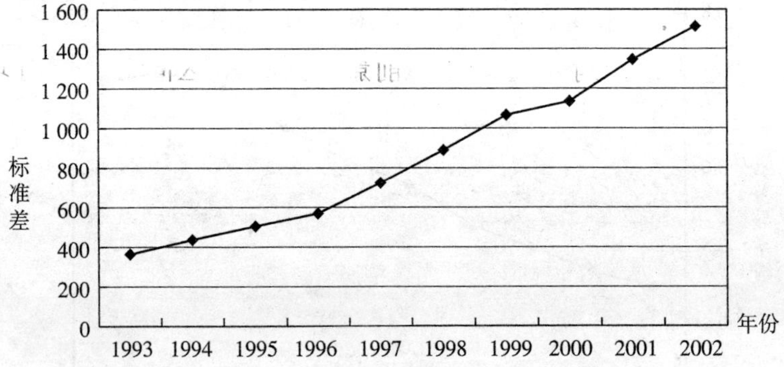

图 6—8　各地区中等教育生均教育经费标准差的时序变化

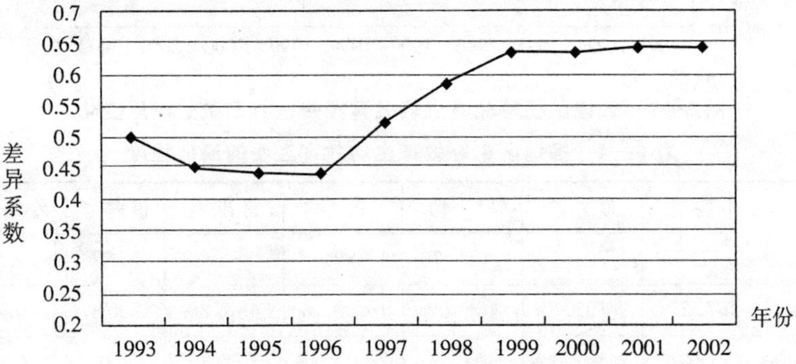

图 6—9　各地区中等教育生均教育经费差异系数的时序变化

从以上图表反映的趋势看，从 1993 年至 2002 年，全国各地区初等教育生均教育经费和中等教育生均教育经费标准差随着时序变化都呈现出不断拉大的趋势，它反映出我国地区初等教育生均教育经费和中等教育生均教育经费的绝对差异仍然在拉大，而从差异系数的趋势看，各地区间初等教育生均教育经费和中等教育生均教育经费相对差异尽管总体上也呈现拉大趋势，但初等教育生均教育经费差异从 2000 年开始出现相对平缓的发展趋势，中等教育生均教育经费差异从 1999 年开始出现相对平缓的发展趋势，其差异系数已连续四年稳定在 0.63～0.64 之间。这说明我国地区间初等教育生均教育经费和中等教育生均教育经费绝对差异还在拉大，但相对差异系数正在趋于平稳。生均教育投入不足，且地区间不平衡，这也是目前影响我国地区间基础教育均衡发展的重要因素之一，必须引起各级政府的高度重视。

四、各地区教师合格率差异分析

表 6—5　各地区小学教师合格率的平均数、标准差和差异系数

年份	平均数	最大值	最小值	极差	标准差	极差率	差异系数
2000	96.05	99.59	78.29	21.30	4.09	1.27	0.043
2001	96.30	99.30	87.78	11.52	2.78	1.13	0.029
2002	97.06	99.47	90.75	8.72	2.18	1.10	0.022
2003	97.58	99.60	92.00	7.60	1.90	1.08	0.019
2004	98.09	99.72	93.40	6.32	1.53	1.07	0.016

资料来源：根据各年的《中国教育统计年鉴》计算。

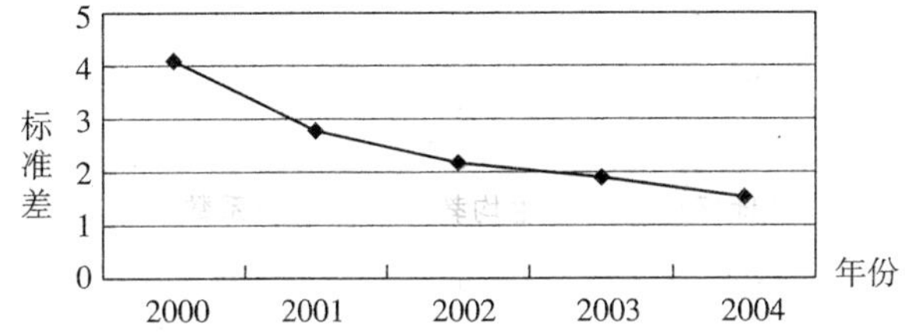

图 6—10　各地区小学教师合格率标准差的时序变化

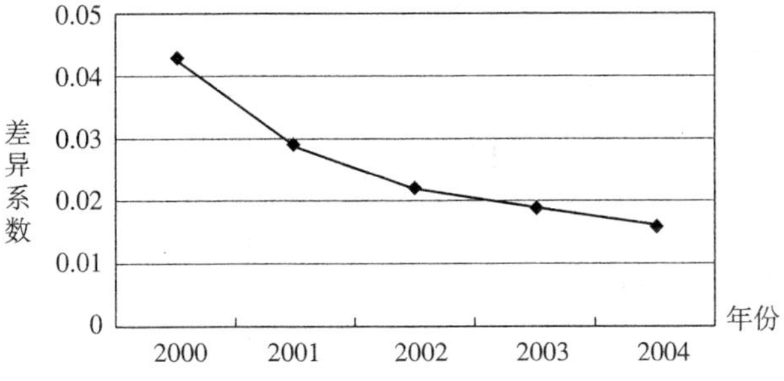

图 6—11　各地区小学教师合格率差异系数的时序变化

表 6—6 各地区初中教师合格率的平均数、标准差和差异系数

年份	平均数	最大值	最小值	极差	标准差	极差率	差异系数
2000	87.31	96.67	78.13	18.54	4.18	1.24	0.048
2001	89.10	97.50	80.54	16.96	3.97	1.21	0.045
2002	90.70	98.22	82.70	15.52	3.62	1.19	0.04
2003	92.38	98.77	85.59	13.18	3.05	1.15	0.033
2004	94.14	99.20	89.68	9.52	2.38	1.11	0.025

资料来源：根据各年的《中国教育统计年鉴》计算。

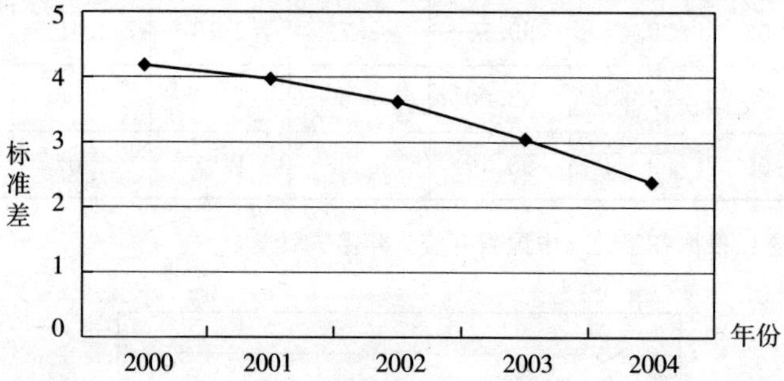

图 6—12 各地区初中教师合格率标准差的时序变化

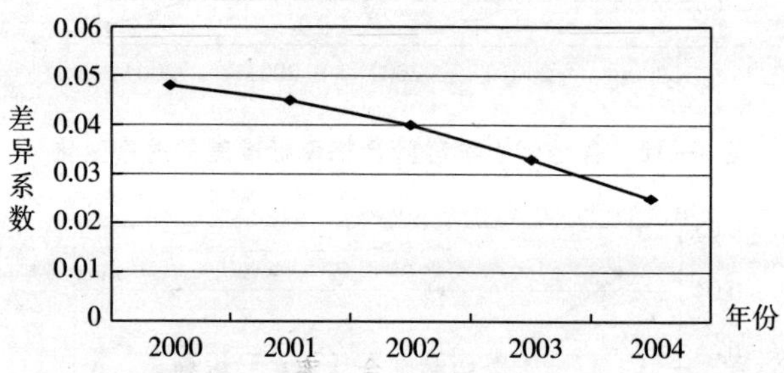

图 6—13 各地区初中教师合格率差异系数的时序变化

表 6—7 各地区高中教师合格率的平均数、标准差和差异系数

年份	平均数	最大值	最小值	极差	标准差	极差率	差异系数
2000	68.32	91.05	50.72	40.33	9.42	1.80	0.138
2001	70.45	93.35	52.10	41.25	9.72	1.79	0.138
2002	72.55	95.55	54.88	40.67	9.73	1.74	0.134
2003	75.54	96.85	57.48	39.37	9.32	1.68	0.123
2004	79.54	97.77	61.46	36.31	8.36	1.59	0.105

资料来源：根据各年的《中国教育统计年鉴》计算。

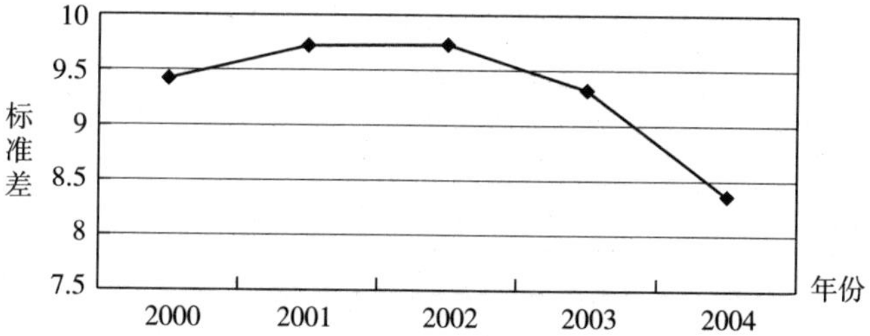

图 6—14 各地区高中教师合格率标准差的时序变化

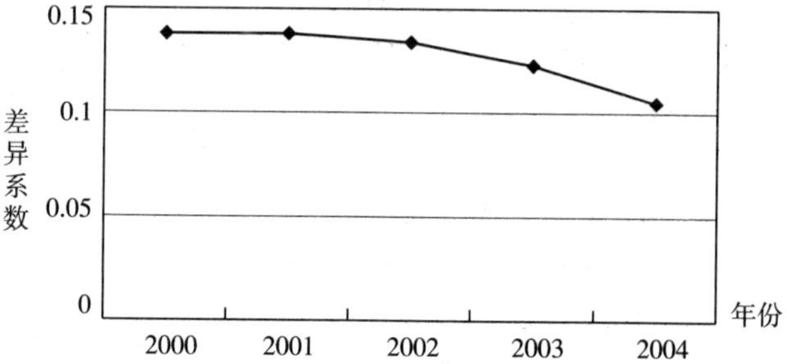

图 6—15 各地区高中教师合格率差异系数的时序变化

从上述图表反映的趋势看，近年来，我国各地区中小学教师合格率标准差和差异系数随着时序变化都在不断缩小。

五、各地区中小学生均校舍面积差异分析

表 6—8　各地区小学生均校舍面积的平均数、标准差和差异系数

年份	平均数	最大值	最小值	极差	标准差	极差率	差异系数
1995	3.77	4.94	2.3	2.64	0.62	2.15	0.17
1996	3.90	4.92	2.46	2.45	0.64	2.00	0.16
1997	3.96	5.00	2.36	2.65	0.66	2.12	0.17
1998	4.15	5.23	2.46	2.77	0.70	2.13	0.17
1999	4.41	5.84	2.68	3.16	0.78	2.18	0.18
2000	4.66	6.42	2.77	3.65	0.89	2.32	0.19
2001	4.69	7.41	2.78	4.63	0.96	2.67	0.20
2002	4.89	8.54	2.83	5.71	1.11	3.02	0.23
2003	5.14	9.24	2.96	6.28	1.22	3.12	0.24

资料来源：根据各年的《中国教育统计年鉴》计算。

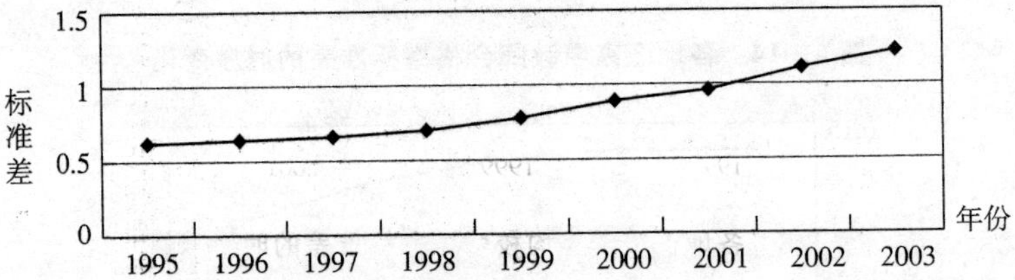

图 6—16　各地区小学生均校舍面积标准差的时序变化

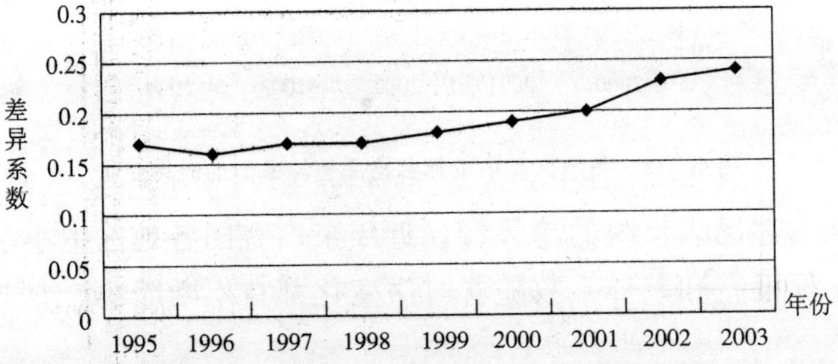

图 6—17　各地区小学生均校舍面积差异系数的时序变化

表 6—9　各地区中学生均校舍面积的平均数、标准差和差异系数

年份	平均数	最大值	最小值	极差	标准差	极差率	差异系数
1995	6.68	16.58	4.72	11.86	2.17	3.51	0.32
1996	6.76	14.79	4.76	10.03	1.89	3.11	0.28
1997	6.81	11.59	4.69	6.89	1.44	2.47	0.21
1998	7.23	16.24	4.76	11.49	2.12	3.41	0.29
1999	7.21	15.52	4.65	10.87	2.10	3.34	0.29
2000	6.90	11.44	4.62	6.82	1.61	2.48	0.23
2001	6.92	11.55	4.28	7.27	1.68	2.70	0.24
2002	7.00	11.12	4.19	6.93	1.69	2.65	0.24
2003	7.33	12.51	4.46	8.05	1.90	2.80	0.26

资料来源：根据各年的《中国教育统计年鉴》计算。

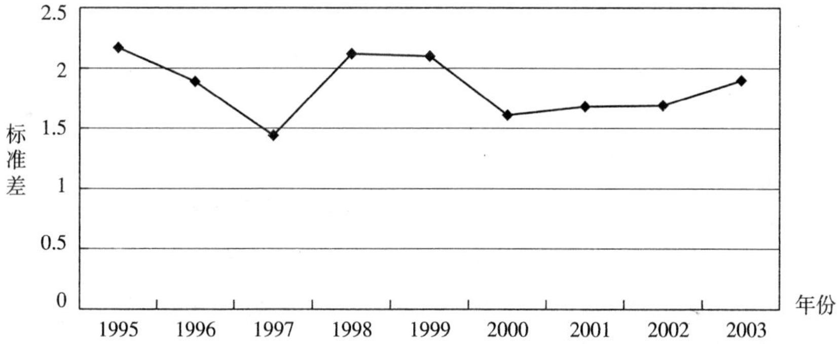

图 6—18　各地区中学生均校舍面积标准差的时序变化

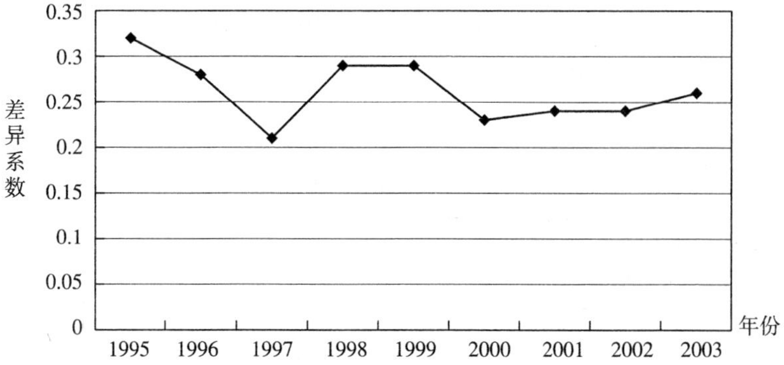

图 6—19　各地区中学生均校舍面积差异系数的时序变化

从上述图表反映的情况看，从1995年至2003年，我国各地区小学生均校舍面积标准差和差异系数随着时序变化都呈现扩大趋势，各地区中学生均校舍面积标准差和差异系数随着时序变化呈现波浪式变化，从2002年开始绝对差异和相对差异都出现平缓趋势。

六、各地区教育基尼系数及其差异分析

（一）中国各地教育基尼系数计算及其比较分析

根据平均受教育年限和教育基尼系数的计算公式，使用《中国人口统计年鉴》和《中国统计年鉴》的数据资料，计算各地区的平均受教育年限和教育基尼系数，如表6—10所示。《中国人口统计年鉴》是从1988年开始出版的，在20世纪90年代以前，只在很少的年份进行过抽样调查，90年代以来的抽样调查也缺乏1991年、1992年、2001年的数据资料。由于海南和重庆两个地区分别是在1988年和1997年才单独划分出来，所以个别年份也没有这两个地区的数据。在不同的年份，由于抽样的居民户每年都有所变动，加之统计口径不尽相同，大部分年份是“6岁及6岁以上人口”，也有个别年份是“15岁及15岁以上人口”，所以在动态上可比性程度较低。但1982年、1990年、2000年我国进行了三次人口普查，这三年的数据是可以在时序上进行比较的，我们可以将这三年的数据单独列出（见表6—11）。为了便于进行国际比较，表6—12显示了20个国家的教育基尼系数情况①。

这里，我们使用的数据主要来自于人口普查和国家统计局的抽样调查，我国一般每十年进行一次普查，每五年进行一次1%的抽样调查，其他年份则是1‰的抽样调查，在我们计算的平均受教育年限的数据中，1982年、1990年、2000年为普查数据，1995年

① 孙百才博士论文：《中国教育扩展与收入分配研究》，2005年4月。

表 6—10　1982～2003 年中国各地区平均受教育年限和教育基尼系数

年份 地区	1982①		1986②		1990③		1993④	
	AEY	EGINI	AEY	EGINI	AEY	EGINI	AEY	EGINI
北　京	7.085	0.352	7.079	0.352	7.869	0.328	9.017	0.246
天　津	6.376	0.369	6.376	0.370	7.078	0.338	7.669	0.270
河　北	4.754	0.461	4.889	0.455	5.475	0.401	6.489	0.295
山　西	5.284	0.409	5.287	0.409	6.054	0.358	7.060	0.253
内蒙古	4.688	0.486	4.700	0.485	5.739	0.403	6.489	0.306
辽　宁	5.909	0.371	5.914	0.371	6.692	0.322	7.266	0.240
吉　林	5.470	0.420	5.479	0.419	6.356	0.357	7.430	0.254
黑龙江	5.364	0.422	5.367	0.422	6.356	0.355	7.053	0.271
上　海	7.032	0.354	7.038	0.354	7.594	0.330	8.236	0.273
江　苏	4.700	0.484	4.694	0.484	5.742	0.392	6.389	0.325
浙　江	4.661	0.455	4.661	0.455	5.716	0.368	6.219	0.303
安　徽	3.577	0.584	3.614	0.581	4.624	0.478	5.528	0.372
福　建	4.096	0.524	4.096	0.523	5.146	0.415	5.748	0.317
江　西	4.245	0.499	4.244	0.499	5.146	0.421	6.141	0.307
山　东	4.863	0.454	4.381	0.502	5.455	0.403	6.017	0.317
河　南	4.406	0.509	4.403	0.510	5.457	0.405	6.379	0.305
湖　北	4.824	0.465	4.821	0.466	5.549	0.412	6.490	0.290
湖　南	4.995	0.418	4.992	0.417	5.699	0.369	6.592	0.261
广　东	5.015	0.428	4.993	0.433	5.786	0.373	6.443	0.259
广　西	4.587	0.470	4.602	0.471	5.368	0.381	6.276	0.268
海　南	—	—	—	—	5.543	0.419	6.671	0.295
四　川	4.424	0.462	4.425	0.462	5.379	0.378	5.965	0.315
贵　州	3.171	0.620	3.160	0.621	4.154	0.507	4.678	0.403
云　南	3.066	0.626	3.065	0.626	4.136	0.508	4.608	0.426
西　藏	1.526	0.809	1.510	0.813	1.809	0.782	2.434	0.695
陕　西	4.783	0.483	4.799	0.481	5.438	0.438	6.447	0.325
甘　肃	3.600	0.602	3.603	0.603	4.380	0.536	5.135	0.443
青　海	3.541	0.612	3.551	0.610	4.419	0.546	4.657	0.501
宁　夏	3.681	0.597	3.634	0.600	4.805	0.500	6.087	0.354
新　疆	4.478	0.499	4.499	0.499	5.585	0.418	6.361	0.297
全　国	4.636	0.481	4.614	0.482	5.517	0.406	6.470	0.318

资料来源：①根据《中国人口统计年鉴 1991》第 12 页“每十万人拥有小学以上文化人口”计算而来，为第三次人口普查数据。②根据《中国统计年鉴 1987》第 97～98 页“各种文化程度人口占总人口的比例”计算而来，为抽样调查数据。③根据《中国人口统计年鉴 1991》第 12 页“每十万人拥有小学以上文化人口”计算而来，为第四次人口普查数据。④根据《中国人口统计年鉴 1994》第 27～29 页“省、自治区、直辖市分性别的各种文化程度人口数”计算而来，为 6 岁及 6 岁以上人口，1993 年抽样调查数据。

1982～2003 年中国各地区平均受教育年限和教育基尼系数（续 1）

地区＼年份	1994①		1995②		1996③	
	AEY	EGINI	AEY	EGINI	AEY	EGINI
北　京	9.255	0.250	8.706	0.286	9.574	0.227
天　津	8.187	0.263	7.674	0.298	8.016	0.245
河　北	6.735	0.317	6.176	0.322	6.886	0.255
山　西	7.284	0.256	6.709	0.320	7.564	0.226
内蒙古	7.071	0.299	6.405	0.343	7.117	0.284
辽　宁	7.779	0.234	7.087	0.291	7.848	0.221
吉　林	7.791	0.249	7.200	0.301	7.630	0.237
黑龙江	7.485	0.259	6.954	0.303	7.734	0.241
上　海	8.676	0.267	8.378	0.281	9.007	0.237
江　苏	6.815	0.359	6.619	0.325	7.015	0.288
浙　江	6.313	0.400	6.245	0.322	6.707	0.276
安　徽	5.670	0.400	5.498	0.391	6.296	0.290
福　建	6.049	0.339	5.492	0.380	6.286	0.297
江　西	6.150	0.328	5.657	0.362	6.537	0.258
山　东	6.378	0.351	6.189	0.342	6.421	0.315
河　南	6.473	0.323	6.105	0.340	6.853	0.262
湖　北	6.546	0.315	6.004	0.360	6.943	0.277
湖　南	6.742	0.287	6.167	0.318	6.937	0.251
广　东	6.760	0.285	6.252	0.338	6.790	0.245
广　西	6.420	0.282	5.967	0.321	6.695	0.236
海　南	6.874	0.316	6.169	0.359	6.643	0.289
四　川	5.996	0.330	5.757	0.352	6.429	0.290
贵　州	4.736	0.436	4.963	0.431	5.686	0.374
云　南	4.680	0.461	4.786	0.431	5.618	0.359
西　藏	2.247	0.726	2.208	0.733	2.917	0.599
陕　西	7.262	0.311	6.127	0.369	6.855	0.305
甘　肃	5.279	0.478	4.857	0.492	5.730	0.404
青　海	4.521	0.552	4.628	0.532	4.899	0.493
宁　夏	6.129	0.416	5.446	0.449	6.505	0.347
新　疆	6.602	0.318	6.186	0.375	7.213	0.285
全　国	6.744	0.333	6.086	0.354	6.794	0.283

资料来源：①根据《中国人口统计年鉴 1995》第 40～41 页“省、自治区、直辖市分性别的各种文化程度人口数”计算而来，为 15 岁及 15 岁以上人口，1994 年抽样调查数据，抽样比为 1.07‰。②根据《中国人口统计年鉴 1996》第 74 页“每十万人受教育程度人口数”计算而来，为 1994 年 10 月 1 日抽样调查数据，抽样比为 1%。③根据《中国统计年鉴 1997》第 78～79 页“各地区按性别和受教育程度分的人口”计算而来，为 6 岁及 6 岁以上人口，1996 年人口变动抽样调查数据，抽样比为 1.028‰。

1982～2003 年中国各地区平均受教育年限和教育基尼系数（续 2）

地区＼年份	1997①		1998②		1999③	
	AEY	EGINI	AEY	EGINI	AEY	EGINI
北　京	9.501	0.225	9.749	0.221	9.981	0.223
天　津	8.376	0.245	8.124	0.243	8.712	0.230
河　北	7.174	0.254	7.466	0.239	7.464	0.235
山　西	7.683	0.226	7.571	0.225	7.823	0.223
内蒙古	7.181	0.283	7.433	0.277	7.154	0.302
辽　宁	8.102	0.226	8.032	0.219	8.184	0.215
吉　林	8.027	0.232	8.025	0.233	8.229	0.218
黑龙江	7.856	0.233	7.850	0.225	7.825	0.225
上　海	8.886	0.238	8.974	0.242	9.267	0.229
江　苏	6.910	0.294	7.038	0.299	7.302	0.283
浙　江	6.815	0.292	7.026	0.279	7.144	0.271
安　徽	6.557	0.292	6.537	0.290	6.543	0.289
福　建	6.734	0.282	6.690	0.286	6.774	0.286
江　西	7.047	0.240	7.012	0.241	7.116	0.248
山　东	6.503	0.308	6.619	0.305	6.825	0.289
河　南	7.101	0.250	7.254	0.246	7.103	0.258
湖　北	7.221	0.264	7.298	0.265	7.290	0.260
湖　南	7.224	0.231	7.287	0.227	7.447	0.234
广　东	7.504	0.236	7.550	0.234	7.612	0.234
广　西	6.613	0.249	6.794	0.236	6.845	0.231
海　南	7.212	0.258	7.205	0.261	7.250	0.273
重　庆	6.601	0.273	6.682	0.257	6.876	0.262
四　川	6.570	0.286	6.828	0.269	6.656	0.275
贵　州	5.850	0.336	5.727	0.358	6.076	0.332
云　南	5.789	0.327	5.789	0.325	5.819	0.316
西　藏	3.500	0.496	3.345	0.529	2.948	0.557
陕　西	7.066	0.281	7.048	0.270	7.144	0.287
甘　肃	6.127	0.351	6.066	0.364	6.351	0.345
青　海	4.692	0.505	4.907	0.500	5.968	0.411
宁　夏	6.446	0.354	6.539	0.351	6.662	0.330
新　疆	7.512	0.262	7.464	0.263	7.942	0.254
全　国	7.009	0.225	7.088	0.221	7.179	0.223

资料来源：①根据《中国统计年鉴 1998》第 114～115 页“各地区按性别和受教育程度分的人口”计算而来，为 6 岁及 6 岁以上人口，1997 年人口变动抽样调查数据，抽样比为 1.016‰。②根据《中国统计年鉴 1999》第 120～121 页“各地区按性别和受教育程度分的人口”计算而来，为 6 岁及 6 岁以上人口，1998 年人口变动抽样调查数据，抽样比为 1.01‰。③根据《中国统计年鉴 2000》第 104～105 页“各地区按性别和受教育程度分的人口”计算而来，为 6 岁及 6 岁以上人口，1999 年人口变动抽样调查数据，抽样比为 0.976‰。

1982～2003年中国各地区平均受教育年限和教育基尼系数（续3）

地区＼年份	2000①		2001②		2002③		2003④	
	AEY	EGINI	AEY	EGINI	AEY	EGINI	AEY	EGINI
北　京	9.586	0.243	10.260	0.212	10.259	0.210	10.346	0.203
天　津	8.558	0.258	8.860	0.217	9.149	0.221	9.246	0.217
河　北	7.260	0.264	7.746	0.212	8.033	0.211	8.378	0.213
山　西	7.344	0.272	8.166	0.200	8.246	0.197	8.398	0.193
内蒙古	7.260	0.297	7.705	0.270	7.878	0.262	7.769	0.265
辽　宁	7.967	0.251	8.266	0.201	8.440	0.193	8.920	0.199
吉　林	7.825	0.253	8.503	0.200	8.614	0.201	8.702	0.194
黑龙江	7.804	0.252	8.255	0.210	8.299	0.205	8.410	0.194
上　海	8.961	0.250	9.442	0.229	9.595	0.231	10.126	0.206
江　苏	7.438	0.273	7.713	0.254	7.589	0.258	7.690	0.269
浙　江	6.999	0.292	7.339	0.256	7.676	0.270	7.760	0.269
安　徽	6.473	0.317	7.135	0.271	6.988	0.268	7.663	0.255
福　建	7.080	0.276	7.571	0.259	7.457	0.264	7.587	0.262
江　西	6.914	0.283	7.718	0.230	7.479	0.231	8.293	0.226
山　东	7.118	0.290	7.832	0.250	8.079	0.241	7.852	0.259
河　南	7.169	0.270	7.980	0.216	8.076	0.211	7.967	0.208
湖　北	7.348	0.276	7.921	0.238	7.755	0.225	7.920	0.245
湖　南	7.312	0.254	7.882	0.214	7.910	0.219	8.051	0.223
广　东	7.406	0.271	7.751	0.219	8.094	0.217	8.008	0.220
广　西	6.970	0.266	7.615	0.214	7.622	0.227	7.768	0.227
海　南	6.995	0.305	7.567	0.245	7.939	0.222	8.190	0.233
重　庆	6.730	0.287	7.343	0.244	7.438	0.234	7.669	0.221
四　川	6.525	0.300	7.204	0.266	7.287	0.261	7.416	0.247
贵　州	5.438	0.388	6.544	0.305	6.733	0.293	6.889	0.310
云　南	5.707	0.364	6.195	0.296	6.119	0.318	6.040	0.297
西　藏	2.998	0.643	4.097	0.438	4.323	0.449	3.871	0.513
陕　西	7.188	0.295	7.585	0.259	7.430	0.270	8.112	0.253
甘　肃	5.978	0.385	6.720	0.327	6.781	0.313	7.037	0.313
青　海	5.586	0.449	5.967	0.383	6.347	0.346	6.720	0.348
宁　夏	6.311	0.380	7.281	0.296	7.392	0.293	7.347	0.297
新　疆	7.028	0.316	8.010	0.249	8.366	0.249	8.376	0.237
全　国	7.114	0.243	8.491	0.242	7.734	0.210	7.911	0.203

资料来源：①根据《中国统计年鉴2001》第96页“各地区每十万人拥有的各种受教育程度人口比较”计算而来，为第五次人口普查快速汇总的2000年11月1日零时数。②根据《中国人口统计年鉴2002》第28～29页“各地区分性别受教育程度人口”计算而来，为6岁及6岁以上人口，2001年抽样调查数据，抽样比为0.963‰。③根据《中国统计年鉴2003》第106～107页“各地区按性别和受教育程度分的人口”计算而来，为6岁及6岁以上人口，2002年人口变动抽样调查数据，抽样比为0.988‰。④根据《中国统计年鉴2004》第107～108页“各地区按性别和受教育程度分的人口”计算而来，为6岁及6岁以上人口，2003年人口变动抽样调查数据，抽样比为0.982‰。

表 6—11　中国平均受教育年限和教育基尼系数的动态变化

	1982 年	1990 年	2000 年
平均受教育年限	4.636	5.517	7.114
教育基尼系数	0.481	0.406	0.289

表 6—12　一些国家部分年份的教育基尼系数

国　家	1970 年	1975 年	1980 年	1985 年	1990 年
阿尔及利亚	0.818 1	0.768 3	0.708 0	0.652 5	0.600 1
阿根廷	0.311 1	0.325 7	0.294 6	0.318 2	0.272 4
巴　西	0.509 1	0.429 0	0.446 3	0.441 5	0.392 9
智　利	0.329 6	0.332 7	0.315 1	0.312 0	0.313 5
中　国	0.598 5	0.554 1	0.509 4	0.493 7	0.422 6
哥伦比亚	0.509 5	0.459 4	0.472 6	0.475 2	0.486 8
哥斯达黎加	0.410 6	0.391 6	0.405 9	0.416 5	0.426 1
印　度	0.764 1	0.742 9	0.751 7	0.723 8	0.686 1
印度尼西亚	0.587 3	0.581 7	0.505 1	0.438 8	0.408 0
爱尔兰	0.248 8	0.245 4	0.236 4	0.237 7	0.249 8
韩　国	0.514 0	0.394 2	0.338 3	0.287 7	0.217 5
马来西亚	0.547 4	0.515 0	0.471 9	0.445 9	0.420 4
墨西哥	0.511 4	0.499 0	0.497 8	0.469 5	0.383 9
巴基斯坦	0.854 9	0.845 0	0.817 0	0.806 5	0.644 8
秘　鲁	0.504 8	0.502 8	0.425 8	0.437 1	0.431 1
菲律宾	0.432 7	0.357 8	0.340 4	0.336 0	0.328 5
葡萄牙	0.498 5	0.514 2	0.425 5	0.435 0	0.431 5
泰　国	0.418 5	0.425 7	0.359 1	0.389 1	0.391 5
突尼斯	0.817 8	0.758 9	0.693 5	0.671 0	0.618 1
委内瑞拉	0.578 9	0.558 5	0.391 9	0.397 0	0.420 9

资料来源：[美] 托马斯等著，本书翻译组译：《增长的质量》，中国财政经济出版社 2001 年版，第 193 页。

为1%的抽样调查数据，其他年份为1‰的抽样调查数据。从图6—20中可以看出，1995年、2000年的平均受教育年限是下降的或略有下降的，由于这两年一次是1%的抽样，一次是全国普查，其代表性是较高的，其他年份的平均受教育年限的浮动可能是抽样误差引起的。据此可以看出，1982～2003年中国各地区平均受教育年限和教育基尼系数时序变化具有如下特点。

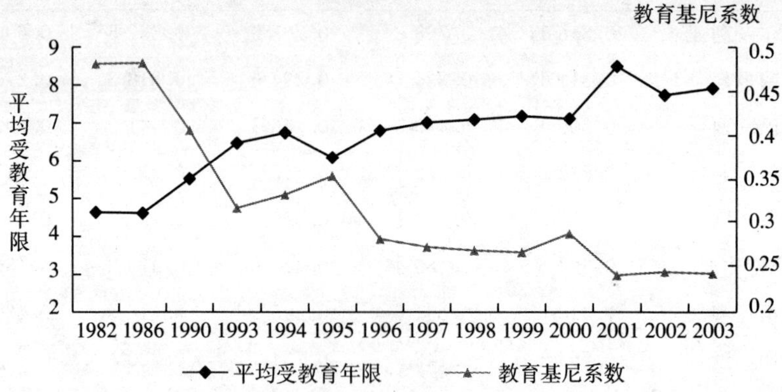

图6—20 1982～2003年中国各地区平均受教育年限和教育基尼系数的时序变化

1. 我国居民的平均受教育年限是逐年提高的。平均受教育年限从1982年的4.6年，提高到2000年的7.1年。从总体上看来，我国的平均受教育年限还处于比较低的水平，而且在各地区之间发展是不平衡的。以2000年为例，平均受教育年限最高的北京市为9.6年，而最低的西藏仅为3.0年。

2. 动态上分析，随着我国居民平均受教育年限的提高，教育基尼系数呈现出下降的趋势。这可以从图6—21的发展趋势看出，我国教育基尼系数从1982年的0.481下降到2000年的0.289。从上述图表反映的情况可以看出中国教育扩展对教育分配的平等化具有积极的促进作用，这说明随着我国平均受教育程度的提高，教育基尼系数趋于下降。

3. 从国际比较来看，中国教育分配差距处于中间水平。以

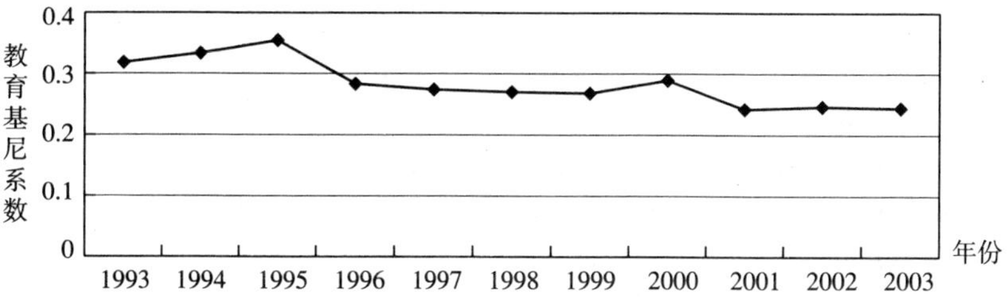

图 6—21　1993～2003 年全国教育基尼系数

1990 年为例，我们计算的全国的教育基尼系数为 0.406，而托马斯等计算的为 0.423，二者相差不是很大。20 个国家中，教育基尼系数最高的印度为 0.686，最低的韩国的教育基尼系数为 0.218。

（二）2000 年至 2003 年中国各地区平均受教育年限的基尼系数排序

从 2000 年中国各地区平均受教育年限的基尼系数排序看（图 6—22），平均受教育年限最高的北京市为 9.6 年，而最低的西藏仅为 3.0 年。教育基尼系数最高的西藏为 0.643，最低的北京的教育基尼系数为 0.243。

从 2001 年中国各地区平均受教育年限的基尼系数排序看（图 6—23），平均受教育年限最高的北京市为 10.3 年，而最低的西藏仅为 4.1 年。教育基尼系数最高的西藏为 0.438，最低的山西和吉林的教育基尼系数为 0.200。

从 2002 年中国各地区平均受教育年限的基尼系数排序看（图 6—24），平均受教育年限最高的北京市为 10.3 年，而最低的西藏仅为 4.3 年。教育基尼系数最高的西藏为 0.449，最低的辽宁的教育基尼系数为 0.193。

从 2003 年中国各地区平均受教育年限的基尼系数排序看（图 6—25），平均受教育年限最高的北京市为 10.3 年，而最低的西藏仅为 3.9 年。教育基尼系数最高的西藏为 0.513，最低的山西的教育基尼系数为 0.193。

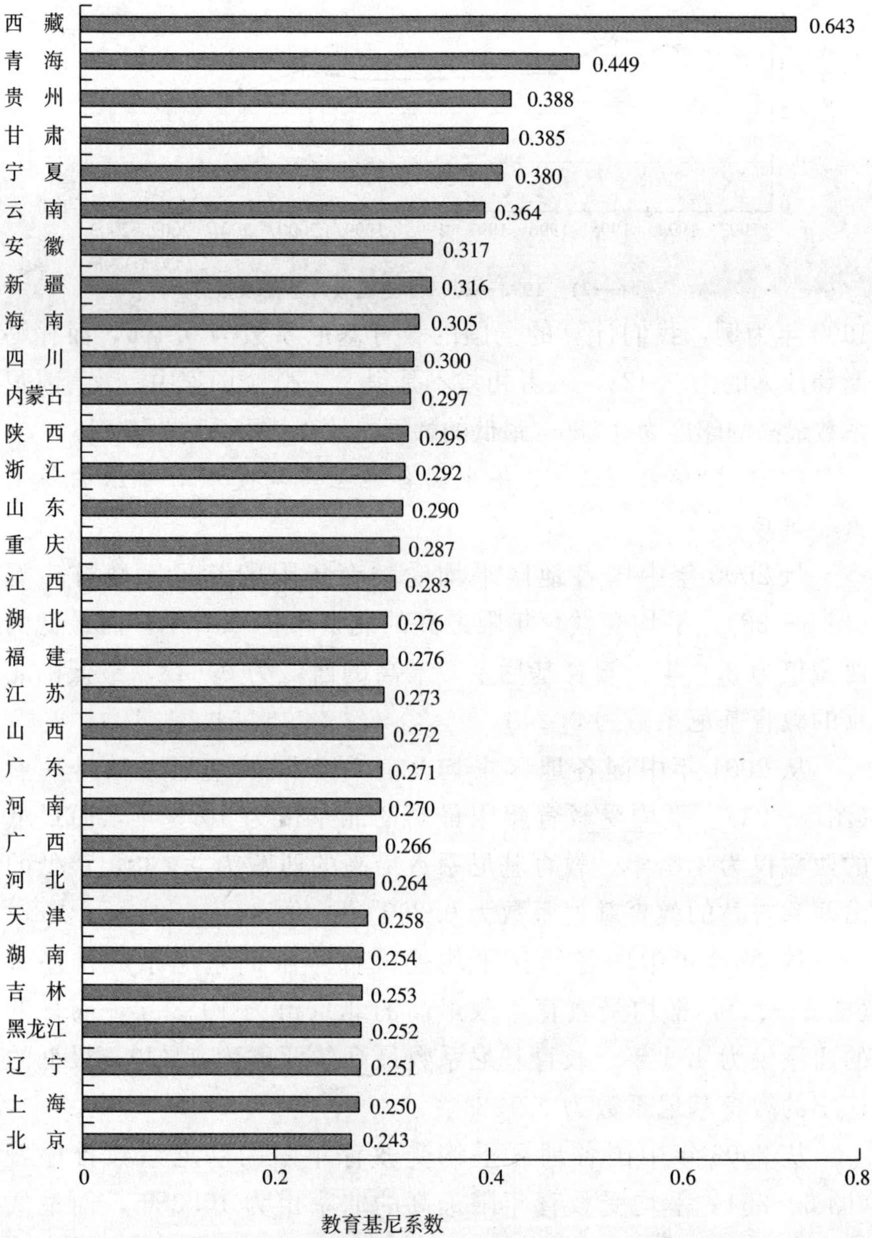

图 6—22　2000 年中国各地区平均受教育年限的基尼系数排序

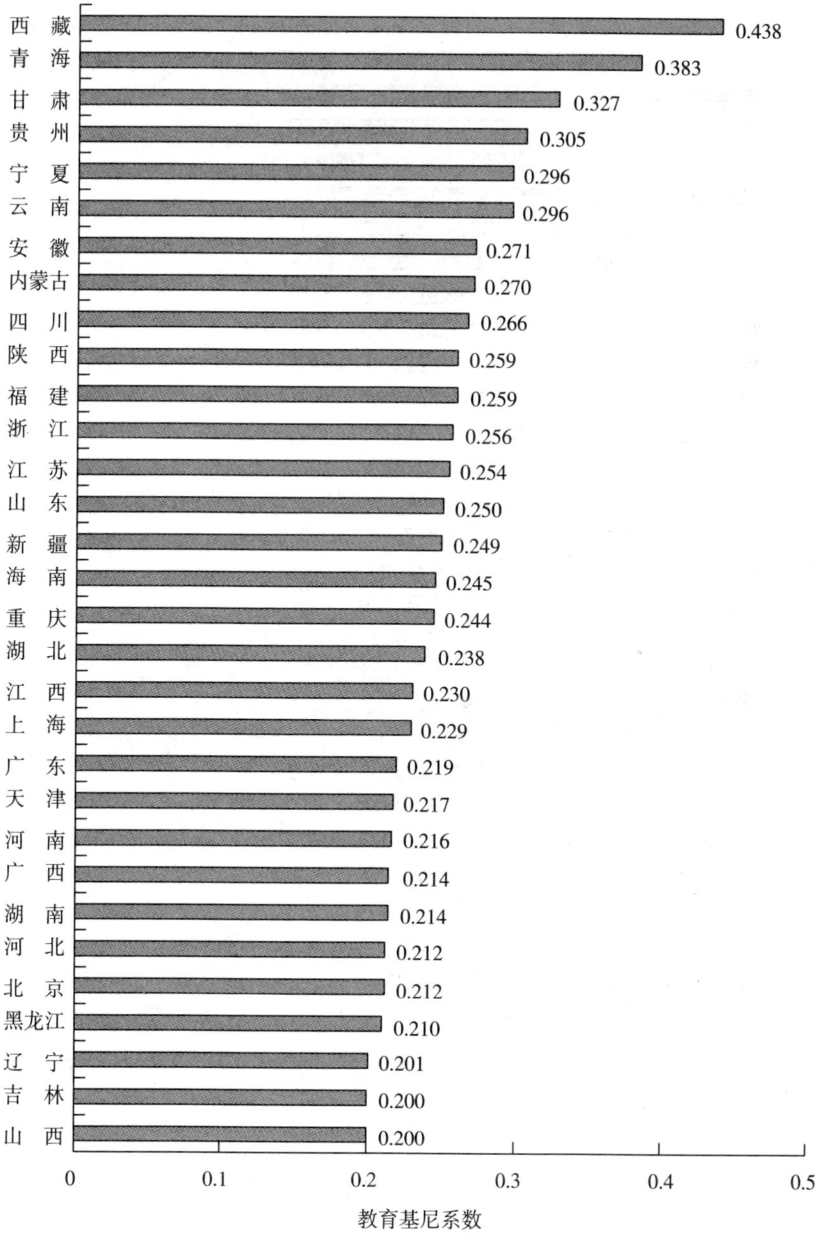

图 6—23　2001 年中国各地区平均受教育年限的基尼系数排序

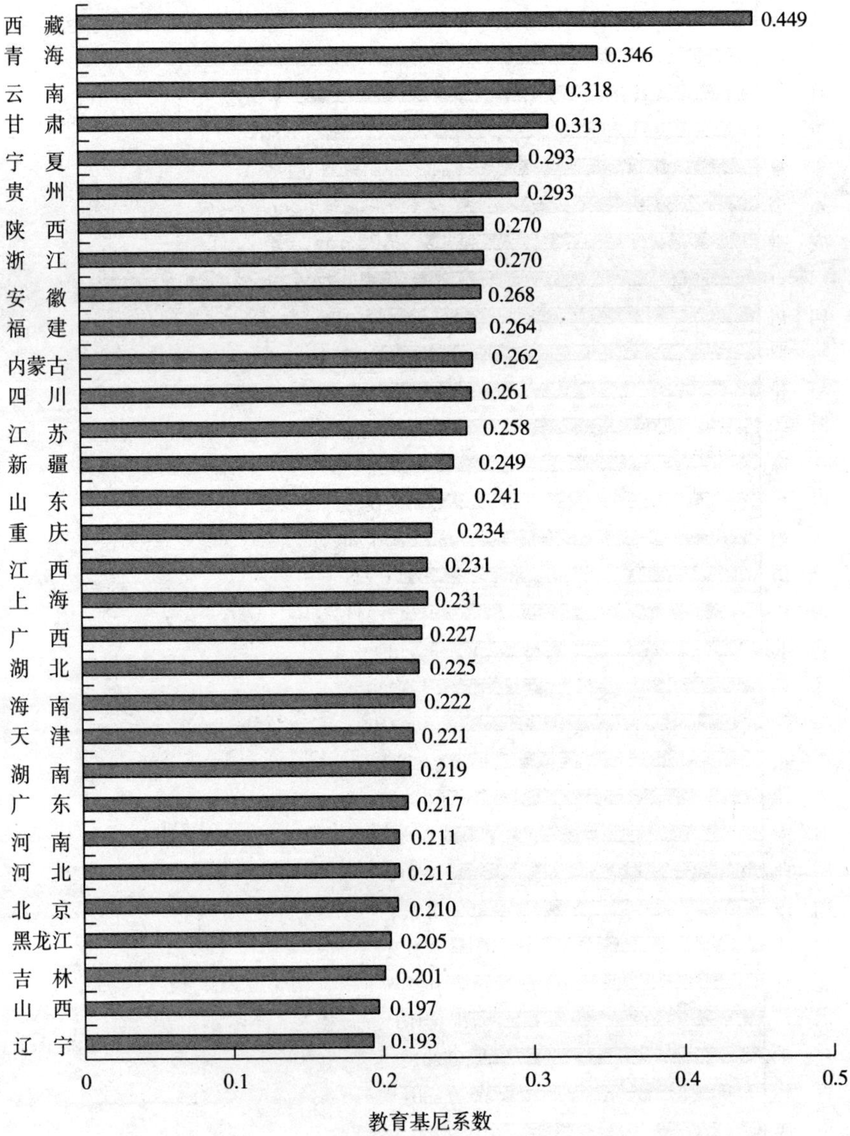

图 6—24　2002 年中国各地区平均受教育年限的基尼系数排序

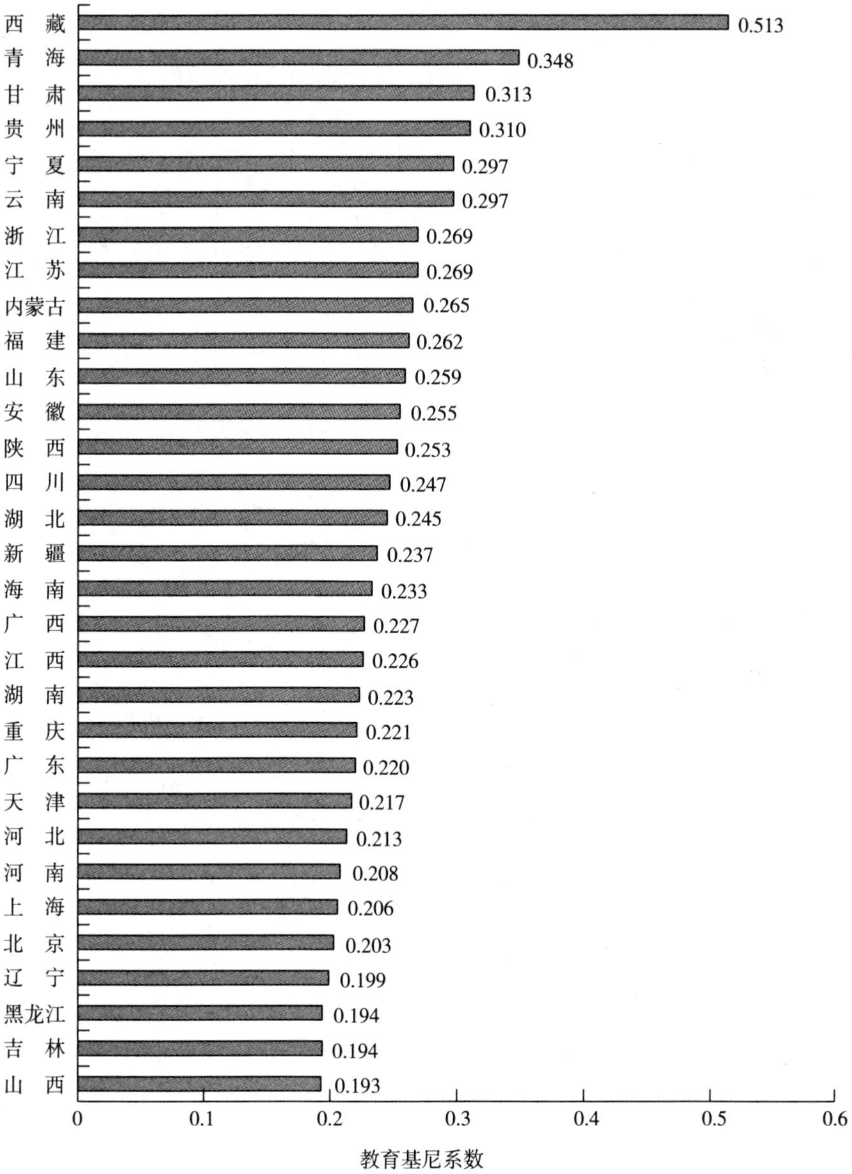

图 6—25 2003 年中国各地区平均受教育年限的基尼系数排序

第二节 城乡教育均衡度分析

本章对于城乡基础教育均衡的差异分析，我们采用的是数据分析方法，主要从统计资料进行分析研究，其分析指标包括各地区城乡生均教育经费差异、城乡生均预算内教育经费差异、城乡学生入学率差异，城乡教师合格率差异、城乡非文盲率差异分析。由于数据收集困难，有些数据实际计算分析时未纳入。

一、各地区城乡中小学生均预算内经费和生均经费差异比较

（一）各地小学生均经费和生均预算内经费城乡差异分析

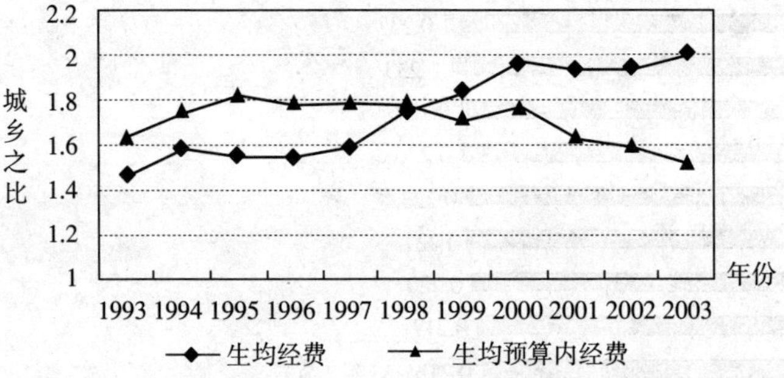

图 6—26 初中生均经费、生均预算内经费城乡差异的时序变化

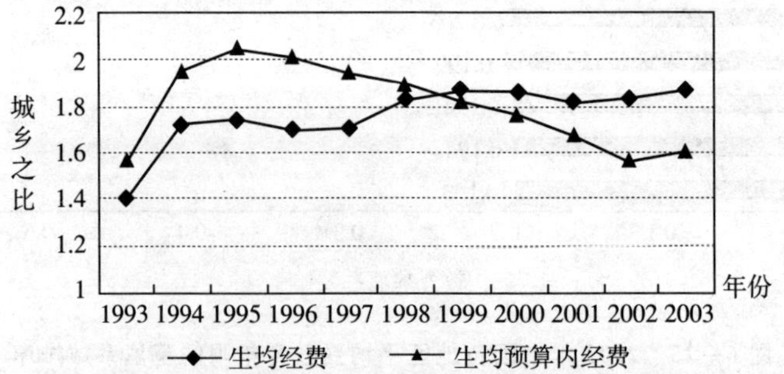

图 6—27 小学生均经费、生均预算内经费城乡差异的时序变化

从图 6—26、6—27 反映的趋势看，1993 年至 2003 年我国各地小学和初中生均经费城乡差异正在随着时序变化呈现增长的基本态势，而我国小学和初中生均预算内经费城乡差异正在随着时序变化而减小。由此看见，目前各地小学和初中生均经费差异还在扩大，这是影响我国地区间基础教育均衡发展的重要因素之一，必须引起高度重视。

（二）2001 年各地区城乡中小学生均预算内经费和生均经费差异比较

为了进一步分析各地区城乡中小学生均预算内经费和生均经费差异情况，这里，我们以 2001 年为例，对各地区城乡中小学生均预算内经费和生均经费差异作比较分析。从图 6—28 看，2001 年各地区的城乡小学生均预算内经费比值排序，最低的内蒙古为 1.03，最高的广东为 2.07；从图 6—29 看，2001 年各地区的城乡初中生均预算内经费比值排序，最低的上海为 1.06，最高的西藏为 1.70；从图 6—30 看，2001 年各地区的城乡小学生均经费比值排序，最低的内蒙古为 1.08，最高的湖北为 1.83；从图 6—31 看，2001 年各地区的城乡初中生均经费比值排序，最低的浙江为 1.22，最高的江苏为 2.08。这说明我国各地区中小学城乡生均经费和生均预算内经费的差异还很大。

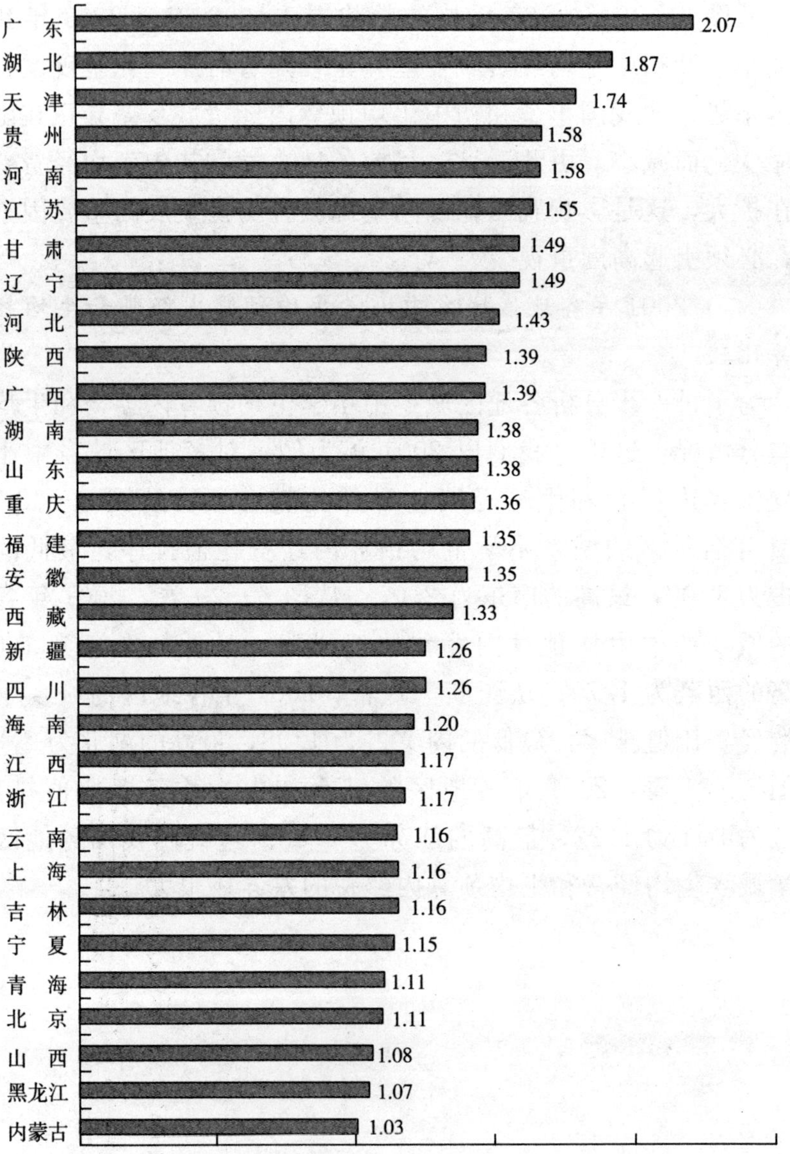

图 6—28　2001 年各地区的城乡小学生均预算内经费比值排序

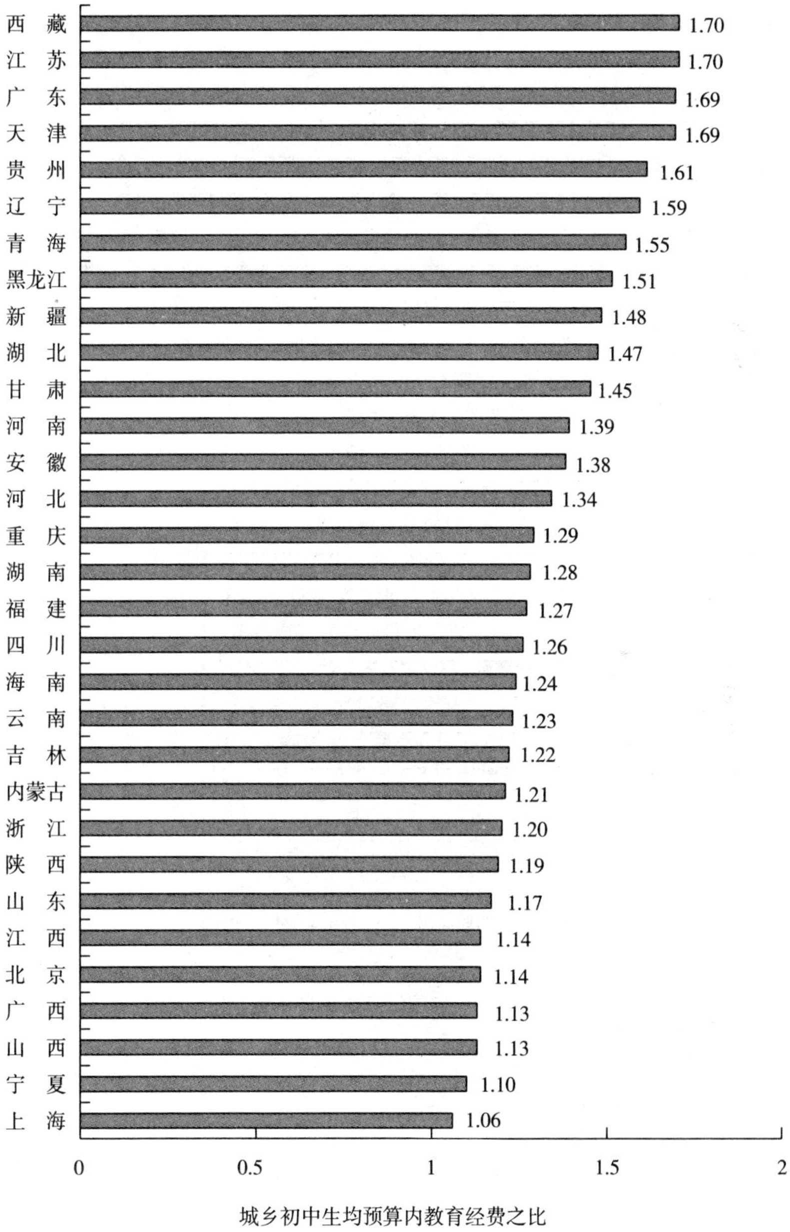

图 6—29　2001 年各地区的城乡初中生均预算内经费比值排序

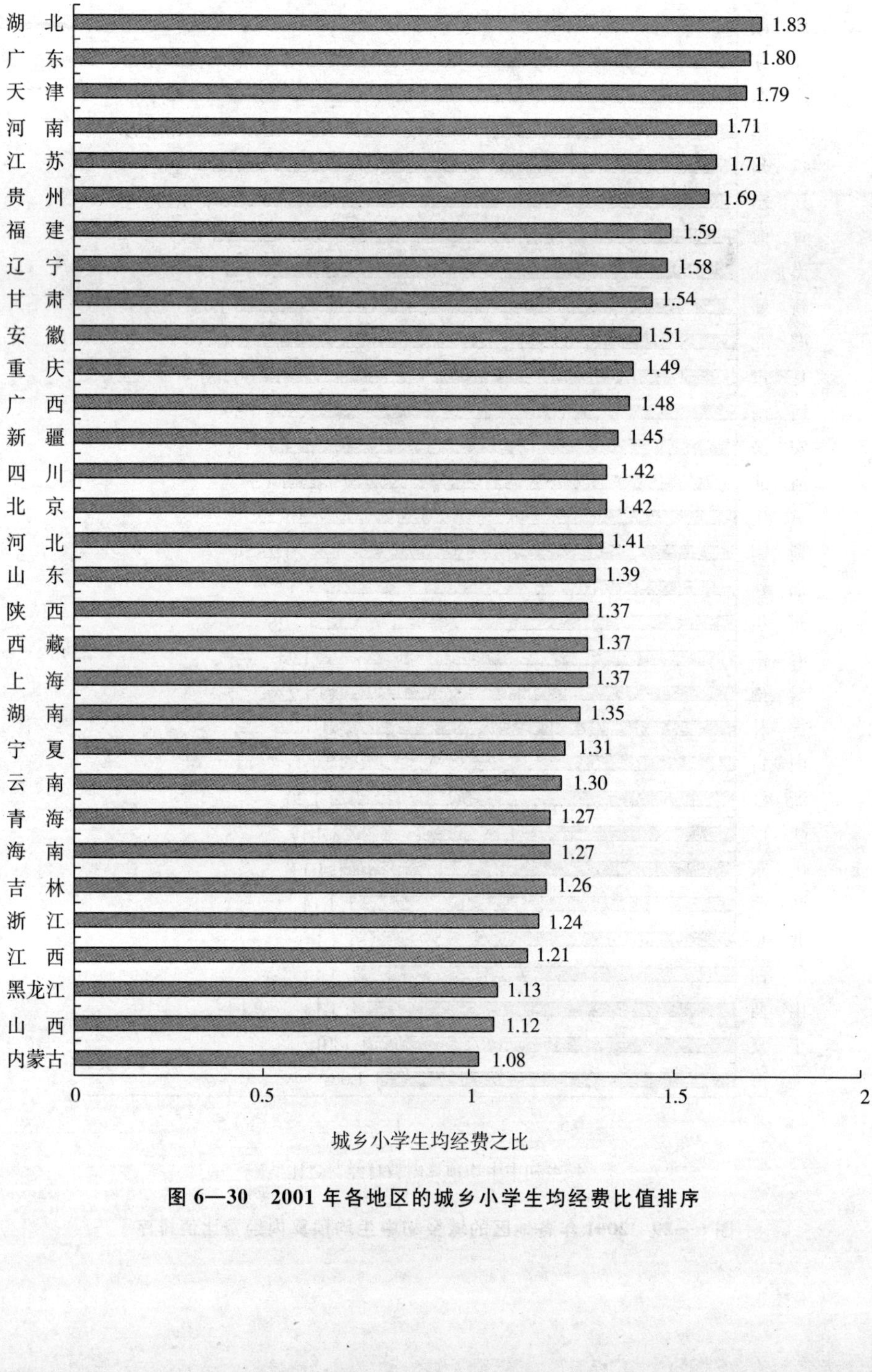

图 6—30 2001 年各地区的城乡小学生均经费比值排序

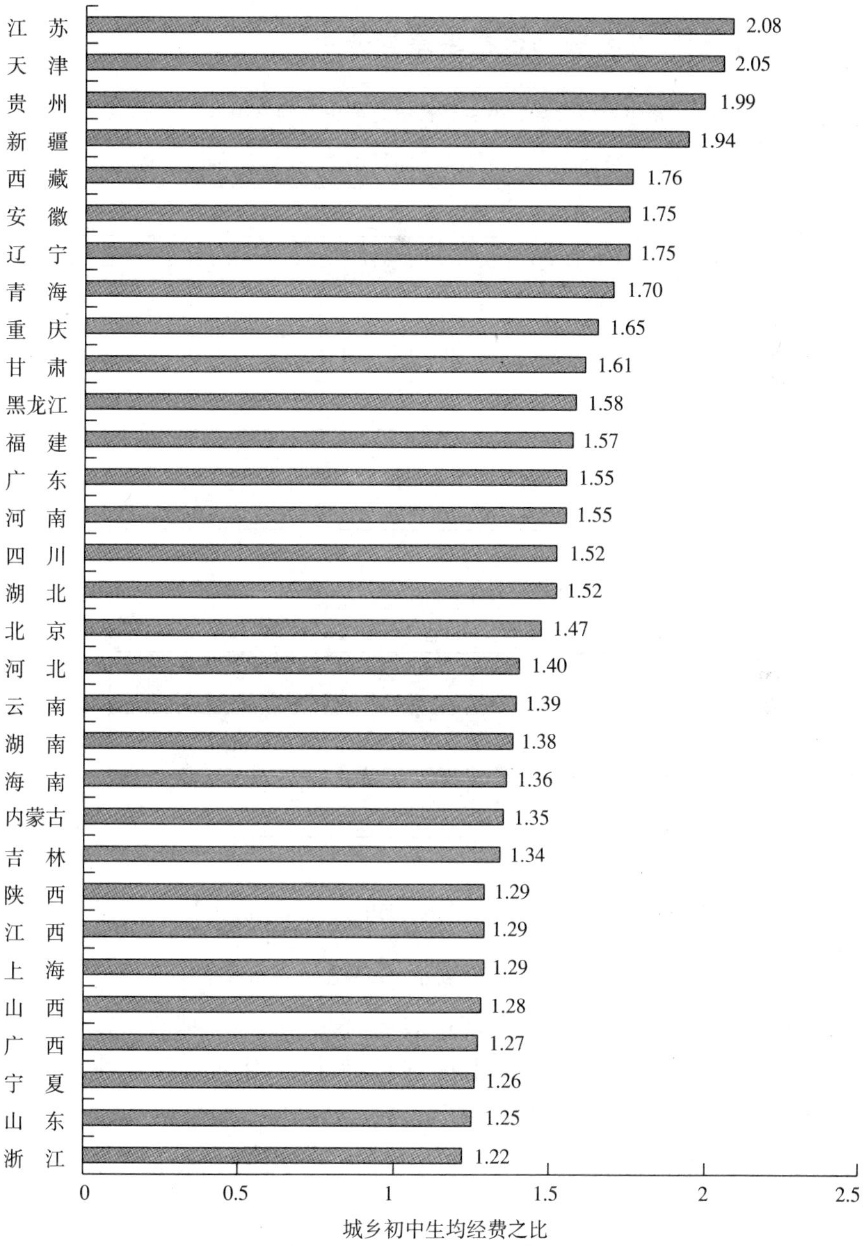

图 6—31　2001 年各地区的城乡初中生均经费比值排序

二、各地区城乡教师合格率差异分析

表 6—13　城乡小学、初中、高中教师合格率

年份	小学			初中			高中		
	城市	农村	差异*	城市	农村	差异*	城市	农村	差异*
2001	98.65	96.04	1.027	95.65	84.74	1.129	82.97	53.12	1.562
2002	99.01	96.69	1.024	96.45	86.62	1.113	84.73	56.72	1.494
2003	99.24	97.22	1.021	97.09	88.74	1.094	86.69	59.46	1.458
2004	99.45	97.78	1.017	97.72	91.31	1.070	88.88	65.36	1.360

*这里的差异为城乡教师合格率的比值，即为：$\frac{\text{城市教师合格率}}{\text{农村教师合格率}}$。

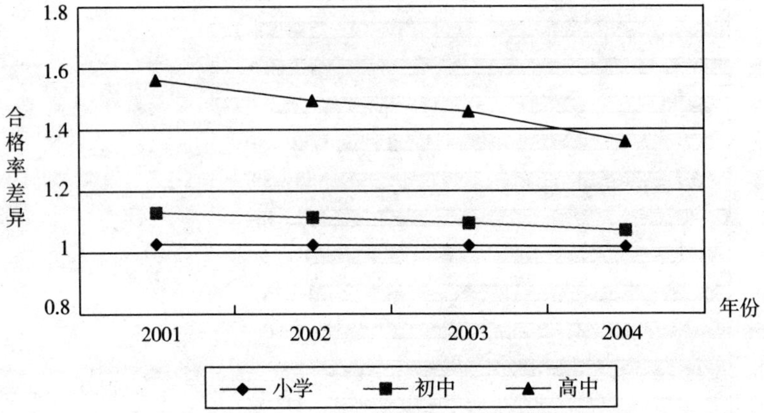

图 6—32　城乡小学、初中、高中教师合格率差异

从表 6—13 和图 6—32 看，近年来，我国各地区城乡小学、初中、高中教师合格率差异正在逐步减小。相对而言，我国城乡小学教师合格率差异已经非常小，初中教师合格率差异也初步趋于平缓，而高中教师合格率差异相对较大，而且这几年差距在大幅缩小。

第三节 学校间教育均衡度分析

对学校间的教育均衡度分析，目前没有相关文献资料数据，这里我们采取调查问卷的方式进行。调查采用分层抽样的方法。首先，我们分别在我国东部、中部、西部各选取了4个省（自治区、直辖市），其中，东部选择了北京、上海、福建、山东，中部选择了山西、湖北、湖南、江西，西部选择了宁夏、陕西、四川、新疆等12个省（自治区、直辖市）进行调查；其次，抽样对象为一个区（县级市、县）域内的一类中学和小学各一所、三类中学和小学各一所，共4所。再次，具体数据由学校财务处提供，校长审核。本次抽样调查我们一共发放了50份问卷，收回有效问卷共45份。个别调查项目因数据空缺，在统计时剔除。

一、不同类型中小学经费比较

（一）2004年教育总经费与预算内经费

表6—14 2004年教育总经费与预算内经费（单位：元）

学校层次	学校类别	学校数	在校生数	教育总经费	预算内教育经费	生均教育经费	生均预算内教育经费	预算内教育经费比例（%）
小学	一类	16	34 814	106 537 576	79 186 830	3 060	2 275	74.3
	三类	9	5 475	7 157 972	4 815 866	1 307	880	67.3
	平均	25	40 289	113 695 548	84 002 696	2 822	2 085	73.9
中学	一类	11	31 020	133 657 512	85 157 300	4 309	2 745	63.7
	三类	9	8 506	14 208 341	11 472 517	1 670	1 349	80.7
	平均	20	39 526	147 865 853	96 629 817	3 741	2 445	65.3

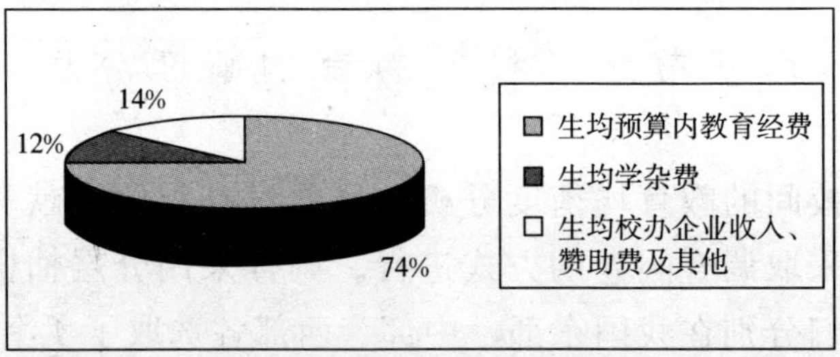

图 6—33 一类小学经费来源构成

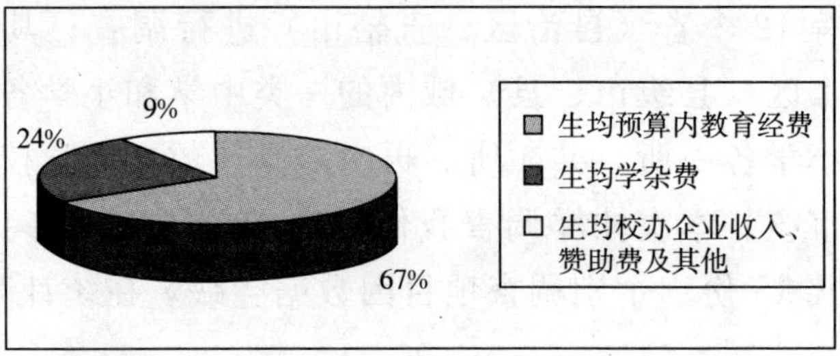

图 6—34 三类小学经费来源构成

表 6—15 2004 年中小学经费来源构成（单位：元）

学校层次	学校类别	学校数	在校生数	生均教育经费	生均预算内教育经费	生均学杂费	校办企业收入、赞助费及其他
小学	一类	16	34 814	3 060	2 275	357	429
	三类	9	5 475	1 307	880	315	113
	平均	25	40 289	2 822	2 085	351	386
中学	一类	11	31 020	4 309	2 745	922	642
	三类	9	8 506	1 670	1 349	198	124
	平均	20	39 526	3 741	2 445	766	530

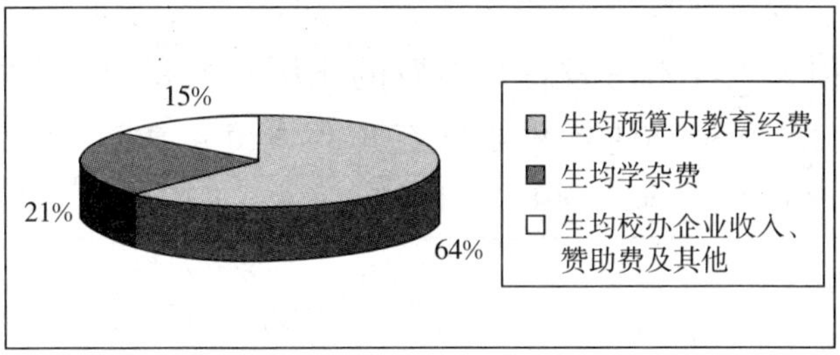

图 6—35　一类中学经费来源构成

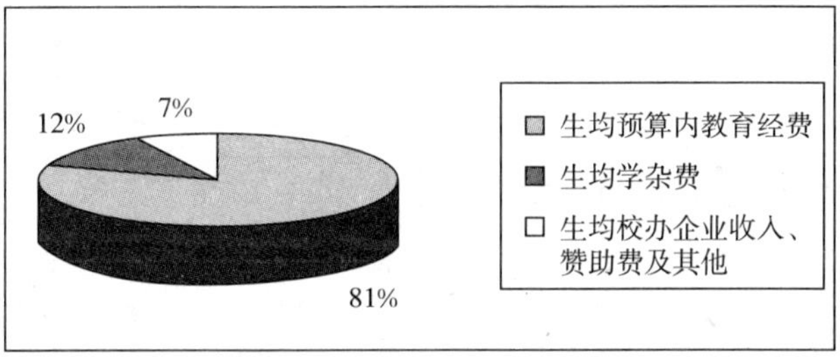

图 6—36　三类中学经费来源构成

从上面的表和图可以看出，2004 年，一类小学生均经费为 3 060 元、生均预算内经费为 2 275 元，三类小学生均经费为 1 307 元、生均预算内经费为 880 元；2004 年，一类中学生均经费为 4 309 元、生均预算内经费为 2 745 元，三类中学生均经费为 1 670 元、生均预算内经费为 1 347 元。从经费来源构成看，2004 年一类小学生均预算内经费占教育总经费的比例为 74%、三类小学生均预算内经费占教育总经费的比例为 67%；一类中学生均预算内经费占教育总经费的比例为 64%、三类中学生均预算内经费占教育总经费的比例为 81%。

综合分析上述数据，我们可以看出，2004 年，一类小学生均经费、生均预算内经费分别是三类小学的 2.3 倍、2.6 倍，一类中学生均经费、生均预算内经费分别是三类中学的 2.6 倍、2 倍。这说明目前现实中学校之间的教育投入差距还相当大，但可喜的是，在教育均衡思想的指导下，近年来，我国加强了对薄弱学校的支持力度，国家对薄弱学校投入不断增加，正因为如此，才出现了中学生均预算内经费占教育总经费的比例三类高于一类的现象。

（二）2000～2004 年中小学预算内教育经费

表 6—16　2000～2004 年中小学预算内教育经费（单位：元）

学校层次	学校类别	学校数	2000 年生均预算内教育经费	2001 年生均预算内教育经费	2002 年生均预算内教育经费	2003 年生均预算内教育经费	2004 年生均预算内教育经费
小学	一类	13	909	1 165	1 245	1 403	1 365
	三类	7	580	777	751	864	920
	平均	20	861	1 106	1 172	1 323	1 303
中学	一类	6	1 443	1 513	1 505	1 517	1 786
	三类	8	824	903	1 002	1 050	1 415
	平均	14	1 272	1 345	1 371	1 388	1 690

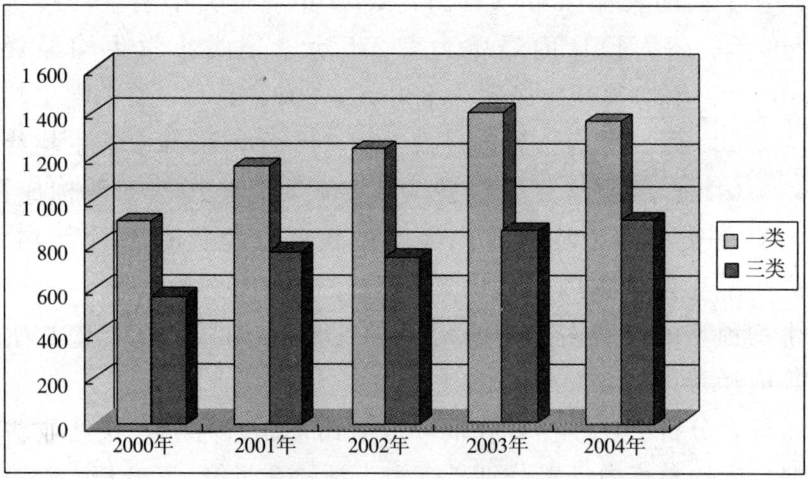

图 6—37　2000～2004 年小学生均预算内教育经费情况

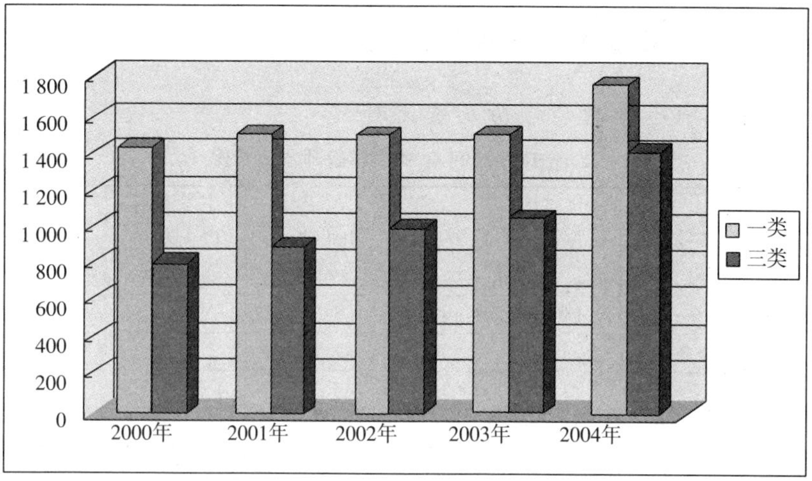

图 6—38　2000～2004 年中学生均预算内教育经费情况

从上面的表和图可以看出，2000～2004 年中小学预算内教育经费都在持续增加，但学校之间仍然有差距，这说明近年来国家对基础教育的投入不断加大。

（三）教育经费支出与公用经费

表 6—17　2004 年中小学经费支出比例（单位：元）

学校层次	学校类别	学校数	在校生数	教育事业费	人员经费	公用经费	生均教育事业费	生均公用经费	公用经费比例（%）
小学	一类	14	31 629	93 607 647	63 846 496	29 761 151	2 960	941	31.8
	三类	9	5 475	9 341 716	4 924 506	4 417 210	1 706	807	47.3
	平均	23	37 104	102 949 363	68 771 002	34 178 361	2 775	921	33.2
中学	一类	11	31 020	102 590 262	66 670 609	35 919 653	3 307	1 158	35.0
	三类	8	7 688	20 251 628	11 092 556	9 159 072	2 634	1 191	45.2
	平均	19	38 708	122 841 890	77 763 165	45 078 725	3 174	1 165	36.7

从上面的表可以看出，2004 年，一类小学生均教育事业费支出、生均公用经费支出都高于三类小学；一类中学生均教育事业费支出高于三类中学，三类中学生均公用经费支出高于一类中学生。三类中小学公用经费支出占教育事业费支出的比例高于一类。这说明三类中小学经费来源有限，学校主要依靠公用经费支出。

二、不同类型中小学办学条件比较

（一）中小学教师学历层次比较

表 6—18　2004 年中小学教师学历情况

学校层次	学校类别	学校数	专任教师数	小学专科以上学历教师数	中学本科以上学历教师数	比例（%）
小学	一类	14	1 462	1 316		90.0
	三类	9	234	184		78.6
	平均	23	1 696	1 500		88.4
中学	一类	9	1 603		1 316	82.1
	三类	9	541		184	34.0
	平均	18	2 144		1 500	70.0

从上表可以看出，2004 年，一类小学专科以上学历教师达到 90%，三类小学专科以上学历教师达到 78.6%；一类中学本科以上学历教师达到 82.1%，三类中学本科以上学历教师达到 34%。一类中小学的教师学历水平明显高于三类中小学。

（二）中小学教学仪器设备比较

表 6—19　2004 年中小学教学仪器设备情况（单位：元）

学校层次	学校类别	学校数	在校生数	仪器设备金额	生均仪器设备金额
小学	一类	15	34 814	20 600 100	592
	三类	7	5 475	1 248 900	228
	平均	22	40 289	21 849 000	542
中学	一类	11	31 020	59 398 800	1 915
	三类	8	8 506	5 262 000	619
	平均	19	39 526	64 660 800	1 636

从上面的表和图可以看出，2004 年，一类小学生均仪器设备金额为 592 元，三类小学生均仪器设备金额为 228 元；一类中学生均仪器设备金额为1 915 元，三类中学生均仪器设备金额为 619 元。一类中小学的生均仪器设备金额明显高于三类中小学。

第四节　群体间教育均衡度分析

对于不同群体间受教育程度的均衡度分析，目前相关文献资料数据非常难找，无法通过数据分析进行，这里我们深入教育第一线，通过实际调查问卷，在此基础上进行研究。

一、群体间教育均衡状况调查（一）
——县镇及农村学校不同群体受教育均衡状况调查

为了了解我国群体间受教育的均衡状况，2005 年我们进行了一次实际抽样调查。本次调查我们采用分层抽样的方法。第一，我们分别在我国东部、中部、西部的山东、湖北、宁夏三省区选择了一个市县进行调查，抽样对象为县城所在地一所最好的中学（一类）和一所最好的小学（一类），乡村地区的一所较差的中学（三类）和一所较差的小学（三类）。第二，为了保证问卷填写的准确度和科学性，我们尽量选择了高年级的学生。小学为四、五、六年级，中学为初二和初三年级，也有个别地区选择了一些高中年级。采取现场发放问卷，及时收回的方法。第三，在每一个学校我们将所有的学生加总起来，而后用 250 除以样本总数得到样本间距，而后根据这个样本间距选择学生，发放问卷(我们在调研学校的学生中随机进行选择，一共在一个地方发放 1 000 份问卷，每个学校平均 250 份问卷)。

本次问卷调查在研究方法上有如下特点：一是在指标确定上，根据研究目的，我们确定学生入学方式（就近入学、择校生、考试、特长生、借读生、其他）、学生户籍所在地，以及父母受教育程度、父母职业、家庭年人均收入等基本指标，研究和分析当前中国基础教育不同群体之间受教育程度的均衡发展问题；二是调查首先采取分层抽样方法，分别选取一所县城优质中学和小学，一所农村一般中学和小学作为调查对象，再分别在每个中小学采用整体抽样的方法，分年级分班级进行问卷调查；三是在统计时为了比较准确地反映研究的实际情况，本研究用SPSS（社会统计学软件）对数据进行了统计和处理。

本次抽样调查我们一共发放了3 000份问卷，其中小学7所（城市3所、农村4所）、中学6所（城市3所、农村3所）。收回问卷2 323份，其中注明入学方式的问卷2 220份，未注明的103份。下面对2 220份有效问卷进行分析。

（一）中小学入学情况的差异分析

1. 中小学择校的差异

在2 220份有效问卷中，其中小学1 040份，中学1 180份。由表6—20可以看出，中学的择校率为7.80%，小学为7.69%。中学高于小学0.11个百分点。

表6—20 中小学学生入学方式差异比较

层 次	入学方式	汇 总	各类入学方式比例（%）
小学	就近入学	830	79.81
	考试入学	77	7.40
	缴费择校	41	3.94
	关系择校	39	3.75
	特长入学	6	0.58
	借读生	23	2.21
	其他	24	2.31
小学 汇总		1 040	100.00
中学	就近入学	634	53.73
	考试入学	409	34.66
	缴费择校	58	4.92
	关系择校	34	2.88
	特长入学	2	0.17
	借读生	24	2.03
	其他	19	1.61
中学 汇总		1 180	100.00

2. 择校的城乡差别

由表 6—21 和表 6—22 可以看出，城市小学的择校率为 9.99%，农村小学为 4.68%，城市高于农村 5.31 个百分点；城市中学的择校率为 11.76%，农村中学为 2.55%，城市高于农村 9.21 个百分点。

表 6—21 小学学生入学方式城乡差异比较

层 次	地 区	入学方式	各类入学方式比例（%）
小学	城市	就近入学	77.16
小学	城市	考试入学	6.94
小学	城市	缴费择校	4.74
小学	城市	关系择校	5.25
小学	城市	特长入学	0.68
小学	城市	借读生	3.21
小学	城市	其他	2.02
小学	城市 汇总		100.00
小学	农村	就近入学	83.30
小学	农村	考试入学	8.02
小学	农村	缴费择校	2.90
小学	农村	关系择校	1.78
小学	农村	特长入学	0.45
小学	农村	借读生	0.89
小学	农村	其他	2.66
小学	农村 汇总		100.00

表 6—22 中学学生入学方式城乡差异比较

层次	地区	入学方式	人数	百分比（%）
中学	城市	就近入学	335	49.85
中学	城市	考试入学	223	33.18
中学	城市	缴费择校	50	7.44
中学	城市	关系择校	29	4.32
中学	城市	特长入学	2	0.30
中学	城市	借读生	22	3.27
中学	城市	其他	11	1.64
中学	城市 汇总		672	100.00
中学	农村	就近入学	299	58.86
中学	农村	考试入学	186	36.61
中学	农村	缴费择校	8	1.57

续表

层次	地区	入学方式	人数	百分比（%）
中学	农村	关系择校	5	0.98
中学	农村	特长入学	0	0.00
中学	农村	借读生	2	0.39
中学	农村	其他	8	1.59
中学	农村 汇总		508	100.00

3. 择校的性别差异

由表 6—23 可以看出：在城市小学男生的择校率为 11.38%，女生为 8.21%，男生高于女生 3.17 个百分点；农村小学男生的择校率为 6.09%，女生为 3.02%，男生高于女生 3.07 个百分点。

在城市中学男生的择校率为 11.70%，女生为 11.67%，男生高于女生 0.03 个百分点，农村中学男生的择校率为 3.43%，女生为 1.76%，男生高于女生 1.67 个百分点。

由此可见，重男轻女的现象普遍存在，农村重于城市。

表 6—23　中小学学生入学方式性别差异比较

层　次	地　区	入学方式	男(%)	女(%)	男女合计(%)
小学	城市	就近入学	75.52	79.45	77.49
		考试入学	6.55	7.19	6.87
		缴费择校	5.86	3.42	4.64
		关系择校	5.52	4.79	5.15
		特长入学	1.03	0.34	0.69
		借读生	2.41	3.77	3.09
		其他	3.10	1.03	2.07
	城市 汇总		100.00	100.00	100.00
	农村	就近入学	80.87	87.94	84.15
		考试入学	10.00	5.03	7.69
		缴费择校	4.35	1.51	3.03
		关系择校	1.74	1.51	1.63
		特长入学	0.00	0.50	0.23
		借读生	0.43	1.51	0.93
		其他	2.61	2.00	2.34

续表

层 次	地 区	入学方式	男(%)	女(%)	男女合计(%)
	农村 汇总		100.00	100.00	100.00
中学	城市	就近入学	52.63	47.32	50.08
		考试入学	31.29	34.70	32.93
		缴费择校	7.02	8.20	7.59
		关系择校	4.68	3.47	4.10
		特长入学	0.00	0.63	0.30
		借读生	2.63	4.10	3.34
		其他	1.75	1.58	1.66
	城市 汇总		100.00	100.00	100.00
	农村	就近入学	62.98	55.07	59.30
		考试入学	31.30	41.85	36.20
		缴费择校	2.67	0.44	1.64
		关系择校	0.76	1.32	1.02
		特长入学	0.00	0.00	0.00
		借读生	0.38	0.44	0.41
		其他	1.91	0.88	1.43
	农村 汇总		100.00	100.00	100.00

4. 择校的户籍差别

由表6—24可以看出，城市小学在招生区域内的择校率为6.33%，本县其他区域为15.00%，外县学生为15.00%；农村小学在招生区域内的择校率为2.98%，本县其他区域为7.28%，外县学生为7.69%。

城市中学在招生区域内的择校率为3.26%，本县其他区域为23.79%，外县学生为34.38%；农村中学在招生区域内的择校率为1.12%，本县其他区域为5.26%，外县学生为7.29%。

目前，在区域内划片招生是我国大多数省份中小学现行的招生政策，户籍对中小学学生入学方式的影响很大，因此学生的户籍因素对择校影响最大。

表 6—24　中小学学生入学方式户籍差异比较

单位：%

层次	地区	入学方式	招生区域	本县其他区域	本县以外区域	占总样本比例
小学	城市	就近入学	82.91	70.91	45.00	76.80
		考试入学	7.28	5.91	15.00	7.01
		缴费择校	2.85	7.73	5.00	4.86
		关系择校	3.48	7.27	10.00	5.22
		特长入学	0.32	1.36	0.00	0.72
		借读生	0.63	5.45	20.00	3.24
		其他	2.53	1.37	5.00	2.15
	城市 汇总		100.00	100.00	100.00	100.00
	农村	就近入学	89.40	72.73	76.92	84.71
		考试入学	5.63	11.82	7.69	7.29
		缴费择校	2.65	3.64	7.69	3.06
		关系择校	0.33	3.64	0.00	1.18
		特长入学	0.00	1.82	0.00	0.47
		借读生	0.00	3.64	0.00	0.94
		其他	1.99	2.71	7.70	2.35
	农村 汇总		100.00	100.00	100.00	100.00
中学	城市	就近入学	67.42	25.11	9.37	50.00
		考试入学	26.32	44.49	31.25	32.83
		缴费择校	2.51	14.10	25.00	7.60
		关系择校	0.75	9.69	9.38	4.26
		特长入学	0.50	0.00	0.00	0.30
		借读生	1.00	4.41	25.00	3.34
		其他	1.50	2.20	0.00	1.67
	城市 汇总		100.00	100.00	100.00	100.00
	农村	就近入学	67.41	42.11	7.69	59.88
		考试入学	30.64	50.00	61.54	36.01
		缴费择校	0.84	2.63	7.69	1.44
		关系择校	0.28	2.63	0.00	0.82
		特长入学	0.00	0.00	0.00	0.00
		借读生	0.28	0.88	0.00	0.41
		其他	0.55	1.75	23.08	1.44
	农村 汇总		100.00	100.00	100.00	100.00

（二）中小学择校生家庭背景分析

1. 择校生与父母教育水平的关系

表 6—25 择校生与父亲学历关系

单位：%

	城市小学			农村小学			城市中学			农村中学		
父亲教育水平	就近入学或考试入学	择校或借读	占总样本比例	就近入学或考试入学	择校或借读	占总样本比例	就近入学或考试入学	择校或借读	占总样本比例	就近入学或考试入学	择校或借读	占总样本比例
小学以下	1.0	2.5	1.2	4.5	19.2	5.4	1.5	1.0	1.5	1.7	0.0	1.7
小学	6.5	12.3	7.3	28.6	23.1	28.3	4.2	6.8	4.6	17.0	6.7	16.7
初中	27.9	51.9	31.3	52.1	42.3	51.5	25.9	51.5	29.9	58.3	53.3	58.1
高中	32.6	21.0	30.9	13.6	15.4	13.7	36.8	36.9	36.8	20.5	40.0	21.1
大专	20.6	3.7	18.2	1.0	0.0	0.9	16.6	1.9	14.3	1.5	0.0	1.4
本科	11.2	7.4	10.7	0.0	0.0	0.0	14.8	1.9	12.7	0.8	0.0	0.8
硕士	0.2	0.0	0.2	0.0	0.0	0.0	0.2	0.0	0.2	0.0	0.0	0.0
博士	0.0	1.2	0.2	0.2	0.0	0.2	0.0	0.0	0.0	0.2	0.0	0.2
总计	100.0	100.0	100.0	100.0	100.0	100.0	100.0	100.0	100.0	100.0	100.0	100.0

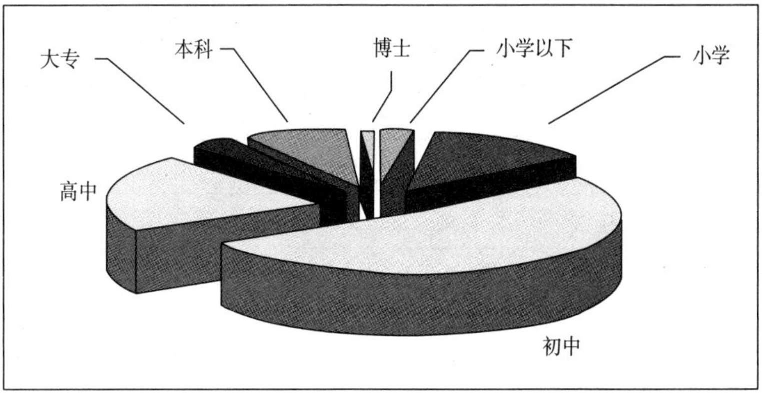

图 6—39 城市小学择校生父亲学历分布图

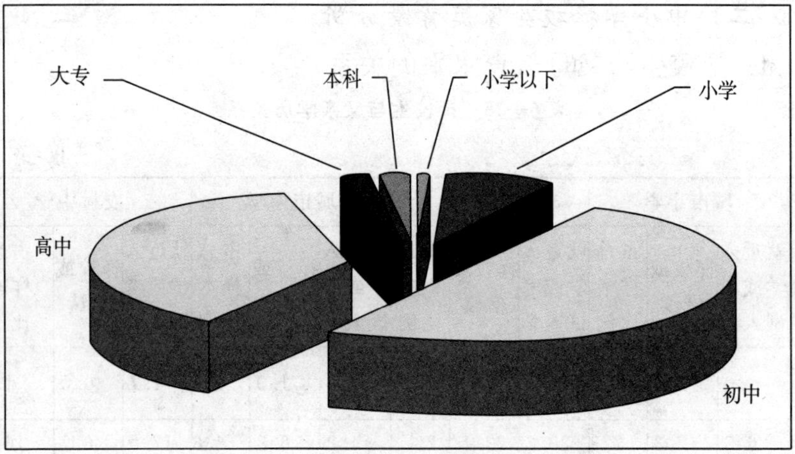

图 6—40 城市中学择校生父亲学历分布图

表 6—26 择校生与母亲学历关系

单位：%

	城市小学			农村小学			城市中学			农村中学		
母亲教育水平	就近入学或考试入学	择校或借读	占总样本比例	就近入学或考试入学	择校或借读	占总样本比例	就近入学或考试入学	择校或借读	占总样本比例	就近入学或考试入学	择校或借读	占总样本比例
小学以下	2.8	5.0	3.2	12.3	26.9	13.3	2.3	5.9	2.9	11.4	13.3	11.3
小学	8.4	26.8	11.0	41.2	38.5	41.1	12.5	17.5	13.2	37.5	46.7	37.8
初中	32.3	39.0	33.3	41.0	34.6	40.6	33.9	48.5	36.2	42.9	40.0	42.9
高中	31.7	20.7	30.1	5.2	0.0	4.8	34.8	26.2	33.5	7.8	0.0	7.6
大专	16.8	6.1	15.2	0.3	0.0	0.2	11.6	1.9	10.0	0.4	0.0	0.4
本科	7.8	1.2	6.8	0.0	0.0	0.0	4.7	0.0	4.0	0.0	0.0	0.0
硕士	0.2	0.0	0.2	0.0	0.0	0.0	0.2	0.0	0.2	0.0	0.0	0.0
博士	0.0	1.2	0.2	0.0	0.0	0.0	0.0	0.0	0.0	0.0	0.0	0.0
总计	100.0	100.0	100.0	100.0	100.0	100.0	100.0	100.0	100.0	100.0	100.0	100.0

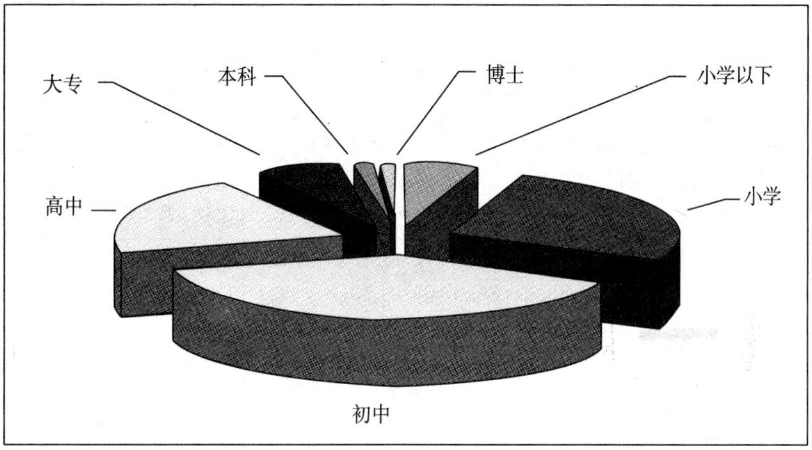

图 6—41 城市小学择校生母亲学历分布图

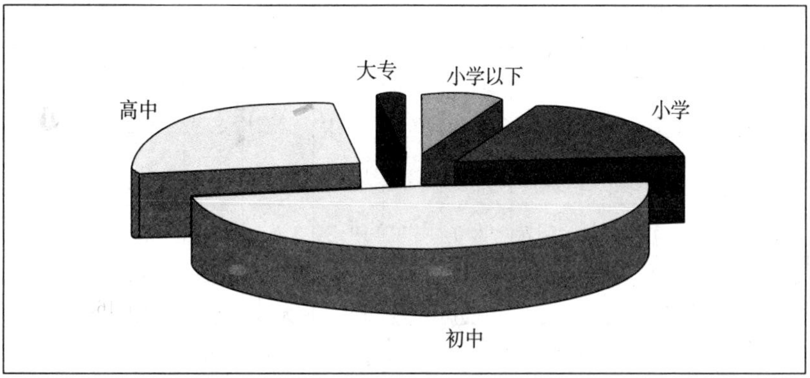

图 6—42 城市中学择校生母亲学历分布图

由以上的图表可看出，父母学历对择校的影响。学生父亲初中学历择校率最高。与就近入学相比，学生父亲学历在初中以下者择校率都高，城市学生择校率大大高于就近入学率，农村学生择校率也高，但低于就近入学率；母亲学历与择校关系与父亲大致相似。

2. 择校生与父母职业关系

表 6—27　择校生与父亲职业关系

单位：%

父亲职业	城市小学			农村小学			城市中学			农村中学		
	就近入学或考试入学	择校或借读	占总样本比例	就近入学或考试入学	择校或借读	占总样本比例	就近入学或考试入学	择校或借读	占总样本比例	就近入学或考试入学	择校或借读	占总样本比例
农业劳动者	8.5	23.4	10.5	56.2	36.0	55.0	13.8	39.1	17.7	73.6	60.0	73.2
农民工	10.1	23.4	11.9	28.9	40.0	29.5	13.4	21.7	14.7	12.9	26.7	13.3
商人、企业主	14.2	18.8	14.8	6.5	12.0	6.8	15.0	18.5	15.5	3.6	6.7	3.7
办事人员	13.0	7.8	12.3	0.2	0.0	0.2	12.3	1.1	10.6	0.4	0.0	0.4
党政机关副科级以上干部	7.3	4.7	7.0	0.0	0.0	0.0	10.1	2.2	8.9	0.2	0.0	0.2
工人	30.0	10.9	27.5	5.7	4.0	5.6	19.8	10.9	18.5	6.0	0.0	5.8
专业技术人员	14.9	7.8	13.9	1.2	0.0	1.2	13.6	5.4	12.4	3.0	6.6	3.1
无业人员	2.0	3.2	2.1	1.3	8.0	1.7	2.0	1.1	1.7	0.3	0.0	0.3
总计	100	100	100	100	100	100	100	100	100	100	100	100

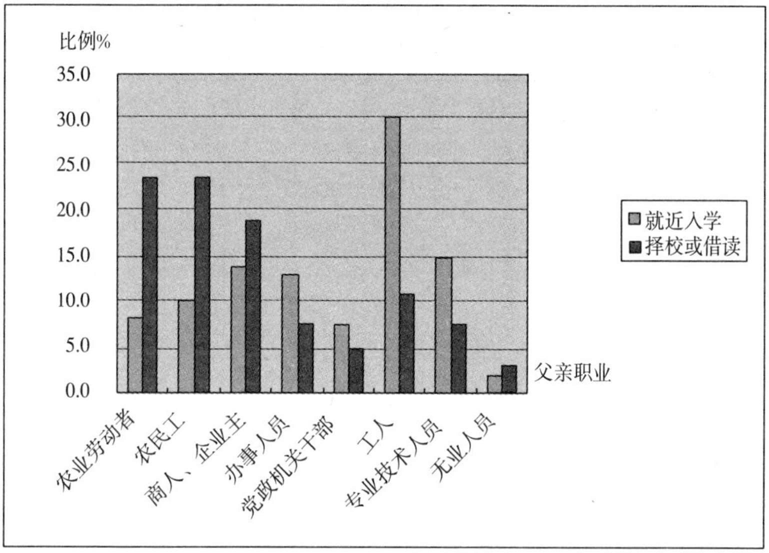

图 6—43　城市小学择校生与父亲职业关系

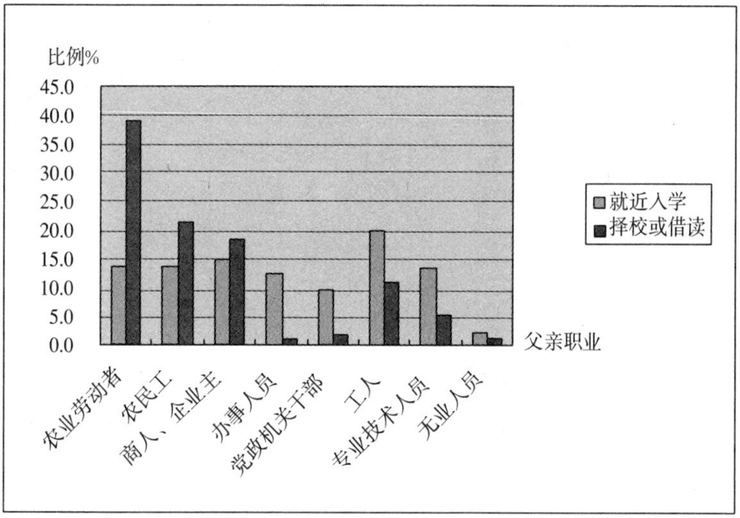

图 6—44　城市中学择校生与父亲职业关系

表 6—28　择校生与母亲职业关系

单位：%

	城市小学			农村小学			城市中学			农村中学		
母亲职业	就近入学或考试入学	择校或借读	占总样本比例	就近入学或考试入学	择校或借读	占总样本比例	就近入学或考试入学	择校或借读	占总样本比例	就近入学或考试入学	择校或借读	占总样本比例
农业劳动者	10.5	19.7	11.8	70.6	46.2	69.1	16.0	52.6	21.8	85.5	80.0	85.4
农民工	5.8	15.5	7.2	14.6	30.8	15.6	7.6	9.3	7.9	7.6	13.3	7.7
商人、企业主	15.9	19.7	16.4	4.3	15.4	5.0	9.7	10.3	9.8	3.7	0.0	3.6
办事人员	5.8	5.6	5.8	0.0	0.0	0.0	5.7	1.0	4.9	0.0	0.0	0.0
党政机关副科级以上干部	1.4	0.0	1.2	0.0	0.0	0.0	0.8	0.0	0.7	0.0	0.0	0.0
工人	31.1	15.5	28.9	3.0	0.0	2.8	30.4	12.4	27.5	0.6	0.0	0.6
专业技术人员	15.4	7.0	14.2	0.3	0.0	0.2	14.4	2.1	12.5	1.3	0.0	1.3
无业人员	14.1	17.0	14.5	7.2	7.6	7.3	15.4	12.3	14.9	1.3	6.7	1.4
合计	100	100	100	100	100	100	100	100	100	100	100	100

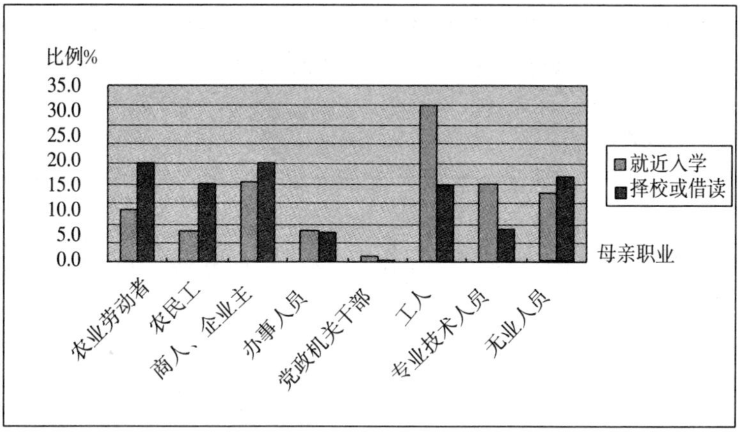

图 6—45　城市小学择校生与母亲职业关系

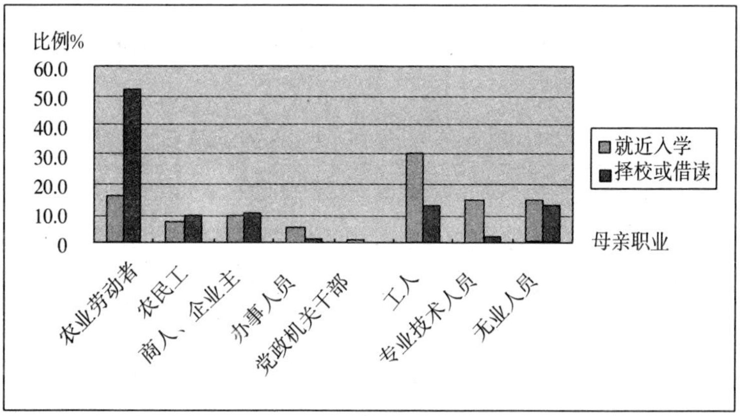

图 6—46　城市中学择校生与母亲职业关系

由以上图表可以看出：按父亲职业排列，在城市中小学择校率依次为：农民劳动者、在外打工人员、商人或企业主、工人、专业技术人员、机关办事人员、党政干部、无业人员。母亲职业排列与父亲大致相似。按父亲职业排列，在农村小学择校率排在最前的是农民工，达 40％；农村中学择校排在最前的是农业劳动者，达 60％。

可见，无论是城市中小学，还是农村中小学，择校最高的为农村户口者、农村的孩子，党政干部的孩子择校最低。

3. 择校生与家庭经济收入的关系

表 6—29 择校生与家庭经济收入关系

单位：%

家庭年收入	城市小学			农村小学			城市中学			农村中学		
	就近入学或考试入学	择校或借读	占总样本比例	就近入学或考试入学	择校或借读	占总样本比例	就近入学或考试入学	择校或借读	占总样本比例	就近入学或考试入学	择校或借读	占总样本比例
0.5 万元以下	16.2	13.2	15.7	26.4	26.1	26.3	14.6	36.5	17.8	23.8	28.7	23.9
0.5～1 万元	10.7	22.7	12.4	31.0	43.5	31.7	12.2	18.8	13.2	19.8	21.4	19.8
1～2 万元	28.3	30.7	28.7	27.8	26.1	27.7	25.7	18.8	24.6	39.8	28.6	39.4
2～3 万元	27.0	22.7	26.4	10.2	0.0	9.6	26.7	17.6	25.4	9.9	7.1	9.8
3～4 万元	11.3	6.7	10.7	2.2	4.3	2.3	12.6	5.9	11.6	3.3	0.0	3.2
4～5 万元	2.8	0.0	2.4	0.0	0.0	0.0	1.4	0.0	1.2	1.9	7.1	2.1
5～6 万元	2.2	2.7	2.2	0.5	0.0	0.5	3.1	1.2	2.8	0.9	0.0	0.9
6～7 万元	0.4	0.0	0.4	0.8	0.0	0.8	1.4	1.2	1.4	0.2	0.0	0.2
7～8 万元	0.2	0.0	0.2	0.3	0.0	0.3	0.2	0.0	0.2	0.2	7.1	0.5
8 万元以上	0.9	1.3	0.9	0.8	0.0	0.8	2.1	0.0	1.8	0.2	0.0	0.2
总计	100	100	100	100	100	100	100	100	100	100	100	100

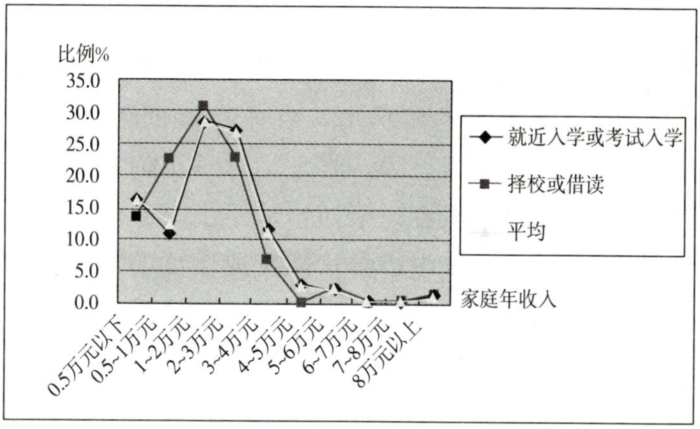

图 6—47　城市小学择校生与家庭经济收入的关系

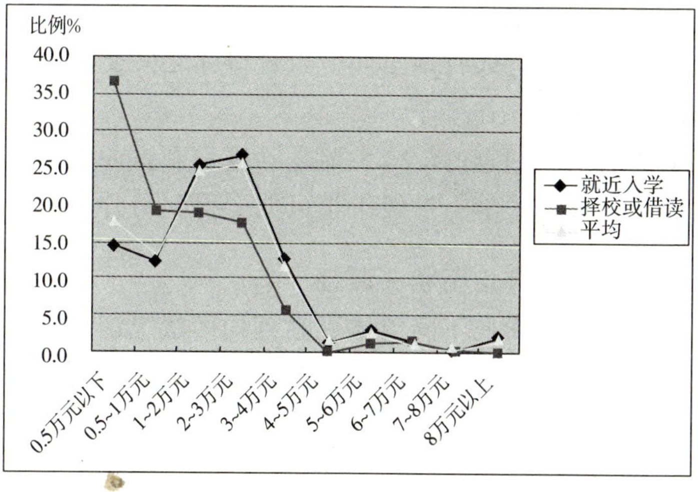

图 6—48　城市中学择校生与家庭经济收入的关系

由以上图表可以看出，无论是城市中小学，还是农村中小学，择校或借读的学生大都是家庭年收入在 3 万元以下的低等收入家庭学生。

综上调查数据分析，我们可以看出，对择校影响最大的因素是户籍。第一，由于农民子女的户籍不在城市或县镇，到城市和县镇读书就要择校，父母到城市打工，子女带在身边就要择校，或为了子女受到较好的教育，农民向城市和县镇迁徙，就需要择校；第二，从父母职业也显示出，农业户口的子女择校比例较高；第三，从父母的学历显示，学生父母学历为初中者择校比例较高，也指向农民和打工者；第四，从学生家庭经济收入看，无论城市中小学，还是农村中小学，择校或借读的学生大多是家庭年收入在 3 万元以下的低等收入家庭；第五，重男轻女现象普遍存在，男孩择校比例高于女孩。

综合分析这些现象，我们可以看出，在我国不同群体之间接受基础教育还很不均衡。其最直接的表现就是，学生的就学状况与其身份的代表——“户籍”是农村，还是城市——有着很大的关系；与其父母的地位、权力和家庭经济实力，也有着重要的关系。这些都是目前造成我国不同受教育群体之间受教育不均衡的根本原因。

由于我们本次调查的学校主要是县城和农村的中小学。如果调查大城市的重点中学与一般中学可能会得到另外一些信息。

二、群体间教育均衡状况调查（二）
——城市学校不同群体受教育均衡状况调查

下面我们以北京市海淀区教育均衡问题调查为例，分析大中城市基础教育均衡发展的情况。

海淀区是北京教育强区，区内有很多全国知名学校。根据北京市海淀区政协文教卫体委员会和咨议小组 2005 年的 6 次调查研讨活动，以及 2003 年民革海淀区委“海淀区中小学教育均衡调查报告”等相关调查显示，就是这样一个在全国有名的教育强区，基础教育不均衡问题依然存在。具体表现在：

1. 从区域内部看，学校之间在教育质量方面存在差距。海淀区在北京市有着独特的教育资源优势，其教育质量高于全国和北京市的平均水平，但其区域内部学校之间差距也较突出。升学差异对于受教育者来说是最关键的差异之一。以升学为例，调查表明，从2003年海淀区城乡学校升学率结构看，小学阶段城镇学校和农村学校升学率均达到了100%；初中阶段城镇学校升入普通高中比例为75.1%，农村学校为35%；高中阶段城镇学校升入大学比例达82.4%，而农村学校则为零。

2. 从教师学历水平看，小学和初中阶段差异不大，但高中阶段发展极不均衡。调查显示，2002年该区小学城镇学校专任教师中具有大专学历的为66.3%，农村学校专任教师中具有大专学历的为66.2%；初中城镇学校专任教师中具有大专以上学历的为98.7%，农村学校专任教师中具有大专以上学历的为93%；高中城镇教师学历与北京市高中教师学历水平相当，且略高于全国平均水平，其专任教师中具有本科以上学历的为89%，农村高中教师学历水平则低于全国和北京市平均水平，其专任教师中具有本科以上学历的为31.3%。

3. 从教育经费投入看，教育经费较全国和北京市有明显优势，但内部仍有差距。以生均教育经费为例，目前，小学全国为831元，海淀区为4 954元；中学全国为1 515.5元，海淀区为11 116.2元。该区教育经费投入以国家财政性经费为主，占整个教育经费的65.6%，其吸收社会资金能力较强，非政府投入占教育经费的34.4%。因此，该区城乡间教育经费差别主要是由农村学校难以吸收社会资金，以及政府投入相对较少造成的。

4. 从学生流动看，该区北部农村生源大量流到城市上学，而农村学校则涌入了大量外来务工人员子女，一些农村完全中学这类学生比例高达47.6%，部分小学这类学生比例达33.1%。

据抽样调查显示，目前该区还有72.2%的农村小学、62.5%的农村初中和所有的农村完全中学，还属于薄弱学校，就是城镇也有24.1%的小学、18.2%的初中、50%的高中和27%的完全中学属于薄弱学校。据近两年针对海淀区三类学校进行的调查表明，在18个问题中，“学校间教育条件不一、差距大”排在第一位，“城乡间教育资源配置不公、差距过大”排在第二位[①]。

由以上分析我们可以看出，不同受教育群体在教育质量水平不同的学校间的分布是不均衡的，进入优质学校的学生，其父母受教育水平、职业层次和家庭经济收入都要优越于进入普通中小学的学生，而农村和薄弱中小学学生的家庭条件相对较差。

第五节　综合分析

综合分析上述实证数据和调查资料信息，我们认为，在当前我国经济社会差距不断扩大的背景下，我国基础教育差距整体上出现了逐步缩小的趋势，基础教育特别是义务教育发展从整体上看正在趋向均衡。

从地区的实证分析看，我国各地区之间基础教育的差距总体出现缩小态势，基础教育特别是义务教育入学率，各地区中小学教师合格率差距不断缩小。从动态上分析，随着我国居民平均受教育年限的提高，教育基尼系数呈现出下降的趋势。全国各地区国家财政性教育经费标准差随着时序变化在不断拉大，差异系数呈现波浪式发展。这说明我国地区间财政性教育经费差异还在拉大。全国各地区初等教育生均教育经费和中等教育生均教育经费标准差随着时序变化都呈现出不断拉大的趋势，但差异系数近几年出现相对平缓的发展趋势，这说明我国地区初等教育生均教育经费和中等教育生均教育经费的绝对差异仍然在拉大，但相对差异正在趋于平稳。

① 程方平：《北京市海淀区教育均衡化问题的调查报告》，《中国教师》，2006年第2期。

从城乡的实证分析看，1993 年～2003 年我国各地小学和初中生均经费城乡差异随着时序的变化还在拉大，而小学和初中生均预算内经费城乡差异正在随着时序变化在减小。各地区城乡中小学教师合格率差异正在逐步减小。相对而言，城乡小学教师合格率差异已经非常小，初中教师合格率差异也初步趋于平缓，而高中教师合格率差异相对较大，但这几年差距在大幅缩小。

从学校的调查结果分析看，2004 年，一类中小学生均经费、生均预算内经费都高于三类中小学；一类中小学的教师学历水平，以及生均仪器设备等办学条件等都明显高于三类中小学。从时序变化看，2000～2004 年中小学预算内教育经费都在持续增加，但学校之间仍然有差距，这说明目前现实中我国中小学校之间的教育投入差距还相当大。

从群体的调查结果分析看，我国不同群体之间接受基础教育还很不均衡。不同受教育群体在教育质量水平不同的学校间的分布是不均衡的，进入优质学校的学生，其父母受教育水平、职业层次和家庭经济收入都要优越于进入普通中学的学生，而薄弱中学学生的家庭条件最差。

综合分析以上的实证数据和调查数据，我们认为，造成我国基础教育发展不均衡的主要原因是基础教育资源配置不均衡。我国城乡之间、学校之间基础教育资源配置不均衡，是我国长期以来在基础教育资源配置上的城市趋向，以及在教育制度和政策上的重点学校导向影响的结果。

这些现象表明，近年来，我国在推进基础教育均衡发展特别是义务教育均衡发展方面取得了一定的成绩，教育机会不断增加，适龄儿童的就学权利得到了有力保障，义务教育普及水平显著提高，地区间、城乡间基础教育差异明显缩小。

但同时我们也应当看到，当前推进基础教育特别是义务教育均衡发展还存在一些问题，主要表现在：

一是教育经费投入不足，地区间、城乡间差异还在拉大。1995年至2002年，全国各地区国家财政性教育经费标准差随着时序变化在不断拉大，差异系数呈现波浪式发展。这说明我国地区间财政性教育经费还在拉大。从1993年至2002年，全国各地区初等教育生均教育经费和中等教育生均教育经费呈现出不断拉大的趋势。1993年至2003年我国各地小学和初中生均经费城乡差异还在拉大。地区间、城乡间生均教育投入不足，且地区间不平衡，这是目前影响我国基础教育均衡发展的重要因素之一，必须引起各级政府的高度重视。

二是教育资源配置不均衡。从1995年至2003年，我国各地区小学生均校舍面积差异呈现扩大趋势，各地区中学生均校舍面积差异呈现波浪式变化。各地小学和初中生均经费差异还在扩大，学校间办学条件和师资水平还存在差异，这也是影响我国基础教育均衡发展的重要因素之一，必须引起高度重视。

这说明近年来随着我国经济社会以及教育事业的快速发展，各地基础教育特别是义务教育都有了普遍的提高和发展，但发展的差异性仍然很突出；我国基础教育特别是义务教育在区域之间、城乡之间、学校之间和群体之间本来就存在的差距在新的形势下都有逐步缩小的趋势，但发展依然不均衡；我国基础教育发展不均衡突出地表现在办学条件、经费投入、师资水平和教育质量等方面。

第七章

中国基础教育发展不均衡现状及其分析

中国基础教育为什么发展不均衡，基础教育发展不均衡的现状如何，发展不均衡的深层次原因是什么，这些问题都是我们推进基础教育均衡发展必须首先研究的问题。

第一节　中国教育发展的回顾

回顾中国教育发展历程，在我国教育发展中有以下三种思想值得注意。一是“人民教育人民办”的思想；二是“教育产业化”的思想；三是“义务教育政府办”的思想。

新中国建立初期，我们年轻的共和国百废待兴，国家在加强社会主义建设事业的同时，加快发展教育事业。那时我国教育主要靠政府来办。到 20 世纪 60 年代末 70 年代初，随着人口的增长，加之我国财力有限，国家财政再也支撑不起庞大的教育体系。于是，1985 年中共中央发布《关于教育体制改革的决定》，1986 年国家颁布并实施《义务教育法》，明确了义务教育由地方政府分级管理的体制，即实行了“分级办学、分级管理”的办学体制和管理体制。具体表现为国家包高等教育，省市区包自己办的高等教育和中等教育，县一级管理高中，乡里管理初中，村里管理小学。

由于我国乡村财力有限，实际上都层层把义务教育办学的责任和负担，转嫁给了农民。据不完全统计，在“人民教育人民办”的思想影响下，20 世纪 80 年代，全国投入 1 071 亿元改善农村中小学办学条件，其中国家财政拨款为 357 亿元，社会集资、捐资等各种多渠道筹措教育经费 700 多亿元。20 世纪 90 年代，社会集资、捐资教育达 1 394 亿元。这其中有很多是人民群众捐献的。1979 年至 1992 年，河南省发动群众多渠道筹措教育经费 102 亿元，名列全国第一。有人算了一笔账，河南人民仅用了 10 年多时间，就完成了单靠国家拨款 50 年才能消灭的中小学危房，70 年才能实现的“一无两有”，100 年才能完成的“六配套”①。②

随着农村经济社会的发展，乡镇管教育所隐伏的问题越来越尖锐地显现出来。20 世纪末，抓住农村税费改革的机遇，1999 年 6 月，在党中央、国务院召开的改革开放以来第三次全国教育工作会议上，颁发了《中共中央国务院关于深化教育改革全面推进素质教育的决定》，农村义务教育实行“以县为主”的管理体制。

改革开放以后，我国由计划经济向市场经济转轨，特别是到了 20 世纪 90 年代后期（1997 年、1998 年前后），随着我国社会主义市场经济的建立和不断完善，社会上出现“教育产业化”的思潮，这一思想当时很有市场。一些政府部门领导也大讲“教育

① “一无两有”即校校无危房，班班有教室，学生人人有课桌凳；“六配套”即实现了校舍、桌凳、大门、围墙、操场、厕所配套。

② 翟博等：《世纪的承诺——来自中国“基本普及九年义务教育和基本扫除青壮年文盲”的报告》，《中国教育报》，2001 年 4 月 9 日第 1 版。

产业化”，试图以“教育产业化”思想来指导教育发展，并以此作为政府解决教育经费投入不足、摆脱财政困难的手段。在这场有关中国教育发展的大讨论的关键时刻，许多学者发表了真知灼见。在这些文章中，颇有影响和说服力的文章是王善迈教授发表在《求是》杂志2000年第一期的《教育服务不能产业化》。

21世纪初，随着我国基本实现“两基”，我国中西部农村贫困地区的“普九”问题越来越引起人们的重视。于是，“农村义务教育政府办”的思想日益成为社会一致的基本共识，发展教育是公共财政的主要任务的思想日益被人们所认识，这一思想在党的十六大前后达到了高潮，并日益成为各级政府发展教育的指导思想。

第二节 中国基础教育发展不均衡现状

由于历史的、现实的原因，目前，我国现实的基础教育还存在着巨大的差距，存在严重的不均衡发展现象。我国基础教育发展不均衡主要表现在以下方面。

第一，从教育机会层面看，群体间受教育机会不均等是我国基础教育发展不均衡的主要表现形式。

我国基础教育群体间受教育机会不均等主要表现在：一是家庭经济现状不同所造成的教育机会不均等，诸如因家庭经济困难而导致学生不能上学等；二是家庭社会地位和背景不同所造成的教育机会不均等；三是社会中的弱势群体在教育方面处于不平等地位，弱势群体在教育方面所应该占有的份额没有得到公平的分配，造成就学困难、辍学严重。弱势群体是指那些由于生理、经济或其他客观原因而在享受和行使受教育权时处于不利境地，需要特别保护的人群，主要包括残疾人、家庭经济困难及流动人口子女等受教育者困难群体；四是男女不同性别之间受教育机会的差距。在我国中西部地区，特别是在有些贫困边远地区，由于经济困难及陈旧的思想观念影响，女童的受教育机会与男童相比有很大的差距，女童的入学率低，辍学现象严重；五是不同民族间受教育程度的差距。在我国民族之间，由于地理环境、经济条件、思想观念等方面的差异，各民族学生间的受教育机会也存在一定的差距。

受教育者所获得教育机会的不均等，表现在各教育阶段入学率和升学率的差距。据 2003 年一项对马鞍山市的调查显示，在该市的初中毕业生中，出身于上层家庭者有 69.1％进入了该市“最好的高中”，而占人口大多数的下层的相应比例则只有 5.1％。另一项对北京、重庆等十个城市高中教育公平状况的调查也显示：占人口不过 10％的党政干部、高中级管理人员和专业技术人员的子女，占去了被调查重点高中 42.1％的名额，在北京市，这一比例则达到 57.3％①。

从当前严重的择校现象可以看出，教育的群体差距有加剧的趋势，弱势群体接受优质教育的机会比较少，而强势群体则绝对占有优质教育资源。据统计，在全国重点中学，干部、知识分子和高收入家庭子女占学生总数的 70％以上。教育不公平现象的存在和蔓延，直接影响教育事业的健康发展和教育现代化目标的实现，也严重影响社会主义和谐社会的构建。这种阶层差距加大了教育公平的恶化趋势。一方面，非义务教育阶段收费较高，造成许多城市和农村贫困家庭的子女因高昂的学费被拒之门外。另一方面，在经济发达地区，由于同一地区内校际教育资源的差别引发的“择校热”愈演愈烈。家长宁愿掏数万元的择校费或者托关系，也要让子女就读重点学校。这使全社会公民本应公平享受

① 张玉林：《2004 年中国教育不平等状况蓝皮书》，《中国改革》，2004 年 11 月。

的义务教育权利和机会，很大程度上沦为家长间权力和金钱的竞争①。

第二，从教育资源配置看，教育资源配置不均是我国基础教育发展不均衡的主要表现形式。

1. 区域间失衡。我国基础教育区域失衡既表现在东部地区、中部地区与西部地区学校办学条件和教育发展水平的差距，也表现在同一地区内部经济发达或较发达地区与经济欠发达或贫困地区学校办学条件和教育发展水平的差距。区域间教育发展非均衡是导致我国基础教育发展不均衡的主要因素。

在我国东部一些发达地区，基础教育的发展得到比较好的财力支持，其校舍建设已达到或超过了一些发达国家学校的水平，而同时在我国西部的一些边远贫困地区，学生还在破旧的危房里上课。这种发展状况带来的结果是，当东部发达地区的学校教育已经提出在向现代化的教学设施和世界一流的办学水平迈进时，而西部地区的一些学校还存在有小学生徒步十多里拿着板凳去上学的现象，这两者形成的反差何其之大。因此，地区间教育发展不均衡是我国基础教育无法回避的现实。

我国地区差距的另一个特点是，不仅各省区之间差距明显，而且在同一省区内以及地区之内县际差异同样很大。据上海教科院智力所对县际差距变化的研究，基尼系数由 1994 年的 0.238 下降为 1997 年的 0.235，县际差距在总体上得到控制；但最低 10％县的不利状况更加突出。据对 1 782 个县的统计分析，小学生和初中生生均经常性支出，东中部地区与西部地区之间，地区内县际差距大于地区间差距。比较而言，小学入学机会均等较令人满意；东中部地区与西部地区初中入学率差距比较突出，少数

① 朱步楼：《以科学发展观推进教育公平》，《中国教育报》，2005 年 8 月 1 日第 2 版。

民族自治县与非少数民族县的初中入学率组间差距也较明显。由于初中教育的急剧发展，初中教育投资增长滞后的矛盾突出①。

从有关调查看。一般认为教育的差别比经济的差别要小，其根据是从普及教育的入学率来看，地区差别比经济差别小。但事实上生均教育经费的差别可能会更大。据北京大学的一份报告指出，我国省与省之间的生均教育经费的差别是7.8倍，这是世界上少有的。而县与县的差别是10倍到几十倍以上，乡与乡之间的差别则会更高。所以从实际差别来看，教育的差别不亚于经济。

2003年教师节前后，新华社曾发表题为《北京的示范校让农村教师看了难过》的报道，真切地反映了地区之间、校际之间的教育差别。“全国农村中小学优秀教师座谈会”的会议组织者，好心为来京出席会议的农村教师代表安排了一些北京优质学校的参观项目，可没想到，来自西部地区的几位代表在参观了一所学校后说什么也不想参观了。“看了，反倒觉得难受，心里不是滋味!”青海省玉树藏族自治州民族综合学校校长吉格勤坦率地说：“因为和我们农村学校、民族地区学校的差别实在太大了，根本没法相比，可能永远也赶不上。”

2. 城乡间失衡。我国基础教育发展不均衡的另一个突出表现是城乡教育发展的不均衡，表现在城市居民子女与农村农民的子女在获得教育机会、教育资源、教育质量上的不均衡。城市学校与农村学校办学条件、师资水平差别十分明显。

根据国家统计局公布的数据，早在《义务教育法》公布之前的1985年，中国城镇已经普及了小学和初中教育，而当年农村的学龄儿童入学率不到95%，农村小学毕业生升入初中的比率

① 上海教科院智力所课题组：《中国义务教育转移支付制度研究》，《教育研究信息》，1998年第11期。

只有65%，而低于这一平均数的省区有13个，其中贵州、广西和西藏三省区不到50%。到1999年，农村小学毕业生的升学率上升到91%，但低于90%的省区仍然有15个，其中贵州和内蒙古分别为72.4%和75.7%，西藏只有38.1%，全国则有130万的少年小学毕业后即走向社会。在2000年我国宣布基本普及九年义务教育之前，许多大中城市已经普及了高中教育，但是到2004年，仍然有至少10%的农村地区尚未普及九年义务教育，有的县甚至没有普及小学教育。近年来，虽然全国的学龄儿童入学率一直保持在99.1%，但由于“学龄儿童”的基数过于庞大，没有入学的0.9%的儿童数大约保持在100万人左右。

在城乡之间，这种差距随着教育阶段的升高而扩大，呈现出倒金字塔状的格局。义务教育阶段存在的城乡教育机会差距，到了高中阶段进一步扩大。从初中毕业生升入高中（普通高中，不包括职业高中）的比例来看，城市的升学率从1985年的40%提高到了1999年的55.4%，而同期农村则从22.3%下降到18.6%，两者间的倍数差距从1.8倍扩大到3倍。在全国31个省、自治区、直辖市中，当年城乡差距超过3倍的省区达15个，超过4倍的有5个，人口大省山东和河南则分别达到4.4倍和4.5倍。近年来，我国农村地区的绝对升学率虽然上升，但是城镇之间的差距可能并没有缩小①。

当前，教育不均衡的现象，既有教育机会的不均等，也有教育资源配置的不均衡，特别是城乡学生在分享教育公共资源上存在差距较大。以江苏省教师队伍为例，统计数据显示，2004年年底全省农村中学专任教师本科学历的比例为32.3%，城镇中

① 张玉林：《2004年中国教育不平等状况蓝皮书》，《中国改革》，2004年11月。

学专任教师本科学历比例为67.6%，城乡差距十分明显①。即便同在农村，城镇中小学和边远贫困地区中小学，以及重点与非重点学校之间的差距也很大。以2002年为例：全年全社会各项教育投资为5 800多亿元，而占总人口60%以上的农村只获得其中的23%。城乡教育资源投入的差距直接导致城乡居民受教育水平的差异。据《中国青年报》报道，我国城市中高中、本科、研究生学历人口比例分别是农村的3.5倍、281.55倍和323倍。

3. 校际间失衡。我国基础教育校际间发展不均衡主要表现在同一地区的“重点校”与“示范校”丰富的教育资源和优惠的教育政策，给普通和薄弱学校带来了不公平的竞争环境和土壤，导致校与校之间在生源质量、教学设施、资金投入方面出现严重差距。由于教育资源配置的不均衡，基础教育阶段重点学校与薄弱学校并存，校际之间的办学条件和教育质量差距过大，从而引发了严重的“择校”现象。

目前，我国基础教育校际间不均衡发展呈现多种形态：一是教育资源配置不同阶段和区域学校间呈现非均衡形态，以基础教育经费为例，不同阶段学校学生、不同区域学校学生所享有的生均教育经费存在显著差异；二是教育资源分配在同一区域学校间呈现校际差异。基础教育的不均衡不仅表现于在不同地区，同时还表现在同一区域和同一教育阶段的不同学校之间，并形成重点中学与一般中学的差别。前者受到政府的重点支持，享有较高的声望，具有较高的教育质量，而后者无论在教育质量和办学声誉上，还是在办学设施和经费数额方面，均无法与重点中学相比。这种校际之间的差别越来越大。

校际间的差别直接因素是政策，政府在教育资源分配上将有

① 朱步楼：《以科学发展观推进教育公平》，《中国教育报》，2005年8月1日第2版。

限的教育资源向个别学校倾斜，人为地打造出重点学校。为了提高升学率，有的地方举全县（市）之力，动辄投资数千万、数亿元兴建豪华重点中学，而在大多数农村学校普遍教学设备较差的情况下，这种做法挤占了非重点学校教育资源，损害了教育公平。

校际间的不均衡，除了办学条件、教学设施、师资力量差距外，还表现在学校内在发展机制的作用，以及校与校之间的地域区位不同、历史文化积淀差别、生源差异等方面的不均衡。

4. 结构失调。在我国有限的教育经费中，中央财政过多用于高等教育，对于义务教育投入不够。据了解，人均 GDP 600 美元至 2 000 美元的国家，高等教育经费占教育经费的比例一般为 20%。2003 年，我国财政性教育经费中约有 24.3%的经费用于高等教育，与世界平均水平相比仍然偏高①。

现实表明，我国教育不均衡发展的状况不仅表现在反映教育数量特征的结构、布局的不均衡，也表现在反映教育质量特征的绩效、结果的不均衡，还表现在反映教育运动状态特征的速度和规模的不均衡。从数量特征来看，我国农村普通学校和职业学校比例失调，布局不合理，优质学校短缺。从质量特征来看，农村教师教学观念滞后，学生辍学现象严重，教学质量无法保证。从运动状态特征来看，农村学校经济资源不足，发展速度缓慢，办学规模较小。农村教育状况与城市教育状况形成了普遍的、强烈的反差②。

总之，改革开放二十多年来，我国的教育事业得到了迅猛发展，取得了前所未有的成就。2001 年 1 月 1 日，我国宣布基本

① 朱步楼：《以科学发展观推进教育公平》，《中国教育报》，2005 年 8 月 1 日第 2 版。

② 杨颖秀：《促进教育均衡发展的“教育券”政策分析》，中国教育先锋网 2003 年 4 月 10 日 。

实现了普及九年义务教育，同时，随着高校扩招，高等教育的入学率显著提高。但事实上由于地区差别、城乡差别、贫富差别、性别差异，以及身体残疾等原因所导致的教育不公平、不均衡的现象依然存在。尽管到2000年年底我国已有85%的人口地区普及了九年义务教育，且占全国人口35%左右的城市地区大多向"普高"迈进，而占全国人口15%左右的贫困地区还未"普九"，有的尚未"普初"。资料表明：1999年全国中小学失学和辍学的学生中女童约占2/3。据笔者在全国的调研，在我国一些大中城市和东南沿海经济发达地区的重点学校，办学条件已经达到了相当现代化的水平，有微机室、语音室，实行电化教学，操场全是塑胶跑道，而西部一些贫困地区的学生还在危房中上课。

第三节　中国基础教育发展不均衡的成因分析

实现基础教育均衡发展，是一种教育目标，也是一个历史过程，需要长期不懈的努力。我国目前仍然处于社会主义初级阶段，基础教育发展十分薄弱，各地发展极不平衡，突出地表现在各地基础教育发展的起点、基础和过程都很不相同。目前，我国基础教育发展不均衡既有因经济社会发展水平所限，以及经济社会本身发展不均衡所产生的客观因素，也有因人为的制度政策导向所产生的主观因素。

一、中国基础教育发展不均衡的原因

我国幅员辽阔，地区差异大，地区经济和社会发展的不平衡是我国国情的一个重要特征，而改革开放以来以追求效率为准则的经济梯次发展的资源配置方式又加剧了这种倾斜的幅度，使东部与中西部地区、城市与乡村之间的以经济为标尺的教育发展水平差距越来越大。中国基础教育发展不均衡的主要原因有以下几

个方面。

1. 国情因素——经济社会发展不平衡性在教育领域的反映。

地区之间、城乡之间发展不平衡，各地经济文化发展极不平衡，教育发展也相当不平衡。这是我国的基本国情，是制约我国教育，特别是基础教育不均衡发展的首要因素，也是关键性因素。

改革开放以来，伴随着经济的快速发展，城乡居民的收入水平得到大幅的提高，人民生活不断改善。但与此同时，居民收入在行业、城乡、地区之间的差距也正在不断扩大。据有关专家测算，中国居民个人收入的基尼系数 1996 年为 0.424，1998 年为 0.456，1999 年为 0.457，2000 年又增加到 0.458，高于政府公布的数字。2001 年政府公告的城乡居民家庭恩格尔系数分别为 0.379 和 0.478，均比上年降低 1.3 个百分点。根据国际标准，基尼系数在 0.4 以上表示绝对不平均，这表明中国已经进入绝对不平均区间，且呈逐年扩大的趋势。

近年来城乡居民收入差距持续拉大。国家统计局公布的数据表明，1998～2001 年城镇居民人均收入分别为 5 458 元、5 888 元、6 316 元和 6 860 元，而农村居民人均收入分别为 2 162 元、2 210 元、2 253 元和 2 366 元。城镇居民收入分别是农村居民收入的 2.52 倍、2.66 倍、2.80 倍和 2.899 倍。按国际一般的情况，当经济发展水平在人均 GDP 为 800～1 000 美元阶段，其他国家城镇居民收入大体上是农村居民收入的 1.7 倍，而中国这一比例远高于其他国家，并且呈不断增大的趋势。据国家统计局资料显示，自 1997 年以来，中国农民收入增长幅度连年下滑，由 1996 年的 9%持续下降到 2000 年的 1.9%，而同期城镇居民收入增长幅度一直保持在 7%左右。2001 年农村居民人均纯收入仅相当于城镇居民纯收入的 34.48%，比 1997 年的 40.5%下降了 6 个百分点；2000 年农村人均消费支出是城镇居民人均消费支出的33.41%，低于1997年38.61%5.2个百分点。

2. 经济因素——教育经费投入不足，保障基础教育均衡发展的公共财政体系不完善。

我国基础教育财政长期面临经费总量不足，在区域间、城乡间、学校间配置严重不均衡，在政府和受教育者间、城乡居民间、各级政府间负担结构不合理等问题，影响着基础教育可持续相对均衡的发展。地区间、城乡间、校际间教育经费投入不足，且不均衡是我国基础教育发展不均衡的政策性原因，是教育均衡发展不尽如人意的外因，而且是决定性因素。

据《教育部、国家统计局、财政部关于2003年全国教育经费执行情况统计公告》统计，2003年全国预算内教育经费占财政支出24 650亿元（2004年《中国统计年鉴》公布数）的比例为14.68%，比上年14.76%减少了0.08个百分点。从全国情况看，有17个省、自治区、直辖市预算内教育经费占财政支出比例比上年有不同程度的下降。2003年全国国内生产总值为117 252亿元，国家财政性教育经费占国内生产总值比例为3.28%，比上年的3.32%减少了0.04个百分点。

教育投入不足是制约我国教育事业和谐发展的瓶颈。20世纪90年代初，国家提出财政性教育经费占GDP的比例在20世纪末达到4%。遗憾的是，这个目标至今远未达到，2001年、2002年、2003年、2004年这个比例分别为3.19%、3.41%、3.28%，2.79%，不仅低于世界发达国家5%～6%的水平，也低于发展中国家4.4%的平均水平。

教育投入主体的错位制约着教育事业的持续发展。据调查，2000年县乡财政收入占全国财政总收入的22%，却负担着87%的义务教育投入。税费改革后，义务教育过渡到以县统筹为主，县级财政尤其是贫困地区县级财政本身十分有限，加之国家和省级财政转移支付力度不够，继续巩固和提高“普九”目标就显得力不从心。

2001 年，我国人均教育经费东部地区的平均值是 619 元，中部地区为 264 元，西部地区为 282 元。排在最前面的上海（1 160元）是最后面的贵州（176 元）的 6.6 倍。

2001 年，我国小学生均教育经费东部地区平均值为 2 075 元，中部为 851 元，西部为 987 元；初中生东部 2 655 元，中部 1 165 元，西部1 474元。

2001 年，我国小学生均预算内教育经费东部平均为 1 412 元，中部 597 元，西部 776 元；初中生东部 1 617 元，中部 719 元，西部 1 142 元。

2001 年，我国小学生均预算内公用经费东部平均为 200 元，中部为 31 元，西部 50 元；初中生东部 317 元，中部 57 元，西部 86 元①。

从这四项指标中可以看出，无论从教育投入的总体情况，还是财政对义务教育的支持程度，或是财政对改善办学条件的支持程度，中西部与东部都相差甚远，中西部之间差距也不小，并呈现出了“中部凹陷”现象。

3. 政策因素——公共教育资源配置不公。

教育政策的导向或偏差，人为地加大了地区之间、城乡之间、学校之间教育资源配置的不公和失衡，这是造成教育不均衡发展的制度性因素。公共教育资源配置不当是导致教育均衡发展不尽如人意的内因，而且是重要原因。

历史上在计划经济的模式下，各级层层设置的“重点学校”制度，以及各地进行的“示范学校”、“窗口学校”建设，将本来就有限的教育资源过多地集中使用在了重点学校，人为地拉大了

① 转型期中国重大教育政策案例研究课题组：《缩小差别——中国教育政策的重大命题》，人民教育出版社 2005 年版，第 19～20 页。

学校之间的差异，加剧了基础教育内部资源配置的失衡，使这些学校过多地占有了社会的教育资源，而另一些学校则因资源不足变成了薄弱学校。应该说，“重点学校”建设制度，在当时我国资源紧缺的情况下，集中资金重点使用是有一定作用的。但其造成的不良影响也是显而易见的。

正是在这样的政策导向下，致使一些地方在办学指导思想上对基础教育均衡发展关注不够，没有树立起面向所有学校、面向所有学生的观念，在制定教育政策措施、配置公共教育资源时，往往注重锦上添花，忽视雪中送炭，个别地方甚至把建设所谓“窗口学校”作为政绩工程。

4. 社会因素——过于功利化的教育价值观的影响。

整个社会过于功利化的教育价值观、教育观和过分追求“高学历”的用人取向，使我国教育仿佛进入一场没有终点的马拉松式赛跑，由终点的竞争走向全程竞争、起点竞争，最终导致了各教育阶段过于激烈的入学竞争，而“择校热”的出现，使各级教育的入学机会差异显性化，从而使教育不均衡现象陷入了恶性循环的“怪圈”。

5. 学校因素——学校教育办学思想理念和教学方式的差异。

国家和社会为所有的学校都创造尽可能平等的物质条件，这只是促进学校教育均衡发展的一个方面。除此之外，我们还应关注更深层次的学校教育发展的均衡问题，即人的培养和发展问题。就教育的培养目标而言，没有地区差别，也不应有学校间的差别，更不应有学生间的差别。但不可否认，在现实中这种差别是普遍存在的。差别在很大程度上来自于校长、教师和他们的教育思想、教育观念、责任心以及对学生的了解、期望和尊重，来自于他们对教育教学内容、规律、方法的理解和把握。可以说，这正是学校教育发展不均衡更本质、更深层的原因。

总之，这些因素都是由我国社会主义初级阶段的基本国情所决定的。我们应当看到，这些问题和困难也是我国教育事业大发展，历史性的大跨越过程中，必然伴随的困难和问题，旧的矛盾不断激化，新的问题不断产生，很多深层次的矛盾也逐渐凸显出来。而最突出的问题和困难，就是人民群众对于优质教育的强烈需求和优质教育资源的供给不足，这是构成现阶段我国教育事业发展的基本矛盾。这个基本矛盾就是人民群众对于优质教育资源的期望值很高，但是国家现在能够提供的优质教育资源又严重不足。仔细分析，我国教育所面临的这样或那样的困难，都是从这个基本矛盾派生出来的。中国是一个有着13亿人口的发展中国家，处在社会主义初级阶段，所以，这个基本矛盾不仅现在存在，可能还会在相当一段时间里长期存在。

二、中国基础教育发展不均衡的特点

从教育供给的角度看，我国是一个具有超大规模教育人口的发展中国家，教育供给不能充分满足社会日益增长的教育需求，教育资源供给的总量性短缺将长期存在，而在不同时期，不同发展水平地区所显现的特点有所不同，有的表现为满足基本教育机会的资源供给短缺；有的表现为扩大和增加教育机会的资源供给短缺；还有的表现为接受高水平、高质量教育机会的资源供给短缺。从教育资源配置的角度看，长期以来，我国发达地区与欠发达地区、城市与农村、重点学校与薄弱学校之间，在基础教育资源配置上存在着明显的失衡现象。以大中城市为例，同一城市内学校之间的教育投入差距较大，优质教育资源往往只向一部分学校倾斜，造成校际师资水平、办学条件、教育质量等方面的差距越来越大，加剧了教育资源配置的不平等和结构性短缺。可以说，教育资源供给短缺和教育资源配置失衡，是造成我国基础教育不均衡发展的两个最直接、最主要的原因。

从基础教育资源供给角度看，我国基础教育发展不均衡的现象带有明显的历史痕迹。改革开放初期，为了多出人才和快出人才，在当时恢复高考制度不久和教育投资有限的条件下，全国形成了一批“重点中小学”，在一定时期起到了积极作用。“重点学校”政策，在一定程度上迎合了传统文化与现实社会对“精英教育”的需要。但是，随着我国市场经济的发展，在市场机制配置人力资源、就业竞争激烈的形势下，高等教育的竞争压力逐渐传递到基础教育，以至于义务教育阶段的竞争性、选拔性增强。尽管这与义务教育的法定宗旨不相符合，但已为社会和家长所认同。这一现象反映到政府部门和学校工作中，必然加剧基础教育领域内部资源配置的失衡，拉大基础教育学校之间的差距。

从社会教育需求角度看，我国优质基础教育资源总供给不足，造成社会对优质教育的预期与教育实际供给能力及方式之间存在着明显差异。加之随着社会竞争的加剧，社会对教育需求不断“水涨船高”，按在当地人口中普及教育的层次与程度逐步递进，当原有教育资源供求相对均衡，人们就又开始追逐更高层次的高质量教育资源。这样追逐优质教育资源的结果是教育资源不可能不处于稀缺状态。从目前我国基础教育发展看，这种现象还将在我国基础教育发展中长期存在，这些因素必然加剧我国推进教育均衡发展的艰巨性。

第四节　中国基础教育发展不均衡的经济学分析

综合上述对我国基础教育不均衡发展的成因分析，我们不难看出，中国基础教育发展不均衡有着深刻的经济的、社会的、政策的原因。下面我们从经济学的视角对基础教育发展不均衡现象进行分析。

首先，区域经济发展不平衡是我国基础教育发展地区差别的根源。

目前，由于区域经济发展不平衡的进一步加剧，致使我国区域教育差距有扩大的趋势。

从我国经济发展的现状分析，区域经济发展不平衡主要是受自然条件和环境影响的结果。就自然地理区域特征而言，我国绝对贫困人口主要集中分布在若干自然条件极其恶劣的生态环境脆弱地区。当今中国的 8 000 万农村绝对贫困人口中，有 70%以上集中在 592 个贫困县中。可以说，我国的贫困问题绝大部分存在于老、少、边地区①。

实践证明，在发展极不平衡的经济基础之上，学校教育要实现均衡发展是有很大困难的。我国目前出现的种种教育不平等现象，主要是由其发展状态决定的：经济落后导致教育的有效供给不足，经济、文化的不平衡发展导致巨大的地区差距、城乡差距和贫富分化，重男轻女的文化传统导致女童教育的薄弱，等等。这一现实是历史形成的，并将会在我国长期存在，我们只能通过加快促进经济发展和社会进步逐步加以解决。

据转型期重大教育政策案例研究课题组通过详细的数据分析表明：我国教育经费指标的地区差距、城乡差距与经济指标的差距一样，仍然在加大。

从经济差距的情况看，居民人均消费水平是最现实、最直接的经济指标，它最能够反映人们的实际生活水平。课题组通过东部三个典型地区北京、天津、上海和西部五个典型地区广西、贵州、云南、甘肃、青海 1996 年与 2002 年农村、城镇居民人均消费水平的比较发现，无论是地区间还是城乡间的经济发展水平都在不断拉大。通过数据对比分析看到：从地区差距看，东西部农村居民人均消费水平的差距从 1996 年的 2.84 倍扩大到 2002 年的 3.73 倍，东西部城镇居民人均消费水平的差距从 1996 年的

① 胡鞍钢等：《中国地区差距报告》，辽宁人民出版社 1995 年版，第 390 页。

1.52 倍扩大到 2002 年的 2.29 倍；从城乡差距看，东部城乡居民人均消费水平的差距从 1996 年的 1.99 倍扩大到 2002 年的 2.34 倍，西部城乡居民人均消费水平的差距从 1996 年的 3.73 倍扩大到 2002 年的 3.82 倍。

就教育差距而言，由于教育生均预算内教育事业费是教育经费的最主要来源，更是体现政府教育投入程度的指标。因此，课题组对相同时期、相同地区的教育生均预算内教育事业费进行比较发现，教育经费无论是地区间还是城乡间的差距拉大的程度都大于人均消费水平的差距。通过相关数据的对比分析发现：东西部小学教育生均预算内教育事业费的差距从 1996 年的 3.5 倍扩大到 2002 年的 3.85 倍；东西部普通初中教育生均预算内教育事业费的差距从 1996 年的 3 倍扩大到 2002 年的 3.39 倍；东西部高中教育生均预算内教育事业费的差距从 1996 年的 2.8 倍扩大到 2002 年的 2.92 倍。

同时，城乡间预算内的教育经费差距也在拉大。课题组通过对不同时期城乡生均经费与农村生均经费进行比较，推论出城乡间的差距。课题组以北京、天津、上海三市的有关数据为例进行比较：北京、天津、上海 1996 年小学生均预算内经费是农村的 1.14 倍，到 2001 年这个比例扩大到 1.17 倍，而这期间三地城乡小学生均预算内经费的差距估计扩大到近两倍①。

根据我国 2002 年公布的《中国农村扶贫开发纲要（2001～2010 年）》，中国把贫困人口集中的中西部少数民族地区、革命老区、边疆地区和特困地区作为扶贫开发的重点，并在上述 4 类地区确定扶贫开发工作重点县。目前，中国共有这样的重点县 592 个，涵盖了全国 72%以上的农村贫困人口。根据亚洲开发银

① 转型期中国重大教育政策案例研究课题组：《缩小差别——中国教育政策的重大命题》，人民教育出版社 2005 年版，第 108～114 页。

行 2004 年的报告，中国农村地区年收入低于 627 元的农民还有 2 000 多万人。627 元被认为是中国的温饱线。由此可见，我国地区间经济发展不均衡，是导致教育发展不均衡的主要原因。

其次，城乡二元经济结构是导致我国社会经济发展城乡差别的根源，也是我国教育发展不均衡的最直接的根源。

1. 二元分割的经济

发展经济学的理论大师刘易斯从古典学派的经济发展观点出发，将不发达经济划分为两个部门，一是城市中以制造业为中心的现代化部门，二是农村中以农业和手工业为主的传统部门。城市中的现代化部门以现代科学技术和生产方法为手段，以向市场提供商品获取利润为目的。农村中的传统部门生产规模狭小、生产技术落后，生产出的产品主要为满足自己的消费，很少在市场上出售。刘易斯认为，在不发达经济的两个部门中，只有现代化的城市工业部门才是增长的主导部门，农村中的传统农业只是为城市工业部门的扩展被动地提供剩余劳动力。刘易斯从发展中国家的经济结构现状着眼，指出只有彻底转变二元经济结构，完成工业化的进程，才能最终实现富民强国的梦想。刘易斯以二元结构为基础，从发展中国家的实际出发，提出广大农村剩余劳动力向城市现代化工业部门的流动，是这些国家摆脱贫困、实现结构转变、推进工业化、现代化进程的现实机制。

由于我国长期存在的城乡二元经济结构，使城乡差距成为我国教育发展不均衡最根本的影响因素和最基本的表现特征。这一社会经济结构特征表现在，我国的绝对贫困人口绝大部分分布在农村，农村绝对贫困人口占全国绝对贫困人口总数的 87%。这是发展中国家二元经济结构特征在我国的必然反映。

2. 二元分割的社会

教育发展的不均衡问题还体现在我国公共政策的制定与实施上的“城市取向”。长期以来，在城乡二元结构、高度集中的计划体制下，形成了一种忽视地区差别和城乡差别的“城市中心”的价值取向：国家的公共政策先满足甚至只反映和体现城市人的利益。随着改革开放的不断深入和市场经济体制的逐步建立，这一思路显然已经不合时宜，但作为一种思维定式它仍有较大的惯性，并且依然潜存于人们的思想深处和社会决策之中。这一“规则的不公”导致了在农村和边远地区儿童从一开始在受教育机会上就遇到了“起点的不公”。①

与城市和发达地区相比，我国农村和落后贫困地区义务教育经费不足的问题表现得更为突出。因为在教育资源的分配上，我国事实上推行了一条以城市为中心的政策。

3. 二元分割的教育

(1) 二元分割的教育政策及制度

与整个经济和社会的二元制度相适应，中国教育制度的最大的制度缺陷也在于它的二元分割性。它是一种双重的二元教育制度。其表现形式是，在城市和农村之间进行整体分割，形成“农村教育”和“城市教育”的差别；在从幼儿园到大学的各教育阶段实行内部分割，形成“重点”学校和普通学校的两个世界。发端于20世纪50年代的双重二元教育制度有着历史背景和体制根源。在计划体制的逻辑驱使和“赶超战略”的现实压力下，政府可调动的有限资源难以确保全体适龄人口接受同样的教育，农村教育的投入便主要成了农村的事情；出于同样的理由，为了快出人才，将有限资源较多用于兴办“重点”学校也就成为自然选择。在特定的历史阶段，二元教育制度的产生并非不可以理解，而且有其存在的合理性，也确实被人们普遍接受了。但是，随着我国20世纪70年代末的改革开放，当人们的权利意识逐渐觉

① 蔡昉主编：人口绿皮书《2001年：中国人口问题报告——教育、健康与经济增长》，社会科学出版社2001年版，第142～143页。

醒，特别是本世纪以来，随着经济社会发展，社会公平问题日益引起社会广泛关注之后，这种制度并没有得到及时调整。

(2) 二元分割的教育财政体系

保障基础教育均衡发展的公共财政体系不完善，各级政府缺乏实现城乡之间、地区之间基础教育均衡发展的有效机制，是导致我国基础教育非均衡发展的又一制度缺陷。

从我国基础教育的办学投入管理体制看，长期以来，我国农村基础教育实行的是“分级办学、分级管理”的体制，中央和省级政府主要负责高等学校和中等专业学校的投入和管理，县级政府主要负责高中学校的投入和管理，乡级政府主要负责初中学校的投入和管理，村级主要负责小学的投入和管理。

1985 年，中共中央发布《关于教育体制改革的决定》，1986 年，国家颁布并实施《义务教育法》，明确了九年义务教育制度及义务教育由地方政府分级管理的体制。这对调动地方政府、基层干部和广大农民的办学积极性发挥了很大作用。然而由于具体职责不清，在实施过程中，中小学的管理权层层下放到乡村两级，也隐伏着很大的问题。其一，我国大部分乡镇财力很有限，办学经费主要来自向农民收取的教育费附加和教育集资款等，实质上是农民负担办学经费，这必然加重农民负担。其二，教育管理的水平难以提高。其三，教育资源难以作超越乡村范围的优化配置。这些问题开始并不突出。然而，随着农村经济社会的发展，乡镇管教育所隐伏的问题越来越尖锐地显现出来。这一管理体制产生的直接后果是：农村中小学教育层层下放到乡村两级，实质上由农民办，而城市中小学教育则由政府办。这就无形中加剧了城乡教育的差别。同样是基础教育，但在我国公共政策的制定与实施上的“城市取向”的指导下，我们在教育制度政策导向上出现了明显的二元分割政策取向。

本世纪初，抓住农村税费改革的机遇，国务院决定农村义务教育实行以县为主的管理体制，并建立税费改革后义务教育经费的保障机制，进一步明确了政府对教育事业尤其是对义务教育的职责，“义务教育政府办”。从“农村教育农民办”到“义务教育政府办”，是农村义务教育管理体制的重大转变。在广泛调查研究和充分试点的基础上，2001年5月，国务院作出了《关于基础教育改革与发展的决定》，并于6月召开了全国基础教育工作会议，对改革和完善农村义务教育管理体制进行了部署。这一改革的主要内容是：农村义务教育实行在国务院领导下，由地方政府负责，分级管理、以县为主的管理体制。通过体制的调整与完善，实现两个改变，也就是把主要向农民收费集资办学改变为主要由政府财政出资办学，将农村义务教育由以乡镇为主管理改变为以县为主管理。农村义务教育管理体制改革是我国教育体制的一项意义重大的变革。

(3) 二元分割的教育资源配置

与这种二元教育制度相适应，我国在基础教育资源配置上表现为二元分割的教育资源配置方式。其实质内容是，政府有限的教育经费向着城市学校和各级学校中的“重点”倾斜。其直接结果是，分属于两种制度下的教育者和受教育者的权利的实现程度截然不同，不同的社会成员及其子女必须面对教育机会和所占有教育资源的不平等。

由于城乡之间经济发展水平和财力的差异，二元分割的办学制度必然导致城乡义务教育资金投入的严重失衡。教育资源配置的失衡必然形成我国地区之间、城乡之间的巨大发展差距。因此，按照教育均衡发展的思想，教育资源配置应当体现：一是注意规则的公平，以不再继续扩大差距；二是在可能的情况下向落后地区倾斜，以主动缩小地区间的差距。新中国成立以来，在计划经济体制的运作中，我国东西部之间、城乡之间教育资源配置失衡的状况已有所改变，但改革开放之后，随着各地经济社会发展差距的拉大，地区之间、城乡之间的教育差距也随之拉大。

纵观改革开放以来，我国基础教育的发展，在二元经济的影响下，基础教育出现了如下三种现象：一是大量农村人口渴望城市的优质教育资源，希望子女将来成为城市人，千方百计将子女送到城市读书，这也是近年来城市流动人口巨增，外来人口子女求学人数增加，难以应对的根本原因所在；二是城市中的主流人群，寄希望于子女接受优质教育，使之成为社会的主流，千方百计将子女送进重点中小学学习；三是社会中的主流人群，寄希望于子女接受更优质的教育，使之成为国际化的人才，纷纷将子女送到国外读书。这就是我国当前二元经济发展导致的教育发展的二元性所昭示的社会教育图景（见图 7－1）。因此，正是从这一社会经济背景出发，从社会公平、社会和谐的背景出发，从教育本身质的规定性上思考，推进教育均衡发展，让更多的孩子接受更好的教育，应当成为教育改革与发展的前提。

从社会制度层面看，我国社会现存的城乡分割对立的二元经济结构和社会体制，是使城乡教育机会产生严重差别的社会制度

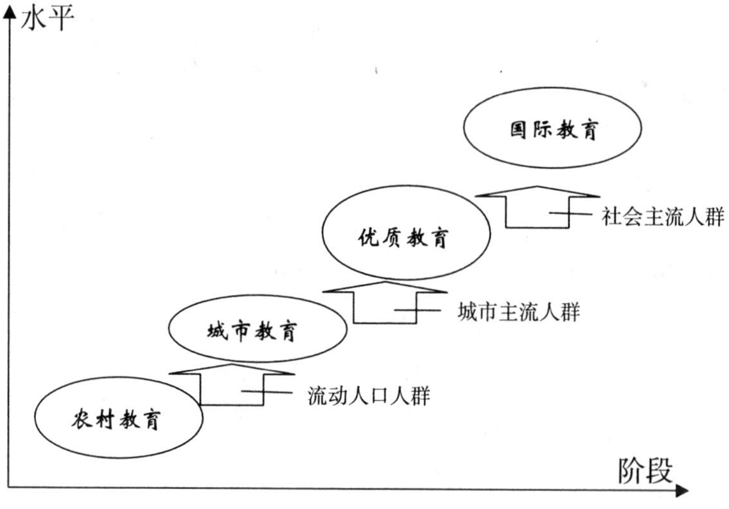

图 7—1　中国当前二元经济发展导致的社会教育流动图景

原因。首先，从整体上看，城乡人口经济状况的不同直接导致受教育机会的不同；其次，城乡二元经济结构导致教育制度的种种设置与安排存有突出的“城市取向”；再次，城乡二元经济结构导致城乡人口教育意识与教育观念的不同。

由此可见，我国现有的教育差距是由政策本身造成的，其中影响最广泛、最深刻的是在城乡二元结构背景下，形成的城乡区别对待的教育政策，或可称为城市偏向的教育政策。

再次，制度原因造成的教育内部结构性差距，既是形成教育发展不均衡的原因，也是教育发展不均衡的集中表现。

新制度经济学把制度作为经济发展的“内生”变量引入经济分析，带来了西方经济学一场革命性的变革。从人类现代化的伟大进程看，中国和东亚地区的许多国家一样，都是借助“压缩式现代化”实现了或正在实现着工业化、城市化与学校教育的普及。其特征在于，借助中央集权政策，有效地推进了基础教育的充实；而基础教育的充实使得“社会流动”得以激活。这一点被欧美视为东亚教育的“奇迹”。但是，这种“压缩式现代化”，也使得“东亚型教育危机”的病理愈加严重了：由于过度的紧张所带来的应试竞争的弊端，划一教育所带来的创造性与个性的失落等。特别是如何应对全球化背景下信息社会与后工业社会的转型，学校改革成功与否，乃是关系到教育与社会未来的一大问题①，这也助长了竞争和加剧了不公平教育。

我国的现代教育只不过百余年的历史，而使现代教育真正走向人民的、大众的教育，才是新中国建立以后的事，也只有五十多年的历史，而从 1986 年国家正式颁布并实施《义务教育法》算起，到 2001 年中国政府庄严向世界宣布基本实现“两基”目

① [日] 佐藤学著，钟启泉译：《课程与教师》，教育科学出版社 2003 年版，中译本序第 2～3 页。

标，也只有15年的时间。我们用五十多年的时间要走西方国家上百年的现代教育之路，用不到20年时间要走完西方国家上百年的义务教育之路，这本身就是一个“奇迹”。但正如日本学者佐藤学所分析的那样，我们与东亚许多国家一样，走的是“压缩式现代化”之路。现代化的步伐可以超越、指标可以超越，但现代化的思想理念、制度过程和文化积淀却不大好超越，即使其他指标都跨越了，这些软指标也得“补课”。这也许就是超越的代价。就我国而言，在经济短缺时代，国家为了加快教育事业的发展，“早出人才，多出人才”，将有限的教育资源集中配置，各地举办了许多重点中小学，这在当时的条件下是有积极意义的，但它带来的后果是加剧了学校之间教育资源配置的不均衡，造成了公立学校教育的不公平。

在我国教育内部，政策制度造成的教育不均衡主要表现在：

一是教育经费分配存在层次性差异。政府三级教育经费投入分配方面过分倾向高等教育，致使基础教育，特别是义务教育政府投入比例过低，长期不足。

二是学校之间教育资源配置不均衡。重点学校与非重点学校之间差距过大，重点学校过多地占有了本来就不足的有限的教育资源，过于集中的优质教育资源导致了基础教育的恶性的入学竞争，使社会上择校之风愈演愈烈。

三是学校之间办学主体存在层次性差异。高等教育有教育部直属，省、直辖市、自治区直属，地市直属；基础教育有省办、地市区办、县市区办。由于不同的办学主体占有的公共资源和政策资源不同，从而使其主管的学校也占据了不同于其他学校的资源和政策优势，加剧了教育资源的配置不均衡。

优质教育资源的短缺是基础教育长期以来存在的主要问题。尤其是普通高中教育，总体规模过小，优质资源短缺，成为我国教育发展的一个瓶颈。这种状况与人民群众日益增长的教育需求，与我国经济、社会快速发展的需求之间的矛盾越来越大。于是，出现了乱收费和择校高收费问题，引起社会各界的不满。为解决这一问题，各级政府采取了很多治理措施，“开源”和“封堵”结合，扩大优质教育资源与控制收费并举；加大财政对教育的投入与治理乱收费、择校高收费的不正之风并举。标本兼治，把扩大基础教育优质资源作为解决乱收费和择校高收费问题的治本之策。各地通过改造薄弱学校，教育资源的优化组合，优质学校资源的辐射、扩展，新建高水平学校以及鼓励民办教育等，使基础教育的优质资源明显增加，普通高中的规模得到了扩大，从而有利于择校矛盾的缓解和抑制乱收费现象。

根据我国的基本国情，尤其值得重视的是导致基础教育发展不均衡的制度性原因。政府公共政策的不同取向或偏差，往往会加剧现实中的教育不均衡；同时，相对于缩小历史形成的发展差距而言，通过制度安排和政策调整来增进社会公平，是更为容易实现的。因此，认识和调整这一制度性因素，应当是当前关注的重点。这种制度性的不公，主要表现在两个方面：教育资源配置不公、教育政策和规则不公。

第五节　教育均衡发展是中国教育发展的必然选择

教育均衡发展是我国现今经济社会发展的反映，也是我国当前经济社会发展的要求。党的十六大提出了我国要紧紧抓住本世纪头 20 年的战略机遇期，全面建设小康社会的宏伟目标。当前，我国已经实现了“三步走”战略①的前两步目标，在全面建设

① 第一步，实现国民生产总值比 1980 年翻一番，解决人民的温饱问题。这个任务已经基本实现。第二步，到 20 世纪末，使国民生产总值再增长一倍，人民生活总体上达到小康水平。第三步，到 21 世纪中叶，人均国民生产总值达到中等发达国家水平，人民生活比较富裕，基本实现现代化。然后，在这个基础上继续前进。

小康社会的大背景下，逐步缩小区域之间、城乡之间、社会内部各行业之间的差距，实现社会和谐与均衡发展已成为当今社会发展的潮流。教育均衡发展是社会和谐与均衡发展的体现，教育均衡发展也是中国教育发展的必然选择。

一、中国教育均衡发展的历程

回顾中华民族数千年的文明史，对于社会公平的追求始终是社会关注的焦点，对公平的追求早已成为中华民族的一种传统文化精神。

早在我国春秋战国时期，大思想家、大教育家孔子就提出了“有教无类”的教育思想，追求教育公平的思想，在两千多年前就已成为先贤追求的目标。

在隋朝时，我国实行科举取士制度，从当时的社会理想和目的看，无疑对当时的社会公平和社会流动起到了重要的促进作用。有道是：“朝为布衣郎，暮登天子堂。”这也可以说是我国最初的教育公平。它从形式上保证了每个人不需要金钱、权力和身份等外部条件的制约，只要通过自身的努力，社会都可以为其提供实现自己的目标和理想的途径。

实施义务教育是确保适龄儿童少年享有均等的受教育权利和均等的受教育机会，实现教育公平和教育均衡发展的先决条件。就世界范围而言，义务教育作为一种法律制度已有近四百年历史。德国是世界上最早进行义务教育立法的国家，早在16世纪，德意志各公国就颁布了强迫教育的法令，1619年德意志魏玛邦公布学校法令，规定父母必须送6至12岁男女儿童入学，否则政府将强迫其履行义务，这被视为义务教育的发端。然而，真正意义上世界范围的义务教育是伴随各发达国家工业化的进程而逐步确立和发展起来的。如英、法、美、日等工业化国家大多在19世纪中后期就以较完善的立法形式普及义务教育，确立和推行义务教育制度。中国义务教育的提出从清朝末年算起，与世界上较早实施义务教育的国家相比晚了近三个世纪，距今只有百年历程。1904 年初清政府在《奏定初等小学堂章程》的《学务纲要》中明确指出："初等小学堂为养正始基，各国均认为国家之义务教育。"该章程还明确提出："此项学堂，国家不收学费，以示国民教育国家认为义务之本意。"这是我国历史上第一次由官方明确提出"义务教育"的概念，被认为是近代中国义务教育的正式发端。

辛亥革命结束了中国长达两千年的封建君主制度，建立了共和政体，从而为中国近代义务教育制度的建立与发展奠定了基础。1912 年，民国政府颁布的《学校系统令》明确规定初等小学四年为义务教育。1922 年 7 月中华教育改进社蔡元培、范源濂、梁启超等拟订义务教育法律草案，希望列入宪法。1923 年颁布的《中华民国宪法》第四章明确规定了"中华民国人民依法律有受初等教育之义务"，"义务教育之学年至少以六年为限"。

义务教育作为国家富强、民族复兴的基石，一直为历代仁人志士所推崇，在中国普及初等义务教育，近代不同历史时期都曾经提出过，然而，由于政治腐败，经济落后，民不聊生，旧中国无力也无法把有志者的呼唤和人民的愿望变成现实，普及义务教育只是一句空话。

1949 年，当第一次当家做主的中国人民真正从这片古老土地上站立起来的时候，"教育兴邦"理想的种子才有了播撒的土壤。从黑暗中走过来的旧中国一穷二白，人民受教育的程度很低。资料表明：1949 年全国学龄儿童入学率仅为 20%，人口中文盲和半文盲达 80%以上。

从新中国诞生的第一天起，共和国就把提高民族素质、普及义务教育当做自己义不容辞的责任。新中国成立以来，党和国家高度重视发展教育事业，无论是国家教育方针的制定，还是教育法律的确立，都始终贯穿着为人民服务的宗旨和义务教育均衡发展的思想。新中国成立初期，政府采取了学校向工农开门、开展扫盲运动、设立人民助学金、促进少数民族教育发展等一系列政策措施，始终致力于为广大人民群众提供公平接受教育的机会，帮助工农大众学习文化、接受教育。

1956年9月，党的八大政治报告提出："必须用极大的努力逐步扫除文盲，并且在财政力量许可的范围内，逐步地扩大小学教育，以求在十二年内分区分期普及小学义务教育。"那时，党中央、国务院在文件中几次提出了普及义务教育的奋斗目标。

正当中国教育踏着应有的步伐迈进时，十年"文革"把中国经济拖到了濒于崩溃的边缘，而且使教育成为"文革"的重灾区。大学停办，中小学"停课闹革命"，普及义务教育也就无从谈起。

"文革"后，邓小平同志一复出就自告奋勇抓教育，他审时度势，围绕着我国经济建设的发展，深刻地思考着中国的教育问题，"要把经济建设搞上去，科技是关键，教育是基础"，要"尊重知识，尊重人才"。这掷地有声的话语使得神州大地掀起了学习科学、重视教育的阵阵热潮。在此情况下，国家决策层决心用强力普及九年义务教育。毕竟，这是任何国家的政府都无法回避的义务。

改革开放开辟了中国社会全面振兴发展的新航程，也真正开启了中国教育事业大发展的新航程，国家逐步把普及义务教育纳入重要的议事日程，并提升到了国家发展"重中之重"的战略高度。为了尽快扭转十年"文革"对我国基础教育的危害，1980年中共中央84号文件《关于普及小学教育若干问题的决定》，在充分地分析了普及小学教育的重要性以及教育在四化建设中重要作用的背景下，提出"在20世纪80年代，全国应基本实现普及小学教育的历史任务，有条件的地区还可以进而普及初中教育"。

1982年12月4日，第五次全国人民代表大会第五次会议通过的《中华人民共和国宪法》第四十六条规定："中华人民共和国公民有受教育的权利和义务"，"国家举办各种学校，普及初等义务教育"。这是新中国建立以来我国第一次以国家根本大法的形式对普及义务教育作出明确规定。

1985年，中共中央颁布《关于教育体制改革的决定》指出："义务教育，是依法律规定，适龄儿童和青少年都必须接受的，国家、社会、家庭必须予以保证的国民教育"，要"有步骤地实行九年义务教育"。

在党中央的重视和倡导下，尊师重教的思想很快成为全社会上下一致的共识，教育事业成为全社会共同关心的事业，把教育摆在优先发展的战略地位的思想开始深入人心。1986年4月12日，北京人民大会堂，六届全国人大四次会议审议通过了《中华人民共和国义务教育法》，以国家立法的形式正式确立我国实施九年义务教育，为所有适龄儿童少年平等接受义务教育提供了法律保障。1988年，国务院颁布《扫除文盲工作条例》。本来像《义务教育法》这样的法律，不是根本大法，全国人大常务委员会通过就可以，但这第一部教育法律是在全国人大全体会议通过的。由此可见，国家对于义务教育的重视。《义务教育法》是新中国历史上第一部义务教育的法律，确立了普及义务教育制度，它的颁布和实施开创了中国教育史的新纪元。它不仅结束了中国教育长期以来没有法律的历史，使我国普及义务教育有了法律的保障，而且使我国教育事业由此走上了依法治教的轨道。从此，中国大地上逐步形成了育人兴国、重教安邦的思想，而且逐步使科教兴国的思想由国家意识发展成为全民意识，并成为国家发展战略和全民一致的行动。

1992年10月12日，在中国共产党第十四次全国代表大会上，江泽民总书记向全党全国人民发出号召："我们必须把教育摆在优先发展的战略地位，努力提高全民族的思想道德和科学文化水平，这是实现我国现代化建设的根本大计。”并确定了将“到 20 世纪末，基本普及九年义务教育，基本扫除青壮年文盲”作为 20 世纪 90 年代我国教育事业发展的重要目标。

真正把“两基”提到议事日程，变成一个工程操作，是 1994 年中共中央、国务院召开全国教育工作会议。会议提出了“双 85”① 的目标，三片地区“三步走”的实施方法。到 20 世纪末，占全国总人口 85％的地区普及九年义务教育，初中阶段毛入学率为 85％。

1997 年，党的十五大站在时代和历史高度，把实施“两基”作为落实“科教兴国”和“可持续发展”战略的重要组成部分，再次提出要“发挥各方面积极性，大力普及九年义务教育，扫除青壮年文盲”。从而使实施“两基”的目标写进党的文件，写进国家法规，成为全党全国关注的大事。

经过十多年的努力，20 世纪末，在教育资源十分有限的情况下，我国基本实现了普及九年义务教育和扫除青壮年文盲的“两基”宏伟目标，为广大适龄儿童少年提供了公平的接受义务教育的机会，这是中国有史以来第一次实现了教育的普及化目标。2004 年，全国普及九年义务教育人口覆盖率为 93.6％，这对一个人口众多的发展中国家而言，无疑是举世瞩目的成就。

但是，在取得成绩的同时，我们应清楚地认识到，如何保障全体公民特别是农村家庭和城市贫困家庭子女的受教育权利和机会，进一步推进教育公平，日益成为构建社会主义和谐社会所面临的新挑战。

对教育公平的追求是中华民族对公平追求的时代体现。教育公平的核心是教育机会均等。教育机会均等是一个具体的历史范

① 即 85％人口地区实现“普九”，初中阶段毛入学率达到 85％。

畴，在不同的历史发展阶段有着不同的内涵。最初的教育机会均等主要是指人人享有平等的接受规定年限的教育权利和机会，即接受义务教育的权利。但随着时代的发展和人类社会的发展，教育机会均等的内涵不断丰富发展，均等的机会不仅包括平等的接受教育权利的机会的均等，也包括同样成功的机会的均等。因此，现代教育机会均等观包括三层含义：一是教育起点的均等，即入学机会均等；二是教育过程的均等，即教育资源配置的均等；三是教育结果的均等，即学业成就机会、体验成功机会的均等。特别是当前随着教育的起点均等从目标演变为前提，即在我国基本普及义务教育的今天，教育过程和教育结果的均等就转变成为教育均衡发展的主要目标。

我国的重点中小学制度是历史形成的。新中国成立初期，百业待兴，急需要大批高级人才，以推动国民经济的快速发展，迅速改变中国落后的面貌，但受到教育资源严重不足的局限，国家建设各方面都缺乏人才。为此，国家实行举办重点中小学的办法，严格考试制度，培养尖子人才。1953 年 5 月，党中央决定“要办好重点中学”。1953 年政务院发布《关于整顿和改进小学教育的指示》，要求“今后应首先着重办好城市小学、工矿区小学、乡村完全小学和中心小学”。同年，教育部向中央提出《关于有重点地办好一些中学和师范学校的意见》，从而确定了全国重点中学 194 所，占当时全国中学的 4.4%。在对“大跃进”期间教育冒进的失误进行反思之后，1962 年，全国教育工作会议进一步提出压缩中小学规模，提高质量，认真办好一批重点学校。同年 12 月，教育部发出《关于有重点地办好一批全日制中、小学校的通知》，重点学校有了适度发展。这是符合当时我国教育实际的正确决策。

“文革”期间，教育事业受到严重破坏，教育质量低下，我国曾经与世界发达国家之间缩短了的差距再度拉大。1977 年 5

月，邓小平同志在深入分析了我国新时期的经济基础和基本国情后，为了“早出人才，快出人才，出好人才”，提出：“办教育要两条腿走路，既注意普及，又注意提高。要办重点小学、重点中学、重点大学。要经过严格考试，把最优秀的人集中在重点中学和大学”，“为了加速造就人才和带动整个教育水平的提高，必须考虑集中力量加强重点大学和重点中小学的建设，尽快提高它们的教学水平和教学质量”。从当时我国教育事业发展的实际情况来看，邓小平同志的这一方略，即实施重点教育与一般普通教育相结合，是一条全面抓好我国教育事业发展的正确方针，符合事物发展的客观规律。

1978 年，教育部制定《关于办好一批重点中小学试行方案》，提出在以后的重点中小学建设调整长期规划上，全国重点中小学形成“小金字塔”结构，并在经费投入、办学条件、师资队伍、学生来源等方面向重点学校优先倾斜，由此形成了国家级、省级、地级、县级的重点学校“层层重点”的格局。这些学校有许多已成为人们向往就读的名校。几十年来，重点中小学为提高我国基础教育的水平和质量，为向高校输送高质量的生源，以加快我国高级人才的培养，发挥了极其重要的作用，功不可没。

改革开放以来，随着我国基础教育的快速发展，特别是义务教育的普及，基本满足了适龄儿童少年接受义务教育的需求。但是经济和社会的发展、家庭子女的减少以及老百姓生活水平的提高，使人民群众对高质量教育的渴求和对接受更高层次教育的愿望比以往任何时候都更加强烈。于是，重点中小学更加受到社会的青睐，不少人甚至不惜代价地要把孩子送进去，造成了愈演愈烈的择校热。

在义务教育已经基本普及的今天，各级政府和教育行政部门要努力办好义务教育阶段的每一所学校。要以各种方式积极扩大优质教育资源，以满足人民群众对高质量教育的需求。与此同时，我们要把工作重点转移到大力提高薄弱学校的办学水平上来，要在人力、物力、财力上给予支持。增加投入、改善条件、均衡生源都是必要的，但关键是校长和教师①。

自义务教育制度产生以来，享有受教育的平等权利，一直是人们努力追求的目标。在我国，公民的受教育权为《宪法》所保护，公民平等接受教育的权利则由《义务教育法》的颁布和实施而在法律上得到了保障。中国“两基”目标在世纪之交的如期实现，对我国社会主义现代化建设事业具有划时代的战略意义，其影响是重大而深远的。但同时我们也必须清醒地认识到，随着经济发展和社会进步，我国义务教育阶段学校发展还面临许多需要解决的深层次矛盾，其中一个突出问题，就是如何实现义务教育的均衡发展。

党的十六大以来，新一届中央领导集体坚持科学的发展观，从建立社会主义和谐社会的需要出发，立足于我国义务教育学校大多数学生在农村这一基本国情，把农村教育作为教育工作的重中之重，出台了新增教育经费主要用于农村的政策，加大了对中西部贫困地区农村义务教育和贫困家庭学生就学的支持力度，努力推进义务教育的均衡发展。

据统计，2003 年全国农村义务教育经费总计达 1 365 亿元，其中财政预算内拨款 1 094 亿元，预算内拨款比 1999 年增长了一倍多，占当年农村义务教育总投入的比例达 80%，比 1999 年提高了 18 个百分点。2004 年，中央财政安排用于农村义务教育的专项资金超过 100 亿元，比 2003 年增长 72%。

为促进我国西部大开发，加快西部地区普及九年义务教育，缩小地区之间义务教育的差距，国家启动实施了“西部地区‘两

① 李岚清：《李岚清教育访谈录》，人民教育出版社 2003 年版，第 276～278 页。

基'攻坚计划”，要使西部地区在2007年和全国一样实现基本普及九年义务教育的目标。中央在四年间投入100亿元新建、改扩建一批农村寄宿制学校，解决好新增学生的学习、生活条件。为将优质教育资源传输到农村中小学，缩小城乡之间义务教育教学质量的差距，国家实施了“农村中小学现代远程教育工程”，国家在五年内投入100亿元，到2007年使农村初中基本具备计算机教室，农村小学基本具备卫星教学收视点，农村小学教学点具备教学光盘播放设备和成套教学光盘。为保证贫困家庭学生接受义务教育，国家积极推行“两免一补”政策，中央财政免费提供教科书经费大幅度增加，地方财政加大了免杂费和补助寄宿生生活费的经费投入，到2007年农村地区家庭贫困学生普遍享受“两免一补”。

2005年12月，国务院颁发的《关于深化农村义务教育经费保障机制改革的通知》提出，从2006年春季开学起对西部地区农村义务教育阶段中小学生全部免除学杂费，2007年对中部地区和东部地区农村义务教育阶段中小学生全部免除学杂费。这些重大举措将在整体上有力地推进我国义务教育的均衡发展。

另外，国家在促进民族教育事业发展、关注特殊群体受教育权益等方面，采取了一系列重大举措，取得了明显进展。2003年，民族自治地方有各级各类学校83 726所，在校学生2 943万人，比1984年增长了29.7%，比1994年增长了10.6%；各类专任教师154.1万人，比1994年增长了16.0%。教育事业的发展，使少数民族的受教育年限显著提高。根据2000年第五次全国人口普查，朝鲜、满、蒙古、哈萨克等14个民族的受教育年限高于全国平均水平。2004年，特殊教育学校数比1976年增长4.8倍，在校学生数增长12倍。全国小学学龄儿童女生和男生净入学率的差别由1994年的1.3个百分点下降到0.04个百分点，性别差距明显缩小。

特别是2005年以来，社会公平问题、教育公平和均衡发展问题再次成为国家和教育主管部门关注的热点。2005年2月19日，胡锦涛总书记在中央党校省部级领导干部“提高构建社会主义和谐社会能力专题研讨班”的讲话中强调，在继续发展的同时，把公平放到更为突出的位置。当然也不是说不要效率了，效率还是优先，但是更加重视公平了。同年4月26日，胡锦涛总书记在主持的中共中央政治局关于法制建设与完善社会主义市场经济体制的第十二次集体学习的讲话中再次强调，要积极推进司法体制改革，强化司法监督，维护司法公正，提高执法水平，确保法律的严格实施，保障在全社会实现公平和正义。

教育部2005年年度工作会议指出：办好让人民满意的教育，要努力促进教育的公平公正。要坚持教育工作的“四个统筹”，促进区域教育内部的均衡发展。教育部2005年5月15日下发《关于进一步推进义务教育均衡发展的若干意见》，要求各级教育行政部门把今后义务教育工作重心进一步落实到办好每一所学校和关注每一个孩子健康成长上来，有效遏制城乡之间、地区之间和校际之间教育差距扩大的势头，逐步实现义务教育的均衡发展。这是国家教育部门以文件的方式第一次正式将教育均衡提出来，对于推进义务教育均衡发展具有十分重大的意义。

2006年6月，全国人大常委会修订的《义务教育法》第六条首次以国家法律的形式提出“促进义务教育均衡”思想。2006年10月，《中共中央关于建设社会主义和谐社会若干重大问题的决定》明确提出：“坚持教育优先发展，促进教育公平。”

2007年10月，胡锦涛总书记在党的十七大报告中提出：“优化教育结构，促进义务教育均衡发展。”这是党的政治报告和文献中第一次提到“义务教育均衡发展”。由此，义务教育均衡发展写进了党的文献，写进了国家法律和行政法规，成为党和国家确立的我国在新的历史时期教育发展的重大战略方针。

二、中国教育均衡发展的经济社会背景

经济发展是教育均衡发展的物质前提，教育均衡发展是经济社会均衡发展的重要基石。经过改革开放二十多年的发展，2005年我国人均国内生产总值突破了1000美元，这标志着我国经济社会进入了一个关键的发展阶段。这个阶段的最突出特点是：我国的工业化和城镇化进程显著加快，人民群众经济、政治、文化、教育等方面的需求进一步提高。对我国来说，这既是一个黄金发展期，也是一个各种利益和矛盾凸显期；既是一个具有巨大发展潜力和动力的时期，也是一个各种困难和风险隐存的时期。在这个时期我们最重要的就是要抓住机遇、解决新问题，努力构建社会主义和谐社会，树立和落实科学发展观，推动社会经济全面、协调、可持续的发展，对教育事业而言就是要推行全面、协调、可持续的均衡发展，不断满足人民群众日益增长的教育需求。

历史进入21世纪，缩小社会贫富差距成为中国政府的当务之急。否则，这将影响到国家的全面均衡发展。这也正是中央提出树立和落实科学发展观，将发展的重点放在了重新实现社会公平上所作出的战略思考。在宏观上，过去由于我们不惜一切代价地强调经济增长，从而导致农村和城市、西部地区和东部沿海地区，在经济增长和社会发展之间的差距越来越大。特别是在强调城市发展和资本市场发展的时候，农业和能源的发展受到忽视。树立科学发展观，把人民的利益放在首位，强调经济和社会发展的平衡。这意味着必须放弃一直抱有的一种根深蒂固的想法——国内生产总值是衡量发展的唯一标准。如果说在改革之初中国追求高速增长是不可避免的话，那么现在是把国家发展的重点从数量转移到质量上来的时候了。科学发展观的确立为我国经济社会的均衡发展提供了有力的理论源泉和政策基础。

改革开放二十多年来，随着我国经济社会的不断发展，到2000年，我国已实现了“基本普及九年义务教育和基本扫除青壮年文盲”的奋斗目标，全国85%的人口地区基本普及九年义务教育，青壮年文盲率降到5%以下，国民平均受教育年限提高到8年以上，超过了世界平均水平。1992年到2002年，小学学龄儿童入学率由97.2%提高到99.1%；初中的毛入学率由71.8%提高到90%；高中阶段的毛入学率由26%提高到42.8%。学前教育也有了长足发展。近年来，政府和全社会对教育的投入逐年增加，基础教育规模不断扩大，学校布局趋于合理，办学条件和教师的工作、生活条件有了显著改善，教师队伍建设得到进一步加强，素质教育的思想逐步深入人心，我国基础教育在国际上已显示出自己的优势和特点。这一切，为我国在21世纪加速教育尤其是基础教育的发展奠定了坚实基础，为我国经济和社会的全面进步提供了重要保证，为我国基础教育的均衡发展奠定了现实基础。

据浙江省统计局发布的《2004年浙江经济运行情况》显示，浙江省城镇居民人均可支配收入和农村居民人均纯收入之比从2003年的2.43∶1缩小到2.39∶1。这是从1997年起八年以来，浙江省城乡居民收入差距首次缩小。与此同时，江西省统计局也发布数据，2004年江西省城乡居民收入差距也出现了自1997年以来首次缩小的态势，由2003年的2.8∶1缩小到2.6∶1。有关统计资料表明，从1997年到2003年，我国农民收入平均年增长率为4%，仅为城镇居民收入增长幅度的一半。2004年中国社会科学院的一项调查显示，中国是世界上城乡收入差距最大的国家①。在我国城乡居民收入差距不断扩大的背景下，这两条重要

① 邵双平：《“城乡差距首次缩小”令人鼓舞》，《中国青年报》，2005年1月26日第2版。

消息有着特别值得人们关注的价值和意义。它不仅让人们看到了我国城乡差距缩小的黎明曙光，更重要的是我们不仅要缩小城乡收入差距，更要在教育、服务等社会发展方面大幅度改善农村现状，缩小这些方面的城乡差距，实现社会和谐发展、均衡发展。

以上海市为例。近年来，上海的改革发展和现代化建设一直处于一个飞速发展的关键时期，连续 11 年国内生产总值保持 10.9%的增长率，人均 GDP 达到 5 000 美元，城市经济的快速增长、综合实力得到全面提升。与此同时，上海的教育也实现了跨越式发展，已从 20 世纪 90 年代初期解决入学高峰的“有书读”转向促进人的全面发展的“读好书”，从适应性教育转向满足性教育，从数量扩张型教育转向质量提高型教育。上海市一方面提出了上海基础教育现代化的目标：要在瞄准世界先进水平的同时，建设与上海经济社会发展水平相适应而又适度超前的具有现代教育理念、先进教育设施、高水平高质量、促进学生全面发展的现代化基础教育；另一方面从上海的实际出发，狠抓基础教育发展中的薄弱环节，1999 年提出了“中小学标准化建设工程”，2002 年又提出“初中建设工程”，通过采取多种重要举措，大力推进基础教育的均衡发展，满足人民群众对优质教育的需求，为基础教育的现代化奠定基础。

因此，可以说，中国经济社会的发展已经为我国基础教育均衡发展奠定了坚实的基础，推进教育均衡发展已经成为当前我国基础教育发展的必然选择。

三、教育发展不均衡的影响

教育发展不均衡的直接后果是制约我国经济的发展和社会全面进步，以及人口素质的普遍提高。目前，由于城乡差别、各地经济和社会文化的差异、管理体制不完善等原因，使得我国本已存在的区域之间、学校之间教育发展不均衡现象呈现出进一步加剧的趋势。如果任其发展，则会导致国民素质差异的扩大，必然会引发新的经济发展不均衡、社会发展不均衡，甚至会造成诸多社会隐患。

据联合国开发计划署《2003 年人文发展报告》提供的资料表明，高收入国家初等、中等和高等教育入学率达到 92%以上，中等收入国家达到 70%以上，我国仅为 64%。作为衡量一个国家总体人口受教育水平的教育指数，高收入国家达到 0.96，中等收入国家达到 0.82，我国仅为 0.79。而作为反映人口文化素质综合指标的人文发展指数，高收入国家达到 0.93，中等收入国家达到 0.75，我国仅为 0.72。据联合国开发计划署公布的《2004 年人文发展报告》显示，2004 年中国的人文发展指数为 0.745，增幅比世界平均水平高出 2.3 个百分点，位次上升 10 位，居世界中等人文发展水平。中国人文发展指数的提高，主要是由于教育指数和 GDP 指数的较快增长，也意味着时尚化、个性化、人文化的追求在消费因素中所占的比重日益加大。特别值得指出的是，我国这种不够高的人口素质还表现在区域差别大，而且与经济收入差距一样，东西部人口文化教育素质差距呈现出扩大的趋势。1982 年，我国西部、中部、东部 6 岁以上人口中受过高等教育的比例，以西部为 1，则西部、中部、东部之比为 1.00∶1.05∶1.48，2002 年这个差距扩大到 1.00∶1.21∶1.52；而同期我国西部、中部、东部 15 岁以上文盲和半文盲人口比例之比却从 1.00∶0.84∶0.78 变动到 1.00∶0.69∶0.66。作为综合反映人口教育素质的文化教育素质指数则从 1990 年的 1.00∶1.08∶1.11，扩大到 2002 年 1.00∶1.10∶1.14。尽管从表面上看比率相差不大，但是我国中西部原本较低的人口素质与东部的差距不是缩小而是继续呈扩大化的趋势，这一现象必须引起高度的重视[①]。与此相适应，由于人口素质的区域差别，我国东西部地区人均经济收入呈现出不断扩大的趋势。

资料表明，世纪之交，我国西部10个省、自治区、直辖市人口占全国的23%，土地面积占57%，而国内生产总值仅占15%，其重要的原因在于人力资本仅占20%[②]。因此，我们在研究和解决区域发展差距拉大的问题时，不仅要研究和注意到收入等经济方面差距扩大的因素，还要特别研究和关注人口素质和人力资本差距扩大的因素，因为这是带有根本性质的差距的扩大。由此可见，教育发展的不均衡已经成为制约我国经济均衡发展、社会全面进步与社会和谐发展的最重要的因素。我们今天提出教育均衡发展的理念，正是为了正视历史，关注现实，谋求发展，本身就是一种教育创新。这对于推动我国经济社会均衡发展，以及与国际教育接轨都有着重要的意义。

（一）教育均衡发展是义务教育的本质属性。我国《义务教育法》规定，义务教育的属性是社会公益事业，它是为提高全民族的素质而对适龄儿童进行的普及性的合格教育，而且义务教育的强制性实质蕴涵着对每个受教育者的公平性，基础教育阶段是不带有选拔性质的公共性普及教育。从一定程度上讲，基础教育的失衡状态特别是校际之间的失衡正是现代教育竞争异化的一种表现。在市场机制调节下，由于社会就业竞争压力逐渐增大，这种压力在教育体系中层层下移到基础教育层面，使本不具有竞争性质的基础教育也涂抹上了激烈竞争的色彩。择校等现象都是家长为了能使孩子在未来竞争中获得优势地位而无限制地进行教育投入的表现。同时，家长和社会对选拔性“应试教育”的认同，不仅加重了孩子的课业负担，而且使就业市场对人才需求“水涨船高”，导致人们对教育需求盲目地无限制地增长，使基础教育

①② 田雪原、周丽萍：《人口素质与人口投入》，《瞭望》，2005年第2期。

背离普及性质越来越远。

（二）教育均衡发展是人权平等在教育上的重要体现。教育均衡发展的实质是《宪法》赋予的人权平等在教育上的体现。国家发展教育是在每个纳税人的支持下发展起来的公益事业，政府作为资金的收集者和再次配置者应当考虑到最广大的社会人群的利益。如果国家用纳税人交纳的资金建立起教育条件、质量有等次差别的学校，那么有权利进入这种学校的公民实际上就在无形中侵占了被排除者的利益和权利。罗尔斯在提到公平时将教育公平分为三个层次：一是教育权利的公平，即确保人人都有受教育的权利；二是教育条件和机会的公平，就是学生所接受的教学条件、教育内容、教育经费和师资水平大体持平；三是教育结果的公平，关注的是一种差异性的平等，指根据每个学生的能力和限度向他们提供一个他们所期望的未来。我国《义务教育法》规定了受教育是每个公民的权利和义务，国家大力普及九年义务教育，实现了教育起点的平等。现在我们倡导教育均衡发展，主要针对的是教育条件的严重不平等，要解决这一问题关键在于政府对教育资源进行均衡配置，政府通过政策调节实现以条件平等为标志的人的受教育机会的平等，并在更高层次上为学生差异性选择提供基础条件。

（三）教育均衡发展是实现社会稳定的有力保障。首先，教育均衡发展有利于中国当代社会结构的变革。从社会结构阶层分布上看，橄榄型的社会结构（社会上中产阶级占人口比例的大多数）比较稳定，金字塔型的社会结构（贫困人口或社会下层占人口多数）极不稳定。诺贝尔经济学奖获得者刘易斯曾指出："收入分配的变化是发展进程中最具有政治意义的方面，也最容易诱发嫉妒心理和动荡混乱的方面。"就我国现状来看，收入处于最底层的是占人口大多数的农民，如果不改变这种状态，长此下去必然会引起他们的不满，并危及社会稳定。教育的一个重要属性就是面向未来，同社会出身相比，教育对实现人们在社会关系中的流动作用是巨大的，它能够给弱势群体向社会上层流动的机会，使他们寄希望于教育，从而希望通过教育的公平性使社会结构发生变化，维持社会的稳定。其次，教育是知识社会获得财富的必要手段，教育也是人们面向未来的投入。基础教育的严重失衡会使原来由经济带来的贫富分化状况进一步加剧，而被剥夺了平等受教育权的人群极易成为社会不稳定的因素。

目前我国教育的城乡差别、地区差别和校际差别，即基础教育的不均衡发展，滋生了极为明显的消极后果，这些后果对我国社会公平和社会进步均有着极大的负面影响。

群众，有未来 [illegible] 也要 [illegible] 的社会 [illegible]
的 [illegible] 会能够 [illegible] 社会 [illegible]
[illegible]
[illegible]
[illegible] 人们面临未来的 [illegible]
就会使原来由经济带来的贫富分化状况进一步加剧，而 [illegible]
[illegible] 的 [illegible] 为社会不稳定的因素。
[illegible]
[illegible]
[illegible]

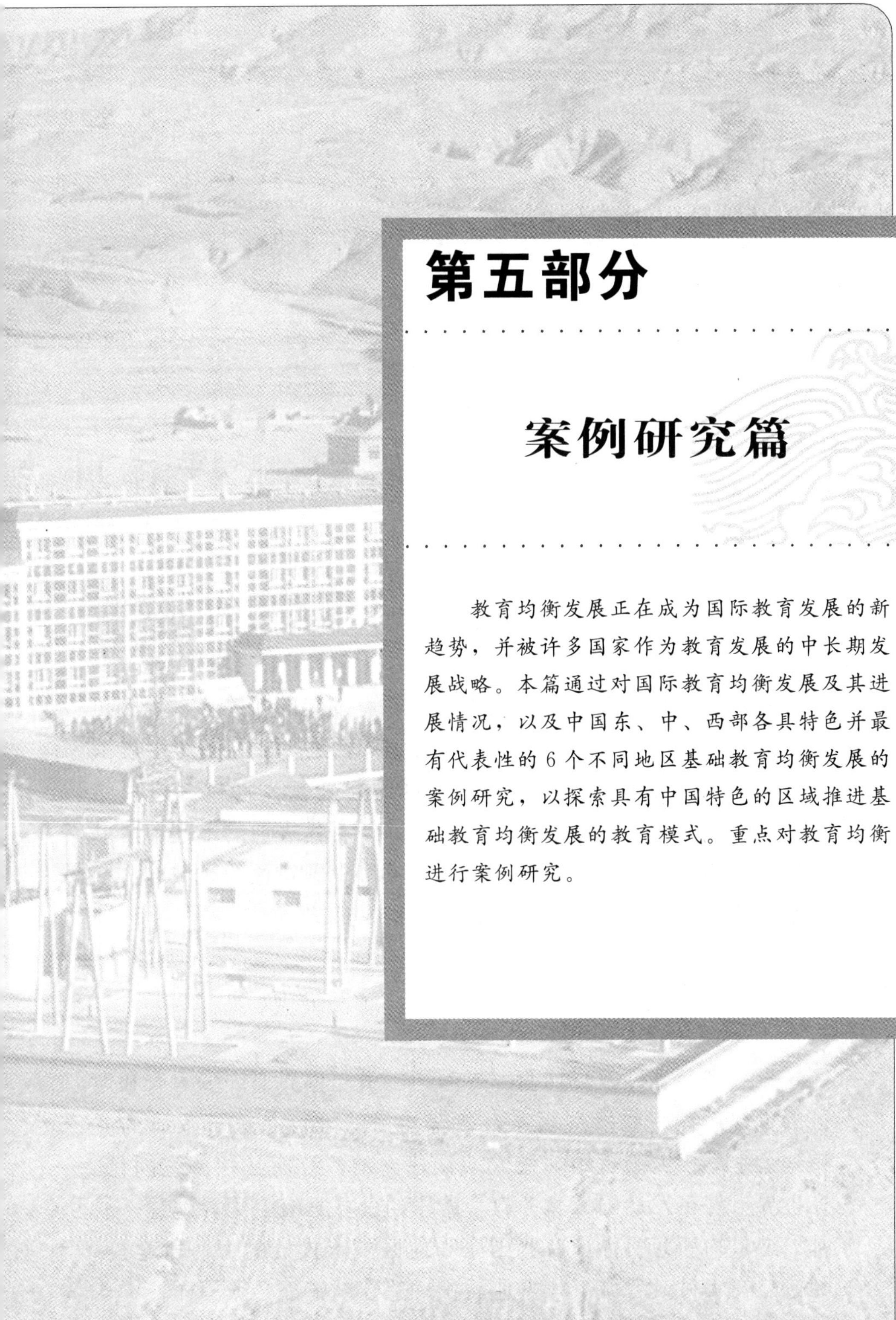

第五部分

案例研究篇

教育均衡发展正在成为国际教育发展的新趋势，并被许多国家作为教育发展的中长期发展战略。本篇通过对国际教育均衡发展及其进展情况，以及中国东、中、西部各具特色并最有代表性的6个不同地区基础教育均衡发展的案例研究，以探索具有中国特色的区域推进基础教育均衡发展的教育模式。重点对教育均衡进行案例研究。

第八章 教育均衡发展案例研究

目前，教育均衡发展已成为国际教育发展的新趋势，受到世界各国和地区的高度重视，并被作为教育发展的中长期发展战略。本章主要通过对一些国家和地区教育均衡发展及其进展情况，以及中国东、中、西部各具特色并最有代表性的不同地区基础教育均衡发展的案例研究，以探索具有中国特色的区域推进基础教育均衡发展的教育模式和教育均衡发展之路。

第一节 国际教育均衡发展政策

近年来，基础教育均衡发展问题已引起世界上许多国家和地区的重视。在一些发达国家，教育均衡的推行有赖于政府的支持，公立学校因为是用纳税人的钱建立的，政府必须一视同仁。在世界上许多发达国家义务教育阶段的公立学校，资源配置一般都以追求均衡为目标。有些国家和地区要求投资的每一所学校，无论是在农村或者城市，占地面积、基础设施都必须一样。

一、美国学校的均衡发展

美国从20世纪60年代就注意到学校的均衡发展问题，在1960年到1980年间，教育平等问题成为美国教育政策的重点。在美国，从20世纪70年代初期开始，出现了多次有关义务教育资源配置均衡性问题的法律诉讼，起诉者多是认为自身权益受到了不公平待遇的受教育者或其家长。层出不穷的法律诉讼引起了各州政府的关注，很多州都判决原告胜诉，认为现存制度确实违反了宪法中有关平等的条例，并且修改当地的义务教育财政体系来促进均衡。这些强制性和人为的措施，保证了国家举办义务教育的属性①。

这里我们以美国的佛蒙特州为例，介绍一下该州《平等的教育机会法案》第六十条与教育机会平等的改进情况②。

佛蒙特州1997年《平等的教育机会法案》第六十条的设计是为了矫正教育不公平。1997年2月，佛蒙特州最高法院宣布，资助学校的基金系统"由于它基本上依靠当地财产税，以及由此造成了不同地方学区可利用税收的不一致，剥夺了学生平等的受教育机会，这侵犯了佛蒙特州的宪法"。这一裁决就是"布里格姆决议"，它打破了数十年的僵局，推动立法院通过了一条法令，以实现法院所提出的提供平等教育的要求。因此，1997年的《平等的教育机会法案》，通常被称做"第六十条"，并于1997年5月通过。

起初，第六十条是减轻州内和国内争论的缓冲棒，在过去五年中，这种摩擦并没有减轻。第六十条所遇到的阻力集中于立法

① 丁小浩：《义务教育资源均衡化思辨》，《新闻周刊》，2003年10月。

② 〔美〕劳纳·吉姆森：《佛州平等的教育机会法案第六十条与教育机会平等的改进——美国农村学校和社区信托会的报告》，2002年2月。

中共享的（或剥夺的）部分，这些条款要求富裕城镇和贫穷一些的城镇共享财政资源。但政治反对者和社区抗议者已经鼓动了多次立法尝试来改变这种局面，废除第六十条，这种持续的反对伴随着铺天盖地来自各种渠道的报告，批评者宣告第六十条失败了，倡议者则宣告成功。

第六十条中清晰地宣告了关于教育平等的目标，并在“布里格姆决议”中得到了确定：学生资源平等、税收负担平等和学业成就平等。

目标一：提高学生资源的平等性。在第六十条法案之前，由于生均支出是和城镇财产联系在一起的，富裕学区对当地学校的投入远远超过贫困学区，因此具有严重的不平衡性。例如，1995年，一个城镇生均支出为 2 979 美元，而另一个城镇的投入为 7 726美元，是它的 2.5 倍。佛蒙特州教育部 1996 年发布的一份报告指出，这些投入差异是和城镇财富紧密联系的。

这种不平等成为“布里格姆决议”的基本关注点，决议宣布，“资源的贡献，就像教育机会一样珍贵，决定性的力量不能只是孩子居住地这一偶然因素”，“当富裕学区可能收税低，而贫困学区即使收费高也才只可能获得最低标准的时候，不可能得到平等的受教育机会”。

第六十条收益平等化公式的创立是为了处理这种不平等，它既是关于分类财政补贴的支出，也是关于超出分类财政补贴的支出。在第六十条之下，平等的支出导致平等的税率。

目标二：增进个人的税负平等。在第六十条通过之前，个人的税负差异巨大，低收入的佛蒙特州家庭在支持当地学校方面比高收入家庭的人所负担的税收比例要高。1994 年，学校税收从占税后收入的 8.4%到少于 1%不等，联邦范围内的比率为 2.48%。这种不平等被布里格姆审判中的原告们加以强调，他们写道：“贫困学区的纳税人被迫缴纳更高的税率，因此对教育资金贡献了不成比例的金额。”

虽然最高法院没有对这个控告作出裁决，第六十条却纳入了弹性收入（或减少了财产税）成分，以减轻这种不平等。这一条款调整了基于收入水平的学校财产税。很明显，佛蒙特州的立法者也相信，个人的税收负担应该和他们由收入水平决定了的支付能力相当。

目标三：促进学业成绩的平等。在佛蒙特的历史上，与其他州一样，富裕学区孩子的学业成就高于贫困学区的孩子，这是一种趋势。学业成就的平等表现为，这种对比即使没有被消除的话，也应该减弱。

虽然“布里格姆决议”主要是聚焦于教育资金上，但是，裁决最终却和学生学业成就的财力支持的影响有关。他们声言：“我们意识到，同样的资金支持并不必然会产生同样的效果，毫无疑问，不同的实质性资助较大地影响了学习机会。”

美国农村学校和社区信托会报告的研究表明，第六十条已经增进了这三个方面的平等，虽然资源依旧存在差异，但支出差异在数据上并不是很大。在学业成就上，不平等依旧存在着，尽管结果显示未来趋势是差距在减小。研究得出的结论是，第六十条法案履行了最高法院的决议，并完成了立法目标；促使不平等花费减少，税收负担更加和收入相关；更多的学校在全州范围内的评估中达标，当地对教育的控制并没有减少。研究显示，佛蒙特州正在沿着一条减少不平等、为所有佛蒙特州孩子提供平等教育机会的道路前进。

二、英国教育走向均衡

（一）优质校接管薄弱校

据英国《泰晤士报教育副刊》报道，2006 年，英国试图通过优质校接管薄弱校，推进教育走向均衡。为此，英国将关闭近三百所发展状况不佳的中学。这些学校日后将改革为学院，或被邻近的优质中学接管成为其“信托学校”（trust school）。这项提议的发起人——英国特色学校和学院信托基金主席泰勒说，这项激进的措施是为了防止学校之间出现两极分化。他说，虽然这些学校也曾有良好的开始，并且遵照政府的各项要求作出努力，但是这些措施的效果却不理想。“我们不应该让25万孩子到不能提供优质教育的学校就学，让无法实现教育目的的学校继续开办下去。”这项提议受到了时任英国教育大臣艾伦·约翰逊的欢迎，他说这将确保所有中学达到特色学校水平。后来，政府初步确定了将70所发展不良的非特色学校改造为学院。

近年来，英国推行特色学校计划（specialist school programme，SSP）。Specialist School，中文有特色学校、专业学校、专门学校等多种译法，它是英国政府提升中等教育水准的一项计划。该计划帮助学校在自己选择的专业领域获得发展。特色学校可以重点发展与专业领域相关的科目，但是也须达到国家课程的要求，为学生提供广泛而均衡的教育。在英国，所有中学都可申请成为特色学校，涉及十几个专业领域，包括艺术、企业贸易、工程、人文、语言、数学、计算机、音乐、科学、体育、技术、特殊需要等。到2006年大约已有2 500多所学校发展成为特色学校。成为特色学校可以获得的额外资助包括：每所学校获得一次性拨款10万英镑用以改善设施、完成学校特色建设；平均每个学生129英镑的经费用以贯彻他们的特色发展计划。据统计，特色学校有58%的学生在普通中等教育证书考试中取得A级至C级的成绩，而非特色学校则为46.7%。

学院（academies）是一种新型学校，属于中等教育。这类学校由企业、宗教或慈善组织发起创办，与政府及当地教育部门合作。学校资金由创办者和政府共同承担，日常运转经费由政府拨付。不少学院前身都是贫困地区的表现欠佳学校。英国首家这类学校在2002年开办，目前数量较少，地点逐渐由市区扩大到郊区和农村，计划到2008年在伦敦开办至少30所这样的学校。

信托学校是英国2006年公布的新教育法案——《教育与督察法案》（*The Education and Inspections Bill*）中的一项重要内容。法案规定，允许英格兰地区享受拨款的学校与任何校外机构，诸如公司、慈善组织、宗教组织、大学以及社区组织结成合作关系，成为其信托学校。信托学校仍然享受地方政府拨款，其信托机构不必提供经费支持，但是在资产、雇用教师及学校管理等方面有自主权力。形成信托关系的学校仍然要遵守国家课程和教师工资待遇的有关规定。是否成为信托学校是学校的自愿选择，并不要求所有学校都加入这一计划。

英国薄弱学校改革的具体措施：

一是新教育法案赋予权力。2006年初，英国政府公布的《教育与督察法案》规定，英格兰地区享受政府拨款的所有学校可以与任何校外机构结成合作关系，成为其“信托学校”。泰勒认为，优质学校应该充分利用法案赋予的权力，使薄弱校成为自己的“信托学校”。

二是薄弱校评定看成绩。根据提议，此次圈定被关闭薄弱校的标准主要依据是学生的考试成绩。在普通中等教育证书考试（GCSEs）中英语和数学成绩A级到C级（从高到低为A～G7级）人数不足25%的学校，将成为重点改造对象。然而目前的发展状况并不是学校自身的原因。这些学校多数处于资源不足的地区，并且学生的母语往往不是英语。因为这些学校不太受欢迎，所以就会有较多空余名额，最后接收的都是被其他学校排除在外的孩子。另外，是否获得了特色学校地位（specialist school）也是划定学校的标准之一。此次改造的学校中，有272所都是非特色学校。

三是校长、教师须调整。泰勒指出，被合并的学校不必解雇原先的教师，校长及其他高层管理者则面临全部更换。但是，他也说，教师们要想保住饭碗，就必须接受新学校的理念和文化。工会组织认为学校的合并会破坏现在的校长雇用制度。英国全国校长协会秘书长米克·布鲁克斯说："改革会使那些薄弱学校的校长自贬身价，我们应该叫停这种带有指责意味的做法，否则将会加大校长雇用的危机。"

四是合并方式可选择。英国教育部发言人说，目前英国有140多个信托学校，有小学也有中学，并且今后还会有更多这样的学校出现。有些学校采用一套班子管理的模式，有些学校只是松散的合作。针对此次薄弱校的改造，泰勒则建议几所学校合并为一，一名校长担任首席执行官，监督其他几个学校和校长的工作。学校和学院领导者协会秘书长约翰认为，学校合并应该有不同的方法，从松散合作到坚固联合①。

（二）英国伦敦基础教育均衡发展机制②

伦敦是文化差异、阶层差异非常大的城市，大量高端人才与大规模的弱势群体并存。内伦敦中有三分之二的小学生是少数民族裔子女，有半数小学生的母语不是英语（英格兰这一比例只有11%），而且伦敦新移民也很多。伦敦中小学生流动率为10%，内伦敦为14%，高于英格兰的平均水平。尽管有这些困难，但是伦敦的学校在最近的国家中等教育证书考试中的成绩还是高于全国平均水平。因为伦敦的基础教育非常重视满足多元文化需要，重视向有特殊教育需要的地区和儿童倾斜投入。

政府是伦敦基础教育的主要提供者。2001至2002学年，公立中小学在校生占88.6%（全英国为95%左右）。英国包括伦敦

① 高靓编译：《优质校接管薄弱校：英国教育走向均衡》，《中国教育报》，2006年9月1日第6版。

② 陆璟：《伦敦基础教育均衡发展的机制及其启示》，《上海教育科研》，2006年第1期。

曾经尝试过用私有化的方式来改造公立学校甚至教育管理部门，但是并不成功。因此，政府不再推进私有化，而是把重点放在提高公共部门本身的效率上，把提高公共服务质量放在第一位。伦敦基础教育均衡发展的主要政策有以下几个方面。

1. 拨款机制透明，教育经费配置相对均衡

在教育经费分配上，伦敦通过四个关键环节来保证各地教育经费的相对公平。

第一，中央财政通过转移支付平衡各地一般财力，教育经费中央出大头，地方出小头。伦敦各地方教育局的经费来源主要有英格兰中央财政拨款、地方财政拨款、捐赠收入三部分。中央财政经费并不直接拨给地方教育局，而是向地方政府提供一笔总的、包括各方面开支的补助金，至于其中多少用于公共教育则由地方政府决定。由于各地经济、人口情况的差异，每个地方获得的中央补助金的金额和占总的财政支出的比例都不相同。不过一般来说，中央财政支出占60%左右，各地方财政支出占40%左右。

第二，英国教育与技能部通过教育专项转移支付，直接资助薄弱地区和薄弱学校的教育改革项目。如2003年，英国教育与技能部资助伦敦五个成绩比较低的市镇实施“伦敦挑战”项目，提高中等教育质量。

第三，各地方教育局对学校经费的分配方案必须公开透明，并遵循教育与技能部制定的基本原则。地方教育局每年制定的预算和每年的实际分配方案都要上报，要对其拨款方式作出说明，要确保至少85%的地方教育局预算用于学校，并且每所学校80%的预算费用取决于在校生人数和年龄。教育与技能部将每个地方教育局及每所学校的经费预算和实际经费支出情况都公布在网站上，包括各项具体的支出用途，各地方教育局和学校可以互

相比较、互相监督①。

第四，各地方教育局和学校必须接受外部审计监督。英国著名的会计事务所 CIPFA 每年负责对英格兰和威尔士地区的地方教育局与学校进行成本核算，使学校注意提高经费的使用效益。实际成本数据将作为确定生均拨款标准的重要依据。

2. 教师工资标准全国统一

教师工资是公共教育经费中支出最大的项目。在地方教育局办的所有学校（即公立学校），教师都由地方教育局聘任并支付工资。但教师工资的等级则由国家协议规定，各地方教育局必须按规定的等级支付教师工资②。

全国统一的标准对伦敦来说是个问题。新教师的收入难以支付伦敦的高额生活费用，所以教师们往往选择到英国其他地区工作。这有利于其他地区的发展，避免出现高水平教师全部向伦敦集中的局面。

3. 重点改造薄弱地区的学校，保证每个人都能成功

虽然伦敦各个学校之间在办学条件上比较均衡，但是在教育质量和校风方面仍有较大的差距。伦敦有不少英格兰最好的学校，包括很多“灯塔学校”（相当于我们的示范学校），但也存在着相当数量的薄弱学校。这种状况有悖于英国前首相布莱尔提出的“为多数人而不是少数人提供优质的教育”的理想，因此布莱尔和英国教育与技能部在 2003 年 5 月发起了“伦敦挑战”（London Challenge）项目③，目的是为了进一步提高伦敦中等教育的

① DFES. Instructions and Guidance for Financial Reporting on S52 Budget Statements 2005～2006；Instructions and Guidance for Financial Reporting on S52 Outturn Statements 2004～2005.（英国教育与技能部：《关于预算报告和决算报告的说明》）

② 祝怀新著：《英国基础教育》，广东教育出版社 2003 年版，第 49～50 页。

③ DFES. The London Challenge：Transforming London Secondary Schools.（英国教育与技能部：《伦敦挑战：改变伦敦中等学校》）

质量，使伦敦成为在学习和创新方面全球领先的国际大都市。

布莱尔在该项目文件的序言中说："单方面的改革不足以使伦敦建设一流的教育，必须进行根本的结构改革，不仅是提高现有的学校质量，而且是围绕新的目标重塑教育系统，新的目标就是多样性、增加选择和新的专门特色中学系统。不能让任何一个孩子或家长没有选择好的小学和中学的权利。我们要注入更多的活力，利用来自基层的压力，促使各地改革当地的教育，特别是在教育质量最低、家长最不满意的地区。"

布莱尔明确提出了"伦敦挑战"项目的目标：

"伦敦挑战"项目为期五年（2003～2008），推进的地区范围分三个层次：学校建设项目重点在内伦敦地区五个最薄弱的市镇实施；软件建设项目则推广到伦敦其他地区的大多数学校；网络学习和辅导项目则广泛覆盖伦敦所有学校。

经过一年多的实施，到 2004 年年底，经过教育标准局检查，伦敦学校各方面都取得了显著的进步。伦敦在国家中等教育证书考试五门学科达到 A 至 C 等的学生比例首次超过全国平均水平，达到了 53%，学生缺席率也首次降低到全国平均水平以下；教师空缺的比例从 2002 年的 2.6%下降到了 2004 年的 1.4%；校长的领导能力在教育标准局的评价中明显高于全国平均水平①。

4. 重视为儿童发展创造良好、公平的社会环境

大伦敦市长不直接管理学校教育，但是他亲自抓与学校和学生生活有关的社会环境问题。如为学生上学提供免费交通；为学校提供团体票，让学生免费参观动物园、湿地公园和伦敦的文化设施；设立伦敦学校环境奖，培养学生对环境保护的责任感；出版伦敦儿童状况报告，对儿童生活各方面综合环境进行评价；实

① DFES. London Schools: Rising to the Challenge. Crown copyright 2005.（英国教育与技能部：《伦敦学校：在挑战中提升》）

施伦敦儿童和青少年计划，计划的主要内容包括为儿童和青少年提供更多的活动场所、更好的居住条件、更好的医疗保健服务等，市长还通过问卷、网上调查等方式广泛征求儿童、青少年和家长对该计划的意见；市长还设立了公平委员会，每年出版年度公平报告，关注儿童和青少年、老人、妇女、黑人和其他少数民族、残疾人等所有处境不利者的权益问题①。

5. 关注少数民族儿童教育和流动人口教育

伦敦市有关专家经过研究和分析发现，在国家标准考试中成绩处于低段的伦敦儿童主要集中在黑人儿童中，因此，伦敦教育委员会专门设立了黑人和少数民族学生成就组，并于 2002 年 11 月 9 日组织召开了第一次伦敦学校与黑人儿童会议，此后每年召开一次，会议由市长主持，伦敦市各部门主要领导以及公众代表都要参加有关政策的讨论。每次会议都要出版《伦敦学校与黑人儿童》② 的公开报告，要分析黑人学生在国家标准考试中的成绩、进步情况以及提出对策，最近的会议提出的主要对策是增加黑人和少数民族教师的比例，增加在学校委员会中的黑人和少数民族代表，加快形成尊重多元文化的氛围。

伦敦人口流动率和学生流动率很高，这些流动学生主要是国际国内移民、吉卜赛人、追求流浪生活的嬉皮士、因贫困而居无定所者的子女。这部分学生只要提供在伦敦居住或工作的监护人信息，就可以接受义务教育，甚至是刚刚到伦敦的难民子女，也可以同样享受市民待遇。

流动学生带来的主要问题有两个：首先是教育质量问题，转学过程中缺的课需要补、不同学校的课程有衔接的问题，所以流

① Great London Athority. The Mayor's Annual Report 2002，2003，2004.（大伦敦市政府：《伦敦市长年度报告 2002～2004》）

② Mayor of London. London Schools and the Black Child 2002、2003、2004.

动学生需要额外的辅导和更多的教学资源，否则会影响到学校在国家考试中的成绩和排名；其次是经费分配滞后的问题，学生在学期中间转入，但是经费没能及时跟上，经费到位后学生却可能又转走了。因此，英国教育与技能部这两年专门组织了有关研究。根据研究结果，英国教育与技能部开始在学生流动性高的学校增设专门为流动学生提供帮助的导师（Mentor）职位，对学生流动实施系统化管理①。主要做好以下几方面的工作：家访，了解学生需求和困难；介绍学校情况并把学生介绍给同学们；与任课教师沟通，安排好学生分组的问题；为学生安排需要特别帮助的学科辅导老师并经常与辅导老师沟通；及时与地方教育局联系，解决入学手续以及经费安排；与有关社会服务机构联系，帮助学生及家庭及时适应新的环境；等等。

三、西班牙基础教育改革②

（一）基础教育改革目标

西班牙的政体具有非中央集权化的特点，地方政府（即自治区政府）在经济、卫生、教育等方面享有比较广泛的权力。这源于1978年颁布的西班牙宪法，其原则是力求保持国家统一性与自治区政府自治性之间的平衡。教育是中央政府与自治区政府分享权限的一个重要领域。中央政府颁布教育的基本法律，保证在全国范围内按照宪法的规定使所有公民平等享有教育权利，建立单一的教育体系为所有人提供同等的受教育机会。2006年，西班牙通过的《教育法》（*Law of Education*）目的就是为了实现上述双重目的。

① DFES. Managing Pupil Mobility：Guidance. Crown Copyright 2003.（英国教育与技能部：《流动学生管理指导》）

② ［西］阿列汉德罗·迪亚那，王志伟译：《西班牙基础教育改革》，《中国教育报》，2006年12月1日第6版。

良好而高质量的教育是一个国家及其公民最大的财富和最主要的资源之一。当今西班牙社会注重对青年人的教育，坚信教育是个人及社会福祉的保障，是保证公民以民主、负责、自由手段行使其权利的最佳方式，也是建立现代化、公平和充满活力的社会必不可少的因素。2006 年议会通过的西班牙《教育法》的根本目的是使所有公民都能够接受有质量的教育与培养，使享受这一权利的人群不仅限于社会的一部分人或一些阶层。

完善教育体制，是西班牙和整个欧洲的一项宏伟计划。教育体制在社会发展的每个阶段都要应对所面临的主要挑战。与其他国家一样，西班牙在 19 世纪末就实现了小学教育的普及，之后的一个世纪得到了继续完善，中学教育也逐渐普及，并成为基础教育的组成部分。作为主要的目标，教育年限延长了，女学生和男学生一样得到良好的教育。20 世纪下半叶，西班牙教育所面临的主要挑战是如何使所有公民都能够切实享有教育的权利。而 20 世纪的最后几年，西班牙面对的问题则是进一步提高已经普及了的教育的质量，并为所有公民共同享有。

(二) 基础教育改革的基本原则

新的西班牙《教育法》体现了三个基本原则。

第一个原则：为全体男女公民提供各种层次的高质量的教育。这是目前各国、特别是西班牙的教育体制所面临的主要挑战。在实现了所有青年人在校学习至 16 岁的目标后，现实的目标是进一步提高总体成绩，提高完成率，减少辍学现象，使接受教育的公民在个人能力、适应社会能力、知识与文化水平、情感素养等方面得到最大限度的发展，提供能够适应个人及社会需求的高质量教育。同时，切实保证受教育机会均等，向有需求的学生和学校提供必要的支持。总之，应努力提高所有学生的受教育水平，使教育质量的提高和教育机会均等得到协调发展。

第二个原则：通过所有教育工作者的合作行动以及社会各界

的共同努力，实现教育质量的提高与教育机会的均等的宏伟目标。

第三个原则：承诺在未来几年内实现欧盟所规划的教育目标。欧盟教育一体化进程体现在其确立的 21 世纪初的共同的教育目标上，各国的教育体系之间逐渐实现一定程度的趋同。

西班牙所认同的欧盟教育目标，主要是指在实现将经济发展建立在最具竞争力和活力的知识的基础上，在下一个十年，西班牙有能力取得经济的可持续发展，同时，提高就业数量与质量，增强社会的凝聚力。鉴于迅速发展的科学技术对社会发展的重要影响，教育应正确地培养人们如何在新的知识社会中生活并具备面对相应挑战的能力，这一使命比以往任何时候都更显得重要。为此，西班牙政府清楚地意识到：要实现为全民提供高质量的教育，并不能仅仅依靠一项法律变革。西班牙政府首相萨帕特罗承诺增加教育投入，并体现在政府预算中，将扩大享受奖学金的学生数目并新增四万个名额，提供 30 万个幼儿教育的免费名额。西班牙政府首相指出：教育是 2006 年度“预算中的明星”，针对学校建设所提出的措施，政府将给予资金保障。

在颁布现行的《教育法》时，西班牙教育部注重的不仅是质量的提高，而且也十分强调教育机会的平等。他们提出，要让所有学生都能学业有成，必须贯彻人人平等享有教育权利的原则。考虑到家庭环境和社会经济地位是影响学业成绩的重要因素，新的《教育法》特别重视对在社会和经济方面有困难的学生的援助。

上述努力还体现在解决教育体制运行中的问题方面，比如在西班牙国内或国际学生成绩评价项目（PISA/OECD）以及各种西班牙、欧盟或西方经济与合作组织等教育指标所反映出的问题，以提高教育的质量并促进机会均等。加强学生在学习初级阶段的基础能力的培养计划、扩大对优先援助地区的支持计划（在 2006～2007 学年将覆盖 1 200 所学校）、扩大班级、辅导和提供多元化教育的措施等，都是现行《教育法》将要在全国各个学校普遍开展的行动的一部分，最终目的是提高教育质量。

（三）基础教育改革的行动

西班牙教育面临的主要挑战是使全体公民享受高质量的教育，而不应只限于一部分人或一部分社会阶层。只有将提高教育质量与教育机会平等并重，才能使所有学生都能获得成功。自20世纪90年代中期以来，西班牙公民平等享受教育权利的原则得到了坚决的贯彻，取得了不可置疑的成就。

面对挑战，他们采取的行动主要包括以下方面。

一是预防不平等现象和在幼儿及小学教育阶段发现学习问题。

二是提高中学生、高中学生和职业教育学生们的学习效率，使其获得相应学位的比例有所增加。争取使尽可能多的学生能够成功地完成中学学业，以达到与周边国家相同的水平，尽量减少辍学比例。

三是保证在教育中传达正确的价值观并按照西班牙当今社会现状和对未来的期待来培养学生的公民精神。

四是完善所有学校的组织与运行机制，与现实相结合。努力在教育方面提供合理的公共服务，保证所有青年人都可以平等地接受教育。

五是尊重教师的工作并保证教师能够得到良好的培训，树立教师的敬业精神并保证他们得到与其努力和投入相应的承认与回报。

面对新的挑战，西班牙政府提出，应对全球一体化，他们需要全新的教育理念，这将促使他们不断对传统的教育体制进行调整与重组。教育应当有助于人的塑造和强调良好的价值观，以此来超越个人主义，培养自信的、有能力面对未来社会各种挑战的公民。他们期待未来的社会应该在多样性的基础上更加公正、团结与和谐，也期待未来社会的公民得到更好的教育，具备更多的文化知识，享有更充分的自由。

四、日本的学校教育均衡

日本实施九年制义务教育，公立中小学实行免费教育，教育质量优良，适龄儿童少年都能就近入学，义务教育阶段学生书费也由国家负担。

在完成义务教育阶段学习后，97%的初中毕业生升入高中阶段学习，给国民提供了平等的受教育机会，所以日本义务教育阶段一般不存在择校的问题。在日本，即使在边远地区和比较落后的农村，学校也一样有游泳池和各种教学设施。日本教育发展较为均衡，为了给国民提供机会均等、质量优良的义务教育，日本建设规范化学校。其建设规范化学校的基本情况是：

首先，政府保证了充足的义务教育经费，各校教学条件、教学设施都达到了规范化。在日本，只要是一所学校，无论这所学校规模大小，在校学生人数多少，学校都必须具备办学的必备条件和设施。比如，学校通常建有一座可容纳上千人的室内体育馆以及游泳池和音乐、美术、劳动技术课等实践活动室，器材齐全。在日本，所有学校都须完善法律所规定的办学条件和设备。日本的公共教育经费支出占国民总收入的比例居于世界前列，近年来受经济不景气的影响有所下降，但也保持在4%左右，人均教育经费达1 203美元，仍是世界上最高的。校舍建设费用由国家、都道府县和町村各承担三分之一，即使在边远地区、落后的乡村，各校教育条件、教育设施也都达到了规范化。在特殊教育方面，除设立了盲人学校、聋哑学校、保险学校外，在一般学校还设置了特殊班级。

其次，执行统一、规范的教学要求。日本实行中央高度集权的教学管理，各学校学习的内容都根据文部省制定的学习指导要领决定。每个学校的教育教学活动都依此为基准，并由教学科目、道德教育及特别活动三方面构成。教学内容与教学要求的规范化，既实现了全国各校之间教育教学的均等，也为教育质量提供了良好的保障。

再次，通过政府机构对教师和校长轮换调整，既保证了各中小学师资力量、教育管理和教学水平的相对均衡性，又有利于各校办学经验的交流。日本的中小学教师都由高等教育机构培养，并拥有教师资格。公立学校的教师都必须经过县教育委员会（相当于我国省一级教师管理机构）实施的教员选择考试，合格后才能被录用。公立学校的教员属于国家公务员，一般3～5年内，就要在各校间进行师资轮换调整。日本的教育法规规定：一个教师在同一所学校连续工作不得超过5年。通过师资轮换调整，保证了各校间的师资力量和教学水平的相对均衡。另外，日本重视校长的经历，一般到50岁左右，才有可能出任校长。校长任期两年，连任者须在校际轮换①。

日本教师定期流动从地域上可以分为两种情况，一是在同一市、街区、村之间的流动，二是跨县一级（相当于我国的省一级）行政区域间的流动，前者所占比重很大。全国公立基础教育学校教师平均每6年流动一次，多数县的初中小学校长3～5年就要换一所学校，一名校长从上任到退休，一般要流动两次以上。

比如，东京都规定，教师流动的对象分为：(1) 凡在一校连续10年以上以及新任教师连续任教6年以上者；(2) 为解决官员超编而有必要流动者；(3) 在区、市、街道、村范围内的学校及学校之间，如教师队伍在结构上不尽合理，有必要调整而流动

① 朱建明、邱耘、李伟：《均衡教育在日本》，《中国教育报》，2003年10月12日第5版。

者。对不应流动者也作了相应规定，如任教不满 3 年的教师、57 岁以上未满 60 岁的教师、妊娠或休产假期间的教师、长期缺勤的教师等。

教师流动的具体做法一般是，每年的 11 月上旬，由县一级教育委员会发布教师定期流动的实施要旨。全体教师都要填写一份调查表，其中包括流动的意向，最后在充分尊重本人意愿的基础上，由校长决定人选，并报上一级主管部门审核，最终由县(都道府）教育委员会教育长批准，到来年的 4 月新学期前全部到位。校长则由教育长直接任命换岗，本人也可以提出申请①。

五、韩国教育平准化政策

20 世纪 70 年代初，韩国的中小学校分为一流、二流、三流，学校教育的应试倾向十分明显，学生间学业成绩的竞争十分激烈。为此，韩国果断推出了“教育平准化”政策，具体措施是：(1）对“不利学校”增加教育拨款，大力改善其办学条件；(2）实行教师四年流动一次，确保学校师资水平的均衡；(3）对学生进行综合评分，各学区内由计算机随机确定适龄儿童将要就读的学校。“教育平准化”政策实施至今，促进了韩国义务教育质量全面提高，弱化了学校应试教育倾向和学业竞争激烈程度，成为韩国教育界引以为荣的教育改革佳话。20 世纪 70 年代以来，韩国政府以机会均等的人文主义教育思想为基础，推行了促进高中“水平均衡化”的政策。高中“水平均衡化”政策以教师、学生、教育设施的均衡化为前提，采取以社区为单位的各学生群体通过抽签来均等分配学生的方式，追求教育机会的均等和教育课程的平等化。

① 郁琴芳：《日本教师“定期流动制”对我国教师流动的影响》，《中小学管理》，2003 年第 8 期。

在推进基础教育均衡发展方面，亚洲特别是我国周边的一些国家和地区与我国有着大体相近的教育背景和文化背景，更容易互相学习借鉴。综观亚洲部分发达国家和地区实现教育均衡的基本特点，日本、韩国在维护义务教育均衡发展方面有共同之处，即学校规划建设和人、财、物等教育资源配置和教育教学管理规范化与法制化。如日、韩的义务教育学校校长、教师由政府直接管理，按公务员或准公务员管理，并且定期进行校际轮换。在为国民提供机会均等、质量优良的义务教育方面，日本的做法是比较典型的。

第二节　国际教育均衡发展的新进展

近年来，从世界范围来看，一些国家，特别是早期推进教育均等化的国家，在其推进过程中也出现了新的问题，特别是韩国、日本等国家，为了解决新问题，其教育均衡发展出现了新的进展。

一、韩国突破教育均等化建立英才教育体制

近年来，韩国教育改革的一大亮点是建立和推广英才教育体制，突破实现人人受教育后的教育均等化，重点培养有突出才能的青少年学生，造就一大批具有现代科技潜质的人才。

（一）“高中平准化”教育受质疑

韩国从 1974 年起实施“高中平准化”教育。所谓“高中平准化”政策，即取消重点中学，所有初中毕业生按地域就近升入高中学习，接受统一、均等的教育。

韩国实行的“高中平准化”教育制度已坚持了三十多年，在此期间一直存在赞成和反对两种态度。赞成者强调“高中平准化”有利于实现人人接受平等教育，有利于普及教育和提高教育

的整体水平。反对者则认为在“高中平准化”制度下，学生接受的是千篇一律的教育，他们的个性和才能被抹杀，天资聪明的学生不能接受更好的教育，埋没了他们快速成才的机会。望子成龙的家长们不满足于“平准化”的学校教育，不惜重金为子女请家教或送子女上私立的课余育才学校。在韩国除正规教育之外，“私教育”满天飞，就是对教育“平准化”的反叛。

（二）建立英才教育体制

20 世纪 90 年代，韩国对普通教育“平准化”进行适度改革，即在坚持普遍的“平准化”的同时，尝试实行英才教育。经过几年的激烈争论，韩国国会最终于 1999 年 12 月通过《英才教育振兴法》。2000 年 10 月，韩国教育人才资源部确定在庆尚南道初中学校试办数学和科学。2001 年 10 月，釜山科学高中被确定为第一所英才学校。在试办英才教室取得经验的基础上，2002 年 4 月，韩国总统签署总统令，正式颁布和实施《英才教育振兴法》。

《英才教育振兴法》的基本内容是，实施英才教育的目的在于早期发现才能出众的学生，对他们实施因材施教，发掘其智力和潜力，帮助其实现自我，促使其为国家和社会作出贡献；建立英才教育体制，对具有特殊才能的学生实施英才教育；国家制定关于英才教育的综合计划，推进英才教育的实施；在教育人才资源部成立中央英才教育振兴委员会，在市、道（相当于我国的省）教育厅成立市、道英才教育振兴委员会，负责研究实施英才教育的有关事项；国家和地方政府实施教育，提供财政支持。

韩国实施英才教育的基本办法是在小学、初中和高中建立英才班、英才年级，在全国建立英才学校和英才教育院。英才班更多地建立在小学高年级和初中，英才学校和英才教育院更多地面向初、高中学生。英才教育所涉及的学科为数学、其他各类基础科学以及艺术。选拔接受英才教育的标准是学生是否在特定领域具备特殊的才能。学生必须经过考试合格才能进入英才班、年级、学校和英才教育院学习。国家教育人才资源部、各地教育厅、大学和政府出资研究制定多种多样的具有个性化的英才教育课程。各种英才教育机制不以学生出身或学习成绩定优劣，而是以他们在特定领域的特长和素质是否提高评长短。

以釜山科学英才教育院为例，该教育院由釜山大学建立和主管，由釜山市教育厅、釜山科学教育院和釜山科学高等学校参与，设有初等和中等两大类别，共有数学、物理、化学、生物、信息、地球科学等9个班。教育院面对釜山地区小学、初中和高中学校招生，以学生的成绩作为是否录取的标准。录取的计分方法是：基础科目两个学期的成绩＋特定科目深化过程的成绩＋选拔成绩。被录取的学生继续在普通学校上学，只利用周末和寒暑假在英才教育院上课。他们每年在英才教育院学习的时间为100个小时，其中寒暑假各40个小时、周末20个小时。釜山大学及合作单位选派的教师在英才教育院授课。除讲课教师外，每3名学生配备一名辅导教师。学生的学习水平由授课教师和辅导教师共同评定。

韩国实施英才教育采取先试点，然后逐步推广的办法。截至2004年，韩国设立英才学校1所，英才教育院192所，英才年级253个。目前接受英才教育的学生共有2.5万人，占韩国中小学学生总数的0.3%。韩国政府计划到2010年，“英才学院”和“英才班级”将分别增至250所和350个。届时，接受“英才教育”的学生将达8万多人，占全国在校中小学总人数的1%。

在试办英才教育取得经验后，韩国政府又在普通学校推行“秀越性教育”制度。所谓“秀越性教育”，性质为“精英教育”，它从广义上也属于英才教育的一部分。这种制度借鉴了美国、英国和中国实行差别教育的经验，目的是弥补“平准化”教育的不足，激励学生开展学业竞争，让优秀学生受到更好的教育。从小学三年级开始，学校将学生们分成优劣班，优秀学生进精英班、精英年级和精英学校等，成绩超群的学生允许跳级和选修大学课程。根据“秀越性教育综合对策”，在韩国将从 2005 年至 2010 年逐步提高接受“秀越性教育”的中小学生比例。到 2010 年，韩国将使 40 多万名在校中小学生接受“秀越性教育”，占全国中小学在校学生总数的 5%。

韩国的教育制度是在其基本国情下形成的，其教育制度改革也与其目前的国情相符。由于韩国原先经济不发达，教育普及率不高，教育“平准化”恰恰满足了人们追求实现均等教育的夙愿。但是，均等教育只是维持形式上的均等，而不均等教育则是绝对的。各地教育投资的多少、学校的设备与教育水平的差别以及师资力量雄厚与否等因素都产生着不均等教育的后果。均等教育的最大弊端是埋没人才，压制优秀学生的成长。目前，尽管存在强大的反对力量，但韩国坚持实行教育“平准化”的制度难以动摇。韩国实行英才教育不是要根本上改变教育“平准化”制度，而是教育制度改革的一种尝试。同时，韩国实行英才教育尚处于起步阶段，有待于在实践中不断完善，但英才教育的大方向不会改变①。

二、日本义务教育均衡发展新动向

日本在义务教育阶段大力实施平等教育，均衡各公立学校之间的教育资源，并通过一定的私立学校作为补充，基本上不存在“择校”等社会热点问题。但在实施平等教育过程中，也出现了一些新的问题。

和我国一样，日本也实施九年义务教育制度，义务教育阶段的公立中小学生全部免费实施平等教育。所谓平等教育，就是义

① 张锦芳：新华社《内部参考》，2006 年 3 月 2 日第 16 期。

务制教育范围内的适龄学生享有平等的接受教育的权利，由国家提供公平入学的机会，保证公平竞争的环境，保证各学校最基本的办学水平和质量。其具体措施如下。

（一）均衡各地各类学校基础教育经费投入，均衡添置学校基础设施

日本的基础教育基本上由市町村政府负责，但是国家补贴负担义务教育学校教职员工的人头费开支，从而避免了各地因经济发展水平不一而造成的不公平，保证全国的受教育者都享有平等的教育。

为保障残疾儿童也享有平等教育的机会，日本全国共开设了71所盲人学校、106所聋哑学校和818所特护学校，其中绝大多数都是公立学校。此外，还在一些公立中小学设置了一些特殊班级。

此外，学校基本教学设施也大体相同。只要有一所学校，无论这所学校的规模是大是小，在校学生是多是少，都必须具备办学的必备条件和设施。有些残疾儿童的就读学校，如东京都立品川聋哑学校，仅有几十个学生，也同样建有游泳池和音乐、美术、劳动技术课等实践活动室，并且各类器材齐全，甚至还建有可容纳上千人的室内体育馆。

（二）教师交流均衡师资，执行统一、规范的教学规划

日本公立学校的教师一般都享受全国统一的公务员待遇，因此为教师跨校际进行交流打开了方便之门。公立校长不得连任，连任者须在校际轮换。而教师在6年内一般都会流动一次，日本教师定期流动对提高教师素质和工作热情、积累丰富经验以及合理配置人力资源、保持学校之间的发展水平均衡等起到了很大的作用，特别是对偏僻地区薄弱学校状况的改善作用更为显著。

另外，日本义务制教育阶段执行统一、规范的教学规划。国

家在调剂各地教育经费的同时，制定整个教育的大政方针，决定教学内容、颁布教学大纲、提供教科书，各学校学习的内容都根据文部科学省制定的《学习指导纲要》制定。每所学校的教学活动以此为基准，由教学科目、道德教育及特别活动三方面构成（特别活动相当于我国的第二课堂活动），这样就使得全国的基础教育基本上能保持一个比较齐整的水平，实现了全国各校之间的教育教学均等，也为教育质量提供了保障。

（三）允许私立学校存在，既作为公立学校的补充又同时展开竞争

日本公立义务制学校入学一般不需要考试，学生划区域就近入学。东京都区域内，虽然有文京区、品川区等开始引入了区域内择校的体制，但是由于各公立学校之间教育资源大体均衡，因此择校的空间并不大。

由于是实施平等教育，因此对于学习成绩稍微差一点的学生，义务制教育阶段的日本公立学校不能拒绝。对于外国人的子女就学也实施同样的原则，由此就保证了相当多数的学生接受平等的教育。

但是这种整齐划一的平等教育也有自己的问题。比如，跟不上的学生勉为其难也要跟上，学有余力的学生在学校“吃不饱”也不能“加餐”。同时，由于在公立学校均衡教育资源以后，学校之间的竞争不足，加之普遍引入了“宽松教育”，公立学校学生学习能力普遍下降，引起了家长们的不满。因此很多家长除了让孩子上课以外，还得花钱让孩子参加各种补习班，另外一些经济宽裕的家庭则干脆选择收费较高的私立学校。

日本义务制教育阶段的私立学校有各种层次，差距比公立学校更大，但大多数学校的教学质量还是上乘的，因此目前私立学校的发展势头很猛，尤其是在东京都。据日本东京私立学校联盟统计，目前东京有初中 837 所，其中国立 7 所、公立 651 所、私

立 179 所。接纳的学生公立学校为 17 509 人，占 73.6%；国立学校为 3 249 人，占 1.1%；而私立学校达到 74 630 人，占 25.3%。

目前东京义务制教育阶段的私立学校数目要高于全国平均水平，东京有相当比例的家长认为，义务制教育中的公立学校如果不加强竞争力，他们今后会更多地选择私立学校①。

第三节　中国教育均衡的区域选择

中国经济发展出于自然的、社会的和历史的因素以及经济发展水平的考虑，习惯上分为三大经济地带：东部地区（或沿海地区）、中部地区、西部地区。按东、中、西部划分中国的经济区域，是我国适应改革开放和生态建设需要提出的一个新的区域划分方法，是我国区域经济最高层次上的空间划分，也是我国宏观区域经济结构发展均衡和差异的反映。

按照国家第七个五年计划，我国内地划分为东、中和西部三大地区。东部地区包括北京、天津、河北、辽宁、上海、江苏、浙江、福建、山东、广东、广西、海南 12 个省、自治区、直辖市；中部地区包括内蒙古、黑龙江、吉林、山西、河南、安徽、湖北、湖南和江西 9 省、自治区；西部地区包括重庆、四川、贵州、云南、西藏、陕西、甘肃、青海、宁夏和新疆 10 个省、自治区、直辖市。

2000 年，国家为了缩小中西部与东部的差别，加快西部发展，提出实施“西部大开发”战略，对东、中、西部划分作了适当调整，内蒙古和广西分别由中部和东部划入西部。东、中、西部三大地带的划分，反映了我国从沿海地区经内陆地区直到边疆少数民族地区的生态发展环境与经济社会发展的梯度差别及其

① 钟沈军：新华社《内部参考》，2006 年 3 月 2 日第 16 期。

变化。

从我国现实国情看，东部、中部和西部三大区域之间经济社会发展极不平衡，差距很大；同一地区内部的经济发达地区、经济欠发达地区和经济落后地区之间发展也不平衡，差距很大。因此，在当前基础教育改革与发展中，我们不能用统一的教育均衡标准来规范和要求不同的区域，比较科学的办法是应该立足于各地区实际，根据各区域的经济社会、教育发展水平来对教育均衡标准进行科学地划分和定位，采取积极进取、实事求是、因地制宜、分区规划、分类指导、分步实施的方针，建立科学合理的教育资源配置机制，逐步解决教育资源配置的失衡现象，积极以推进区域基础教育均衡发展为突破口，大面积提高基础教育的总体水平和实力，从根本上寻求解决当前我国基础教育面临的优质教育资源不足，以及人民群众对优质教育需求过高，而教育不能满足人民群众对优质教育资源需求的矛盾的办法，努力办好让人民满意的教育，为国家现代化建设培养更多的合格人才。

从我国的具体国情出发，区域内部自然、经济、社会、文化、教育的差距相对较小，因此，推进区域教育均衡发展是当前我国推进基础教育均衡发展重要的政策选择。区域推进基础教育均衡发展，除了考虑我国东、中、西三大地区的差别外，也应考虑同一省区内不同地区之间的差别，所以，从目前各地推进基础教育均衡发展的实践看，选择以县（市、区）域为重点推进的策略应当是最佳方案。

教育均衡发展是每个学生在平等享有受教育机会、教育条件下的教育发展。均衡发展是区域基础教育的重点，区域教育均衡发展的着眼点要放在县（市、区）域内教育均衡发展上。从国家角度看，要考虑中西部与东部地区的均衡发展问题。从省域范围内看，我国教育最根本的着眼点应该放在县（市、区）域教育上。

从 1978 年到今天，我国实行的是一种差异发展的战略。邓小平同志提倡允许一部分人先富起来，打破了平均主义的倾向，为社会发展带来了生命活力。改革开放以来，各个地区都在快速发展，而区域差异、城乡差异、阶层差异也在拉大。从教育投入来说，可能西部的省区和北京、上海就相差十几、几十倍。在这种情况下，现阶段在全国范围内完全实现教育均衡发展是不可能的。所以，实现教育均衡发展，只有努力推进区域内的均衡发展，因为就我国的基本国情而言，区域内的差距相对较小，有着实现区域基础教育均衡发展的良好的经济、社会、文化和教育条件。我们在推进区域教育均衡发展的同时，对区域间的教育不平衡、教育的差距，则应通过财政转移支付，尽可能地缩小。

区域教育均衡发展，是当前基础教育发展的重要课题。教育的均衡发展是经济社会区域共同发展的客观要求，没有教育的均衡发展，区域共同发展也是不完整的，是不可能持久的。教育的均衡发展体现的是一种公平与公正的理念，这不仅是世界教育发展的潮流，而且是教育现代化的核心理念。促进基础教育均衡发展，也是当前基础教育改革与发展的迫切需要，是解决诸如“择校”等许多社会矛盾的有效手段，具有极强的现实针对性。实施教育均衡发展战略，就是要逐步缩小城乡之间、区域之间、校际之间和群体之间教育机会的不平衡，提倡发展个性化、特色化学校，在更大范围、更高程度上满足更多人的合理教育需求。实施教育均衡发展战略，就是要充分认识推进教育均衡发展在构建社会主义和谐社会中的重要作用，把今后基础教育工作重心进一步落实到办好每所学校和关注每个孩子健康成长上来，有效遏制城乡之间、地区之间和校际之间教育差距扩大的势头，实现基础教育特别是义务教育的均衡发展。

各级教育行政部门要把推进义务教育均衡发展作为今后制定各项教育政策的出发点和落脚点，在组织实施好国家各项推进义务教育均衡发展的重大工程和项目的同时，进一步强化地方政府和教育行政部门的责任，以区域推进为重点，优先解决好县（市、区）域内义务教育均衡的问题，把提高农村学校教育质量和改造城镇薄弱学校放在更加重要的位置，并在此基础上力争在更大范围内逐步推进。2005年，《教育部关于推进义务教育均衡发展的意见》提出的我国推进义务教育均衡发展的主要任务是：

一要制定出符合当地实际的义务教育阶段办学条件的基本要求，并采取积极措施，逐步缩小学校之间办学条件的差距，保证辖区内薄弱学校逐年减少。坚持义务教育阶段公办学校免试就近入学，不得举办或变相举办重点学校。要采取有效措施遏制义务教育阶段择校之风。

二要加强县级政府对区域内教师资源的统筹，通过建立区域内骨干教师巡回授课、紧缺学科教师流动教学、城镇教师到乡村学校任教服务期等各项制度，加大城乡教育对口支援力度，强化对农村教师的培训。

三要建立有效机制，努力提高每所学校的教育教学质量。要逐步建立规范化、科学化、制度化的义务教育教学质量监测评估体系和教学指导体系，保证所有学校按照义务教育课程方案要求开齐课程，并达到教学基本要求。要面向全体学生，采取各种措施对学习困难的学生给予更多的帮助，努力使所有学生共同进步。

四要落实各项政策，切实保障弱势群体学生接受义务教育。要切实落实好资助家庭经济困难学生的“两免一补”政策，对在城市公办学校接受义务教育的进城务工农民子女做到“一视同仁”，并采取措施及时解决农村“留守儿童”在学习、生活等方面存在的问题和困难，不断提高残疾儿童少年义务教育普及程度。

为切实推进义务教育均衡发展，《教育部关于推进义务教育均衡发展的意见》要求县级教育行政部门建立和完善本地区义务教育均衡发展的监测制度，定期对辖区内义务教育学校间的办学条件、教师水平和教学质量等方面进行监测和分析，并以适当方式予以公布，接受社会监督。国家教育督导团和省级人民政府督导部门要把义务教育均衡发展作为督导评估地方各级人民政府教育工作的重要内容，作为考核地方主要领导干部政绩的重要指标和进行表彰奖励的依据①。

现在我国的东西部差距还相当大，城乡差距也很大，要在整个国家范围内实现基础教育均衡发展、实现教育公平还是一个比较长远的目标。但在一个区域范围内，如一个中心城市、一个县（区），实现基础教育均衡发展不仅是非常现实的，而且是可能的。现阶段我们要做的工作应该是，在国家不断采取有力措施逐步缩小地区、城乡之间差距的同时，重点要努力实现区域内基础教育的均衡发展。所以，我们现在讲促进基础教育均衡发展，首先要从每个地区做起，先是保证义务教育的均衡发展，然后是整个基础教育的均衡发展。

借鉴一些发达国家在促进基础教育特别是义务教育均衡发展的经验，在目前的条件下，在一个区域范围内实现基础教育均衡发展是可以实现的。我们可以建立统一的义务教育学校办学标准，通过学校建设标准的法律规定，约束政府合理分配教育资源，既不追求超标，也不允许不达标；在帮助和支持薄弱学校达到法定标准的同时，对原来基础很强的学校硬件建设也应有个上限，以遏制少数学校在办学条件上高投资的攀比现象，制止追求“奢华”的不良风气。同时，对各校的校长和骨干教师进行统筹调配，教师定期轮换，实施政府对义务教育均衡发展的有效调控。

需要注意的问题是，在当前一些地区正在进行的“示范高

① 《教育部关于推进义务教育均衡发展的意见》，2005 年 5 月 15 日。

中”的建设上，不应当造成新的教育发展不均衡，而应当使处于各个层次的学校在动态发展过程中谋求更高水平的均衡发展。

因此，所谓教育均衡发展就是政府提供的办学条件要基本平等。实际上，就是给学校提供了一个比较公平的竞争环境，让学校在比较公平的环境下，去追求特色、追求质量，从而激发教育的活力。基础教育特别是义务教育均衡发展就是在义务教育阶段要实行按学区免试就近入学的原则和方向，其有效实施的前提是努力实现区域内学校均衡发展。

专栏8—1　中国台湾把“城乡均衡发展”列为教育规划内容

我国台湾在其新近规划的《中小学资讯教育总蓝图——总纲》中把“城乡均衡发展与缩短数位落差”列为规划的六个方面之一，规划提出的最主要的十项策略中就提出：促进城乡教育均衡的发展，推动城乡资源共享，鼓励缔结资讯姊妹学校，强化城市与乡村间资讯课程及教学的交流，平衡城乡资讯环境。建构共通的教学平台，发挥支援互补功能，展现城市与乡村丰富多元的面貌。

专栏8—2　中国香港特别行政区的均衡教育理念

我国香港特别行政区提出的均衡教育理念认为，无论社会如何变迁，均衡教育的宗旨都应该是尽量发展学生的各项主要素质，并保障学生每一项都能达到基本的发展，以助学生自我实现与将来能对社会有所贡献，不同的只是主要素质的定义而已。基于这个大原则，并透过研究及分析各方面所得的资料，综合出一系列均衡教育最基本而又能配合现代社会的主要特质。这一系列的主要特质，可以归纳为中国传统的德、智、体、群、美，再加上西方学说的情及灵七大范畴。因此，香港特别行政区所提倡的均衡教育理念便是让学生在德、智、体、群、美、情及灵每个范畴中所包含的每个特质，都能得到最适当的培育及充分发展，使每一方面都能达到或超越合理的基本水平，同时亦帮助学生发掘他们的潜能所在，让学生尽量发挥这些独特的潜能，以至将来能自我实现及贡献社会①。

第四节　中国教育均衡发展案例研究

目前，教育均衡的思想在我国已不仅仅是一种教育的理念，这一新的现代教育思想已在我国一些经济发展较快地区被付之于实践。下面我们以深圳市、杭州市、寿光市、铜陵市、成都市、沈阳市六个地区为例，对我国的区域基础教育均衡发展进行案例分析研究。

一、深圳市基础教育均衡发展研究

——强化政府“三个保障”的“深圳模式”

深圳市是我国改革开放以来建立的最早的经济特区，也是我国最早推行基础教育均衡发展的地区之一。深圳市在推进基础教育均衡发展过程中落实“三个保障”，即法制保障、体制保障和管理保障。

（一）深圳市推进基础教育均衡发展的探索

促进基础教育均衡发展，是一项系统工程，需要多方面、多

① 《彩虹的初现：均衡教育架构七个范畴的形成》，中国香港优质教育基金网资源中心，http://qcrc.qef.org.hk。

部门的密切协同。深圳市的具体做法如下。

1. 履行政府职责，强化政策导向

自 1996 年以来，深圳市出台的重大教育政策，都对义务教育均衡发展、优质化发展作了明确导向，提出了具体要求和措施。

1996 年，《关于加快深圳教育改革和发展的若干意见》（深发［1996］12 号）规定："各级财政要继续对教育实行必要的倾斜，确保做到国家规定的'三个增长'"；"要集中资金，确保完成'改造一批、提高一批、完善一批'的任务；2～3 年内消灭'三差'（校舍差、设备差、教师住房差）学校"；"使大部分学校的办学条件进一步改善"。

2000 年，《关于加快实施科教兴市战略推进教育现代化的决定》（深发［2000］5 号）要求："加强学校标准化建设。根据经济社会发展的需要，修改完善学校建设标准。今后新建学校，原则上初中、小学联体，不再分设，按义务教育标准化要求建设，校园规划要预留一定空间。对原有未达标的学校要进行改造。缩小特区内外、学校之间办学条件和水平的差距，办好每一所学校，提高办学质量和效益。"

2002 年，《深圳市人民政府贯彻国务院关于基础教育改革与发展决定的若干意见》（深府［2002］57 号）决定："加快中小学标准化和教育信息化建设，推进和带动教育现代化"，"2003 年年底前，没有达到区一级标准的中小学要全部达标"。

2004 年 7 月，《中共深圳市委深圳市人民政府关于加快推进教育现代化的决定》（深发［2004］8 号）要求："以标准化、信息化为基础，推进基础教育均衡化和优质化。"

2. 实施中小学标准化建设工程

20 世纪 90 年代中期，深圳市基本消除了薄弱学校。在此基础上，按照现代教育理念和新的建设标准，研究制定了《深圳市实施中小学标准化建设规划》，从 2001 年起，用三年时间完成中小学标准化建设。三年来，市、区、镇三级政府按照一定比例共投入资金 7.8 亿多元，使近一百所未达标的中小学达到区一级以上标准。其具体做法包括以下三方面。

一是把推进义务教育标准化工程列入教育工作的重点抓紧抓好。市委、市政府《关于加快实施科教兴市战略推进教育现代化的决定》以及《深圳教育发展十年规划（2001～2010)》，决定实施义务教育标准化工程。强调为适龄儿童提供相对公平的受教育机会，是各级政府和教育行政部门义不容辞的责任；缩小校际办学条件的差距，提高义务教育阶段的整体办学水平，是推进教育现代化的基础工程。

二是制定《深圳市义务教育阶段学校建设基本标准》，提出用三年时间完成义务教育阶段学校标准化建设，使全市义务教育阶段学校办学条件和办学水平基本达到区一级以上标准。

三是以教育信息化带动标准化建设。以加快教育信息化建设为契机，通过“校校通”工程的实施，以教育信息化为突破口，全面带动学校标准化建设。学校标准化建设优先安排办学条件相对较差的学校。

3. 实行教育城市化改革

由于历史的原因，深圳市特区外的宝安和龙岗两区，一直实行“分级办学、以区镇管理为主”的农村办学体制，针对全市长期存在特区内外教育管理体制不一，所造成的特区内外义务教育发展不均衡的现状，2003 年至 2004 年年底，深圳市进行了两区城市化改革，在教育城市化过程中，重点妥善处理公办村小问题，主要抓了以下几个关键环节：一是完善教育管理体制。两区教育管理体制由“分级办学、以区镇管理为主”转为“一级管理，以区为主；多方投入，以政府为主；多元办学，以公办为主”。二是完善教育人事制度。在推进两区教育城市化进程中，原镇村学校人事由区教育局统管：校长由区教育局任命，报区人事局备案；学校内设机构、领导职数、教师编制和专业技术职数等按全市统一标准配备，推行全员聘任制。三是完善教育产权和资产管理制度。近几年，市、区、镇各级政府通过“三差”学校改造、同富裕工程、标准化建设等项目对公办村小投入巨大，占两区公办村小总投入的70%以上。

4. 加快建成教育强镇、强区、强市

深圳市1996年正式提出创建教育强市目标，通过制定规划、完善立法、加大投入、深化改革等措施，加快教育强镇、强区、强市建设步伐，不断深化素质教育。2003年年底，全市6区全部建成教育强区，20个镇（街道）有18个建成教育强镇。2004年9月，建成广东省首个教育强市。2005年，实现了全市所有街道（镇）全部为教育强镇。

5. 加快立法步伐，加大执法力度

发挥经济特区和“双立法权”的优势，建立具有深圳特色的教育法制体系。一是加快制定实施《深圳市学校规划建设管理条例》，实现学校规划建设标准、程序和管理责任等方面法定化。颁布实施《深圳市基础教育学校规划建设标准》。在全市90%的公办中小学达到标准以前，不得提高学校设计建设标准。采取发展商交纳配套学校建设费用，而由政府规划建校的政策，不再搞“交钥匙工程”（即由开发商自行建设学校的做法）。学校规划建设必须与住宅小区的规划建设同时进行。实施老城区改造时，必须同时规划建设学校，或者对原有学校进行改扩建，以满足新增学位需求。二是加快制定《深圳市实施〈民办教育促进法〉办法》，依法规范和促进民办教育发展，提高民办学校办学水平。三是完善和实施《深圳市暂住人口子女义务教育管理办法》，规范暂住人口子女在深就读管理。既严格掌握暂住人口子女在深圳就读条件，又确实落实符合条件的暂住人口子女接受义务教育。坚持适龄儿童免试就近入学，做到“有教无类”，“教育教学一视同仁”。

6. 创新办学体制，完善教育投入保障体制

一是大力推行基础教育市、区分段办学，即“区办义务教育和学前教育、市办高中阶段教育”的新体制。二是各区切实履行发展义务教育的主要职责，保障教育投入，努力调动和保护社会力量投资办学和助学的积极性，多方筹集资金发展义务教育；使教育体制与特区内相衔接，真正做到“一级管理，以区为主；多方投入，以政府为主；多元办学，以公办为主”。三是“把义务教育工作重心进一步落实到办好每一所学校和关注每个孩子健康成长上来”，全面消除辖区学校长期存在的“区属”、“镇管”和“村办”的差异，保证每所学校的生均共用经费足额到位，实现均衡发展。四是加强预算编制工作，落实国家规定的“教育财政拨款的增长应当高于财政经常性收入的增长，并使按在校学生人数平均的教育费用逐步增长，保证教师工资和学生人均公用经费逐步增长”。教育经费支出按照事权和财权相统一的原则，在财政预算中单独列项，优先保障。五是树立大教育观，加大市财政对教育投入的宏观调控力度，集中一定财力，消除区域经济差异对基础教育均衡发展的不良影响。

7. 规范学校教育教学管理，大力推进素质教育

一是以基础教育课程改革为抓手，大力推进素质教育，努力提高每所学校的教育教学质量，促进每位学生全面健康发展。二是全面推行学生综合素质评价，探索建立与素质教育和教育均衡相适应的、具有深圳特色的教育评价体系。三是全面落实义务教育就近入学的要求，规范管理，杜绝违规办学行为。四是探索建立具有深圳特色的残疾儿童随班就读模式。各区均衡布局，确定一批随班就读试点学校，在师资编制、教师培训、特教设施、残疾学生校车接送、专项经费等方面，为试点学校创造必需的条件。五是筹建供全市中小学生使用的社会实践基地，提供相对均衡的社会实践教育机会。

8. 改革教育人事管理，探索促进师资均衡配置的新机制

一是建立健全校长交流、教师合理流动的机制。结合学校人事制度改革工作，建立健全校长交流、教师合理流动的机制，逐步完善各项配套措施，促进中小学学校师资均衡配备，校际之间的均衡发展。

二是根据基础教育课程改革的需要，进一步加强和改进教师继续教育工作。提高教师继续教育的针对性和实效性；切实将民办学校教育培训纳入全市师资体系，加强管理和指导，给予师训经费补助等更多的政策扶持。

9. 建立健全基础教育均衡发展的评价和监测机制

一是市、区教育行政部门都要建立和完善义务教育均衡发展的监测制度。定期对辖区内义务教育学校间的差距进行监测和分析，并以适当方式予以公布，接受社会监督。市教育行政部门还要对全市各区的基础教育均衡发展情况进行监测，发现问题及时解决。

二是要逐步建立深圳基础教育均衡发展系列标准。任何行业发展到一定的水平，都非常注重建立和健全质量标准。结合学校规划建设法治化工作和基础教育均衡发展的评价与监测工作，努力建立深圳基础教育均衡发展系列标准，淡化校际差异，突出教育均衡的理念。

（二）深圳市推进基础教育均衡发展的启示

深圳市把推进基础教育特别是义务教育均衡发展，逐步实现义务教育优质化，作为加快推进教育现代化建设的重大策略，作为贯彻科学发展观、建设和谐社会的基础工程。近年来，深圳市努力办好每一所学校，促进义务教育均衡发展、优质化发展。深圳大力推进义务教育均衡发展、优质化发展的基本做法是加强政策导向，重点抓好义务教育标准化、教育城市化改革和创建教育强市三项工程。落实法治保障、体制保障和管理保障“三个保

障”。

深圳市采取有力措施推行教育均衡战略，已经取得了一定的成效。近年来，全市投入3.2亿元，改造了51所“三差”薄弱学校；投入2.8亿元评估奖励了166所一般学校；投入2亿元推进义务教育标准化工程。深圳市的实践证明，大力推进义务教育均衡发展、优质化发展是教育强市建设的基础工程；同时，教育强镇、强区、强市建设也有效地促进了义务教育在一个较高的标准上进一步均衡发展、优质化发展。

二、杭州市基础教育均衡发展研究

——实行名校集团化办学的“杭州模式”

杭州市在浙江省率先基本普及了从学前三年到高中教育的15年基础教育，义务教育高标准、高质量普及，并向均衡、优质化方向发展。2003年，全市共有小学1 044所，在校学生44.90万人；初中275所，在校生26.88万人。九年义务教育入学率、巩固率、完成率及弱势群体教育均保持全省乃至全国领先水平。近年来，杭州市妥善解决流动人员子女接受义务教育问题，教育部、公安部专门召开全国进城务工就业农民子女接受义务教育工作经验交流会，推广杭州经验，这项工作同时得到了UNESCO的关注和肯定。杭州市实行名校集团化办学的做法在全国产生了重要的影响。

（一）杭州市名校集团化的含义

2001年，在浙江省基础教育工作会议上，浙江省教育厅、省计委、省财政厅、省国土资源厅、省地税局、省工商局、人民银行杭州中心支行等联合出台的《关于进一步拓宽教育融资渠道加快教育事业发展的意见》规定：“为扩大优质教育资源，加快教育事业发展，各地可探索组建以优秀学校为龙头，跨地区、跨类别学校的教育集团。教育集团要以资产和教育教学为纽带，充分发挥优秀学校的教育教学优势和品牌效应，通过资产和人员重组、输出教育管理，实行连锁办学，盘活教育存量资产，优化教育资源配置，改造薄弱学校，扩大教育规模，提高教学质量和办学效益。”

2002 年 6 月，杭州市人民政府下发的《关于深化改革加快发展率先实现基础教育现代化的决定》中明确指出：“可以优质学校为龙头，组建跨地区、跨类别学校的教育集团，通过资产和人员重组，改造薄弱学校，提高教育质量和办学效益。”2004 年 9 月，杭州市委、市政府出台了《关于加快基础教育改革和发展的若干意见》（市委［2004］42 号），第一次提出了“实施名校集团化战略”。到 2005 年 3 月，全市共有 140 所学校实施名校集团化办学，其中 50 所中小学为龙头学校，90 个学校为成员学校，成立中小学教育集团 28 个。通过名校集团化来扩大优质教育资源，杭州市的目标是：到 2010 年，全市义务教育阶段的优质教育资源普及率达到 75%，其中城区 90%；优质高中的普及率达到 90%，其中城区达到 95%。

名校集团化办学是一种新型的办学组织形式，是一种符合教育自身发展规律的集团化的办学模式，仍然属于公益性的教育事业。教育集团是一种集团化的管理方式，是对教育管理制度的创新和发展，教育集团办学的优势主要表现在资源、质量、人事和资金等方面，具有旺盛的生命力和社会效益。推进名校集团化办学是教育均衡发展的一种成本低、风险小、见效快、符合杭州教育实际的实现形式。杭州市名校集团化办学的目标指向就是用推进教育均衡发展，实现教育公平，为推进社会公平、构建和谐社会作贡献。在牢牢把握这一方向组建教育集团的过程中，他们充分利用名校输出师资、品牌、管理的优质资源，扶持和带动新建学校和薄弱学校一起发展，在扩张优质教育资源的前提下，不断提升整体办学效益和办学水平。

在实施名校集团化战略中，杭州市提出："名校"是指"校园文化积淀丰厚，社会知名度高，为求学者所向往，在校学生及家长有较高满意度、社会满意度和行业认定度"的学校，能提供优质教育，使教育者成长得更健康，进步得更快、更大，特长发挥得更鲜明，而不是只依赖优质生源，片面追求升学率的精英教育学校。"名校集团化"是指以名校为领衔，通过名校输出品牌、办学理念、管理方式、干部和优秀教师、现代教育信息技术等，实行"名校＋新校"、"名校＋民校"、"名校＋企业"等多种办学模式，进行集团化办学，其目的是为了扩大优质教育资源，推进优质教育普及化、平民化发展，满足人民群众日益增长的教育需求，让更多的人接受更好的教育。实施名校集团化战略，是杭州市推进基础教育均衡化、优质化进程、努力破解"上好学难"问题的重大举措。

杭州市明确提出，推行名校集团化办学，要正确把握发展方向，即坚持教育的公益性，以扩大优质资源、推进教育公平为目标，实现优质教育的平民化、普及化；关键要在"化"字上做文章，即探索多样化的办学模式；重点在教育集团内部的管理模式和运行机制上下工夫，即构建科学、有序、快捷、高效、安全的管理体系；核心是提高教育集团各个成员单位的教育质量，即确保量的扩张的同时实现质的提升，并不断培育"造血功能"，保障优质师资队伍的有效供给。

（二）杭州市名校集团化的办学模式

纵观杭州市名校集团化办学，从教育集团的形成途径、办学性质和运行机制看，集团化办学的模式主要有"名校＋新校"模式、"名校＋民校"模式、"名校＋民企"模式和"名校＋弱校"模式等。这些模式涉及同一层面学校组成的教育集团和跨层次、跨类别的教育集团，各具优势。从形成途径看，名校集团化办学的模式有：连锁式是指由原来的一个教育机构组织，通过不断派生出新的分支机构，不断扩大规模，形成集团式的教育机构和组织；加盟式是指通过存量教育资源进行整合而形成的教育集团；合作式的主要机制同加盟式，也是对存量教育资源的整合；嫁接式是指由名校输出先进办学理念、优质教育资源和成功管理经验到薄弱学校形成教育集团的形式。还有如移植式，即薄弱学校作为“子体”，依托名校这一“母体”立校，移植母体、共享母体资源；合成式，即“子体”在积极消化吸引“母体”优势的同时，努力通过定向培训、联合科研等形式进一步缩短校区间的差距；新生式，即“子体”在获得可持续发展的动力后脱离“母体”，成为新的个体，打响品牌，从而具有自身的特色与自我生存发展能力。

从办学性质看，名校集团化办学的模式有公办、国有民办、民办公助、民办这几种。从办学层次看，名校集团化办学的模式有义务教育阶段的教育集团，也有非义务教育阶段的教育集团。跨层次教育集团通常纳入了义务教育和非义务教育，有的甚至将高校纳入其中。它们集普通教育、职业教育和成人教育于一体，充分调动企业、社区、高校、教育科研机构和非教育机构的力量。

（三）杭州市名校集团化办学的启示

杭州市推进名校集团化建设，是在全国推进教育均衡发展过程中的一次大胆的、有益的探索。

第一，名校集团化办学的基本指向是优质公共教育资源的共享。集团化本身只是一个过程，它的实质是解决优质教育资源共享问题。从杭州市名校集团化办学的最初设想和发展来看，充分利用名牌学校和品牌学校的教育资源优势，辐射、拓展和带动了一大批学校，整体提高了一批学校的质量。名校集团化是一个动态的过程，是在一定条件下的产物，其直接的目的是实现优质教育资源的扩张，推动教育均衡发展。

第二，名校集团化办学是借助优先发展起来的不平衡带动教育整体平衡的一种探索。名校集团化办学依靠"母体"先进理念的引领、优质师资的培训、科学的管理和校本教科研的成果，辐射和带动"子体"迅速地发展壮大，以带动区域内教育资源整体向优质转化，以实现"追峰"为目标，促进教育资源的整体优化，实现高水平的教育均衡，而不是以"削峰补壑"的方式，实行低水平的教育均衡。

第三，名校集团化办学是一种教育制度的创新。名校集团化办学战略的实施，是通过实现教育制度创新，推进教育均衡发展的新探索。

第四，名校集团化办学的价值取向是实现教育公平。一是扩大优质教育资源。名校集团化办学指向是扩张优质教育资源，而不是垄断优质教育资源，目的是让更多的孩子接受良好的教育，解决教育长远发展的问题；二是促进优质教育均衡发展。让公办教育资源大面积地优质化，让每个孩子都能接受公平的教育。

第五，名校集团化就是要使名校公共资源实现效益最大化。名校是在数十年乃至上百年的发展过程中积累的由国家、社会投入、支持、资助，由学校历任校长、教师、家长、学生共同创造的教育资源和社会财富，是一种典型的稀缺公共资源，而不是一个学校或部门的资源。名校集团化就是要以最低成本增加供给，实现教育供求关系的基本平衡。实施名校集团化战略的最终目标，就是让更多的人接受更好的教育，做到优质教育普及化、均衡化，使每个孩子包括困难家庭、弱势群体都能接受优质教育①。

名校集团化办学是推进教育均衡发展的一种成功探索，通过对杭州市名校集团化办学的研究，我们在如何推进名校集团化办

① 王国平：《大力实施名校集团化战略 体现社会公平 构建和谐社会》，2005 年 3 月，在名校集团化办学论坛上的讲话。

学中应当注意以下政策的选择：

第一，名校集团化办学，特别是义务教育阶段的名校集团化办学，是一种政府行为，而不是一种市场化行为，必须在政府指导下进行。政府对区域内名校集团化，应根据当地社会经济发展，以及教育发展和教育需求，整体部署名校集团化办学发展，制定相关的扶持、优惠政策，有步骤地引导和鼓励名校集团化办学。

第二，建立名校集团化办学的评估体系。政府对名校集团化办学要制定准入标准，建立评估体系，对名校集团化办学的效果及时地进行评估。

名校集团化办学在促进教育均衡发展中有着重要的作用：一是在区域、城域内，可以缩小校际之间的差距，尽快地改造薄弱学校，让每个孩子都能接受优质教育；二是实行跨城乡的扩张，可以把优质教育资源带到农村，迅速提高农村的教育水平，缩小城乡教育差距；三是实行跨地区扩张，可以把优质教育资源带到欠发达地区，迅速提高欠发达地区的教育水平，从而为地区之间的教育均衡发展作出贡献；四是实行跨部门的扩张，可以把非教育资源为教育所用，从而实现教育资源的再扩张，满足人民群众对优质教育资源的需求。

总之，名校集团化是扩张优质教育资源、实现教育均衡发展、实现教育公平的有效途径。杭州市在推进教育均衡发展的过程中，选择了名校集团化办学的路径，走出了一条低成本、低风险、高成效的办好每一所学校的教育均衡发展的路子。同时，杭州市的实践也启示我们，实施名校集团化办学必须树立科学的发展观，坚持以人为本，全面协调和可持续的发展，遵循教育规律和优质教育资源扩张的内在规律进行，千万不可盲目急躁，一哄而上，徒有虚名，否则，其结果不仅不能推进教育均衡发展，还可能阻碍教育的均衡发展。

三、寿光市基础教育均衡发展研究

——实行优质教育资源共享的“寿光模式”

山东省寿光市是全国著名的“中国蔬菜之乡”，近几年来，寿光市教育均衡发展的经验也闻名全国。2002 年，《人民教育》长篇推出了寿光教育均衡发展的典型经验，时任教育部副部长的王湛同志批示：“均衡发展是基础教育的本质要求，也是社会主义教育事业的本质要求，希望有更多的地区能像寿光市这样坚持基础教育的均衡发展。”

（一）寿光市推进基础教育均衡发展的探索

20 世纪 90 年代初期，寿光市实现了“两基”目标，但由于经济发展、人口变化、学校布局调整等原因，中小学教育资源配置不合理、学校布局分散、教育质量不均衡等现象依然突出。寿光广大教育工作者经过长期积累探索，在教育观念上寻求突破，指导教育改革与创新。“让每个孩子，无论他生活在繁华的都市还是偏远的乡村，无论他家庭条件优越还是家境贫寒，无论他身心健康还是身有残疾，都能机会均等地享受与时代同步的优质教育，让小草和鲜花享受到同样的阳光雨露……”，这就是他们提出的教育均衡发展观。这一发展观的核心是教育的民主化、公平化，它尊重每一个学生接受优质教育的权利；这一发展观的内涵就是合理配置教育资源，全面提升教师群体素质，让城乡的每一个孩子都能接受优质的教育。这一理念的提出，更新了寿光广大教育工作者和教师的思想观念，为寿光教育领先发展注入了无限生机与活力。教育均衡发展的先进理念在寿光教师头脑中深深扎根，为每个学生张扬个性、放飞理想、全面自由发展提供了广阔的天地。

1. 矫正中小学布局失衡，合理配置教育资源

寿光针对教育发展中一度出现的中小学布局失衡、教育资源

配置不合理、教育教学质量受到影响的现象，经过大量调查研究，一致认为矫正失衡比培植“亮点”更重要。本着“整体规划，适当集中，扩大规模，提高效益”的16字方针，他们对全市中小学布局进行大规模调整、优化学校布局和资源配置，让更多的孩子受益，让更多的孩子接受优质教育。在推进基础教育均衡发展的过程中，寿光市以建设“一大两高”（潍坊科技职业学院、寿光一中、现代中学）为龙头，大幅度调整中小学布局结构，扩强带弱，撤并改建，在全市构建起了一个布局合理、规模适当、齐头并进的教育均衡发展的良好局面。

一是对初中实行“膨胀”。针对初中生源高峰校舍不足的状况，在城区，投资1.6亿元建设了寿光世纪学校，投资2 300万元建设了圣城中学，将实验中学办成了完全初中；在乡镇，三年扩建初中校舍46.3万平方米。

二是对小学实行“调强”。采取“邻近聚合”、“中心辐射”、“规模扩张”等形式进行撤并，使全市的小学数由1996年的604所压缩到222所。抓住小学生源减少的时机，在全省农村率先推广了小班化教学。

三是对幼儿园实行“改制”。在加强乡镇中心园所建设的基础上，大力推进办园体制改革，鼓励社会、集体、个人兴建幼儿园。

四是本着“撤小、合近、扩强、带弱”的原则，撤并了4所小、偏、弱的职业学校，集中力量办好4所职业学校。

五是重点建设“一大两高”，大面积提升优质教育资源比例。2001年，经山东省政府批准正式成立“潍坊科技职业学院”，现已发展成为一所占地2 000多亩、建筑面积28万平方米、总资产4.5亿元、全日制在校生1.5万余名的职业技术学院，为人民群众子女接受高等教育、终身教育提供了更多机会。投资2.1亿元建成高标准的寿光现代中学，可容纳5 000名学生就读。现在寿光一中和寿光现代中学这两所学校招生就占全市普通高中招生总数的 80%以上。

2. 全力锻造一流的高素质教师队伍

谈起均衡教育，人们往往首先想到的是教学设施等硬件的均衡，实际上师资力量的均衡才是最重要的均衡。寿光市坚持把教师队伍建设作为全面提高教育教学质量的根本大计来抓，在教师队伍建设中，他们的具体做法如下。

一是大力实施“富脑工程”，推行“新世纪教师培训行动计划”。为了强化英语口语教学，寿光市每年派出近 100 名中小学英语教师到北京外国语大学、山东师范大学学习进修，选派部分高中英语骨干教师到国外学习。每年暑假都对教师进行全员培训，进行严格考试，不断提高教师的理论水平和业务能力。2005 年，教育局专门拨出 100 万元的培训费用，聘请 30 多名教育专家、学科带头人对全市 8 000 名专任教师进行了培训。开展业务“大练兵”活动，全市 60%的小学教师实现了学历专科化、43%的初中教师实现了学历本科化、部分高中教师达到了硕士研究生水平，夯实了教师的业务根基。寿光市向全市中小学教师提出了一个响亮的口号：做学习型教师。有计划、有步骤地策划实施了“富脑风暴”。“富脑风暴”涤荡了陈旧的教育教学观念，让寿光的老师们始终以一种学习者的姿态吐故纳新，完善自我。

二是实施“以信息化带动教育现代化”发展战略。全市 100%的教师学会了电脑基本操作技术，全市教师自制课件达 5 600多个，其中有 80 多名教师的课件获国家级奖励，700 多名教师的课件获省市奖励。面对汹涌澎湃的信息化浪潮，也让老师们产生了危机感，“不学微机，生存就有危机”成为教师们的口头禅。教师信息素养的大幅度提高，使得寿光的教育发展从“讲清楚、说明白、教正确”的阶段跃升到了与信息时代同步的层面。

三是实施“名师带动”战略，加强学科带头人、教学能手、教学骨干三级骨干教师梯队建设，充分发挥名师的辐射带头作用。目前，全市共有山东省特级教师 12 人，省、潍坊市级教学能手 184 人，潍坊市特级教师 8 人，省、潍坊市优质课获奖者 188 人，寿光市学科带头人 133 人，寿光市教学能手 1 687 人，寿光市教学骨干 1 619 人，形成了骨干带动、全员参与、互帮互学、共同提高的队伍建设良好运行机制，为寿光教育发展提供了根本保证。

3. 绝不让一个学生掉队

教育均衡发展的底线，就是尽最大努力保证弱势群体子女接受九年义务教育。1999 年，寿光市出台了《关于特困生缴费减免的有关规定》、《关于对家庭困难学生进行救助的意见》、《普通高中生奖学金发放试行办法》，把救助贫困学生、关注弱势群体的工作纳入规范化管理的轨道。寿光提出了一个响亮的口号，就是“从最后一名学生抓起，不让一个孩子掉队”。为此，他们采取了一系列有效措施：一是实行乡镇长和教委主任包乡镇，学校和村委负责人包村，司法部门同学生家长签订义务教育责任书，学校与教师签订提高巩固率责任书等办法，保证适龄儿童少年按时入学和在校学习。100％聋哑适龄儿童全部在省级规范化学校——寿光市聋哑学校接受优质的教育。二是广泛开展对弱势群体的救助活动。对智力弱势群体，从关注学生心灵、关心孩子成长出发，因材施教，个别辅导，培养兴趣，发展特长，切实加强对学习困难生的转化和厌学孩子的思想教育工作，提高了学生的巩固率。对身体弱势群体，千方百计创造条件让他们接受好的教育。

4. 用信息化推动教育均衡发展

实现网上优质资源共享，让城乡每一个孩子都能机会均等地学习，是教育均衡发展的“捷径”。为了教育均衡发展与时俱进，寿光市采取“以信息化带动教育现代化”的战略，将信息化触角伸向全市每一处学校。

信息化是前沿的、瞄向未来的，区域教育均衡发展要求的是大面积提高，是指向当前的。他们从两者的“矛盾”之处寻找结合点，探索出了具有寿光特色的教育均衡发展之路：就是用信息化来推动教育的均衡发展。具体说，就是通过寿光现代教育网的建设，实现了寿光市内教育资源的共享，市教育局中心网站已成为全市各级各类学校共享的教育信息资源中心，包括多媒体素材、课件、教案、影视、教研成果等教育教学资源，教师、学生都可以适时调用这些资源，进行备课、教学和学习。网络面前，人人平等，无论城市还是乡村，每一个孩子都可以通过网络大世界获取与时代同步的最新信息，都可以通过网络化学习提升素质。

2001 年 4 月，由寿光市教育局与市电信局共同投资 6 000 余万元建设的山东省第一家宽带教育城域网——寿光现代教育网开通运行，其千兆光纤连到乡镇，百兆光纤连到学校。该网集办公自动化、教育信息发布、网上考试、远程教育、电子备课、VOD 视频点播、视频会议于一体，使家庭教育、学校教育、社会教育更有效地融合在一起，覆盖全市大中小学校，终端到教室、办公室、微机室、电子备课室和教工宿舍。全市所有乡镇教办、初中、城区学校、市属学校和乡镇中心小学已接入教育城域网，全市 95%以上农村小学全部联网，从而实现资源共享，把优质教育资源送到每个学生面前。寿光建设教育城域网的做法被教育部有关专家称为“寿光模式”，并在全国予以推广。

5. 教干轮岗与送教下乡

通过深化用人制度改革，靠机制创造公平。对教育干部进行调整，重点配备寿光西部、北部相对薄弱的学校。建立乡镇教办主任、初中校长轮岗制，开展城市骨干教师下乡支教活动，组成“导师团”送教下乡，每年从非师范类院校本科毕业生中选拔部分优秀毕业生充实到薄弱学校。

1997年，寿光市教育局决定实行领导干部轮岗制。从1997年至今，寿光市的所有乡镇教委主任、乡镇中学校长已经全部轮岗一遍，基本原则是“南上北下”、“东西互调”。因为寿光市的南部比北部发达，东部比西部发达。

1998年，寿光市教育局成立由教研员、学科带头人、教学能手组成的导师团。导师团负责送“功”下乡、送教下乡。送“功”，不但展示通用基本功、学科基本功，而且从文明礼仪到师德师风，全方位对农村教师进行培训。送教，主要是把城里的优质课搬到农村的课堂上，城里的优秀老师执教，农村的老师和学生们一起听课，然后开座谈会、评课会，共同研究切磋。

2002年1月，寿光市教育局又会同人事局推出城区优秀教师到农村边远学校支教制度。此项制度规定，支教教师应是学科带头人，支教时间在一年以上。支教期间，支教教师承担一门课程的教学工作，当好一个班的班主任，协助开展一项教学小实验，同时与农村老师“结对子”，带四位“徒弟”……同时，在有关待遇上对支教老师也给予了很大的照顾，诸如发放生活补贴，符合条件者晋升职称不受名额限制，等等。

6. 强化政府行为是教育均衡发展的基础和保证

寿光教育的均衡、跨越式发展，离不开寿光市委、市政府这个坚强的后盾，得益于全市各行各业对教育的关心和支持。寿光市委、市政府对教育工作高度重视，提出：“教育的事快办，教育的事急办，教育的事先办。”市委、市政府先后制定印发了《关于深化教育改革进一步加快教育现代化的决定》、《关于进一步推进全市教育均衡发展的意见》等文件，建立健全了全市教育执法目标责任制，形成了政府、社会和学校合力推进素质教育的大好局面。对教育的投入逐年加大，2003年全市对教育的总投入达到4.3亿元，2004年达到5.2亿元，全市各级各类学校面貌焕然一新。全市乡镇教师工资由市财政统筹发放，真正实现了城乡教师工资无差别。

（二）寿光市基础教育均衡发展的启示

寿光市积极推进基础教育均衡教育，为越来越多的学生创造了接受平等教育的机会，教育质量整体提高。寿光市着眼于整体素质，调整中小学的布局，加大政府投入，改善办学条件，减免贫困生学杂费，通过捐助等方式资助 5 000 多名贫困生完成了学业，使全市小学的入学率和巩固率均达 100%，初中学生入学率和巩固率分别达到了 99.8%和 98.8%。他们把缩小师资差异作为推进教育均衡发展的重要举措，通过政策杠杆，鼓励教师和教育干部交流。尤其是投资 6 000 万元在全省首家开通了宽带教育城域网，基本实现了网络“三通”（校校通、室室通、户户通），不光为自己打开了一个新世界，也给农村的孩子开拓了一片新天地。这些举措切实、鲜活，具有可操作性，为均衡教育开创了一条畅通的航道。

寿光市以蔬菜生产闻名全国，是一个典型的以农业生产为主导产业的县级市，寿光市推进基础教育均衡发展的经验，对于中国经济社会较发达的以农业生产为主导产业、农村人口较多的县级市具有重要的借鉴作用。寿光模式的最大特点就是用信息化推动教育均衡发展，通过教育布局调整、送教下乡，合理配置教育资源，实现优质资源共享。寿光基础教育均衡发展的一些做法对指导我国区域基础教育均衡发展有着重要启示。

1. 作为一个县级市，一个确实存在着城镇地区和农村地区差异的地方，寿光市推进基础教育均衡发展的关键是政府、社会与教育管理部门认识到位。寿光经验最突出的就是落实政府责任，完善“以县为主”基础教育管理体制，强化政府统筹，使县域内的乡域教育和学校教育实现均衡发展。

2. 寿光的教育发展说明，基础教育均衡发展对广大农村学校而言“软件”更迫切，信息化可以最大限度地使优质资源共享，是教育均衡发展的必由之路和现实选择。寿光推进教育均衡发展，不只局限在教师的对口支援、贫困生救助等这些应急之策，而是从政策、体制上，力求标本兼治。

3. 寿光教育发展说明，基础教育均衡发展必须进行制度创新。如果没有足够的共识推进制度创新是很难的，寿光经验的可贵之处就在于政府与社会形成了一致的共识，这是非常难得的。

寿光推进教育均衡发展的经验，集中表现在四个方面。一是调整学校布局，实现物质资源的优化配置，推动学校规模发展。这是推进县域范围内学校均衡发展的一个物质基础和基本条件。二是人力资源的优化配置，推行校长的轮换制和教师的支教制度，实现了优质人力资源的优化配置。三是抓困难学生扶助和特殊教育两个弱势群体。四是大力推进教育技术现代化，用信息技术带动基础教育的均衡发展。这四个方面的经验都比较重要。这四条经验无论在贫困地区还是在富裕的地区都是可以推行的，带有普遍的规律性。

四、铜陵市基础教育均衡发展研究

——优化教育结构的“铜陵模式”

毗邻长江的铜陵市位于安徽省中南部，1994年在安徽省率先实现了“两基”，但当时在基础教育领域面临的问题与全国很多地方差不多：区域内教育发展很不均衡，家长为孩子择校的风气很重，家长眼中的优质校爆满，而那些薄弱学校却常常“吃不饱”。择校问题不解决，人民群众就会不满意。为此，铜陵市创造条件，走出一条优化教育结构、推进教育均衡发展之路，以此来破解择校难题和开展教育创新。

（一）铜陵市推进教育均衡发展的经验

1. 把有限的资源投给薄弱学校

发展义务教育是政府的责任，推动教育均衡自然也是政府责任。对位居中部省份的铜陵来说，钱是有限的，但铜陵市决定，要把有限的钱大量地投给薄弱学校，尽快“补血”，让它们赶上来。这种拉动式投入带来的是效益，学校的基础夯实了，教师的干劲也足了，学校获得了突飞猛进的发展。

2. 提升薄弱学校的竞争力

铜陵的教育工作者认为，外在办学条件很重要，但导致“择校风”盛行的主要原因还是教育质量的高低。要彻底解决择校问题，根本出路还是让家长们认可自己身边学校的办学质量，工作的重中之重还是要不断提高薄弱学校的教育教学质量。为此，他们决定走创新办学思想，提高管理水平和教学质量内涵式发展的路子，以增强每一所学校的竞争力和吸引力。为帮助教学质量相对薄弱的城郊学校和农村学校提高水平，铜陵市教育局精心组织了视导组，轮流去每所学校查看备课、作业批改情况，分头听课，并通过教师、学生座谈会、问卷调查、校长访谈、教研员和教师面对面交流等形式，多方面了解被视导学校的办学水平和办学思路，然后给学校提出切实可行的发展建议方案。

如果说大规模的教育视导是为薄弱校全面“会诊”，那么铜陵市的中心备课组发挥的就是“专科医生”的作用。结合新课程的推进，铜陵市对应 21 个课改学科分别成立了市级中心备课组。中心备课组每月至少活动一次，每次活动做到定人员、定时间、定地点、定内容，集中交流各地、各校课改经验体会；集体备疑难课、重点课；听课改教师实验展示课并评课和研讨。市中心备课组不仅吸纳课改教师参与，而且非课改教师也要参与；不仅城区学校教师参与，县、郊区学校教师也同步参与，这种全员参与深受基层学校和教师的欢迎，普遍提高了教师的教学教研水平。

在内涵建设上，铜陵市的另一招是注重“选好苗子、搭好梯子”。他们把选配和培训校长队伍放在重要位置。好校长向下派在铜陵是一个铁律，很多学校都因为有了一个年富力强、素质高的领导班子而在短时间内发生了大变化。

3. 保障生源的均衡分布

办学基本条件均衡了，办学质量的差距也在不断缩小，这些为消灭择校提供了必要条件。但是，老百姓对优质教育资源的需求是实在的，要尽快打消家长的择校惯性思维，必须以均衡的生源做保障。铜陵在坚定不移地执行义务教育“划片招生、就近入学”政策的同时，强力推出示范高中招生制度改革，实行示范高中指标切块分配制度，以此抑制家长的小升初择校热、转学热。实践证明，这条措施抓住了“牛鼻子”。

从 1996 年起，铜陵把辖内省级示范高中的招生计划提取出来定向分配，每所学校按照初三毕业生的人数获得升学指标。2005 年，市教育局把当年省级示范高中招生计划 60%指标拿出来定向分配给各初中校。省级示范高中录取名额分配政策给相对薄弱的学校以很大的发展空间。指标平均分配意味着每所初中每年都有固定比例的初中毕业生升入优质高中，这使各初中校的升学竞争压力大大下降。在充分考虑到了公平的同时，也兼顾效率。教育局规定，如果那些相对薄弱学校的考生在线下 40 分仍然没有用完名额，教育局会把名额收回，拿来重新分配。在铜陵，许多外围学校、城区薄弱学校近几年在校人数都出现了大幅增长的局面。学生数量的稳定给这些学校以很大的信心，教师们舒心了，对学校的感情和工作热情提高了，学校呈现出蓬勃发展的良好面貌。

（二）铜陵市推进教育均衡发展的启示

推进基础教育均衡发展，各地都可以因地制宜地找到自己的一些办法，但是政府的力量和决心非常重要。十年来，铜陵市从市委、市政府领导班子成员到各委办局，没有给教育局递过一张条子，教育局班子成员也相互约定不批一张条子。正是因为有了当地政府的坚定态度，每年到招生季节，铜陵市的每位考生家长都能免费拿到一本厚达一百多页的“招生指南”，每所学校的招生数、教育局向每所学校下达的指标数、分数线一目了然。家长可以依据这本手册，根据考生成绩，判断出自己的孩子能否进入某所学校就读。政府将招生信息向民众完全公开，将教育的公平置于社会的监督之下，就是要充分体现政府维护教育公平的决心。铜陵经验的可贵之处，不在于在择校问题上取得了多大成绩，而是当地政府在消除教育不均衡上所表现出的努力和勇气。教育均衡发展非常需要政府的支持，如果当地政府不能以科学的态度给予重视和支持，教育均衡、破解择校难题就很难有真正出路，这关乎地方教育的长远发展。

铜陵的具体做法归结为以下几个方面：一是整合资源，调整布局，满足区域内每个学生都能在规定的服务半径内就学的需要，为教育均衡发展创造前提条件；二是资金倾斜，在教育费附加的使用上，铜陵市教育局坚持雪中送炭，设立了薄弱学校建设专项经费；三是注重选培，加强校长能力建设，进而使弱校领导班子的年龄结构、知识结构都发生了很大变化，学校改革创新意识明显增强，办学水平、教学质量上了一个新台阶，形成了各具特色的管理模式、办学模式和办学特色；四是提高待遇，增强教师业务素质，保证了整个铜陵市区中小学教师的学历、专业合格情况及业务水平大体相当，教师队伍十分稳定；五是注重评估，强化学校管理，建立了较为系统的中小学教学质量监测和质量分析制度；六是打造特色，以特色谋发展，走超常规发展道路，以提升薄弱学校竞争力；七是就近入学，改革重点高中招生考试制度，以保障生源的均衡。

铜陵的经验启示我们，加大对薄弱学校的资金、设备、师资等方面的政策倾斜力度，是实现教育均衡发展目标的突破口和关键所在，是遏制“择校”现象的治本之策。下一步，铜陵将把推进教育均衡发展目标锁定在城乡教育统筹发展，采取切实可行的措施保证教育城乡统筹发展。

五、成都市基础教育均衡发展研究

——实行城乡教育一体化发展的“成都模式”

成都市辖 19 个区（市）县和一个国家级高新技术开发区，面积 1.23 万平方公里，人口 1 060 万，其中农业人口 606 万，具有大城市带大农村的显著特点。1999 年，成都成为四川省第一个实现“普九”的地区；2005 年，又率先普及高中阶段教育。在义务教育特别是基础教育实现了普及后，基础教育发展的重点应该放到哪里？这成为成都教育需要回答的问题。

坚持以人为本，全面推进城乡教育一体化。经过认真论证，市委、市政府以对农村教育强有力的关注和推进姿态，提出了成都教育新的发展方向。成都市在推进义务教育均衡发展过程中，市委、市政府以对农村教育强有力的关注和重视，把农村学校、农村教师、农村的教育质量作为教育上的“三农”摆在教育发展的重要位置，作为贯彻党中央、国务院关于构建和谐社会、建设社会主义新农村精神，统筹城乡经济社会发展的具体举措，提出了义务教育均衡发展新的发展思路，为推进义务教育均衡发展闯出了一条新路。

（一）成都市推进义务教育均衡发展的举措

近年来，成都市委、市政府认真贯彻党中央、国务院关于构建和谐社会、建设社会主义新农村的精神，统筹城乡经济社会发展，大力推进城乡一体化。把提高农村教育水平作为解决“三农”问题的重要手段，采取“教育八大措施”，推进城乡义务教育均衡发展。

1. 实施农村中小学标准化建设工程，促进城乡学校硬件资源均衡配置。成都市提出用 2 至 3 年时间，投资 10 亿元，完成对全市农村中小学的校点布局调整和410所农村中小学的建设任务。这一工程从2004年6月正式启动以来，开工建设的项目学校342所，到2007年春季所有建设任务已基本完成。这一措施，使农民子弟接受教育的硬件环境得到显著改善，城乡学校的硬件资源配置进一步均衡，农村学校也成为社会主义新农村中的一道亮丽风景线。

2. 实施农村中小学现代远程教育工程，让城乡学生共享优质教育资源。从2001年起，市本级财政坚持每年安排1 000万元中小学信息化建设专项经费。全市在2006年完成“校校通”工程，加强载体建设的同时，整合国内外和市内各级各类学校的优质资源，开发适合成都教育实际的教育资源库，并引导农村学校广泛使用，初步实现了城乡师生同步备课、同步教学、同步作业、同步考试。使偏远农村教师能及时掌握教育教学前沿信息，接受新的教学理念、思路和方法，提高了对教材的分析和驾驭能力，也满足了农村学生享受优质教育资源的愿望。

3. 实施农村教师专业素质提升工程，促进城乡教育人力资源均衡分布。提升农村中小学教师学历水平和专业素质，使广大农民子女能够接受高素质教师的指导和教育。“农村教师专业素质提升工程”从2004年实施，工程包括两个计划：一是农村教师专业发展行动计划，为农村初中培养500名、小学培养1 000名校级学科骨干教师，分期分批对农村4.5万名教师进行信息技术培训；二是农村教师学历提升计划，规划到2008年，使农村80%的小学教师和70%的初中教师分别达到专科、本科学历。同时，完善以城带乡为核心的城乡教师互动机制。一是城区（城镇）教师定期支援农村，参与农村学校管理和教学全过程。从2004年起，城区（城镇）学校每年按专任教师1%的比例派教师到农村相对薄弱的学校开展为期一年的服务活动。特级教师、学科带头人也到农村学校开展定点联系工作。二是有计划地组织农村教师到城市（城镇）学校锻炼提高。三是组织成都市教育专家、特级教师、学科带头人等骨干教师，对农村教师开展“绿色行动计划——送教下乡”活动。此外，成都在晋职、评优等政策上也向农村教师和支教教师倾斜，2005 年起，除 80％的评优名额在全市统一使用外，还把 20％的评优名额再投向农村教师。

把提高农村中小学校长素质作为促进城乡教育均衡发展的重要手段。近五年来，共培训农村中小学校长 567 人，占全市参培校长总数的 69％。同时，通过校际办学经验交流、顶岗实践等措施，让农村校长到城区学校学管理、转观念，提高综合素质。

4. 推进免费义务教育工程，让农村孩子享受政府的阳光关怀。“免费义务教育工程”和“帮困助学工程”的实施，加快了成都推进免费义务教育的步伐。在 2005 至 2006 学年，市本级财政安排义务教育“两免一补”专项资金 3 748 万元。2005 年，成都市大面积试点义务教育“免杂费”，受益学生超过 19.5 万人，使 19 万多个农村家庭节约支出约 2 800 万元。市级财政还对全市城乡低保家庭学生“免课本费”所需的经费给予补助。全市城区共有 230 所公办学校接收了 2.7 万名农民工子女。2006 年春季起，全市免除 14 个郊区（市）县义务教育阶段学生学杂费和信息技术费，提高生均公用经费保障水平。

5. 实施帮困助学工程，切实保障弱势群体接受教育的权利。成都市委、市政府公开承诺：“不让一个孩子因家庭经济困难而失学！”部门通力合作，社会广泛参与，形成了覆盖各个阶段教育的“帮困助学”体系。2001 年，对城市下岗职工子女和农村家庭经济困难学生的学杂费进行减免，对优秀的中小学贫困学生发放“奖学金”。2002 年，在继续为贫困家庭子女减免学杂费的同时，市政府筹集资金 200 万元设立了“政府奖学金”。2003 年，“政府奖学金”的额度增至 300 万元。2004 年，市本级财政安排了 2 000 万元专项资金，用于全市公办中小学义务教育阶段

"两免一补"，加上区（市）县筹集、社会力量爱心助学资金等，全市共 64 922 名贫困学生得到了不同形式的资助。2005 年，城区共有 230 所公办学校又接收了 2.7 万名农民工子女。从政策上保证农民工子女享有同成都市民子女一样的待遇，实现了"同在蓝天下，共同成长进步"的期望。

6. 开展城乡学校结对子、百万学生手拉手活动，促进城乡师生共同进步。从 2003 年起，引导每所城区（县城）学校分别结对一所农村学校，每个城区（县城）学校的学生分别结对一名农村学生。一是城乡学校管理者手拉手，城乡学校每学期至少互派一名干部到结对学校服务且时间不少于一个月。二是城乡学校教师手拉手，城乡学校互派教师到结对学校服务。三是城乡学校的学生会等组织手拉手，每学年交流不少于一次。四是城乡结对学生之间通过写信、打电话、互访等方式，学习对方科学的学习方法、良好的生活习惯和优秀的道德品质，实现共同进步。

7. 实施教育强乡（镇）工程，推动镇域内教育与经济社会良性互动。2004 年起，他们把创建教育强乡（镇）工作纳入各区（市）县政府的年度教育工作责任目标。规划到 2007 年，全市建成 50 个市级和一定数量的区（市）县级教育强乡（镇），使经济发展较快、综合实力较强乡（镇）的学前教育、普通教育、职业教育、成人教育得到更快、更协调的发展。

8. 实施农民教育与培训工程，发挥教育在社会主义新农村建设中的基础作用。坚持教育资源向社会开放。依托农村中小学现代远程教育，发展农民网校。对农村党员、干部和村民进行文化知识、计算机、农村实用技术、就业技能等培训，使农村学校成为教育培训、信息发布、技术推广、就业指导、政策咨询的富民基地。

（二）成都市推进义务教育均衡发展的模式

如何推进义务教育均衡发展？成都市采用的是城乡一体化的

推进模式，具体内容包括以下方面。

1. 双循环渐进模式

这是一种由外而内，又由内而外的双循环渐进模式。

一是由外而内——从关注“工程”到关注“人”。这里所谓的“外”，包括两大工程：“农村中小学标准化建设工程”和“农村中小学现代远程教育工程”。“农村中小学标准化建设工程”是成都市对学校“硬件”改造推出的大手笔。“农村中小学现代远程教育工程”是成都市为迅速提升农村教育质量，实现教育跨越式发展而采取的重要举措。成都还注重开发优质教学资源，引导农村学校广泛运用，初步实现了城乡学校师生同步备课、同步教学、同步考试。

这里所谓的“内”，关注的是“人”——教师和学生。“农村教师专业素质提升工程”从 2004 年实施，工程包括两个计划：一是农村教师专业发展行动计划；二是农村教师学历提升计划。同时，“城乡教师互动机制”的建立与完善，也让城市教师走进农村学校并发挥重要作用，让农村教师走进城市学校参与教育教学，城乡教师实现了“互动”。组织教育专家、特级教师、学科带头人等骨干教师纷纷“送教下乡”，带动了农村教师素质的提升。此外，成都在晋职、评优等政策上也向农村教师和支教教师倾斜。教育均衡发展，必须解决贫困农民子女和外来务工人员子女读书难的问题。而“免费义务教育工程”和“帮困助学工程”的实施，加快了成都推进免费义务教育的步伐。

二是由内而外——从服务学校到服务社会。这里所谓的“由内而外”，就是扩大学校功能，让教育服务社会。成都市通过实施农民教育与培训工程，利用学校的休息日和节假日，坚持教育资源向社会开放，依托农村中小学现代远程教育，发展农民网校，对农村党员、干部和村民进行培训，使农村学校成为教育培训、信息发布、技术推广、就业指导、政策咨询的富民基地。教育充分利用资源，用信息传播转变农民的思维方式，用技术培训提高农民的生产能力，用文化教育提升农村的文明程度。在“办好一所学校，带动一方文明”的理念推动下，成都教育在社会主义新农村建设中的作用日渐凸显。

2. 多种模式带动教育均衡发展

在推进义务教育均衡发展中，成都市结合当地实际，各区县因地制宜、大胆探索，形成了不同的推进模式。

一是武侯区的城乡学校“捆绑式发展”模式。2003年，武侯区政府作出一个重要决定：将区内4个乡镇和村管理的18所农村中小学全部收归区教育局“直管”。武侯区将农村学校“直管”后，教育投入转为以区政府为主，区里明确提出用5年时间建教育强区，承诺投入10亿元以上资金，重点建设农村学校。把这个“包袱”大包大揽来之后，除了条件较好的4所中心校和2所初中，区里决定将其余12所村小学和城区12所最好的小学结成“一对一”的“城乡教育共同体”。这个共同体，实行“两个法人单位、一个法定代表人，一套领导班子，独立核算、独立核编”的办法，进行统一管理。采取加大投入、人力支援、强化指导、统一考评等措施，实现了城乡学校在人、财、物方面的统一调配，构建起城乡学校协同发展的长效机制，成为四川省第一个城乡教育同步发展的区县。

武侯模式发展的内涵是：讲究“共同”，理念、资源、方法、成果、利益共享，荣辱共担。用他们的话说就是：“城乡学校捆绑发展模式非常强调城区学校在发展中不断充实，不断丰富优质教育资源，形成既‘造峰’、又‘填谷’的良性发展态势。”

二是青羊区的“四个满覆盖”模式——标准化建设满覆盖、优质教育资源满覆盖、帮困助学满覆盖、教育反哺满覆盖。目的都是“把城区学校移植到农村”，实现城乡教育一体化。

为了让农村学校先在硬件设施上“赶超”城区学校，青羊区推进教育均衡的第一步是推进标准化建设，以“星级民工子弟校”红碾小学为代表的11所青羊区域内的农村小学，都已经完成此项工作。在经历了最初“一般标准”的建设之后，青羊区开始着手特色打造，改建一所农村学校，就要建出特色，找到其可以挖掘的文化内涵、社区内涵，使其以高起点切入。由此，优质教育资源满覆盖作为目标被提了出来，也就是通过城区学校与农村学校的深度融合，在特色、内涵上出彩。最具说服力的是青羊区内最远的文家乡的中心校，经过2 000万元全新打造，现已成为全国基础教育“国学第一校”——文翁书院。青羊区内最好小学的教师每年轮换到文翁书院执教，学校原来的领导和教师则在城内层层过关，深度学习。目前，青羊区所有农村学校的校长都是从城区学校选调去的，区内教师到农村学校定期服务的人数，占农村学校教师总人数的四分之一。青羊区提出了第三个满覆盖——“帮困助学满覆盖”，就是“学生教材，政府买单，公共配置，循环使用”。从2005年秋季开始，青羊区义务教育阶段学校实施教材循环使用，同时所有学生免交书本费。2006年春季起，免除所有农民工子女教育阶段的所有费用。青羊区提出的教育反哺满覆盖，就是要提高教育反哺功能，推进城乡教育一体化理念进校园、进课堂、进社区，通过一个学生带动一个家庭，一所学校带动一个社区，一个区域带动一方文明，实现以素质教育推进城乡一体化。

除了武侯区和青羊区，成都市其他区县也各展其招：龙泉驿区推出“金凤凰”工程，让山里的孩子享受城里的教育；都江堰市倾力打造“五大教育走廊”，促进校际之间、区域之间的良性竞争，共同发展。

（三）成都市推进城乡义务教育均衡发展成效

成都市推进义务教育均衡发展工作初见成效，主要表现在以下几个方面。

1. 教育投入向农村倾斜，城乡学校办学条件差距进一步缩小，农村中小学生均经费水平明显提高，农村中小学校布局合理，校园风貌显著改变。2005 年，市本级财政对农村教育转移支付 7 834 万元（不含农村中小学标准化建设资金）；把中央和省财政转移支付的 4 661 万元中 85％的资金转移到了农村教育。2006 年，预算安排向农村学校支付 17 655 万元（含标准化建设资金 8 000 万元）。2004 年，农村小学生均预算内教育事业费为 1 050 元，比 2000 年增长 63％，城乡倍率从 1.6 倍缩小到 1.3 倍，绝对值差距缩小 90 元；农村初中生均预算内教育事业费为 1 258 元，比 2000 年增长 52％，城乡倍率也从 1.6 倍缩小到 1.3 倍，绝对值差距缩小 140 元。生均公用经费水平得到较大提高，学校运转能力不断增强。2004 年，全市小学生均预算内公用经费为 114.5 元，比 2000 年增长 1.7 倍；全市初中生均预算内公用经费为 161.1 元，比 2000 年增长 70％。到 2005 年年底，市本级财政已对“农村中小学标准化建设工程”投入资金 5 亿多元，学校布局更加合理，中小学危房基本消除。农村生均校舍面积进一步提高。2004 年，全市小学生均校舍建筑面积平均为 5.61 平方米，农村为 5.52 平方米，城乡差距从 2000 年的 1.55 平方米缩小到 0.4 平方米。2004 年，全市初中生均校舍建筑面积平均为 15.04 平方米，农村为 14.26 平方米，城乡差距缩小到 1.8 平方米。

2. 城乡联动发展，农村教师素质快速提高，教师学历层次明显提升。2005 年，全市小学专科及以上学历教师比例为 67％，其中，农村小学的该项指标为 51％，比 2002 年提高 29 个百分点，与城区小学的差距从 41 个百分点缩小到 27 个百分点。同年，全市初中本科及以上学历教师比例为 51.3％，其中，农村初中的该项指标 41.2％，比 2002 年提高 22 个百分点，与城市初中的差距从 45 个百分点缩小到 38 个百分点。2004 年，全市农村小学高级教师比例为43%，比2002年提高6个百分点，与城市的差距从5个百分点缩小到1个百分点。同年，初中学校中、高级教师比例为45%，农村初中该类教师的比例为41.3%，比2002年提高7个百分点，与城市的差距从18个百分点缩小到14个百分点。

3. 关注弱势群体，提供平等的受教育机会。近两年，成都市在公办中小学就读的农民工子女有7.3万人，并使在公立学校就读的农民工子女享受与成都市民子女平等的待遇，义务教育普及与巩固水平不断提高。2004年，全市适龄人口小学入学率达99.94%，初中达99.2%，辍学率分别控制在0.2%和1%以下。2005年，全市初中毕业生升学率达到88.8%，基本普及了高中阶段教育。

4. 县域内推进义务教育均衡发展的典型不断涌现。武侯区“捆绑发展”模式，使城乡学校协调发展。

青羊区“四个满覆盖”模式，推进城乡教育一体化。大力扶持农村学校，推行循环教材。区内红碾小学成为全省的“星级民工子弟学校”，深受广大外来务工人员认同；文翁学校是一所典型的村小，经重新规划改建后，成了城里人也十分羡慕的学校。在免除农村义务教育阶段学生学杂费的同时，该区实施了政府向农村学生免费提供教材、循环使用的举措。该区拟在2007年实施对义务教育阶段学生全免费的计划。

龙泉驿区“金凤凰”工程，让山里的孩子享受城里的教育。该区从2005年春季开始推进这项措施，当年，下山进城读书学生达988人。学生们下山进城读书，经费由政府买单，不仅住宿费、水电费全免，学生每月还可领取生活和交通补贴。计划通过3～5年的努力，将全区经济欠发达乡（镇）的近3 000名山区初中学生送到条件较好的城市学校就读，让他们享受同城市孩子一样的优质教育。

（四）成都市推进城乡义务教育均衡发展启示

成都市在推进城乡教育一体化、促进城乡义务教育均衡发展的工作中，坚持“总结、调整、提高”的方式，注重软件建设，着力构建长效机制。这种多种模式带动义务教育均衡发展的经验，为全国推进义务教育均衡闯出了新路。

1. 党委关心、政府重视是推进城乡教育一体化的根本保证。城乡教育一体化、义务教育均衡发展是一项系统工程，单靠教育系统的努力，成效是有限的。成都市委、市政府一直高度重视教育发展，坚持教育优先发展战略，在政策保证、人力支持、财政投入等方面做了大量工作，使城乡教育一体化不断取得新进展。

2. 科学规划、统一部署是推进城乡教育一体化的重要前提。在推进城乡教育一体化过程中，他们严格按照全市经济社会发展的实际情况，通过深入研究、科学预测区域内经济发展和人口流动趋势，调整学校布局，落实相关措施，用科学规划保证工作的高效有力。

3. 统一思想、形成合力是推进城乡教育一体化的关键措施。在工作中，他们注重广泛的宣传动员，并通过“大力推进城乡教育一体化，促进区域教育均衡、协调、可持续发展研究”课题，统一全市干部、教师、家长、学生、社会的思想认识，形成合力，营造社会关心、家长支持、教师参与、干部奉献的良好氛围，确保工作扎实开展。

4. 开拓创新、提高效益是推进城乡教育一体化的永恒主题。成都市推进城乡一体化、根据加强社会主义新农村建设的实际，不断创新，逐步探索出适合成都教育均衡发展的“教育八大措施”。并坚持在实践中改进工作方法，调整工作思路，提高工作效益，使城乡教育一体化工作保持健康、协调的良好态势。

5. 理顺体制、完善机制是推进城乡教育一体化的强劲动力。坚持“以县为主”的义务教育管理体制，确保区域教育管理人权、事权和财权的统一，努力实现教育资源的均衡配置。同时，又以“教育强乡（镇）”等措施强化乡（镇）的办学责任，激励乡（镇）的办学热情。出台了一系列文件，初步构建起城乡教育一体化发展的长效机制，为义务教育均衡发展注入了持久的动力。

6. 城乡共荣、服务社会是推进城乡教育一体化的终极目标。努力为学校提供比较均衡的办学条件，在校舍、教育装备、师资队伍及运行经费等方面对学校一视同仁，并构建政策保证体系，为每一位适龄儿童、少年提供比较平等的受教育机会，创造相对公平的竞争起点。实现城乡教育共同繁荣，让城乡孩子接受条件均衡的教育，成为了成都市的最高追求。他们坚持指导广大学校，在提高教育质量的同时，为农村党员、干部、农民培训提供场地、师资、设备等支持，主动发挥教育在新农村建设中的基础性、先导性、全局性作用。

7. 城乡教育一体化，是针对城乡教育实质性存在的“二元结构”问题，采取的一项统筹城乡教育发展、总揽教育全局的战略性举措。他们认为，城乡教育一体化的目的，是快速提高农村教育的发展水平，使其与城区教育均衡发展，最终实现区域教育现代化。如武侯区要求从区域实际出发，通过统筹规划，制定对农村教育的倾斜政策，发挥城市教育的先导、示范、辐射、扶持功能；通过全面整合、科学配置城乡教育资源，合理布局，形成城乡教育动态均衡发展的整体结构和双向沟通、良性互动的网络体系，从而实现城乡一体化的教育与经济社会发展的良性循环，使教育事业能更好地为经济社会和人的全面发展服务，为全面建设和谐社会和基本实现现代化服务。

8. 在推进教育均衡发展中，结合当地实际，积极探索，推进教育均衡发展。如青羊区明确提出推进教育均衡的思路是：第一，对涉农学校五个倾斜、五个均衡达到一定时间后，把均衡的注意力转到城内的薄弱学校；把均衡的重点转到区属学校与市属学校的对接；把均衡的指标转到与更高层面的比较，从而使均衡向深度和广度拓展。第二，对教育教学的整个评价体系进行改革，使评价体系真正有利于均衡发展。第三，始终不懈地抓住教师这一关键和核心，关心教师，关爱教师，注重教师的发展，注重教师的生存环境、生活质量，激发教师的职业活力和专业创造力。第四，注意从源头上建立制约教育发展不均衡的反弹机制，巩固深化全区均衡发展的成果。

他们认为教育均衡发展，第一，要从解决人民群众最不满意的问题做起，在教育政策上、教育制度上采取措施，积极推进义务教育均衡发展。第二，要从整体上缩小义务教育差距的同时，强化地方政府和教育行政部门的责任，以区域推进为重点，优先解决好县（市、区）域内义务教育均衡的问题，并在此基础上向更大范围内逐步推进。第三，在促进义务教育整体发展的同时，要把提高农村学校教育质量和改造城镇薄弱学校放在更加重要的位置，制定和完善有关政策，支持农村地区义务教育发展，支持薄弱学校的改造。第四，要在落实义务教育均衡发展总体要求的同时，坚持实事求是，因地制宜，鼓励学校根据实际情况办出特色，鼓励各地创造出符合当地实际的有效做法和经验。

9. 推进基础教育均衡发展的目的是使区域内各校有序发展、滚动发展、可持续发展，努力缩小城乡间、区域间、学校间发展的差距，积极鼓励各学校办出特色，鼓励发展快的学校向更高目标前进，用更有力的措施扶持薄弱学校，使之更快发展，最终达到取消低水平办学，不断壮大优质教育资源，形成你追我赶、互帮互助的既竞争又和谐的双赢局面，以更好地满足人民群众对优质教育资源日益增长的需求。

成都市推进义务教育均衡发展闯出了一条新路。如今成都市义务教育均衡发展已经进入到城乡一体、分类推进的发展阶段。实现城乡教育共同繁荣，让城乡孩子接受均衡教育，已经成为成都市上上下下的共识和追求。

六、沈阳市基础教育均衡发展研究
——推动区域教育均衡的“沈阳模式”

沈阳市于2003年在市内五城区启动了薄弱初中改革试点，改革的重点是：抓住薄弱环节，变注重硬件改善为注重软件建设，变单纯的改造为综合的改革，同时，规范热点学校的办学行为，注重引导，依法管理，调整优质教育资源的分配方式，形成既有利于全市义务教育均衡发展，又有利于学校自身持续、健康发展的良好运行机制。

（一）沈阳市推进义务教育均衡发展的新探索

近年来，沈阳市积极推进义务教育均衡发展，促进教育公平，建设和谐沈阳，他们结合实际，启动了义务教育均衡发展工程，以均衡发展工程推动全市义务教育的快速发展和整体提高。他们的具体做法包括以下方面。

1. 建设标准化学校，促进物质资源均衡配置。各区县（市）根据国家、省、市关于义务教育阶段小学和初中办学标准的规定，确定区域内所有学校达标的时间和工作进程。对本地区办学条件低于基本要求的薄弱学校，制定出限期改造计划，集中力量加快薄弱学校的改造，尽快使辖区内薄弱学校逐步减少。全面推进城区60所小学和46所初中的综合改革工作，加快薄弱学校改造步伐，尽快缩小校际间办学条件的差距。加强农村九年一贯制学校的建设。到2008年，完成100所农村九年一贯制学校建设的任务，使农村地区办学条件基本实现均衡。继续开展好城乡学校手拉手活动，逐步缩小城乡教育差距。

2. 校长教师流动，促进人力资源均衡配置。切实加强义务教育阶段学校干部、教师队伍建设和管理，认真履行教师资格认定、招聘录用、职务评聘、培养培训、调配交流和考核等职能，加强辖区内教师资源的统筹管理和合理配置。严格按照有关规定，保质保量地为每一所学校配齐合格教师。新增教师要首先满足薄弱学校的需求。应严格执行校长和教师的交流制度，经过交流，使各学校教师队伍在学历结构、职称结构、年龄结构以及市区骨干教师比例等方面实现基本的均衡，2006 年秋季新学期开学后，起始年级的教师配备达到上述目标，并向学生和家长公示。经过 3～6 年的滚动，所有中小学教师队伍基本实现均衡。

建立城乡帮扶制度，城区学校和农村九年一贯制学校开展手拉手活动，城区学校连续五年向农村九年一贯制学校派校长 1 人、教师 2 人。校长参评沈阳市教育专家时，教师晋升高级职称时必须有到薄弱学校任职、任教或到农村九年一贯制学校支教的经历。实行校长资格认定，积极探索校长职级制。

3. 规范办学行为，调整招生政策，促进生源均衡分布。为全力推进义务教育均衡发展，沈阳市委常委会议作出决定：“全市民办公助中小学全部恢复公办性质，并通过均衡办学条件、师资、学苗、分配等措施，从根本上解决择校热。”市政府下发《转发市教育局关于做好 2006 年义务教育招生工作意见的通知》(沈政办发［2006］14 号)，要求切实规范中小学办学行为，并规定各区、县（市）要认真做好公办小学、初中学区划分工作，科学、合理地确定学区划分方案，确保本行政区内所有适龄儿童、少年都有公办学校的学位，学区划分方案由市教育局统一向社会公布。小学招收新生，要依据《义务教育法》，招收适龄儿童按学区就近入学。县（市、区）教育行政部门要重点抓好农村初中招生工作的统一领导与管理，做到小学向初中整体移交学生，使小学毕业生 100％升学。严格执行小学毕业生免试就近升入初中的规定，严禁任何初中招生举行或变相举行选拔性考试。从 2006 年秋季起，凡不实行“按学区招生、就近入学”招生办法的公办学校和违反省、市招生政策的民办学校招收的新生，在中考时不享受指标到校、保送、推荐等招生政策。

义务教育阶段公办学校一律不得招收“择校生”。2006年以前进行转制实验的学校（包括民办公助、公办民助、国有民办、体制改革实验、校中校等），都要恢复公办学校性质，实行“按学区招生、就近入学”的招生办法。上述学校要做好现有在校年级的师资配备和教育教学管理工作，保证教学质量，停止“幼小衔接”的入学方式。和平区、沈河区、大东区、皇姑区和铁西区各公办小学不得举办以直接升入本小学为名的幼儿园（所），变相高收费；已经举办的2006年秋季起停止“幼小衔接”的入学方式，幼儿园毕业生一律按学区就学。进一步加强对民办中小学校的管理。全市小学和初中新生如有择校需求，可选择民办学校。民办学校招生简章报所在区、县（市）教育局审查后由学校向社会发布。

4. 统筹发放教师结构工资，缩小校际间教师收入差距。沈阳市规定，要通过缩小收入差距，促进教师的合理流动。各区要根据本地区实际情况，制定教师结构工资标准，采取有力措施，实现区域内同类教师工资待遇基本相同。区教育局按统一标准和人头将结构工资拨付到学校，学校可以根据每个教师的教学工作量和教学质量等进行内部调节，建立起内部的竞争机制。

5. 深入推进素质教育，全面提高教育质量。把关注每一个孩子的健康成长，提高每一所学校的教育质量作为推进义务教育均衡发展的根本任务。在制定政策、配置资源、安排资金时，优先保障提高教育教学质量的需要。积极创造条件，保证辖区内所有学校按照义务教育课程方案要求开齐课程，并达到教学基本要求。所有学校都要严格执行国家课程计划，不得挤占音乐、体育、美术和社会实践等课时。坚持对学生的道德品质、公民素养、学习能力、交流与合作、运动与健康、审美与表现等方面进行综合评价。加强教学指导和质量监测，逐步建立规范化、科学化、制度化的义务教育教学质量监测评估体系和教学指导体系。

6. 做好弱势群体学生接受义务教育的各项工作。认真落实好国家资助贫困家庭学生的各项政策，公办学校要认真做好进城务工农民子女义务教育工作。将残疾儿童少年义务教育纳入“双高”普九工作之中，改善特殊教育学校的办学条件，办好特殊教育学校，提高残疾儿童少年义务教育普及程度。

7. 建立义务教育均衡发展实验区。在各地大力推进义务教育均衡发展的基础上，确立1～2个区为市级义务教育均衡发展实验区，市政府给予相应的政策支持，每年拨付义务教育均衡发展专项资金。实验区要积极探索建立学区化管理制度，根据现有公办学校的分布情况，以优质学校为龙头，将所属学校分成若干学区，学区内的学校要打破原有的界限开展教育教学管理，实现统一安排教学人员、统一组织备课、统一组织教学、统一组织质量监测和校本培训，学区内所有学生共享学区内学校的图书馆、体育馆、实验室等各类教育教学设施设备。

8. 建立和完善义务教育均衡发展的监测制度。各区要建立和完善义务教育均衡发展监测制度，定期对辖区内义务教育学校间的办学条件、教师水平和教学质量进行监测和分析，并接受社会监督。

9. 建立义务教育均衡发展督导评估制度。市教育督导室将研究制定义务教育均衡发展督导评估指标体系，对各区义务教育均衡发展状况进行评估，对各区人民政府推动义务教育均衡发展的工作开展督导检查，将评估检查结果作为评价各区教育工作的重要指标。督导评估结果要作为考核主要领导干部政绩的重要内容和进行表彰奖励的依据。

（二）沈阳市全面推进义务教育均衡发展的启示

沈阳市在推进义务教育均衡发展中，以“城区初中改革试点学校”为抓手、以薄弱学校改造为牵动，推进义务教育区域内均衡发展。改革的总体目标是通过政策导向，建立以校长、教师交流制度为核心的教育管理模式，组建得力的学校领导班子，调整优化教师队伍，进一步改善办学条件，调整生源流向，逐步形成促进义务教育均衡发展、促进学校持续发展、促进教师自身发展、促进学生全面发展的运行机制。

2006 年秋季新学年开学以来，沈阳市为全面推进义务教育均衡发展，出台了一系列新举措：对于为满足“择校”需求而设的“民办公助学校”，一律叫停，实行“按学区招生，就近入学”；对于形成学校间差距关键因素的教师，实行再分配，每所学校起始年级教师交流比例不低于 50%，城区 254 所中小学的 1 977名教师进行了沈阳教育史上从未有过的“大规模流动”：超编学校教师向缺编学校流动，优质学校教师向改革学校流动，城镇学校教师向农村学校流动；对于人们十分关注的学区划分，用学区化管理予以弱化，依托现在的优质学校，按照地域分布，五个城区共组建了 49 个教育资源，实现高度共享的“大学区”。

沈阳市推进义务教育均衡发展，自 2003 年以来，在短短的三年里，坚定而又坚实地迈出了三大步。

1．推进薄弱学校跨越式发展

2003 年，沈阳市教育局针对市民最为关心的、一直困扰大中城市的择校热问题，抓住薄弱学校这一关键环节，拉开了推进义务教育均衡发展的序幕。他们先从城区最为薄弱的初中入手，选择 22 所学校实施为期三年的综合改革。其具体做法是：调整学校领导班子，采取竞聘上岗方式，为每所学校委派一名业务能力强、富有改革精神的校长；配备骨干教师，将城区学校 100 名骨干教师分派到 22 所学校；实施教育援助，使每所学校都能常年得到教育行政部门的专人指导、高校的教育援助和优质学校的教学帮扶；给予经费倾斜，市财政资助每所学校 20 万元，区财政配套资助每所学校 20 万元，用于教育教学改革。沈阳市委、市政府高度重视薄弱学校的改造工作，2005年将薄弱学校的改造视为构建和谐社会的基础性工程，总结经验，扩大范围，一抓到底。2006年7月，全市又分三批将24所初中和60所小学纳入综合改革之列，实施综合改革的城区初中和小学分别达到城区学校总数的58%和32%，基本实现了城区薄弱学校改造的全覆盖。

2. 推进城乡学校协调发展

为了推进城乡协调发展，改造农村教育“散、小、弱”的不足状况，寻找出一条农村教育可持续发展的新路，沈阳市探索建设农村九年一贯制学校，以集聚有限的教育资源，改善办学条件，优化教师队伍，提高教育质量。沈阳市委、市政府高度重视这项工作，从城市教育附加中列出专项，予以支持。2005年将农村九年一贯制学校建设作为社会主义新农村建设的先导工程之一，明确提出，到2008年全市农村要建成100所，基本实现“一乡一校”。截至2005年年底，沈阳市投入2.1亿元，建成39所九年一贯制学校，撤并农村中小学校195所，有五分之一的农村中小学生已经进入新校上学。同时，2005年，沈阳市开展了城乡学校“手拉手”活动，组织城区优质中小学校对口支援已经建成的农村九年一贯制学校。现在已经有76所城区学校与农村九年一贯制学校结成帮扶合作体，117名校长和优秀教师在农村支教。沈阳市教育局决定，农村建成一所九年一贯制学校，就组织城区学校对口支援一所学校。具体抓好两项工作：一是组织农村学校领导、教师到城区对口学校进行为期半年的见习培训；二是为手拉手学校配齐同步视频教学系统。

3. 推进所有学校共同发展

沈阳市在推进教育资源均衡配置的同时，努力实现每所学校的共同发展。其具体措施有：一是推动义务教育全面走上均衡发展的轨道，把义务教育均衡发展工作纳入到市县两级政府的议事日程，做到有方案、有措施、有人抓、有督导、有奖励；二是推动教育经费的均衡配置，做到依法保证“三个增长”的同时，弥补改制学校恢复公办后的经费缺口，保证每所学校生均公用经费标准的统一；三是取消民办公助学校，禁止公办小学举办直升式的幼儿园（所），推动学校间的公平竞争；四是做到校际教师职称结构的比例统一，同职级教师工资待遇统一，校长评沈阳市教育专家、教师评高级职称均与支教经历挂钩，推动教师在学历、职称结构、年龄结构和骨干教师数量校际的均衡分布；五是推动教育资源的共享，组建“大学区”，在“大学区”内实现统一安排教学人员、统一组织备课、统一组织教学、统一开展质量监测、统一组织校本培训，学生可共享大学区内各学校的图书馆、体育馆、实验室等设施；六是采取区域实验的方式推进，按照“明确目标，整体推进，分期评估，创建示范”的工作思路，首先把城区全部纳入义务教育均衡发展综合实验区之列。

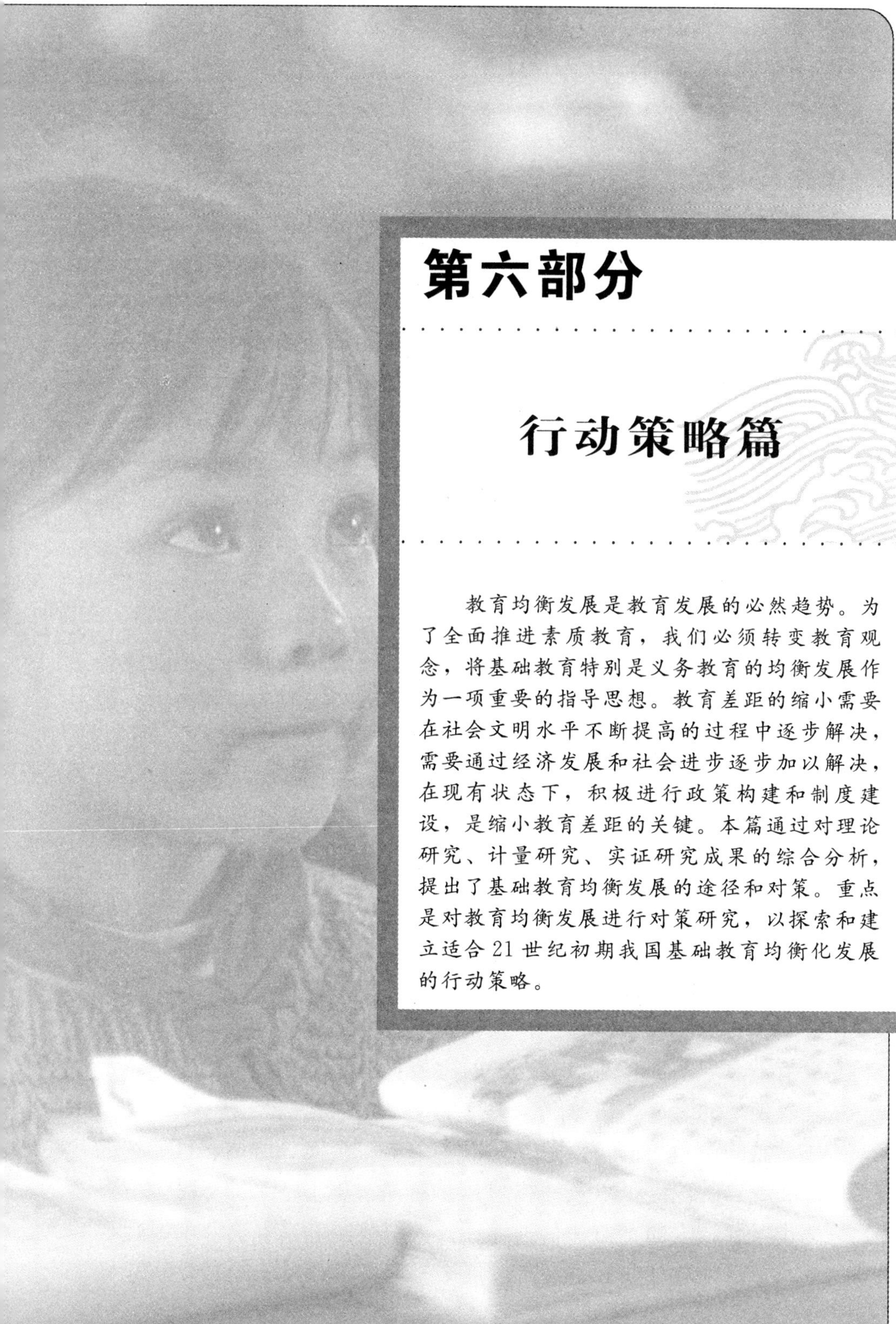

第六部分

行动策略篇

教育均衡发展是教育发展的必然趋势。为了全面推进素质教育，我们必须转变教育观念，将基础教育特别是义务教育的均衡发展作为一项重要的指导思想。教育差距的缩小需要在社会文明水平不断提高的过程中逐步解决，需要通过经济发展和社会进步逐步加以解决，在现有状态下，积极进行政策构建和制度建设，是缩小教育差距的关键。本篇通过对理论研究、计量研究、实证研究成果的综合分析，提出了基础教育均衡发展的途径和对策。重点是对教育均衡发展进行对策研究，以探索和建立适合21世纪初期我国基础教育均衡化发展的行动策略。

第九章 教育均衡发展的政策选择和对策研究

面向新世纪，我国的教育正在进入新的发展时期。伴随着经济的发展、社会的进步、法制的健全，以及人们法律和民主权利意识的增强，我国社会正在进入一个关注社会公平的社会，人们对教育公平问题的关注程度显著提高，教育均衡发展就显得尤为重要。因此，我国教育的发展不仅要有历史的、现实的、未来的眼光，更要有世界眼光、全球意识。教育均衡发展是一种理想、一种境界，但它绝不是远离我们实际工作的抽象理念。时下，促进教育均衡发展正在成为我们制定教育政策要遵循的重要原则，而且逐步成为我们衡量和评价基础教育的重要标准。坚持教育均衡发展，对于我国教育，特别是基础教育持续、健康发展，遏制当前不合理的教育非均衡发展的趋势，对于维护社会的稳定，都有着现实的意义。

党的十六大以来，随着“以人为本，全面、协调、可持续的发展观”的确立，以及“构建经济强大、政治昌明、科技发达、文化繁荣，人的素质和精神境界极大提高的和谐社会”的时代要求，不仅使教育在社会经济发展中具有的基础性、全局性、先导性作用日益凸显，也为促进教育均衡发展奠定了坚实的思想和政策基础。

第一节 教育均衡发展的政策选择

教育均衡发展是教育发展的必然趋势。为了全面推进素质教育，我们必须进一步转变教育观念，将基础教育特别是义务教育的均衡发展作为一项重要的指导思想。

一、教育均衡发展的主要途径

结合我国的基本教育国情，研究探索促进教育均衡发展的主要途径，应从如下五个维度入手。

第一个维度：推进地区间的教育均衡发展。推进地区间教育均衡，就要加大对欠发达地区的教育投入和扶持力度。

第二个维度：推进城乡之间的教育均衡发展。目前，我国城乡之间的教育差距很大，缩小城乡差距，就必须加快农村教育发展。

第三个维度：推进学校之间的教育均衡发展。即就是同一个地区、同一个城市中学校之间的均衡发展。目前，我国同一个地区、同一个城市中学校之间的教育发展不均衡，是造成家长学生择校之风盛行的基本原因。

第四个维度：推进不同阶段的教育均衡发展。从全国目前基础教育发展的整体态势看，学前教育和初中教育、职业教育相对比较薄弱。

第五个维度：推进接受基础教育的不同群体之间的教育均衡发展。目前，我国基础教育不均衡还表现在社会上的弱势群体受教育机会不均等，弱势群体主要指残疾儿童、外来务工人员子女、家庭困难的孩子、学习困难和心理有偏差的孩子等。

在世界各国推进教育现代化过程中，实现教育公平的基本途径是大致相同的。通过发展教育，促进教育机会均等；通过制度改革和政策调整，促进教育资源均衡配置，奠定规则的公平；通过政府行为和转移支付制度，扶持落后地区和弱势群体，促进教育均衡发展。

首先，通过发展教育扩大受教育机会，缩小教育差距，是实现教育均衡的基本前提。实现基础教育均衡发展，一是各级政府必须按照《教育法》和有关规定保证教育经费持续增长；二是开展教育制度创新、调整教育政策，吸引和促进社会资源向教育流动，满足教育快速增长对教育经费的需求；三是扶持和鼓励发展民办教育，鼓励私立、民办中小学发展，满足一部分人享受高质量教育的需求，使政府集中力量推进落后地区的义务教育发展。

其次，均衡配置教育资源，是实现教育均衡发展的重要保证。确立全新的资源配置理念，在发展中缩小差距，增加公平，实现均衡；在充分考虑各地因自然历史条件形成的实际差距的同时，将逐步缩小地区差距、城乡差距作为重要的工作指导原则；各地在规划教育发展布局、制定教育政策、增加教育投入时应本着教育均衡发展的思想向薄弱地区倾斜。

最后，建立财政转移支付制度、制定优惠政策，加大对中西部地区和弱势群体的教育扶持和支持，是实现教育均衡的有效途径。重点支持边远和少数民族地区普及义务教育，缩小西部地区与东中部地区在基础教育特别是义务教育普及和发展上的差距，提高少数民族地区义务教育普及率。同时，重视和切实解决流动人口、贫困阶层子女和残疾儿童等弱势群体的教育机会和教育公平问题。

二、教育均衡发展的实现前提和基本条件

教育均衡发展必须建立在一定经济社会发展的基础之上，以

一定的经济社会发展为前提，为基础。我国基础教育均衡发展必须具有如下的前提和条件。

（一）加快经济发展，推动社会全面进步，加速教育事业发展，是推进教育均衡发展的基础

综合分析目前我国教育发展的基本状况，可以看出，长期以来由于经济落后导致的教育有效供给不足，以及经济文化发展的不平衡导致的地区差别、城乡差别、贫富分化等是造成我国教育非均衡发展的客观因素。因此，我们只有不断加快经济发展，推动社会全面进步，推动教育事业的全面发展，不断扩大优质教育资源，满足人民群众日益增长的教育需求，才能逐步实现教育均衡发展的理想境界。

经济社会发展是教育均衡的前提条件。在发展极不平衡的经济基础之上，学校教育要实现均衡发展是很困难的。教育均衡是由相应的经济关系所决定的，它是社会经济发展到一定阶段的必然结果。因此，教育均衡必须以一定的经济环境为依托，以经济社会发展的一定阶段为基础。

从整体上看，教育投入不足，学校经费困难一直是制约我国基础教育发展的“瓶颈”。随着社会的进步、经济的发展以及义务教育的普及，人们对教育的需求日益增大，而教育却无法满足人们在数量和质量上的教育需求，于是，就产生了教育需求无限增长和有效资源供给不足之间的矛盾。所以，我国只有不断加快经济发展，推动社会全面进步，加速发展教育事业，不断扩大优质教育资源，特别是合理有效利用有限资源，才能在一定程度上解决人们对教育的相对需求不足的矛盾，才能缓解教育资源紧缺的现实状况，促进教育均衡发展。

对于地区之间的差距，目前，政府主要是采取财政转移支付政策、贫困地区义务教育工程、对口帮扶和支援等，这对缩小东西部教育差距起了积极作用，但是，要实现均衡发展仍然是一个

相当长远的目标，政府应继续坚持实行倾斜性政策，在坚持教育均衡原则的基础上，合理分配有限的教育资源。

迄今为止，即使世界上最发达的国家，也仍未完全实现学校教育的均衡发展。事实上，在教育资源还没有达到极大丰富、不同地区之间经济存在差距的状况未能彻底改变之前，是不可能实现真正意义上的学校教育均衡发展的。

当前，我国教育的基本矛盾是人民群众日益增长的教育需求与教育资源特别是优质教育资源供给不足的矛盾。加快教育发展，扩大教育资源特别是优质教育资源的供给，为广大人民群众提供充足的、优质的、多层次、多样化的受教育机会，是推进教育均衡发展的首要任务。因此，要充分发掘和激发一切有利于教育发展的资源和积极性，以发展求公平，合理调整教育资源结构，使公共教育资源进一步向基础教育倾斜，逐步缩小城乡之间、区域之间、校际之间和群体之间的教育差距，从而使教育事业在加快发展中求均衡，在均衡发展中求公平。

因此，推进教育均衡发展必须加快经济社会和教育发展，以发展求公平。坚持把教育公平作为制定教育政策、加快教育发展的基础目标，充分发掘和激发一切有利于教育发展的资源，进一步完善政府对教育投入的稳定增长机制，加大对中西部地区学校的经费投入和扶持力度，加快对农村教育投入和扶持力度，使公共教育资源进一步向农村学校倾斜，以快速的教育发展，逐步缩小城乡之间、校际之间的教育差距。

（二）树立科学的教育发展观，坚持以人为本的教育发展理念，是推进教育均衡发展的前提

发展教育，首先要树立与现代文明社会建设相适应的教育观、质量观、人才观、学生观，不断提高学生的基础性能力、发展性能力和创造性能力。用科学的发展观指导教育工作，就要求我们把教育摆在优先发展的战略地位，牢固地树立起科学的教育

发展观，促进各级各类教育持续健康协调发展。现阶段，在教育的宏观决策方面，必须坚持和树立如下科学的教育发展观。

1. 优先的教育发展观。教育是现代文明的基础，是国民经济和社会发展的内动力。对于提升国民素质，培养国家建设各方面的专门人才和高素质的劳动者，加快经济社会发展进程，具有基础性、先导性和全局性的作用。通过优先发展教育，满足人民群众日益增长的教育需求，是代表最广大人民根本利益的表现。因此，必须把教育放在优先发展的战略地位。

2. 以人为本的教育发展观。以人为本是教育发展的核心命题。按照以人为本的发展观，发展必须被视为是一个既包括经济增长、缩小不平等和根除贫困，又包括社会结构、国民观念和国家制度等这些主要变化的多元过程。发展既是物质的现实，又是精神上的一种状态。因此，以人为本的发展观，首先强调要以满足人们的基本需要为本。以人为本，还强调以满足绝大多数人，尤其是广大群众的基本需求为本。以人为本，更强调不仅要在物质上满足绝大多数人们的需要，还要使每个人都能够受到社会的承认和尊重，都能够实现自身的价值，都有进行选择的广阔空间。以人为本就是要把人民利益作为一切工作的出发点和落脚点，不断满足人们的多方面需求，促进人的全面发展。以人为本的教育发展观把教育的重点转向人本身，在教育过程中把人的全面发展放在中心地位，它改变了传统教育中只重知识传授，而忽视人的能力和人格培养的倾向，注重人的素质的提高、能力的培养、个性的发展，人的创新能力和精神的培养。

3. 全面的教育发展观。教育的根本宗旨是促进人的全面发展，提高全民素质。人的全面发展，就是要提高人们的全面素质，也就是人的思想道德素质、科学文化素质、身体素质和审美素质的全面提高和进步。当前，最重要、最急需、最紧迫的是满足人民的精神生活需要，提高思想道德素质和科学文化素质。树立全面的教育发展观，必须体现以下指导思想。

一是必须坚持和实施科教兴国战略和人才强国战略，进一步普及教育，提高受教育者的素质和全社会的教育水平，特别是要大力加强科学知识、科学方法、科学思想、科学精神的宣传教育，培养人们的求真务实、勇于创新精神。

二是必须全面推进素质教育，面向全体学生，以促进人的发展为本，为人的终身学习和终身发展服务。

三是必须大力推进教育与经济社会结合，推进教育为经济社会发展服务，为经济社会发展提供有力的人才和智力支撑。

4. 均衡的教育发展观。均衡发展是一种新型教育发展观，其实质是代表最广大人民的根本利益，核心是追求教育公平。教育均衡是指政府提供给每个孩子的学习条件、权利、机会是平等的。保证受教育者接受教育特别是义务教育所必需的校舍、设备、师资等基本条件，均衡配置教育资源，是让全体适龄儿童少年享受平等教育的基本体现，也是教育事业发展义不容辞的责任。教育均衡首先是教育资源配置的均衡。教育资源配置实质上就是教育资源在教育系统内部各组成部分或在不同子系统之间的分配，必须建立合理的教育资源配置机制。

5. 协调的教育发展观。用科学发展观思想指导教育工作，在教育工作中必须正确处理好教育的近期发展与长远发展的关系、区域发展与整体发展的关系、城市发展与农村发展的关系、内部发展与外部发展以及对外合作的关系，教育发展与经济社会发展的关系、教育发展与人和自然的关系，以及教育发展的数量与质量、速度和效益的关系。党的十六届三中全会提出“五个统筹”，第一位就是要统筹城乡发展，走城乡互动、强弱校互促的协调发展道路。建立教育均衡发展的综合评价体系。用体制机制的办法统筹城乡教育均衡发展、统筹区域教育均衡发展、统筹学校教育均衡发展、统筹受教育者的均衡发展、统筹教育与经济社会的均衡发展。当前，要特别注意处理好四个重要的关系。

一是教育的改革、发展、稳定的关系。发展是目的，改革是动力，稳定是前提。要以改革求发展，以创新求发展，以发展促改革，以改革促发展、保稳定，通过教育改革发展促进经济社会发展。

二是教育的区域发展与整体发展的关系。进一步实行东西部教育对口支援，加强对西部地区教育的支持和扶持力度。

三是教育的城市与农村发展的关系。逐步改善城乡二元经济结构，使城市与农村教育协调发展，加快农村教育发展步伐。

四是教育与经济和社会的关系。要注意克服只重视经济增长，而忽视社会发展和教育发展的现象，使教育与经济社会协调发展。要统筹教育与经济社会的协调发展，统筹经济社会与人的协调发展，统筹区域教育、城乡教育的协调发展，统筹公办教育、民办教育和中外合作办学的协调发展，统筹各级各类教育的协调发展，统筹科学教育与人文教育的协调发展，使各级各类教育都能够持续健康协调地发展。

五是协调和统筹学校教育、家庭教育和社会教育的密切结合，形成教育社会化的大氛围，做到区域统筹、城乡统筹、校际统筹、部门协调，促进基础教育均衡发展，保障受教育者接受公平教育的权利，促进人的全面发展。

6. 可持续的教育发展观。可持续发展观强调发展是一个涉及自然、人、社会的永恒的交互作用的过程，是可持续经济、可持续社会和可持续生态的有机统一。可持续发展注重发展的可持续性，认为发展是经济、社会、人和环境的全面协调发展，要求人、自然和社会的和谐统一，关注社会当前利益与长远利益、局部利益与整体利益的有机统一。教育在促进经济、社会、人和自然的可持续发展的同时，其自身也要实行可持续发展。一是合理利用和配置教育资源，保护教育生态的良性循环发展。合理利用物力资源、人力资源，充分发挥现有教育资源的规模效益；优化教育资源配置，提高教育资源的最大效率。二是尊重教育规律，实事求是，求真务实，防止不切实际的发展，防止教育资源的浪费，维护教育发展的生态环境。

教育发展是一个系统工程，需要社会、教育部门和学校上下的共同努力，才能确保教育事业全面健康协调持续发展，并最终促进教育与经济、社会、人和自然的和谐发展。所以，从根本上保证和实现公民受教育权利的平等，促进学校教育均衡发展，毫无疑问也是学校的责任。校长和教师必须进一步端正教育思想，更新教育观念，不断提高自身素质，充分挖掘优质教育资源，掌握和运用正确的教育方法，积极探索适合本校实际的改革之路和发展模式，更好地肩负起培育高素质公民的重大使命。坚持科学的教育发展观，必须促进教育规模、结构、质量和效益的统一。教育的发展离不开规模的扩张，要以提高教育质量为核心，切实转变教育发展方式。同时，积极探索提高教育质量的新思路、新途径。通过推行新的制度创新，促进各级各类教育的培养模式、教学方法、教学技术的创新。进一步调整学校布局结构和学科专业结构，全面实施素质教育，培养全面发展的创新人才。总之，今后的教育发展，必须统筹城乡教育、统筹区域教育、统筹各类教育、统筹人才培养与社会服务、统筹人的全面发展。

为此，建议将教育均衡发展确立为国家教育政策的基本价值取向。在义务教育阶段，牢牢树立公平优先效率的观念，在非义务教育阶段，坚持公平和效率并重的方针，以此为指导，调整、改革我国的教育政策制度。

（三）教育均衡发展主要是政府责任，政府是保证教育均衡发展的“第一责任人”

教育发展不平衡是当前中国社会主义初级阶段的必然现象，教育均衡是一项长期的任务。教育均衡发展是一个动态的螺旋式上升的过程。政府既要加快教育发展，又要推进教育均衡。政府的任务是通过有效的资源配置和政策调控缩小教育差距，教育均衡是政府工作的目标和追求的价值取向。

1. 教育均衡发展特别是义务教育均衡发展主要是政府的责任。义务教育的宗旨和教育公平的原则，要求必须把推进义务教育均衡发展列入政府职责，政府在教育经费分配、校长和师资安排、校舍和设备等硬件和软件建设、生源安排等方面，必须体现和落实教育均衡发展的基本思想。义务教育要求办好每一所学校，办好每一所学校必须要以政府为主，以最终体现教育的平等，教育的公平。现阶段推进义务教育就是在市场经济的条件下，怎样采取行之有效的措施和手段调整政府行为和学校行为。因此，教育特别是义务教育的发展首先是政府行为。推进教育均衡发展，政府应该通过深化改革，推动各级各类教育的协调发展，满足人民群众的教育需要；政府应制定政策，通过政府行为，建立教育经费转移支付制度和资助扶持政策，支持经济落后的中西部地区发展教育，保证弱势群体接受教育的权利；政府应调整教育政策，加快制度创新，开发教育市场，开展多元化模式办学，吸引和促进社会资源向教育流动，开放和引进中外合作办学，扶持和发展民办教育，以促进教育事业全面发展。政府要把义务教育均衡发展列入政府主要负责人考核内容，通过建立完善政府问责制度，加大对义务教育均衡发展的实施力度。

2. 政府应树立发展教育“第一责任人”的意识。义务教育是纯公共产品，非义务教育（特别是高等教育）是准公共产品，这都决定了教育资源应该完全由或主要是由政府所提供的。教育作为公共产品，受益者虽然主要是个人，但它直接关系到民族的素质和国家的命运，关系到和谐社会的建设。因此，政府是提供教育公共产品、实现教育公平的“第一责任人”。政府有责任加大对教育的投入。

3．从根本上保证和实现公民受教育权利的平等是政府的责任。缩小差距，促进学校教育均衡发展，各级政府的指导、扶持和协调是非常关键的。国家要加大对基础教育特别是义务教育的投入，切实加强监管，以提高有限投入的使用效率。同时，还要创造全社会关心支持教育良好的社会风气和社会环境，统筹各种社会资源，动员和发动社会支持教育事业，发展优质教育资源。

4．政府对基础教育均衡发展的责任主要体现在：一是规划责任。各级政府在规划决策本地区基础教育事业发展时，必须将基础教育均衡发展作为基础教育发展的重要指导思想。在义务教育阶段，要逐步取消等级学校、重点学校，淡化窗口学校、示范学校，真正办好每所学校，教好每个学生。同时把家庭经济困难儿童、残疾儿童和流动人口子女教育纳入九年义务教育巩固提高范畴。二是投入责任。政府必须不断增加教育投入占 GDP 的比重，并根据公共教育财政体制的要求，调整教育支出结构，加大对基础教育的投入力度，建立规范的财政转移支付制度、公平的公立学校资源分配制度和贫困生助学制度，坚持对贫困地区、薄弱学校和困难群体进行倾斜。三是督察责任。各级政府要建立基础教育均衡发展的量化标准和教育评估机制，努力将区域内的每所学校都建成标准化的学校。

第二节　推进基础教育均衡发展的十大对策

教育差距的形成有着长期的历史原因、社会原因、文化原因，因此，教育差距的缩小需要在社会文明水平不断提高的过程中逐步解决，需要通过经济发展和社会进步逐步加以解决。但是在现有状态下，积极进行政策构建和制度建设，是缩小教育差距的关键。

导致我国基础教育不均衡发展的原因是多方面的，有的是历史形成的，有的是制度性原因，也有的是教育政策上的不均衡导向所致，其主要是由于政府在公共政策制定中的不同取向和导向所致，人为地加剧了现实中的教育发展不均衡。对于历史形成的教育差距，需要通过经济发展和社会进步逐步加以解决，相对于缩小历史发展形成的差距而言，通过制度安排和政策调整来实现教育均衡发展，增进教育公平，更容易实现。推进基础教育均衡发展，现阶段最关键的是通过教育资源均衡配置及相关政策的调整，以实现教育条件和机会的均等。因此，教育均衡发展主要应依靠政府从历史的角度对教育政策的制定进行反思，宏观上对现有教育资源进行合理调配。

推进基础教育均衡发展是一个长期过程，也是一个复杂的社会系统工程。需要社会各方面共同努力，解决制约基础教育均衡发展的观念、体制、政策等方面的问题，营造有利于基础教育均衡发展的社会环境，尤其需要强化各级政府的责任，进一步完善公共财政支撑体系，不断增加教育投入。

教育发展的关键是发展政策的选择。教育发展要解决的核心问题是发展的模式与途径，也就是发展政策的选择问题。根据我国基础教育的现状和经济社会发展的实际，初步归纳提出以下几方面推进基础教育均衡发展的对策建议。

一、开展制度创新，建立教育制度均衡机制，是推进基础教育均衡发展首要的政策选择

教育均衡发展的实现是一个漫长的过程，如何有效解决当前基础教育不均衡的问题，是教育政策必须面对的问题。目前我国基础教育发展不均衡问题，最终都可以还原为政策和制度问题。许多教育发展不均衡问题本身就是政策、制度缺失或不健全所造成的；所有的教育发展不均衡问题，最终都可以通过政策修订和制度创新进行调节。因此，研究和建立教育政策运行的公平机制

是从根本上解决基础教育发展不均衡的关键和保障。

均衡发展是教育特别是基础教育的一个带根本性的重要的指导思想和价值追求。基础教育发展进入新时期后，应当更加旗帜鲜明地用教育均衡发展的思想统一认识，指导工作。因此，构建制度均衡机制是促进基础教育均衡发展的政策选择。

(一) 调整教育政策，为基础教育均衡发展创设良好的制度环境

以教育均衡发展的思想为指导，调整教育政策，逐步清理和消除影响基础教育均衡发展的不良政策性因素。

一是根据教育均衡发展的新理念，及时调整教育政策，取消目前存在的重点学校、示范学校制度。目前，各地仍然在实行的重点学校和示范学校制度，是影响基础教育均衡发展的严重的制度“瓶颈”，对基础教育发展起了不良的导向作用。为解决同一区域内不同学校间教育资源严重不均衡的局面，以及义务教育阶段严重的择校现象，应取消重点校、非重点校的划分，尽快废弃这一制度。政府在经费投入、资源配置方面对所有学校统一标准，是推进基础教育均衡发展重要的政策措施。

二是采取政策措施，解决制约基础教育均衡发展的“瓶颈”问题。教育经费投入不足和不均衡，长期以来一直是制约我国教育特别是基础教育发展的主要问题，在依法保证教育投入的同时，加快进行教育体制、运行机制的创新，想方设法吸引更多的社会资金，甚至海外资金投入教育，扩大基础教育资金来源，以便政府掌握的教育经费更多地向教育薄弱地区和学校倾斜。加强薄弱地区教育和学校建设，是当前我国推进基础教育均衡发展的重要措施。

(二) 开展制度创新，建立基础教育制度均衡发展机制

一是实施义务教育免费制度。免费是指对接受义务教育的学生免收学费，其费用应全部由政府财政提供。我国义务教育的目

标应为保证每个适龄儿童和少年都能免费接受并完成义务教育，而不受地域、城乡、民族、性别、经济背景、阶层等各种条件的限制。根据我国的国情和国家财政状况，现阶段可先从贫困地区和农村开始，在农村建立义务教育免费制度，然后，随着国家经济势力的增强，逐步扩大到整个义务教育阶段，再扩大到整个基础教育阶段。目前，国家已初步制定出义务教育免费的时间表，即 2006 年春季开学对西部农村义务教育阶段的中小学生免除学杂费，2007 年春季开学全国农村义务教育阶段学生全部免除学杂费。

二是建立义务教育阶段贫困学生的助学制度，完善帮扶机制，以帮扶保公平。免费并不能确保所有适龄儿童和少年都能接受义务教育。国家应在逐步实行免费义务教育的基础上建立义务教育阶段贫困生助学制度，政府可采取提供免费教科书、助学金或生活补助等方式，对家庭经济困难的适龄儿童和少年接受义务教育进行资助，其资助费由政府负担。建立和完善对弱势群体资助体系和弱势补偿的政策机制，加强对弱势群体的补偿力度，促进基础教育均衡发展。进一步健全和完善政府主导、学校联动、社会参与的扶困助学机制，积极创造条件，落实流动人口中适龄儿童少年就学政策，妥善解决外来民工子女入学问题，确保外来适龄儿童受教育的平等权利；积极鼓励社会各界参与结对助学，切实保障每一位孩子享受良好的教育，确保每一位学生不因家庭困难而失学。

二、深化教育改革，以改革促公平，是推进基础教育均衡发展的重要途径

当前，我国基础教育在体制机制方面还明显存在着改革滞后、教育结构单一、学制僵硬、各类教育之间不衔接、用人制度不活等问题，教育自身的制度性缺陷，是造成教育机会，尤其是

教育结果不均等的重要原因。通过深化教育体制、办学体制、教育内容和方法的改革，是提高教育效率、增进教育公平的重要途径。

（一）深化教育体制改革，以改革促公平

进一步解放思想，创新教育体制，激发教育发展的动力和活力，有效地促进教育公平。坚决革除影响教育发展的体制弊端，积极探索和加快建立适应社会主义市场经济体制、符合教育自身发展规律、充满生机活力的教育体制和运行机制。创新办学体制，积极吸收社会资金，吸引民资、利用外资、鼓励捐资，多渠道增加教育投资，切实改变政府包揽办学的状况。创新学校管理体制，加快建立现代学校制度，逐步形成政府依法管理、学校自主办学和自我发展的良性机制。通过改革，使教育事业在新的体制和机制下健康有序地发展，从制度上促进和体现教育公平。

实施教育多元化发展战略，以办学体制改革为核心，大力发展民办教育，积极探索多种形式的办学体制改革，吸引更多的社会资金投入教育事业，促进投资主体、教育类型、办学模式的多样化，以满足人民群众多样化的教育需求；实施教育信息化发展战略，以提高信息技术和课程整合水平为关键，切实改变教学手段和学习方式，实现育人模式和管理方式的创新，以教育信息化带动教育现代化；实施教育国际化发展战略，以提高教育对外开放程度为动力，加强教育的国际交流与合作，将“引进来”和“走出去”结合起来。

（二）推进学制改革，建立与义务教育性质相适应的学校制度和学校结构

实行完全中学的初、高中脱钩，在制度上保障义务教育阶段的完整性，缓解义务教育阶段的择校矛盾。从政策导向上尽快取消和淡出目前依然存在的重点中小学和示范学校，以及中小学管理上的不同主管层次，深化现代学校制度建设，按照教育均衡发

展的思想，改革学校制度，调整学校结构。

（三）加快招生考试制度改革，坚持义务教育阶段“免试、就近入学”的原则

考试制度是制约基础教育均衡发展的“瓶颈”因素，要以多种方式推进小学升初中及初中升高中制度改革。坚持义务教育阶段“免试、就近入学”的原则，坚定不移地取消小学升初中考试，加大初中升高中考试改革力度，努力从学生生源上缩小校际差距，促进学校间合理的教育竞争。实行公立中小学招生的名额分配制度，促进招生公平。给予少数有条件的民办中小学在招生上更大的自主权，以满足社会需求，逐步形成“公办不择校，择校找民办”的格局，对公立学校应该推行更有公平性的招生办法。

（四）推进基础教育办学体制改革，形成以政府办学为主、公办和民办学校公平竞争协调发展的多元化办学格局

办学体制改革是教育体制改革的中心环节，基础教育是办学体制改革的突破重点。推进基础教育办学体制改革，一是改革要做到“三个有利于”、“三个确保”：有利于扩大和优化教育资源，有利于办学水平和教育质量的提高，有利于激活学校运行机制和调动广大教职工的积极性；确保地方政府对教育的投入不减少，确保国有教育资产不流失，确保教职工的合法权益不受损。二是改革要按照“优化公办、发展民办、引进外办、鼓励联办”的总体思路，推动办学体制改革取得新突破。三是要规范国有资产的处置。学校资产必须通过有权评估机构的评估，切实做好清产核资和财务审计，学校无形资产是学校资产的组成部分，应纳入评估范畴。四是要严格改制的审批条件和程序。五是创新办学体制，形成公办、民办教育共同发展的良好局面。发达的基础教育既要保证每个孩子受教育的权利，又要适应不同层次受教育群体对教育的需求；既要增加教育投入和教育资源总量，缓解选择教

育给公办学校带来的压力，又要满足一部分人的教育选择权。因此，政府在办好每一所公办学校的同时，应坚持鼓励、支持、规范的原则，引入市场机制，发展多种形式的民办教育，努力形成以政府办学为主、社会共同参与、公办和民办学校公平竞争协调发展的多元化办学格局。

（五）深化教育人事制度改革，加强教师队伍的交流，促进人力资源的优化

基础教育是否均衡发展，在很大程度上取决于校长和教师两支队伍。实现师资队伍的均衡，根本出路在于深化教育人事制度改革，加强教师队伍的交流，促进人力资源的优化。要建立促进校长、教师流动和轮岗任教的制度，实行区域内重点学校和其他学校之间的校长和骨干教师统筹调配，派遣优秀的师范院校毕业生或选调优秀教师到薄弱地区、薄弱学校任教，对长期坚持在西部或经济落后地区工作的教师实施特殊津贴，以引导和促进基础教育均衡发展。

（六）深化教育教学方式改革，加快中小学课程和教学改革，全面推进素质教育

教育信息化是薄弱地区发挥后发优势、缩小与发达地区差距、实现跨越式发展的捷径。通过推进教育信息化工程，构筑现代化教育的信息平台，加快教育教学方式方法的改革，促进优质教育资源的社会共享，是科技进步赋予基础教育均衡发展的全新内涵。因此，要积极推进教育信息化，继续大力实施“校校通”工程，努力实现教育信息共享、教改成果共享和名师名校资源共享，以教育资源共享的新形式推动基础教育的均衡发展。

三、优化资源配置，建立合理教育资源配置机制，是推进基础教育均衡发展的物质基础

优化教育资源配置，是促进基础教育均衡发展的物质基础。

科学合理配置教育资源是基础教育均衡发展的前提。教育资源配置方式有多种，一是计划手段，二是市场手段，三是计划和市场结合的方式。过去，在计划经济的模式下，我国的教育资源配置主要是通过计划手段进行的，而市场经济的发展，东部发达地区凭借其得天独厚的经济优势，以及市场运作，加速了教育发展，从而进一步加大了我国东西部地区教育的差别。结合我国的实际，我们应当树立新的教育资源配置的理念，在公平的原则下，更多地采取计划和市场相结合的方式，一方面政府应制定优惠政策加大对中西部地区的支持力度，并鼓励东部发达地区对口支持中西部贫困地区发展教育；另一方面，通过市场机制，吸引国外、东部地区、社会和民间资金参与中西部地区办学。因此，必须建立合理的教育资源配置机制，从根本上解决教育资源配置失衡现象，争取普遍提高现有学校办学水平，逐步形成教育均衡发展的导向机制和保障机制。

第一，国家应建立教育资源配置的平衡机制，逐步缩小经济、社会、教育发展程度不同地区的教育水平差异，这是促进基础教育均衡发展有效的政策选择。不断增加国家对基础教育特别是贫困地区和农村义务教育经费的投入力度，实行教育投入向贫困地区倾斜、加强薄弱学校建设是解决教育发展不均衡重要的政策导向。教育资源不可能自然而然地向贫困地区流动，这就需要政府在宏观调控上加大对贫困地区的政策扶持和财政投入力度。一要加大农村教育扶持力度，逐步缩小城乡之间的教育差距；二要抓住西部开发的契机，加强对中西部的财政支持力度，逐步缩小地区之间的教育差距；三要加快薄弱学校的发展，逐步缩小学校之间的教育差距。

第二，政府应通过政策导向，对有限的教育资源进行合理配置，尤其要保证义务教育学校之间教育资源的合理配置，最大限度地缩小学校之间的差距。为了缩小现有学校办学条件的差距，必须对原来的政策导向进行调整。在短缺资源条件下，我们习惯于用等级标准来评价办学水平，把学校分成三六九等，有限的资金和素质高的教师流向“重点学校”，倾向“重点学校”的教育资源优先配置政策造成校际差距越来越大，加剧了教育资源配置的不平等和结构性短缺。政府应合理分配有限的教育资源，确保教育公平。

第三，实施基础教育均衡发展的政策，把教育均衡发展作为一项重要的政策和指导思想。在公平、效率等重大的教育政策目标之中，教育政策应把公平作为基础性的政策价值目标，对基础教育特别是义务教育资源配置实行“四个统一”，即：统一拨款标准，统一硬件配备水平，统一信息平台，统一提供教师培训与发展机会，从而最大限度地缩小区域内城乡之间、学校之间基础教育特别是义务教育差距。目前，由于我国历史上实行重点学校制度，造成学校之间的巨大差距，完全违背了义务教育的宗旨和教育公平价值。其基本对策措施是：均等分配教育经费，使学校的校舍、设备等硬件水平大致相似；实行教师、校长的定期轮换制度，以保证学校之间大致相同的师资水平；取消重点学校、示范学校制度，按学区就近平等地配置学生生源，使生源质量大致相似。

第四，实行教育资源共享是解决基础教育资源配置不均衡，实现教育均衡发展的有效途径。在义务教育的管理上，实现区域的教育资源共享，促进教育资源在区域内的流动，通过现代教育网络、远程教育，实现区域内优质资源共享和交流；在教师管理和使用上，政府还可以制定政策通过对口支援和教师支教交流，平衡校与校之间的教学力量，使骨干教师最大限度地发挥作用；在确定办学标准上，政府还可以对有些教育设施实现区域资源共享。实现区域内教育资源共享是促进教育均衡发展的重要方面，也是实现教育均衡发展的重要途径。

四、构建教育财政制度，建立教育经费投入保障机制，是推进基础教育均衡发展的制度保证

教育均衡发展要解决的重点是经费投入问题。基础教育属于准公共产品，具有巨大的社会利益，政府是教育资源供给的主体。当前，政府教育经费投入不足，是制约我国基础教育均衡发展的最主要的原因，已成为基础教育不均衡的“瓶颈”。提供义务教育服务是政府提供公共服务的重要内容。缺乏一个规范完善的教育财政制度是导致我国基础教育财政投入不足和不均衡的重要制度原因，最重要的解决办法是，国家应该从调整宏观政策入手探索解决教育均衡发展问题，从宏观上制定行之有效的充分体现教育均衡发展要求的经费保障政策。

（一）强化政府责任，加大政府教育投入力度

我国的教育投入一直严重不足。国家财政性教育支出占GDP的比重很低。尽管我国政府在1993年颁布的《中国教育改革和发展纲要》中明确规定，国家财政性教育支出占GDP的比重在20世纪末要达到4%，但直到2003年，还只有3.28%。以后还出现了下降的趋势。同时，各级地方政府也应严格按照《教育法》第五十五条的规定要求，教育投入应做到“三个增长”，即各级政府教育财政拨款的增长要高于同级财政经常性收入的增长，在校学生人均教育经费逐步增长，教师工资和学生人均公用经费逐步增长。

各地要切实落实教育经费“三个增长”和新增教育经费主要用于农村的要求，优先保障推进义务教育均衡发展所需资金。进一步调整省级教育经费支出结构，重点支持农村地区、贫困地区、少数民族地区义务教育的发展。切实保证中小学生均公用经费基本标准和预算内生均公用经费拨款标准的落实。加强县级对各项教育经费的统筹，千方百计加大对农村学校和城镇薄弱学校

的投入。落实优惠政策，积极吸引民间资金投资办教育，不断增加区域教育投入总额。

（二）建立分类指导的国家教育基准，制定基础教育特别是义务教育生均最低拨款标准

教育均衡发展最需要迫切解决的问题是，政府要拿出更多的钱来支撑和维持义务教育最低水平的发展。基础教育特别是义务教育经费在同一区域内城乡之间、学校之间应一视同仁，并由国家和省级财政予以保底。因此，国家应根据我国的国情和实际，建立分类指导的国家教育基准，同时，根据不同地区经济水平，测算达到基本教育质量的义务教育经费标准，作为经费需求和分担财政责任的依据。在这个标准中应有分项的标准，如生均经费、公用经费、人员经费、对困难学生的补助等。以此制定基础教育特别是义务教育生均最低拨款标准，以保障学校最基本的教育经费投入。

（三）制定基础教育特别是义务教育学校办学条件的“最低保障线”（或各级各类学校基本办学条件要求）

为了保证政府向所有适龄儿童和少年提供满足一定质量的、基本的、相对均衡的义务教育，国家应制定全国义务教育最低保障线（或基本办学条件），各地应参照国家义务教育最低保障线（或基本办学条件）要求，结合当地实际制定本省区义务教育学校办学条件的“最低保障线”。同时，制定国家义务教育监测监督机制，凡是低于标准的地区和学校，要通过督导检查，促使其尽快达到要求。“最低保障线”内容包括：义务教育阶段教职工编制标准以及工资标准；义务教育学校基本建设标准（场地、校舍、建筑物、教学仪器设备、图书资料等具体标准）；保持学校正常运转的生均公用经费标准。省级政府可根据自身的实际情况，制定不低于国家标准的省级最低标准。义务教育“最低保障线”应根据经济和社会发展情况及时调整，政府应将义务教育

"最低保障线"所需经费纳入各级财政预算，按时足额向学校拨款。

各省级教育行政部门要根据国家有关规定和当地实际情况，尽快制定出本地区义务教育阶段学校办学条件的基本要求。各县（市、区）要对本地办学条件低于基本要求的学校，制定限期改造计划，保证辖区内薄弱学校逐年减少，尽快使当地所有学校达到基本要求。重点要解决好农村学校和城镇薄弱学校办学条件的改善。

（四）建立义务教育经费分担机制，明确各级政府对义务教育的财政责任

我国义务教育实施以来，在教育行政管理和事权上一直是以地方为主，2001 年之前在农村以乡镇为主，2001 年之后转为以县为主，但对义务教育的财政负担责任一直没有明确的规定。执行中，2001 年之前农村义务教育实际上主要由乡镇财政负担，2001 年之后主要由县财政负担。中央和省级政府，主要通过专项转移支付解决贫困地区学校危房改造、教师工资不能按时足额发放等问题。鉴于义务教育属于有外溢性的地方公共服务，财政纵向、横向不均衡，无论是乡镇或县一级，对大多数地区来说，目前还无力承担义务教育的财政责任。

在中央、州、地方各级政府对义务教育经费的分担比例上，美国为 6.2∶48.3∶45.5，法国中央政府则分担了 68.4%。而在我国，长期以来中央财政负担 2%，省地负担 11%，县级负担 9%，乡镇负担 78%左右。中央和省级财政能力比地方和基层政府强得多，所以，解决义务教育经费难题的办法之一，是加大中央和省级财政转移支付、财政性拨款力度；使教育经费投入向中西部地区和"老、少、边、穷"地区倾斜①。

① 周峰：《试论基础教育均衡发展的若干问题》，《教育研究》，2002 年第 8 期。

我国是个多级政府财政的大国，即使中央政府提出了政府承担农村义务教育筹资责任的政策，如果各级政府间的责任不明确，再好的政策也无法落实。以县为主应该是指义务教育的办学和管理以县为主，经费的分配以县为主。对于多数县，尤其是中西部各县，经费的筹集不能以县为主，因为县级财政无法承担农村义务教育经费的支出责任。从提高教育公平和保证基本经费供给的原则出发，在基础教育特别是农村义务教育经费负担上，应该是多级政府共同负担。其思路：

一是在中西部地区义务教育财政责任以省级负担为主，东部地区以市（专区）级负担为主，省级政府承担均衡省内县级间财政能力的责任，中央政府承担均衡省际间财政能力责任。伴随人口城市化进程的加快，农村人口向城市大规模迁移，在政府间义务教育财政责任调整过程中，应明确规定人口流入地城市政府承担流动儿童和少年义务教育财政责任。如果要确定一个负主要责任的政府主体的话，应该是以省级政府为主比较适当①。

二是中央政府负担义务教育阶段教师的基本工资部分，省级政府负担义务教育阶段学校的校舍建设经费，县级政府负担义务教育阶段学校的正常运转经费。

三是按照“分类承担、分步实施”的原则，尽快明确中央和地方各级政府的财政责任，对现有的国家级贫困县的义务教育，以中央政府为主、地方政府拨款为辅来解决；对较发达的地区，则以地方政府为主、中央政府为辅来解决；对发达的地区，则完全由地方政府自己解决。

（五）建立政府分级分担的财政转移制度

我国行政区间财政纵向和横向不均衡，为从财政制度上解决

① 王善迈：《重建义务教育财政制度》，《中国教育报》，2005年8月15日第2版。

义务教育财政经费配置区域间、城乡间不均衡问题，应建立规范的加大中央和省级政府责任的义务教育财政一般转移支付和专项转移支付相结合的财政转移支付制度，改变目前单一的只有救急性质的一次性专项转移支付制度。为保证转移支付资金公平地分配和有效地使用，应以全国义务教育最低保障线为依据，以县为单位，按“因素法”测算义务教育经费的标准需求和标准供给能力，其缺口由上级财政通过逐级（市、省、中央）转移支付填平补齐。为了保证转移支付制度的规范实施，要采用“因素法”，按标准的数学公式测算出义务教育的基本经费需求和各级政府的负担能力。通过计算确定各级政府的财政负担责任后，每一级政府都必须把自己应该负担的农村义务教育经费列入本级财政支出预算之中，以保证经费的到位。市、省、中央要明确各自的分担责任，省级政府应该对义务教育财政转移支付承担主要责任。此外，中央和省级政府财政应设立义务教育专项资金，扶持农村、中西部贫困地区的义务教育事业。

（六）实行均等化拨款制度，对地区内基础教育学校，以学生数为标准划拨教育经费

在基础教育特别是义务教育阶段，同一级政府管理的公立学校，原则上每个学生应获得相同的教育资源。而目前我国多数地区政府对义务教育公立学校拨款，不是按学生人数，而是区别重点校和非重点校拨款，造成同一级政府管理的公立学校之间差距巨大的局面。义务教育阶段应对所有的学校一视同仁，以学生数为标准，实行均等化拨款制度①。

（七）建立义务教育经费投入保障机制

根据《国务院关于深化农村义务教育经费保障机制改革的通

① 王善迈：《重建义务教育财政制度》，《中国教育报》，2005 年 8 月 15 日第 2 版。

知》精神，按照“明确各级责任、中央地方共担、加大财政投入、提高保障水平、分步组织实施”的基本原则，逐步将农村义务教育全面纳入公共财政保障范围，建立中央和地方分项目、按比例分担的农村义务教育经费保障机制。加强预算编制工作。教育经费支出要按照事权和财权相统一的原则，在财政预算中单独列项，优先保障。完善农村义务教育“以县为主”的管理体制，调整县乡财政体制，建立与之相适应的教育经费管理体制，规范教育财务管理。健全政府负责、全额纳入财政预算的农村义务教育经费投入保障机制，重点抓好“三个完善”。

一是完善农村中小学教职工工资发放的保障机制。中央对中西部及东部部分地区农村中小学教师工资经费给予支持，省级政府加大对本行政区域内财力薄弱地区的转移支付力度，将农村中小学教职工工资全额纳入县级财政预算，确保农村中小学教师工资按照国家标准按时足额发放。

二是完善农村中小学校公用经费保障机制。在免除学杂费，落实各省（区、市）制定的农村中小学预算内生均公用经费拨款标准的基础上，由中央制定全国农村义务教育阶段中小学公用经费基准定额，并结合实际适时进行调整，经费由中央与地方按比例共担。

三是完善农村中小学校舍维修、改造经费的保障机制。落实学校校舍维修、改造经费的来源。中西部由中央和地方按照5∶5比例共担，东部地方自行承担，中央给予奖励。

（八）建立并完善基础教育经费的监督管理和问责制度、审计制度

对基础教育经费的分配和使用进行审计，是保障教育经费投入充足、分配公平，防止义务教育经费被贪污、挤占、挪用的有效手段。在建立各级政府共同负担义务教育经费转移支付制度的同时，建立基础教育特别是义务教育经费的问责制度，使农村义

务教育经费责任落实到具体的责任部门和责任人。

制定义务教育经费的审计监察制度，建立学校内部审计与国家审计、社会审计相结合，以国家审计为主导的审计体系。对经费的筹集、分配、使用、效果进行全方位的审计监督，对学校的审计经常化、制度化，以保证稀缺的义务教育经费能得到合理的配置和使用，促进义务教育的持续稳定均衡发展。

五、加强教师队伍建设，建立校长教师流动机制，是推进基础教育均衡发展的关键环节

基础教育均衡发展，是一项系统工程。师资水平、师资素质、师资配置和教师队伍建设，是这项工程的核心。由于城乡二元结构的影响，我国城乡教育的差距还非常明显，随着城镇化进程中人才的不断聚集和流动速度的加快，致使我国教师队伍出现了新一轮的流动潮。由于城区教育需求的猛增，教师需求增大，农村相对优秀的教师开始向城区、城镇调动、转移，给农村本来就比较薄弱的教师队伍带来了极大的冲击，农村学校变相地成为城区学校的教师“培训基地”。

目前，社会对优质教育需求的不断增加与师资队伍优质化的矛盾，已成为当前制约我国基础教育均衡发展的重要因素。随着中小学新课程改革的全面实施，素质教育的深入推进，教育均衡的发展，使教师队伍建设问题迫在眉睫。但是我国师资培养、培训的体制和机制还不能较好地适应优质教育发展的形势。由于经费投入少，农村教师待遇偏低，教师队伍不稳定。特别是一些偏远农村，教师缺编现象严重，加之无经费保障，学校只能低价聘请代课教师，以致教育质量恶性循环。

就目前的现状而言，我国基础教育之间的差距，除硬件设备外，主要是师资水平的差距。城乡教育的差距、重点学校与非重点之间教师工资差距，导致了农村地区和一般学校优秀教师进不来、留不住，给师资交流也带来了困难。解决我国基础教育在软件建设上的不均衡的问题，需要创新思想，树立新的教育发展观，建立区域基础教育均衡发展管理新模式。从师资流动、学校管理、教学交流、质量监控等方面进行合作交流，创设一条教育城乡一体化的道路，整体提高基础教育的质量。

（一）建立合理的教育资源配置机制，缩小学校在教育人力资源上的差距，对原有不符合教育均衡发展的政策导向进行调整

教育均衡发展，首先要实现师资的优化配置。师资队伍素质的整体差异影响教育的均衡发展，要尽快建立合理的教育资源配置机制，实行全员聘任制，实行校长职级制和教师等级制，实行落聘制和辞退制，以改革教师为学校所有的格局，改变结构性超编和结构性缺编的现状，从根本上解决教育资源配置失衡现象，争取普遍提高现有学校办学水平。校长和教师智力资源的调配要打破校际壁垒，合理流动，从人力资源配置上推进教育均衡。在用人政策上简政放权，尽量减少政策上的不均衡。鼓励和发挥办得好的或较好的学校的辐射作用，带动薄弱学校在软件建设上快速发展。政府应该制定基础教育软件均衡发展的规划，制定切实可行的薄弱学校的软件条件应该能够达到的目标和如何达到这个目标的方法。

（二）建立学校教育管理队伍合理流动制度，促进校际间在教育管理水平上的相对均衡

探索实行校长职级制和定期轮岗制度。实行校长职级制，使校长职级与行政级别彻底脱钩；实行校长竞岗制，促使校长能上能下；实行校长负责制，保证校长拥有依法行政、依法自主治校的权力。对校长进行统一调配，定期轮换，实施有效调控，以利于优秀校长有机会把先进的教育管理理念和经验加以推广，也有利于薄弱学校校长在实践中提高。从实际出发，改善对校长工作的评估体系，让评选“名校长”的工作大步走出名校，让更多的

在薄弱学校干出实绩、敢于创新、敢于突破的校长成为“名校长”。

（三）建立学校人才培养优化机制，实行骨干教师的定期轮岗制度

把缩小师资差异作为推进教育均衡发展的重要举措，通过政策杠杆，鼓励教师交流。实施“名师带动”工程，选派教学能手、骨干教师到落后乡镇进行支教活动，与农村教师结成对子，带“徒弟”；通过派遣优秀的师范院校毕业生和选调优秀教师到薄弱学校任教，或采取优秀的骨干教师定期、轮流到薄弱学校示教、挂职等方式，帮助薄弱学校尽快提高师资队伍的整体水平。建立义务教育阶段的教师轮换制度，既有城乡间的轮换，又有不同学校间的轮换。通过教师轮换制度，实施政府对义务教育均衡发展的有效调控。对骨干教师进行统筹调配，实行按照一定的比例和年限相互轮岗的制度。对从城镇到农村学校轮岗的教师，在同等条件下优先评聘教师职务；轮岗时间在两年以上并在教育教学工作中表现优秀的，可以破格评聘高一级教师职务；凡评聘高级教师职务的，原则上都要有一年以上在薄弱学校或农村学校任教的经历。

（四）改善教师队伍结构，切实提高教师的整体素质，提高教育教学质量

以促进基础教育均衡发展为重要原则，探索建立人才培养与流动机制，合理布局、合理配置教育资源，发挥优质教育资源的作用。加速教师资格认定工作，以提高教师队伍的质量，改善教师结构缺编的问题。探索定期安排新教师和名优教师在薄弱学校执教，并使之逐步制度化，组织由名特优师组成的专家团走向薄弱学校，发挥骨干辐射作用；派遣优秀的师范院校毕业生和选调优秀教师到薄弱学校任教，或优秀骨干教师定期、轮流到薄弱学校示教、挂职等，以帮助薄弱学校尽快提高水平。政府应鼓励重

点学校和薄弱学校结成“对子”，并对此工作给予评估，进行评比和奖励。教师晋升职称职务，评选名特优师，应该设立有无在薄弱学校任教经历并在任教中取得成绩的条件。在薄弱学校选派有发展前途的青年教师走进名校去见习煅炼，促使优秀青年教师自身的发展提高。加大发达地区全面支持不发达地区的支教力度，特别要创造条件，为农村地区教师提供更多培训提高的机会，真正从内涵发展上提高农村教师队伍的整体素质。

（五）加强教师队伍建设，提高教师的师德和业务水平

这是从根本上推行基础教育均衡发展的重要内容。坚持办学以人才为本，以教师为主体。教育质量的高低乃至整个教育事业的成败，从根本上讲，都取决于教师队伍的素质。必须坚定不移地建设好教师队伍。一是大力加强师德建设。把师德建设放在首位，努力形成一支“学为人师、行为世范”的高素质教师队伍。二是全面提高农村教师的整体素质。进一步加强对教师的培养培训，构建更加开放、灵活的教师教育体系。三是依靠改革调动教师的积极性。按照精干、高效的要求，科学设置学校机构和岗位，完善用人的激励机制和约束机制；深化学校内部分配制度改革，鼓励和支持优秀人才和优秀群体健康成长、建功立业，营造有利于人才辈出、人尽其才的用人环境。

（六）统筹教师资源，加强农村学校和城镇薄弱学校师资队伍建设

县级教育行政部门要依法履行对农村中小学教师的资格认定、招聘录用、职务评聘、培养培训、调配交流和考核等管理职能，加强辖区内教师资源的统筹管理和合理配置。首先要严格按照有关规定，保质保量地为所有中小学配齐合格教师。核定教师编制时要向农村学校倾斜，新增教师要优先满足农村学校、城镇薄弱学校的需求。通过建立区域内骨干教师巡回授课、紧缺专业教师流动教学、城镇教师到乡村学校任教服务期等项制度，加大

城乡教育对口支援的力度。尽快实现区域内同级专业职务教师工资待遇基本相同，努力提高农村中小学教师在高级专业职务聘任和表彰奖励中的比例，切实改善在农村地区工作的教师待遇。加强农村学校、城镇薄弱学校骨干教师培训工作，使每所学校都有一批骨干教师。

六、推行标准化学校建设，实施规范化办学，是实现区域基础教育均衡发展的有效措施

教育均衡发展绝不只是一种教育工作理念，应该成为我们衡量和评价基础教育的重要标准。促进基础教育均衡发展，应当本着积极进取、实事求是、分区规划、分类指导的原则，以更有力的措施扶持基础薄弱的地区和学校加快发展，从而缩小地区之间、学校之间的发展差距，在发展中互帮互助，在发展中促进和实现基础教育的均衡发展，努力推进区域、县域基础教育均衡发展。

（一）优化区域教育结构

树立"城乡教育统筹发展；普教、职教协调发展；公办、民办教育共同发展；基础教育向终身教育发展；学校教育向全民教育扩展"的大教育观，大力发展民办教育和职业学历教育，积极优化区域教育结构。改善区域教育结构，完善教育功能，实现教育自身发展与区域经济社会发展的统一。

（二）统筹城乡教育和区域教育的协调发展

根据国家的区域发展战略，重点加快西部地区"两基"攻坚步伐，落实教育支持西部大开发的各项政策；同时，积极推动东北等老工业基地的教育振兴，促进中部教育崛起，加快东部发达地区率先实现教育现代化的步伐。切实加强对中西部地区教育的支持，大力推进东部对西部、城市对农村的教育对口支援以及职业教育的对口协作，努力缩短东、中、西部的教育差距。促进区

域内部教育的均衡发展，首先是基础教育特别是义务教育的协调发展，区域内部教育的均衡发展水平，应当成为衡量教育工作成效和教育现代化水平的关键指标。

（三）推进中小学标准化学校建设

在一定区域范围内，政府按照统一标准逐步改善基础教育特别是义务教育学校的办学条件，努力提高办学水平，逐步实现义务教育学校的整体均衡发展，从而使得全区域普及义务教育的标准和质量不断提高，基本适应当地经济社会发展的现状与可持续发展需要，基本满足人民群众的教育需求。在这样的教育发展过程中，符合统一办学标准的义务教育学校就是标准化学校。义务教育标准化学校应具有以下三个特征。

一是适应性。义务教育标准化学校必须基本适应当地经济社会发展的现状与可持续发展需要，基本满足人民群众的教育需求；义务教育标准化学校的规划建设、教育资源配置和教育教学管理，要坚持“以人为本”的原则，遵循儿童身心发展规律，集中力量优先保障教育教学需求。

二是均衡性。义务教育标准化学校体现的是一定阶段、区域内政府和全社会对义务教育学校办学的导向和追求，当地义务教育学校发展的主流状态、整体水平和统一办学标准。这一学校标准必须体现基础教育均衡发展的要求。

三是过程性。标准化学校建设是义务教育水平整体提升的过程。义务教育标准化学校建设既是一种目标，也是一个过程，义务教育均衡发展过程本身就是最重要的目标。

根据我国实际，义务教育标准化学校建设主要包括以下几个方面：一是学校规划建设标准化、法制化；二是学校设备设施配置标准化；三是学校人力资源配置、运行成本管理、教育教学管理规范化。义务教育学校标准化建设标准及其适用范围，必须由教育、财政、建设等多个部门进行深入细致研究和测算，经过审议之后，以法规的形式颁布施行。

（四）标准化学校建设的政策措施

推行中小学标准化建设，实施规范化办学，是合理配置教育资源推进教育均衡发展的有效措施。这既是从整体上提升我国基础教育水平的一项重要的基础性工程，也是从源头上解决我国中小学办学差别的一个重要举措。无论从历史还是从现实的角度考察，中小学办学差距过大已经成为制约我国基础教育均衡发展的重要因素，这种局面导致的直接后果是中小学办学两极分化，一些学校超豪华建设，造成了巨大的资源浪费，而另一些学校则由于基本的教学设施难于保证，不仅校舍不足，学生超大班上课，而且教学仪器不足，连一般的教学实验都无法开设。推行学校标准化，就是要合理配置教育资源，加快教育均衡的发展。制定和落实基础教育特别是义务教育学校均衡配置教育资源制度，国家对基础教育领域的学校，特别是对公办中小学，从校舍条件、生均经费、实验室仪器配置、图书馆藏书等，应有统一的配备标准。以约束政府合理分配教育资源，使每一所中小学校都能按照法定的标准，拥有大体均等的物质条件和师资队伍条件，从而有一个公平竞争的舞台。

推行中小学标准化建设，实施规范化办学，就是要通过制定学校建设的法律或法规，规范办学标准，从制度上约束政府合理配置教育资源。规范每一所学校按照法定标准办学，使每所中小学校都能按照法定标准，共同拥有大体均衡的硬件设施和软条件，在同一起点上办学，从而在基础教育领域形成一个公平竞争的环境。一方面，通过这一规范化标准可以促使政府加强薄弱学校建设，帮助薄弱学校尽快达到法定标准，另一方面，也可从制度上遏制目前少数学校在办学设施建设上高投资、超豪华建设的现象和盲目攀比之风，制止追求“奢华”的不良风气。

办学条件的规范化与办学特色的个性化相结合是保障和促进

教育均衡发展的有效途径。政府在公共教育办学条件上要有明确的规范，在教育设施设备上要制定出每所学校满足现代教学需要达到的合格标准，不鼓励和提倡超出教学标准的其他设施的设置，不以其为指标进行评比。同时，政府还需要鼓励学校在办学规范化的基础上向个性化发展，提倡学校办出自己的特色，实现教育的多元化，以满足不同学生对教育的不同需求，给学生全面发展留有足够的空间。

建立和完善科学的学校评价体系是学校规范化发展的重要保障。政府要真正实行教育均衡就必须淡化对学校的等级评估，建立和完善对学校科学评价体系，还学校和学生一个公平竞争的环境。

七、加快农村教育发展，用信息化推动现代化，是实现城乡基础教育均衡发展的根本方式

教育发展不均衡是发展中国家教育发展的主要特征之一。发展中国家教育发展不均衡最主要的原因是城乡差距，这是制约发展中国家教育发展和实现教育现代化的“瓶颈”。

区域发展的不平衡及城乡二元结构等原因，使我国农村教育长期以来一直处于弱势地位。推进基础教育特别是义务教育均衡发展，首要任务就是要加大农村和西部地区义务教育的工作力度。我国义务教育均衡发展要解决的重点，一是农村，二是薄弱学校，三是弱势群体。因此，在推进义务教育均衡发展的进程中，既要抓区域的均衡，也要针对农村的薄弱学校和接受义务教育的弱势群体，在政策上有所倾斜，抓城乡教育均衡。缩小城乡教育机会差别，首先需要有消解城乡分割对立的二元经济结构，加速城镇化的发展步伐。缩小城乡教育机会差别，不仅依赖于宏观制度环境的变革与改善，同时更应加强教育制度与教育政策的改革。

从全国范围来看，我国义务教育学校的学生80%以上在县城及以下农村地区，我们的教育政策必须重心向下，把最广大农村的中小学生作为主要服务对象。从整体上推进义务教育地区之间、城乡之间的均衡发展，是目前在国家层面上推进义务教育均衡发展的重大政策选择。

第一，根据“在国务院的统一领导下，由地方政府负责、分级管理、以县为主”的农村义务教育管理体制，进一步强化各级政府在推进农村义务教育均衡发展中的责任，加大对农村教育和边远、贫困地区和少数民族地区教育的投入力度。

第二，以发展农村教育为重点，逐步缩小城乡之间教育差别，促进教育整体协调发展。积极创新教育手段，利用已有的信息技术装备，推进学校信息化建设，实施农村地区中小学现代远程教育工程，促进农村学校全面实施多媒体教育和信息技术教育。

第三，深化“捆绑”机制，拉动城乡学校自主化发展。进一步改革管理体制，创新管理机制，深化城乡学校“捆绑”式发展模式，推动城乡一体化发展，全面提升农村学校办学水平，加快缩小城乡教育差距，实现城乡教育均衡发展。

第四，盘活人力资源，优化校长教师队伍结构。深化以聘用（聘任）制为核心的中小学教师人事制度改革。进一步健全和完善城乡学校“结对帮学”、“对口交流”制度，积极选派优秀校长、教师到城市郊区和农村学校工作，通过交流、互派，促进城乡教师“量”和“质”的均衡分布。加快提高农村现有教师的素质和水平，提高农村教师待遇。在提高现有校长和教师的素质的同时，抽调优秀校长和教师到农村学校工作。采取校长、教师校际轮换以及学校联办、兼并，名校带农村学校和薄弱学校等多种形式，使好的办学经验迅速推广到农村学校去。

八、加快薄弱学校建设，扩大优质教育资源，是实现校际间基础教育均衡发展的基本条件

薄弱学校建设问题是义务教育普及与提高过程中的老大难问题，是制约我国基础教育均衡发展的“瓶颈”。长期以来，由于各种原因，我国基础教育阶段存在着一大批薄弱学校。尤其是20世纪90年代以来，在我国经济体制转轨和社会转型时期，深受市场经济的影响，由于地区经济实力差异和同一地区校际之间资源的差异，从而使强校更强，弱校更弱。造成学校薄弱的因素有外在的客观因素，也有内在的主观因素。中小学薄弱学校的存在，直接导致了中小学“择校热”、“乱收费”现象的产生。这种现象在全国不同地区均不同程度地存在着，严重影响我国基础教育特别是义务教育整体质量和发展水平。加强薄弱学校建设意在缩小校际差距，实现均衡发展，扩大优质教育资源的总量，以满足人民群众对优质教育的需求。

当前，我国教育资源发展中最突出的问题，是人民群众对优质教育的强烈需求与优质教育资源供给相对不足的矛盾。解决这一矛盾的根本出路在于通过对优质教育资源的扩张，推进教育均衡发展，实现优质教育资源的普及化。优质教育强调的是人的主体精神和创造潜能的激发，关注的是人的精神幸福和个性发展，提升的是人的综合素质和精神境界。优质教育是建立在科学的教育发展观基础之上，对受教育者的全面的可持续发展为价值追求的和谐教育，是在人文精神的关照下，对受教育者的精神生命的塑造和美好心灵的培育，实质上是一种先进学校文化。因此，优质教育资源的扩张核心是用先进文化的种子，催生和哺育先进的办学理念和思想。优质教育资源不是精英主义教育时期的所谓优质生源，而是能够满足不同受教育者不同需求的学校硬件、软件和学校的特色教育。

（一）扩大教育资源特别是优质教育资源，缩小学校之间的过大差距

当前，我国城市基础教育主要问题是教育观念更新、教学方式改革和择校高收费的问题。所谓教育观念更新的问题，主要是怎样加强对学生全面素质的培养，减轻学生过重的课业负担，促进学生德、智、体、美全面发展。所谓教学方式改革，就是由单一的灌输式的知识传授、被动式的机械训练为主的教学，转向培养能力和传授知识并重的启发式教学与引导学生主动学习相结合的教学。所谓择校高收费问题，主要是向择校生高收费和乱收费问题。这是城市基础教育存在的各种问题的一个集中反映，也是老百姓关心的热点问题。其中一个重要原因是城市区域内存在着一批薄弱学校，学校之间在教育质量、办学水平等方面差距较大。解决这个问题的根本出路，就是扩大教育资源特别是优质教育资源，缩小学校之间的过大差距。这是一个治本之策。因此，政府在制定基础教育政策中要树立基础教育均衡发展的战略思想，调整教育政策，采取有效措施，优化学校布局，以高质量“普九”为重点，以调整中小学布局为突破口，实现优质教育资源的最大化，最大限度满足广大群众对优质教育的迫切需求。

（二）加速薄弱学校改造，扩大优质教育资源，提高基础教育的整体水平

薄弱学校改造是一项整体工程，除了硬件建设需要有较大的投入之外，还必须高度重视提高教育管理水平、提高教师基本素质等软件建设工作。实施薄弱学校建设是一个系统工程，需要政府、行政、学校、社会等各方面的支持。

薄弱学校建设的核心是走内涵式发展道路。走内涵式发展道路主要包括办学思想创新、管理制度创新、师资队伍创新。办学思想决定着办学思路，办学思路决定着学校出路。因此，薄弱学校的校长及领导班子改革的精神和务实的态度是学校发展的动

力，抓住改革机遇，确立自己的办学思想，探索形成自己的发展模式和特色。把制度建设作为治弱的突破口，深化学校内部管理体制改革，不断启动内部激励机制，逐步健全规章制度，加强常规管理，使内部管理步入规范化、法制化、科学化的轨道，为促进学校发展提供软件保障。薄弱学校薄弱之根本在于人的素质，治弱必先强素质，建设一支具有良好素质的师资队伍是加强薄弱学校建设的治校之本。教师素质的提高，要从转变观念入手，紧紧抓住课堂教学，以多种形式的培训为载体，构建教师学习、研讨、合作的平台，促进教师素质的提高；建立"主动、合作、创造"的课堂教学模式，全面提升学校的教学质量。

（三）建立有效机制，努力提高每一所学校的教育教学质量

把全面推进素质教育、全面提高教育质量作为推进义务教育均衡发展的根本任务，在制定政策、配置资源、安排资金时，优先保障提高教育教学质量的需要。积极创造条件，保证所有学校按照义务教育课程方案要求开齐课程，并达到教学基本要求。面向全体学生，采取各种措施对学习困难学生给予更多的帮助，努力使所有学生共同进步。逐步建立规范化、科学化、制度化的义务教育教学质量监测评估体系和教学指导体系，组织督学和有关专家定期对学校的教学质量进行督导检查。对一些教育教学质量较低的学校，要组织教研人员和优秀教师进行业务指导，必要时可选派有经验的教育行政干部、校长到这些学校工作，尽快改变其落后面貌。要把现代教育技术在教学中的应用提到重要位置，将义务教育优质资源送到农村中小学和城镇薄弱学校，以现代教育技术手段促进教育质量的提高和义务教育的均衡发展。

九、坚持依法治教，确保受教育者享有公平权利和均等机会，是实现群体间基础教育均衡发展的法制保障

我国一直高度重视保障公民的受教育权，已经初步形成了以

《宪法》为基础，以《教育法》、《义务教育法》、《职业教育法》和《高等教育法》为核心的保障公民受教育权的法律体系。但与推进基础教育均衡发展的基本理念和要求相比，还需要进行长期不懈的努力。

（一）依法普及基础教育，满足人民群众不断增长的教育需求

当前，我们在加快实施西部“两基”攻坚，按照国家的统一部署，在2007年完成西部地区“两基”任务，在全国基本实现普及九年义务教育的基础上，要积极鼓励和支持有条件的地区率先向普及基础教育的目标迈进，并尽快将普及基础教育的目标作为国家教育发展新的目标，加快推进步伐，以满足公民接受高层次教育的愿望和权利。

（二）依法重视和保护弱势群体的受教育权

国家和社会都要采取各种有力措施，建立助学机制，切实保护贫困家庭子女、残疾儿童少年以及妇女、少数民族的受教育权，让他们与正常家庭的孩子一样享有均等的教育机会，帮助和扶持这些孩子完成学业。

（三）依法保障进城务工人员子女和留守儿童少年接受义务教育的权利

进一步完善进城务工人员子女上学由流入地管理的政策和留守儿童上学由所在地负责原则，采取强力措施，把这项惠民政策落到实处。

（四）依法治教，强化教育法律法规建设，加大执法力度

各级政府和学校要在《义务教育法》等法律和国家相关政策法规的框架下，保证提供义务教育的基本设施、办学条件和师资等学校教育的硬件和软件设施，学校要依法保证每个适龄儿童有学上，并享有同等的受教育机会，每个监护人都应从履行法律义务上确保把每个儿童送进学校接受义务教育，社会应依法建设保

障义务教育健康发展的社会环境，让所有儿童少年都享有接受义务教育的基本权利（见专栏9—1）。

专栏9—1　新《义务教育法》九个方面的重大突破

第一，指明了义务教育均衡发展的根本方向。新《义务教育法》将义务教育的均衡发展纳入了法制的轨道，将均衡教育思想作为根本指导思想，可以说，新《义务教育法》的里程碑意义，最重要的就体现在从过去的各自发展走上今天的均衡发展的道路。

第二，明确了义务教育承担实施素质教育的重大使命。新《义务教育法》站在新的历史起点上，把义务教育纳入到实施素质教育的轨道上来，把实施素质教育作为义务教育的一项新的历史使命。新《义务教育法》同时把注重培养学生的独立思考能力、实践能力和创新能力作为促进学生全面发展的重点，并且提出了一系列实施素质教育的措施。

第三，回归了义务教育免费的本质。普及教育、强制教育和免费教育是义务教育的本质特征，免费的步骤可以根据国情来分步实施，但必须坚持免费的特点。公益性是整个教育事业的特征，义务教育要更彻底一些，不仅仅是普及的、强制的，还应该是免费的。

第四，完善了义务教育的管理体制，强化了省级的统筹实施。新《义务教育法》一个很大的突破，就是在“以县为主”管理体制的基础上，进一步加大了省级政府的统筹和责任。这也是新《义务教育法》的一大亮点。

第五，确立了义务教育经费保障机制。再一次明确了义务教育经费的“三个增长”；建立农村义务教育经费的分担机制，分项目、按比例分担；义务教育经费预算单列；规范义务教育的专项转移支付；设立义务教育的专项资金。通过这样几个渠道，建立起义务教育比较完善的经费保障机制。

第六，保障接受义务教育的平等权利。新《义务教育法》强调了对非户籍所在地，特别是流动人口子女接受义务教育的问题；确定了流动人口子女居住地人民政府要为他们提供平等接受义务教育的条件，这将会对城市化进程的平稳推进起到关键性作用。

第七，规范了义务教育的办学行为。一是不得将学校分为重点学校和非重点学校，学校不得分设重点班和非重点班。这一条体现了全社会对教育公平的强烈愿望。二是不得以任何名义改变或变相改变公办学校的性质。三是规定“学校不得违反国家规定收取费用，不得以向学生推销或变相推销商品、服务等方式谋取利益”。

第八，建立了义务教育新的教师职务制度。新《义务教育法》将义务教育阶段的教师职务序列拉通，小学和中学的差别不复存在，初级、中级、高级都与助教、讲师和副教授相对应，小学教师也可以评副教授，对小学教师是很大的鼓励。这一新规定对调动广大教师的积极性，发挥聪明才智都是一个很大的激励，在教师职务制度上有了新突破。

第九，增强了《义务教育法》执法的可操作性。全面规定了《义务教育法》的法律责任，将《义务教育法》的执法性、操作性提到一个空前的高度。规范了22种违反《义务教育法》的违法行为及应该承担的法律责任。

（摘自《中国义务教育发展新的里程碑——全国人大常委李连宁解读新〈义务教育法〉九大突破》，《中国教育报》，2006年8月30日。）

十、制定教育均衡发展评估标准，建立评估和监测机制，是推进基础教育均衡发展的政策手段

当前，促进教育均衡发展正在成为全社会的共识，成为各级

政府制定教育政策遵循的重要原则，而且逐步成为衡量和评价教育的重要标准。教育督导部门承担着对政府教育工作的督导和保障素质教育顺利实施的历史使命，应以高度的责任感和工作的敏锐性，围绕当前基础教育发展的重点和热点问题，充分发挥督导的监督、保障和导向作用，将促进基础教育均衡发展作为“督政”的重要内容，落实政府办好义务教育阶段每一所学校的法定责任。

（一）创新评估机制，以评估保公平

教育督导要把推进义务教育均衡发展列入教育督导评估的重中之重。现阶段，我国大部分地区已经基本普及九年义务教育，根据国家统一部署我国中西部贫困地区的“两基”攻坚任务在2007年也将基本完成。在这种情况下，教育督导部门应该转变工作重点，创新评估机制，教育督导工作重点应当逐步从主要以义务教育“两基”督导为主向推进基础教育特别是义务教育均衡发展督导转变。凡未能推进义务教育均衡的实行一票否决，要把学校合格率的高低列为对各地政府教育督导评估的一个重要指标。在义务教育阶段，教育督导工作应该重点抓好：区域基础教育均衡发展评估、规范化学校评估、区域义务教育规范化建设专项督导、区域和学校的办学效益评估。

（二）政府教育的督导评估要体现教育均衡发展思想，把基础教育均衡发展作为重要的评价与导向

各地要把评估重点从“等级学校”转向“中小学标准化建设”上来，通过学校建设标准的法律规定，约束政府合理分配教育资源，使每所中小学校都能按照法定标准，拥有大体均等的物质条件和师资条件，在义务教育领域形成一个公平竞争的环境。督导评估要坚持“硬件从实，软件从优”原则，遏制少数学校办学条件无限制攀比的不良风气。同时，评估教育强镇、教育强区、教育强市等，也要将基础教育的均衡发展水平作为主要依据

之一。

（三）建立科学、全面、有效的教育均衡发展的量化标准和教育评估机制，对所有义务教育阶段学校的办学条件和教育质量开展评估

各省、自治区、直辖市人民政府督导部门要把义务教育均衡发展作为督导评估县级人民政府教育工作的重要内容，其督导评估结果要作为考核主要领导干部政绩的重要内容和进行表彰奖励的依据。国家教育督导团建立义务教育均衡发展督导评估制度，研究制定督导评估指标体系，对各地义务教育均衡发展状况进行评估，对各地政府推动义务教育均衡发展的工作开展督导检查，并将评估检查结果作为评价地方教育工作的重要指标。

充分发挥督导评估的激励、导向和调控作用，及时掌握区域、城乡教育差距情况，作出可信性、实效性评估，以促进城乡教育均衡协调发展。通过建立教育均衡评价体系和评估标准，分类评价中小学的办学质量和效益。在评价中应做到：一要充分体现教育均衡发展思想；二是评估指标科学化，抓住制约教育均衡发展最突出、最基本、最困难的关键要素，建立评价指标体系；三是评点数量化，评价指标采用定量和定性相结合，能量化的尽可能量化；四是视点过程化。坚持评价方法的多样化，采用自评与他评、普查与抽查、随机督察与综合评估相结合的方法，以增强教育评价的过程性、真实性。采取由评估部门设置“动态评价指标”和学校自行申报“特色发展目标”等方式，建立评价指标体系，引导地方和学校以教育均衡发展思想指导教育工作，培养全面发展的人才。

（四）制定教育均衡发展指数，建立教育均衡监测机制

通过建立教育均衡发展指数，及时掌握教育均衡发展情况和趋势，并提供预警。经济学上的基尼系数已被广泛使用于判断和衡量一个国家居民收入的差距，并产生了良好的决策效果。国际

上已有用基尼系数测定教育差距的研究。但总的说来，对于教育差距的科学判断在我国还没有受到应有的重视，绝大多数决策部门还没有应用科学方法和工具分析教育差距的意识，也没有从政府的角度对我国教育差距进行科学测量和公告的先例。各级教育行政部门要定期对辖区内义务教育学校间的差距进行监测和分析，定期公布并建立“预警”机制，接受社会监督。

本书首次将指数引入教育均衡发展的研究，并创建了基础教育均衡发展指数，我们可以通过对各地、各校教育均衡指数的计算，找出各地教育均衡发展的大致趋势，对比发现教育中存在的问题，及时掌握教育均衡发展情况和趋势。建立教育均衡监测机制，政府相关部门可以通过对基础教育均衡发展指数的计算，定期发布各地教育均衡发展的情况，从而对有关部门起到预警作用，并在必要的时候采取法律或行政手段将均衡指数控制在一个规定的范围。

第三节　教育均衡发展的未来趋势

人是社会和谐的主体。人与人的和谐，人与社会的和谐，人与自然的和谐，是和谐社会的重要标志。

一、中国基础教育均衡发展的阶段性分析

（一）低级均衡阶段（新中国建立初期）

新中国建立初期，党和国家高度重视发展教育事业，无论是教育方针的制定，还是教育法律的确立，都始终贯穿着为人民服务的宗旨和教育公平发展的思想。1949 年 10 月 1 日，《中国人民政治协商会议共同纲领》确立了新中国的文化教育是民族的、科学的、大众的文化教育的方针。为了改造旧教育，发展新教育，1949 年 12 月，中央人民政府在北京召开了第一次全国教育

工作会议。会议根据《中国人民政治协商会议共同纲领》提出的“以老解放区教育经验为基础，吸取旧教育有用经验，借助苏联经验，建设新民主主义教育”的精神，明确了“教育为国家建设服务，教育为工农开门”的方针和任务。为此，政府采取了学校向工农开门、开展扫盲运动、设立人民助学金、促进少数民族教育发展等一系列政策措施，始终致力于为广大人民群众提供公平接受教育的机会，帮助工农大众学习文化、接受教育。

这个时期可以看成是我国基础教育均衡发展的一个低级的阶段。那时，虽然我国经济发展薄弱，各项事业百废待兴，在经济社会等各方面发展都非常困难的情况下，国家确立了“民族的、科学的、大众的文化教育”的方针，并想方设法，为广大人民群众提供公平接受教育的机会，帮助工农大众学习文化、接受教育。这可以说是教育均衡思想最直接的体现。

（二）低水平均衡阶段（国家普及义务教育时期）

这个时期可以从国家颁布《义务教育法》起。1986 年，全国人大颁布了《义务教育法》，为所有适龄儿童少年平等接受义务教育提供了法律保障。经过十多年的努力，在 20 世纪末，我国实现了基本普及九年义务教育的宏伟目标，为广大适龄儿童少年提供了公平的接受义务教育的机会，这是中国有史以来第一次实现了普及教育的目标。

这个阶段，尽管由于经济条件、自然条件的不同，各地在区域之间、城乡之间普及义务教育的水平不尽一致，但从国家统一督导标准的验收看，最起码在全国整个普及义务教育的地区，所有适龄儿童少年都享有了平等接受义务教育的均等机会。

（三）初级均衡阶段（国家建设小康社会和城镇化时期）

党的十六大提出了加快我国城镇化建设的构想。随着我国城市化步伐的加快，教育与城市化的互动关系日益显现，城市化发展对教育提出了新的要求和新的挑战，也给教育带来了重要的发展机遇。城市化的发展，城乡一体化，农村城镇化，这一结构性的变化，要求教育在布局设点中对教育资源配置进行相应扩充、调整、整合、优化。同时，城市化的发展也极大地推动了人民群众对教育的需求，成为教育发展的强大动力。

城市化快速发展，一个重要的特征就是人口的流动、迁徙和聚集。城市化的发展，对教育而言，不仅表现在数量上的不足，也对教育质量提出了新要求。从数量上看，教育资源需求在城市日益出现了供不应求的现象，而在广大农村地区却出现了供大于求的现象。从质量上看，人们对教育资源质量，特别是优质教育资源需求和渴望越来越高。具体表现在：一是原有的城市居民，对优质教育的需求更加迫切；二是一些向城市迁徙的新市民，本身有经济实力，到城市来就是冲着城市的优质教育资源而来；三是城郊接合部已经富裕起来的农村，向往城市生活，更希望子女接受更好的城市教育；四是一些农村进城务工人员，虽本身没有多大支付能力，也渴望子女进城得到更好的教育。因此，随着人们优质教育资源需求的日益增长，现有的优质教育资源已经不能满足人民群众更加普遍地享受高质量、多样化教育的需求。人民群众对优质教育的强烈需求与优质教育资源相对不足的矛盾，已成为我国基础教育面临的突出问题，也成为当前我国基础教育均衡发展的“瓶颈”问题。

教育资源的配置，从目前我国的情况看，各地教育发展还很不均衡，学校布局调整滞后于城市化发展。在我国东部发达地区，城区的教育资源配置还远远跟不上城市化的发展；农村的教育资源配置已进入了“买方市场”，开始剩余。区域经济的快速发展，使得有些经济条件好的地区、有支付能力的家庭，对优质教育资源的需求不断膨胀，为了孩子能够接受良好的教育，开始向城区、城镇迁徙，从而使城区、城镇的教育资源出现短缺；而在广大的农村地区，由于大量人口的迁徙，教育需求减少，出现了教育资源的剩余。在我国广大的中西部欠发达地区，随着国家“义务教育工程”的实施，以及“两免一补”和“寄宿制工程”的实施，教育资源配置开始从效益低下的乡村，向相对人口较集中的城镇、乡政府所在地转移。因此，无论是城市还是乡村，东部还是中西部，在我国新增的教育资源急需向需求旺盛的城区、城镇转移已成为新的趋势。这种新的教育资源配置的大趋势，是我国城镇化建设和发展的必然趋势，也是我国教育资源配置的新的发展趋势，是我国教育均衡发展由原有的不均衡走向新的均衡发展的必然趋势。

（四）高级均衡阶段（城镇化高度发展时期）

教育是现代文明的基石，是经济社会发展的“永动机”，是区域经济社会发展的奠基工程，在经济和社会发展中具有全局性、基础性、先导性作用。作为城镇化基础设施建设的重要领域，教育在城镇化推进中的功能不断凸显，教育和城镇化的互动作用更加明显。教育是区域经济的核心竞争力之一，是区域经济创新功能和综合竞争力的重要基础。随着我国城镇化，特别是城市化的加速发展，区域经济的发展将会突飞猛进。目前，我国一些经济发达地区，经济快速发展，人均 GDP 已达到 5 000 美元，城市经济快速增长，综合实力得到全面提升。这些地区大都普及了高中阶段教育，最有可能最早实现高级阶段的基础教育均衡发展。所以，推进区域基础教育均衡发展在我国不仅是现实，而且非常可能，应当成为我们制定教育均衡发展战略的重要的政策选择。经过改革开放二十多年的发展，2004 年全国人均国内生产总值突破了 1 000 美元，这标志着我国经济社会进入了一个关键的发展阶段。根据国际经验，这个时期的特点是各种社会经济矛盾包括教育矛盾比较突出的时期，过了这个阶段社会发展将突破“瓶颈”健康快速发展。因此，这个时期也是基础教育由新的不均衡走向更高级阶段均衡的大发展时期。

二、教育均衡发展展望

中国改革开放的总设计师邓小平同志为中国现代化建设确定了“三步走”的发展战略：第一步满足温饱，第二步实现“小康”，第三步基本实现现代化。中国共产党第十六次代表大会报告指出：“经过全党和全国各族人民的共同努力，我们胜利实现了现代化建设‘三步走’战略的第一步、第二步目标，人民生活总体上达到小康水平。”报告同时提出：“我们要在本世纪头二十年，集中力量，全面建设惠及十几亿人口的更高水平的小康社会，使经济更加发展、民主更加健全、科教更加进步、文化更加繁荣、社会更加和谐、人民生活更加殷实。这是实现现代化建设第三步战略目标必经的承上启下的发展阶段，也是完善社会主义市场经济体制和扩大对外开放的关键阶段。经过这个阶段的建设，再继续奋斗几十年，到本世纪中叶基本实现现代化，把我国建成富强民主文明的社会主义国家。”①

全面建设小康社会目标的提出，标志着中国的现代化建设进入了一个崭新的发展阶段。如果说我们用了大约十年的时间摆脱了贫困，用大约十年的时间基本实现小康，那么，我们将来实现高水平的小康要紧紧抓住“二十一世纪头二十年”的战略机遇期，最终要实现现代化就要付出几十年、甚至上百年的不懈努力。特别是对于我国这样一个拥有着世界上最多人口和严重的二元经济结构的国家来说，这一过程会更加漫长和艰巨。

经过改革开放二十多年的发展，我国教育正在进入新的发展时期。由于社会财富的普遍增长、贫富差距拉大，以及公民权利

① 江泽民：《全面建设小康社会，开创中国特色社会主义事业新局面——在中国共产党第十六次全国代表大会上的报告》，人民出版社 2002 年版，第 19 页。

意识的高涨，公众对教育公平问题的关注度显著提高，此前在低水平条件下的均衡已被打破。我国社会正在进入一个关注社会公平、教育公平的发展阶段。基于改革开放近三十年教育发展和改革的实力，当前我们应当更多地关注、更好地解决教育公平问题，大力推进基础教育均衡发展。未来二十年政府的教育决策和教育政策在基础教育均衡发展方面要有一个长远的指导思想。对此，中央和各级地方政府都在研究对策，以义务教育阶段学校均衡发展作为主要思路的规划正在制定和实施中。比如，农村地区发展乡镇初中、大中城市基础薄弱校改造、东西部对口支援及以信息化促进教育现代化等。这对于促进西部地区民族教育发展，缩小与发达地区学校教育之间的差距发挥了重要的作用。特别需要指出的是，中央关于“实施科教兴国战略必须首先落实到义务教育上来”的重要方针的提出，进一步为义务教育均衡发展奠定了坚实的思想基础，提供了可靠的政策保障。特别是2006年10月《中共中央关于构建社会主义和谐社会若干重大问题的决定》，明确提出了2020年我国构建社会主义和谐社会的目标任务，也为我们描绘了未来中国社会和谐发展的宏伟蓝图。《决定》提出到2020年我国“城乡、区域发展差距扩大的趋势逐步扭转”，“努力形成全体人民各尽其能、各得其所而又和谐相处的局面”。“坚持教育优先发展，促进教育公平。”逐步缩小城乡、区域教育发展差距，推动公共教育协调发展。

我们有理由相信，在国家全面建设和谐社会以及实施科教兴国和人才强国战略思想指引下，以基础教育均衡发展的理念为指导，随着我国经济社会的全面发展以及国家经济实力、综合国力的快速提高，再经过21世纪头20年的奋斗，伴随着我国全面建设小康社会进程的实现，在一些发达地区率先实现基础教育均衡发展的带动下，全国大面积的基础教育均衡发展理想将会逐渐地成为现实，再随着我国经济社会和教育的发展，到本世纪中叶，我国大面积实现更高级阶段的基础教育均衡发展也将会变为现实。

从一定意义上说，教育的完全均衡只是一个永远的理想，但是教育均衡的每一进程都必将推动教育事业的整体发展和社会进步。

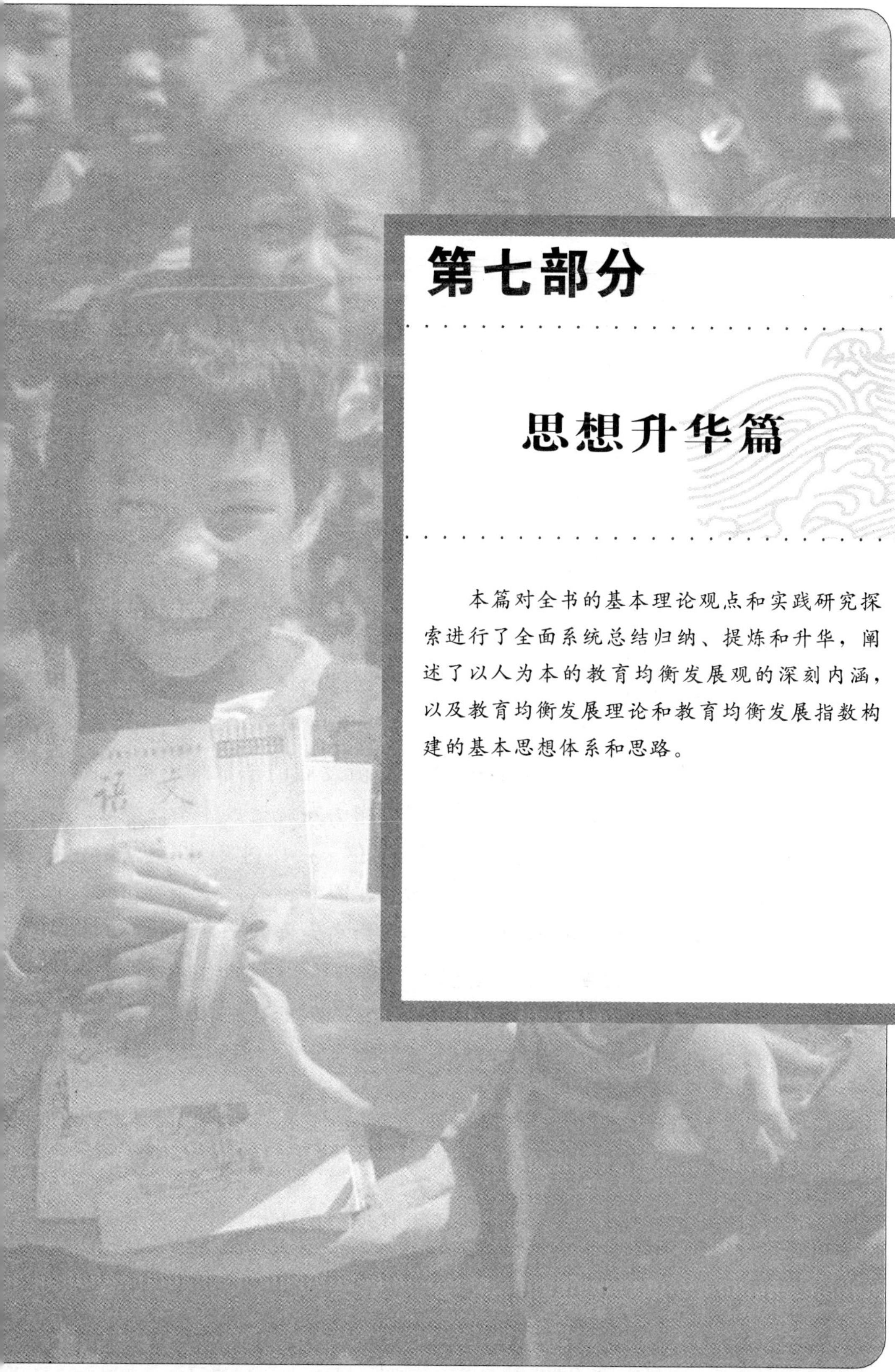

第七部分

思想升华篇

本篇对全书的基本理论观点和实践研究探索进行了全面系统总结归纳、提炼和升华，阐述了以人为本的教育均衡发展观的深刻内涵，以及教育均衡发展理论和教育均衡发展指数构建的基本思想体系和思路。

第十章 教育均衡发展理论与实践研究述评

本书的研究既是理论性的思考，又是应用性的探究。其重要理论价值在于：从经济学的角度分析了教育相对均衡的条件，通过理论研究和模型建立，构建了教育均衡发展的基本理论框架，建立了教育均衡测度的指标体系和教育均衡发展指数体系，以及教育均衡的测度方法。其重要实践意义在于：探讨21世纪初期中国基础教育均衡发展的内在因素和外在因素，通过实证分析和问卷调查研究考察了目前中国基础教育均衡发展的大致趋势，提出了适合21世纪初期中国基础教育均衡发展的对策，特别是区域基础教育均衡发展模式和行动策略，对于推动基础教育均衡具有重要的理论价值与实践意义。

第一节 基本结论

本书重要的理论和实践价值在于其现实的应用性和对教育发展的指导性。本书研究的基本观点和结论如下。

一、教育均衡的实质和基本内涵

教育均衡实质上是指在教育公平思想和教育平等原则的支配下，教育机构、受教育者在教育活动中平等待遇的理想和确保其实际操作的教育政策和法律制度。其最基本的要求就是在教育机构和教育群体之间平等地分配教育资源和份额，达到教育需求与教育供给的相对均衡，并最终落实在人们对教育资源的分配和使用上。

从基础教育的本质要求、社会主义教育事业的本质要求，以及基础教育均衡发展的本质要求出发，我们认为，基础教育均衡发展大致包括八个方面的含义，主要表现为“八大均衡”，即：一是基础教育入学权利和入学机会实现均等发展，即适龄儿童受教育机会的均衡，其中包括有能力就读的残疾儿童等弱势群体都享有均衡的受教育机会，这是实现教育均衡发展的前提；二是基础教育在区域间实现均衡发展，即在省域之间、市域之间、县域之间、乡域之间统筹规划，这是实现区域教育均衡发展的基础；三是基础教育在城乡间实现均衡发展，这是实现城乡教育均衡发展的基础；四是基础教育在校际间实现均衡发展，其中包括学校布局和规模均衡合理，教育经费投入、学校设备设施、师资配备、生均教育资源、学生生源的均衡等多方面，这是实现学校教育均衡发展的基础；五是基础教育在学生间实现均衡发展，包括校内各班级在设施、师资、生源、管理等方面的均衡，这是实现群体间教育均衡发展的基础；六是基础教育在不同类别、不同级别教育间实现均衡发展，这里包括基础教育内部普通教育与职业教育均衡发展，也包括初等教育、中等教育与高等教育之间的均衡发展；七是基础教育在教育质量上实现均衡发展，包括课程设置、教学水平和效果的均衡；八是基础教育结果在学校教育中和受教育者间实现均衡发展。

从宏观看，基础教育均衡指教育所培养的劳动力在总量和结构上是否与经济、社会的发展需求达到相对的均衡；从中观看，基础教育均衡指教育资源配置的均衡；从微观看，基础教育均衡指学生能否在德、智、体、美、劳等方面均衡发展，全面发展。基础教育均衡发展的基础是学校的均衡发展。因为学校是教育教学的基本实施机构，学校均衡发展是教育均衡发展的基础。基础教育均衡发展，是一种科学合理的政策导向，更是今后一段时期我国基础教育发展的一个重要的战略性指导思想。基础教育均衡发展的最终目标，就是要合理配置教育资源，办好每所学校，教好每个学生。

二、教育均衡发展的基本理论观点

（一）教育均衡发展首先是政府责任。一方面，教育均衡发展应该成为政府发展教育，特别是实施义务教育的指导思想；另一方面，政府推进教育发展的主要职责是为教育，特别是为义务教育阶段公办学校提供均衡的办学条件，在资源配置、政策制定以及宏观调控等行政决策中体现教育均衡发展的指导思想。

（二）教育均衡发展是一种发展目标，更是一种教育发展过程；教育均衡发展是教育发展的目的，更是一种促进教育发展的途径。均衡发展本身不是目的，其本质的目标是追求一种理想、公平、高效、优质的教育状态。教育权利的公平是一切教育公平的基础，也是教育均衡发展的前提。

（三）教育均衡首先是教育资源配置的均衡，教育资源配置的不均衡，是导致教育发展不均衡的主要因素。教育均衡的目标是教育需求与教育供给的相对均衡，教育资源配置的均衡是教育均衡的基础。教育资源配置实质上就是教育资源在教育系统内部各组成部分或在不同子系统之间的分配，既包括社会总资源对教育的分配，也包括教育资源在各级各类教育间的分配、各级各类学校间的分配、各地区教育之间的分配，必须建立合理的教育资源配置机制。

（四）教育均衡是经济均衡和社会均衡发展的基础。教育均衡是一个相对的均衡，一个动态的行为，每一个时期由于社会经济发展等多方面因素的影响有着不同的表现。教育均衡是由相应的经济关系所决定的，它是社会经济发展到一定阶段的必然结果。

（五）教育均衡发展是一个长期的、动态的、辩证的历史发展过程。教育均衡作为社会进步的重要标志，是相对的、具体的、发展的，绝对的教育均衡是不可能也是不现实的。均衡发展是一种理想的状态，是相对的均衡发展。唯物辩证法关于事物运动发展的普遍规律揭示，任何事物都是在矛盾运动中寻求暂时的相对的均衡发展状态。这是我们探讨教育均衡发展的哲学前提。

（六）教育均衡发展是一个由“均衡—不均衡—均衡”不断地螺旋式上升的循环发展的动态过程。教育均衡发展不能简单地理解为平均发展、均等发展，它更加强调的是全面、协调、可持续的科学发展。其原因在于，均衡是动态的而不是静态的，是相对的而不是绝对的。均衡发展的过程是整体办学条件和水平提升的过程，这种过程是从不均衡逐渐走向均衡；然后均衡再次被更高一级的发展需求打破，出现新的不均衡，并在更高层次上再次从不均衡走向均衡，这种动态的螺旋式的上升而循环往复的发展，是均衡不断接近终极目标的过程。因此，教育均衡更加注重的是发展的过程，而不是结果。

（七）教育均衡是教育发展的必然价值取向。在市场经济条件下，政府要为社会和教育发展建立一个公平规则。教育均衡是公民的基本教育权利保障和教育政策价值取向演变的必然趋势。

（八）教育均衡发展必须树立全面、协调、可持续的科学教育发展观，促进各级各类教育持续健康协调发展。

（九）实现教育的均衡发展，提高义务教育阶段的整体水平，就是要为所有就学儿童提供平等而高质量的教育条件。教育均衡绝不是一种理想，更是一种责任，是教育发展的必然选择，也是现代社会发展的必然要求。教育均衡的实质是政府作为控制社会运行的中枢与公共资源分配的主体，应该对全区域内的教育资源进行合理配置，以确保受教育群体和个体的权利平等。在义务教育阶段，受教育机会均等应体现为公民就学平等和受教育条件的平等。政府应办好每所学校，为每位学生提供相对平等的教育条件。

（十）均衡发展是一种新型教育发展观，其实质是代表最广大人民的根本利益，核心是追求教育公平。教育均衡是指政府提供给每个孩子的学习条件、权利、机会是平等的。保证受教育者接受教育特别是义务教育所必需的校舍、设备、师资等基本条件，均衡配置教育资源，是让全体适龄儿童少年享受平等教育的基本体现，也是教育事业发展义不容辞的责任。

三、以人为本的教育均衡发展观的深刻内涵

以人为本是科学发展观的本质和核心。以人为本也是教育发展的核心命题和基本价值取向，树立以人为本的教育均衡发展观，就是要把教育的重点转向人本身，在教育过程中把人的全面发展放在中心地位。以人为本的教育均衡发展观的深刻内涵是：

第一，关注人人接受教育机会的公平性。所谓机会平等，就是人人在教育活动和过程中都享有同等的接受教育机会。

第二，坚持以人的全面进步和发展为本。马克思在《共产党宣言》中把人的发展概括为“每个人的自由发展是一切人自由发展的条件”。以人为本的教育理念的实质，就是把人作为社会主体和中心，在社会发展中以满足人的需要、提高人的能力、提升人的品质、实现人的全面发展为终极目标，就是重视人本身的发

展，将个体的全面发展与个性发展统一起来，将个体的人文精神与科学精神的养成统一起来，使之能够在复杂多元、快速多变的社会环境里正确地进行知识选择和创新。

第三，坚持以满足人民群众的基本需要为本。人类发展的目的是使人们的物质生活状况得到改善，使人们的价值得到实现，使人们的生活方式得到优化，使人们的能力得到提高。教育是现代社会人们的最大需要。教育发展必须不断满足人民群众日益增长的科学文化教育需要，特别是要满足人民群众渴望子女接受优质教育的需要，切实保障人民群众及其子女接受良好教育的权益，努力办好让人民满意的教育，办好让人民满意的学校，让教育发展的成果惠及全体人民。

第四，坚持尊重个性和承认差别的原则。教育均衡应该是能够体现多样性、个性化和特色化的教育，为每个不同家庭背景、不同智力水平、不同性格和志向的学生都能提供适当的学习和成才机会。教育均衡发展其实质是代表最广大人民根本利益，核心是追求教育公平，实现教育的均衡发展，就是要让人人均可获得最大福祉、社会获得和谐、可持续发展的教育。

教育均衡发展的核心价值观是以人为本的思想，把人的全面发展、满足人们的教育需要、追求教育公平作为最基本的出发点，充分体现了以人为本的科学发展观。这一发展观的实质代表了最广大人民群众的根本利益；这一发展观的核心是教育的民主化、公平化，也就是尊重每一个学生接受优质教育的权利；这一发展观的最主要内涵就是合理配置教育资源，全面提升教师群体的素质，办好每一所学校，教好每一个学生。这一发展观要求教育均衡发展不能仅仅拘泥于硬件内容均衡，需要关注更深层次的教育均衡发展，即人的全面发展，解决这个问题的关键是树立以人为本的教育均衡发展观，科学理解教育均衡的内涵，准确把握教育均衡发展的层次性特点，既要追求机会均等，更要重视质量均衡，创新办学特色，针对学生中客观存在的差异性和独特个性因材施教，才是教育均衡发展的最高境界。

四、教育均衡发展阶段理论及发展

教育均衡发展的本质是追求教育平等，实现教育公平。从教育发展看，教育平等、教育公平，特别是基础教育均衡的实现，可分为四个阶段。

第一个阶段：低水平均衡阶段。也就是普及义务教育阶段，这个阶段主要是以追求教育机会的均等为目的，让每一个适龄儿童都能享有受教育的权利和均等的受教育机会。

第二个阶段：初级均衡阶段。推进教育体制改革创新，追求教育过程和教育条件的均等，这个阶段主要以追求教育资源合理均衡配置为目的，确保教育资源在区域间、城乡间、校际间、群体间的优化配置，以确保受教育群体和个体的权利平等、机会均等，具体体现为公民就学平等和受教育条件的均等。政府应办好每所学校，为每位学生提供相对平等的教育条件。

第三个阶段：高级均衡阶段。深化学校教育改革，加强学校教育内部建设，追求教育质量的均等。这个阶段主要以追求学校教育发展均衡为目的，即人的培养和发展为目标，办出学校特色，促使学生全面发展，充分尊重学生的差异和个性，让每个学生最大限度地发挥自己的特长和学习潜能。

第四个阶段：高水平均衡阶段。这个阶段是基础教育均衡的理想阶段，其重要的标志是：国家经济社会高速发展，已经进入了现代化的理想阶段，人民生活水平大大提高，已经进入了真正意义上的全面建设的小康社会，社会上下都树立并具有了真正意义的现代教育理念，以人为本的社会发展观、教育发展观深入人心，教育资源极大丰富，区域之间、城乡之间、学校之间和不同受教育群体之间的差别极大缩小，教育资源在社会和学校得到了合理优化的配置，每一个学生都能接受相对均等的教育，每个学生都能最大限度地发挥自己的特长和学习潜能，每个学生都能获得学业成功的平等机会。

在这四个阶段的发展过程中，无论是在四个阶段之间，还是每个阶段内部，教育均衡发展是一个相对的动态过程，是一个动态的螺旋式的上升而循环往复的发展过程，使均衡不断接近终极目标。因此，教育均衡发展重要的是一个发展过程，而不仅仅是结果。而从基础教育均衡发展的本质和条件分析，现阶段在整体推进基础教育均衡发展还面临困难的情况下，区域推进基础教育均衡发展应当成为重要的政策选择。

追求教育均衡发展的本质是追求教育公平。就我国教育发展而言，教育公平的实现，分为不同层次的三个阶段：第一个阶段是普及九年义务教育，追求教育机会的均等；第二个阶段是推进管理体制改革，追求教育条件的均等；第三个阶段是加强教育内部建设，追求教育质量的均等。

五、教育均衡发展指数反映的趋势

从教育均衡发展指数反映的趋势看，我国基础教育的学校教育均衡指数、群体教育均衡指数以及教育均衡总指数都在随着时序变化逐步向趋于均衡的态势发展。从每个子指数的发展趋势看，区域教育均衡指数和城乡教育均衡指数变化比较大，出现波浪式发展，特别值得注意的是近两年均衡趋势的峰头有向非均衡的走向，这必须引起我们的高度重视，政府可以通过基础教育均衡指数的趋势变化及时掌握发展态势，以及时调整政策和采取措施，进而缩小差距。学校教育均衡指数、群体教育均衡指数都在向着均衡的态势发展。综合分析各子指数和总指数的发展趋势基本上是一致的，都在向均衡的方向发展。这有力地说明，我国基础教育从整体上看正在趋向均衡。

六、实证分析和问卷调查反映的趋势

从实证分析和问卷调查的结果看，在当前我国经济社会差距不断扩大的背景下，我国基础教育差距整体上出现了逐步缩小的趋势。

从地区的实证分析看，我国各地区之间基础教育的差距总体出现缩小态势，基础教育特别是义务教育入学率，各地区中小学教师合格率差距不断缩小。从动态上分析，随着我国居民平均受教育年限的提高，教育基尼系数呈现出下降的趋势。全国各地区国家财政性教育经费标准差随着时序变化在不断拉大，差异系数呈现波浪式发展。这说明我国地区间财政性教育经费还在拉大。全国各地区初等教育生均教育经费和中等教育生均教育经费标准差随着时序变化都呈现出不断拉大的趋势，这说明我国地区初等教育生均教育经费和中等教育生均教育经费的绝对差异仍然在拉大。

从城乡的实证分析看，目前我国各地小学和初中生均经费城乡差异随着时序的变化还在拉大，而小学和初中生均预算内经费城乡差异正在随着时序变化在减小。各地区城乡中小学教师合格率差异正在逐步减小。

从学校的调查结果分析看，目前我国中小学预算内教育经费都在持续增加，但学校之间仍然有差距，现实中小学校之间的教育投入差距还相当大。

从群体的调查结果分析看，在我国不同群体之间接受基础教育还很不均衡，其最直接的表现就是，学生的就学状况与其身份的代表“户籍”，是农村，还是城市，有很大的关系；与其父母的地位、权力和家庭经济实力，有着重要的关系。不同受教育群体在教育质量水平不同的学校间的分布是不均衡的，进入优质学校的学生，其父母受教育水平、职业层次和家庭经济收入都要优越于进入普通学校的学生，而薄弱学校学生的家庭条件最差。

综合分析以上的调查数据，我们认为，造成我国基础教育发展不均衡的主要原因是由于基础教育资源配置不均衡。当前推进基础教育特别是义务教育均衡发展还存在一些问题，主要表现在：一是教育经费投入不足，地区间、城乡间差异还在拉大；二是教育资源配置不均衡。各地小学和初中生均经费差异还在扩大，学校间办学条件和师资水平还存在差异，这是影响我国基础教育均衡发展的重要因素之一，必须引起高度重视。

近年来，随着我国经济社会以及教育事业的快速发展，各地基础教育特别是义务教育都有了普遍的提高和发展，但发展的差异性仍然很突出，我国基础教育特别是义务教育在区域之间、城乡之间、学校之间和群体之间本来就存在的差距在新的形势下都有逐步缩小的趋势，但发展依然不均衡，我国基础教育发展不均衡突出地表现在办学条件、经费投入、师资水平和教育质量等方面。

第二节　基本思想

人类社会的发展是一个不断前进的历史过程。社会发展的根本目的就是以其活动和特定的方式满足其社会长远的物质和精神需求，最终实现人的全面发展。因此，社会发展既是人们致力追求这一目标和更好地达到这一目标而实现社会进步的过程，也是社会实现现代化的过程。由于整个经济社会系统都是以人为中心的，实质上，社会发展都是以人的发展为最终结果，因此，教育作为教育和培养人的重要事业，其发展更应以人为本。

一、教育均衡发展理论和教育均衡发展指数建立的思考

本书中有关教育均衡发展理论的提出以及教育均衡指数的构

建，吸收和借鉴了国际上一些社会发展评价的思想，按照教育发展的基本规律，结合中国的教育实际，充分体现了以人为本的全面的、科学的发展观。

（一）教育发展以人为本多目标评价的思想

以人为本的教育发展观把教育的重点转向人本身，在教育过程中把人的全面发展放在中心地位。一是坚持以人为本就是坚持以人的全面进步和发展为本。以人为本的教育理念的实质，就是重视人本身的发展，将个体的全面发展与个性发展统一起来，将个体的人文精神与科学精神的养成统一起来，使之能够在复杂多元、快速多变的社会环境里正确地进行知识选择和创新。二是坚持以人为本就是坚持以人民为本。人类发展的目的是使人们的物质生活状况得到改善，使人们的价值得到实现，使人们的生活方式得到优化，使人们的能力得到提高。教育发展必须不断满足人民群众日益增长的文化教育需要，特别是要满足人民群众渴望子女接受优质教育的需要，切实保障人民群众及其子女接受良好教育的权益，努力办好让人民满意的教育，办好让人民满意的学校，让教育发展的成果惠及全体人民。三是坚持以人为本的实质是代表最广大人民的根本利益，核心是追求教育公平，实现教育的均衡发展。本书在理论研究方面，从宏观、中观、微观三个维度出发和从 15 个内涵指标分析，构建教育均衡发展体系，对教育均衡问题进行理论探索；在指数构建方面，依据教育均衡发展的目标要求和经济社会发展，以及教育发展实际，从四个层次、两个体系构建和 25 个要素去测度教育均衡发展指数。因此，本书无论在理论体系的构建，还是指数体系的构成方面，都始终体现了以人为本的思想，把学生的全面发展、满足人们的教育需要、追求教育公平作为最基本的出发点，充分体现了以人为本的科学发展观。

教育发展与社会发展一样，本身就具有多维性质和元素，这也就决定了其衡量和评价的标准也必须是多维和多元的。因此，教育发展评价的目标和要素，也必须是多目标评价方法的具体应用。本书教育均衡发展多目标评价的基本思路是，不追求以加总形成的单一总量指标为目的，而以教育发展的多元目标为前提，根据教育均衡发展的不同目标和要素，以及起点、过程、结果分别设置相应的教育均衡指标，构建指标体系，并运用统计方法将这些指标予以综合形成一个综合的指标数值，最后运用将这些指标数值转化成为指数形式，以表达教育均衡发展所达到的水平。这样计算出来的教育均衡发展指数，不是以一个总量来表达教育均衡发展的绝对水平，而是通过设定多目标值所测定的教育均衡发展的相对水平，它体现的是相关要素在空间比较中的相对位置，反映的是与基期比较的动态变化趋势。

（二）教育均衡发展指标体系的特点及其评价

本书研究中教育均衡发展指标在其内涵和规定性上体现出如下价值。

1. 教育均衡发展指标描述了教育均衡发展的全过程。本书在教育均衡的理论构建上从宏观、中观、微观三个维度构造了自成体系的理论框架，对教育均衡的内涵进行了全面的理论阐述，它从 4 个方面、25 个指标、两个体系构造了教育均衡发展的指标体系，基本上覆盖了教育均衡发展的全过程和各个方面。

2. 教育均衡发展指标在统计测度和评价方法上体现了多目标评价方法的发展方向。一是在总量指标的构造上赋予了新内涵，体现了多元目标；二是运用多指标构成分指标体系来描述教育均衡发展的起点、过程、结果以及所达到的水平，进而通过总指标对教育均衡发展予以综合评价。

3. 教育均衡发展指标体现了以人为本的思想和价值取向。无论从体系一中教育机会均衡、教育资源配置均衡、教育质量均衡、教育结果均衡 4 个指标体系的构成，还是体系二中地区教育均衡、城乡教育均衡、学校教育均衡、群体教育均衡 4 个指标体系的构成看，都集中体现了以受教育者主体——学生的发展为核心，即以人为本的思想和价值取向。

4. 教育均衡发展指标展现了教育发展中“投入—产出”的过程。从经济学的意义上分析，教育活动也是一个吸取各种投入因素而获得产出的过程，即“投入—产出”过程。教育投入的指标可以描述为实现教育目标所投入的资源量及其变化，诸如发展教育投入的资金、物质、人员等；教育产出的指标可以描述为教育过程和发展结果，其数量和质量体现在教育目标的实现程度即教育发展所达到的水平，诸如一定时期学生的入学率、升学率、成人识字率及受教育年限等。

5. 教育均衡发展指标体现了主客观指标的相统一。客观性指标是对已经发生的客观事实进行描述和反映，它回答“是什么”、“发生什么”等问题；主观指标是说明“觉得如何”等问题，是建立在社会成员主观感受的基础之上的测度结果，体现的是人们对其生活状况和环境的主观感受的自我评价。在通常情况下，经过经常性统计调查体所获得的指标多属于客观性指标。

描述和评价一定时期的社会发展状况，最理想的是构建一个总括性的指标体系，使所测度的结果能包容社会发展的全部或大部分信息。因此，通常的方法是根据社会发展的不同方面选择多个指标，来构建社会发展指标体系。教育均衡发展指标在构造上体现了以下原则：一是全面性，它从 4 个方面、25 个指标、两个体系，基本上覆盖了教育均衡发展的全过程和不同方面；二是严密性，它的 4 个方面、25 个指标从宏观、中观、微观三个维度构造，不同指标之间在逻辑上密切联系，严密有序；三是明确性，尽量选择一些具有综合信息的社会所公认的教育评价指标；四是数据可得性，充分利用了目前国家统计局和教育部公布的教育数据统计信息，并辅之以适当的调查研究，以确保所选定指标数据的可得性和公信度。

（三）对教育均衡发展理论和测度方法的综合评价

关于社会发展的多目标综合评价，目前国际上还没有公认的统一体系和方法。实际上，决定一个社会发展描述和评价指标体系构成的最主要因素，是以对社会发展的深入理解和特定的理论研究为前提。教育均衡发展指数的构建是在我们对于教育均衡发展理论的研究基础上进行的，本指数与目前国际上具有一定影响的人类发展指数和社会进步指数比较，在评价对象和方法上有如下区别：相对而言，人类发展指数主要侧重于社会发展的最终结果——人的发展状况的评价，它集中选择了少量社会发展指标，构造了一个简要的指数体系。社会进步指数的评价对象覆盖了社会发展的各个侧面，它组成了较大规模的指标体系，更多地体现了社会发展的过程，包含了子领域指数和综合指数两个层次的处理。教育均衡发展指数借鉴了这两个国际公认的指数构造的思想，它根据教育规律，结合教育实际，组成了较大的指标体系，更多地反映了教育均衡发展的全过程，即通过教育机会均衡指数、教育资源配置均衡指数、教育质量均衡指数、教育结果均衡指数 4 个子领域指数和综合指数两个层次的处理，反映了教育均衡发展从起点、过程到结果的全过程，同时，教育均衡发展指数无论是总指数，还是子领域指数都反映了教育均衡发展的状态信息，都可以作为综合和分项观察判断、分析研究教育均衡发展状态和趋势的重要依据。

需要说明的是，社会发展是一个不断变化发展的过程，关于社会发展多目标综合评价，目前国际上还没有一个通用的指标体系和测度方法。但从方法上，国际上关于社会发展多目标综合评价主要是运用指数方法。这种指数方法简单、灵活且容易理解和操作，避免了总量评价所面临的加总问题，它把选定的多个指标合成一个综合指数，这样就达到了松散的指标体系所达不到的效果，无疑是一种有效的多指标综合评价方法。这种方法的局限性在于：一是由于合成的指数将多个指标压缩成为一个综合数值，损失了原有指标的有关信息，使其结果变得较为抽象；二是指标选择上多取决于研究者研究分析问题一定的主观性；三是指数合成上还没有普遍公认的科学方法，尤其是关于指标加权问题，都没有公认的方法和标准。由此也影响了这种综合评价的客观性。

社会发展内涵丰富，任何统计手段都是有限的，现实中没有绝对完美的测度和评价方法，因此，我们对教育均衡发展的测度和评价也只能根据研究目的和理论分析所构建的教育均衡发展的理论体系，以及可能收集到的数据资料，尽可能选择科学的统计方法，以尽可能准确地描述出教育均衡发展的基本状况和大体的发展趋势。

（四）教育均衡发展指数的意义和前景

基础教育均衡发展是教育公平和教育和谐发展的基本保证，也是社会公平和社会和谐发展的基础。但是究竟应当如何判定和测度教育发展是均衡，或者是失衡，目前国内外还没有建立起相关科学的教育均衡发展的指标体系，更缺乏相关国际比较研究。教育均衡发展研究以及教育均衡发展指数对于教育科学研究和政府及时监测教育发展状况、制定教育政策都有着重要的理论和实践意义。特别是建立适合我国经济社会发展和教育发展实际的教育均衡指标体系，构建我国教育均衡发展指数，明确教育均衡发展的目标，对于推进我国基础教育特别是义务教育均衡发展具有重要理论价值和实践意义。

本书研究重要的理论价值在于：构建了教育均衡发展的理论框架，对于教育均衡发展的内涵作了全面的阐释，提出了教育均衡发展阶段性发展理论和教育均衡发展应当确立的发展观。

其重要的实践价值在于：构建了教育均衡发展指数，尽可能准确地描述了教育均衡发展的基本状况和大体的发展趋势，为教育科学研究和政府决策提供重要的参考。也可通过对教育均衡发展指数的观察分析，及时对教育失衡进行有效监控和调节。

本书研究重要的发展前景在于：根据教育均衡发展指数体系，给出相应的数据，可以计算出教育均衡指数，很直观地反映出一个国家或地区教育均衡发展的基本状况和发展趋势。同时，根据教育均衡发展阶段理论，用国际比较的方法计算找出教育均衡发展低、初、高等不同发展水平的“界限”，还可以直观地反映一个国家或地区教育均衡发展所处的不同阶段，以评价不同国家或地区教育均衡发展进步的状态。必要时，政府还可规定指数的“下限”，通过法律或行政手段将教育均衡指数控制在一定的范围内；政府也可将教育均衡指数定期向社会发布，以督导各地基础教育特别是义务教育均衡发展的情况，推进教育均衡发展。

二、创新程度与不足之处

教育均衡发展是现代教育发展的新境界，也是未来教育发展的方向。本书研究最大的技术难点在于对于教育均衡发展理论的阐述、教育均衡条件分析及教育均衡发展指标体系和教育均衡发展指数的建立。本书研究的创新之处在于：

第一，本书研究既是较系统地从中国经济发展、社会发展、教育发展的历史和现实的视角来研究教育均衡发展，又是从中国全面建设小康社会和构建和谐社会的战略高度，用教育经济学的视角研究基础教育均衡发展，本身就具有较强的理论创新意义。

第二，本书研究把教育均衡作为推进经济均衡和社会均衡发展的重要条件来研究，是一种理念上的创新和教育创新；运用经济学原理和经济模型，将理论、实证、案例研究相结合，也是一种研究方法和研究途径的创新。

第三，本书研究以广阔的理论视野首次从宏观、中观、微观三个维度、15个内涵指标对基础教育均衡发展进行深入的理论探索，对教育均衡发展的内涵进行了科学分析，提出了具有独到见解的基础教育均衡发展的理论，廓清了目前基础教育均衡发展理论研究的思路，构建了基础教育均衡发展的理论体系。

第四，阐述了教育均衡发展的理论构想，构建了教育均衡发展的基本体系框架，提出了基础教育均衡发展四个阶段的发展理论。

第五，本书研究首次把经济学的均衡度的概念引入教育均衡研究，对基础教育的均衡度进行了系统分析，并运用计量分析方法对基础教育均衡态势进行了系统分析，勾勒并研究发现了中国目前基础教育均衡发展的大致走向。

第六，本书研究首次把指数引入教育均衡分析，构建了分析研究教育均衡发展的指标体系和教育均衡发展指数的计算数据模型。从 4 个层次、25 个要素对中国基础教育均衡发展进行了计量分析，研究发现了中国基础教育均衡发展指数的大致趋势，具有重要的理论和实际意义及政策指导作用。

本书研究的不足之处在于：一是对于教育均衡发展指数的计算，由于数据收集比较困难，在实际的中国基础教育均衡指数的计算时，我们只用了国家有关教育统计文献中提供的数据资料，所以所计算出的指数数据和反映出的指数趋势，也只能反映教育均衡发展的大致趋势，还不很精确；二是由于国际数据收集困难，我们原本想通过对国际上不同国家数据的比较，找出教育均衡发展的“临界点”，并尽可能地通过计算和比较找出教育均衡发展不同阶段的数值界限，以反映教育均衡发展的程度，以便为政府决策提供重要的参考，提供必要的“预警”。但由于数据收集比较困难，没有实现。这些也是本书研究下一步深化研究时需要拓展的方向。

教育均衡发展研究以及教育均衡发展指数对于教育科学研究和政府及时监测教育发展状况、制定教育政策都有着重要的理论和实践意义。

主要参考文献

中文文献：

1. 江泽民：《全面建设小康社会，开创中国特色社会主义事业新局面——在中国共产党第十六次全国代表大会上的报告》，人民出版社 2002 年版。

2. 蔡昉：人口绿皮书《2001 年：中国人口问题报告——教育、健康与经济增长》，中国社会科学出版社 2001 年版。

3. 王佃利、曹现强：《公共决策导论》，中国人民大学出版社 2003 年版。

4. 张民选：《理想与抉择：大学生资助政策的国际比较》，人民教育出版社 1997 年版。

5. 童鹰：《哲学原理》，人民出版社 2005 年版。

6. 闵维方：《2005－2006 中国教育与人力资源发展报告》，北京大学出版社 2006 年版。

7. 中国社科院当代中国社会阶层结构课题组：《当代中国社会流动》，社会科学文献出版社 2004 年版。

8. 教育部基础教育司义务教育实施处编：《义务教育法规文献汇编（1900 年－1998 年）》，中国社会出版社 1998 年版。

9. 胡鞍钢等：《中国地区差距报告》，辽宁人民出版社 1995 年版。

10. ［美］Martin Carnoy 编著，闵维方译：《教育经济学国际百科全书（第二版）》，高等教育出版社 2000 年版。

11. ［日］佐藤学著，钟启泉译：《课程与教师》，教育科学出版社

2003年版。

12. [美] 罗斯·M. 斯塔尔著，鲁昌、许永国译：《一般均衡理论》，上海财经大学出版社2003年版。

13.《马克思恩格斯全集》第18卷，人民出版社1963年版。

14. [美] 查尔斯·赫梅尔著，王静、赵穗生译：《今日的教育为了明日的世界：为国际教育局写的研究报告》，中国对外翻译出版公司1983年版。

15. 马和民、高旭平：《教育社会学研究》，上海教育出版社1998年版。

16. [美] S. 鲍尔斯、H. 金蒂斯著，王佩雄等译：《美国：经济生活与教育改革》，上海教育出版社1990年版。

17. [美] 保罗·萨缪尔森、威廉·诺德豪斯著，萧琛等译：《经济学》第十六版，华夏出版社1999年版。

18. 杨君昌：《凯恩斯革命》，四川人民出版社1985年版。

19. 王善迈：《教育投入与产出研究》，河北教育出版社1999年版。

20. 王善迈：《教育经济学简明教程》，高等教育出版社2000年版。

21. 靳希斌：《教育经济学》（修订本），人民教育出版社2004年版。

22. [德] 柯武刚、史漫飞著，韩朝华译：《制度经济学：社会秩序与公共政策》，商务印书馆2000年版。

23. 盛洪：《现代制度经济学》，北京大学出版社2005年版。

24. 联合国教科文组织总部中文科译：《教育：财富蕴藏其中》，教育科学出版社1996年版。

25. 国家教育发展研究中心编：《2002年中国教育绿皮书——中国教育政策年度分析报告》，教育科学出版社2002年版。

26. 黄恒学：《公共经济学》，北京大学出版社2002年版。

27. 方福前：《公共选择理论——政治的经济学》，中国人民大学出版社2000年版。

28. 娄成武、史万兵编著：《教育经济与管理》，中国人民大学出版社2004年版。

29. 高鸿业：《西方经济学》，中国经济出版社1996年版。

30. 祝怀新：《英国基础教育》，广东教育出版社 2003 年版。

31. 侯景新、尹卫红：《区域经济分析方法》，商务印书馆 2004 年版。

32. 贾俊平、何晓群、金勇进：《统计学》（第二版），中国人民大学出版社 2004 年版。

33. 高敏雪、李静萍：《经济社会统计》，中国人民大学出版社 2003 年版。

34. 李岚清：《李岚清教育访谈录》，人民教育出版社 2003 年版。

35. 孙天发：《非均衡配额经济学》，经济科学出版社 2003 年版。

36. 杨蓉：《人力资源经济学》，中国物资出版社 2001 年版。

37. 杜育红：《教育发展不平衡研究》，北京师范大学出版社 2000 年版。

38. 北京市社会科学界联合会、北京师范大学编：《小康社会创新与发展》，北京师范大学出版社 2003 年版。

39. 赵中建编：《教育的使命——面向二十一世纪的教育宣言和行动纲领》，教育科学出版社 1996 年版。

40. 联合国教科文组织国际教育发展委员会编，华东师范大学比较教育研究所译：《学会生存——教育世界的今天和明天》，教育科学出版社 1996 年版。

41. 朱家存著：《教育均衡发展政策研究》，中国社会科学出版社 2003 年版。

42. 教育部课题组：《从人口大国迈向人力资源强国》，高等教育出版社 2003 年版。

43. 曲恒昌、曾晓东：《西方教育经济学研究》，北京师范大学出版社 2000 年版。

44. 李宝元：《人力资本与经济发展》，北京师范大学出版社 2000 年版。

45. ［英］彼德·杰克逊主编，郭庆旺等译：《公共部门经济学前沿问题》，中国税务出版社、北京腾图电子出版社 2000 年版。

46. ［美］阿瑟·奥肯著，王奔洲等译：《平等与效率——重大的抉择》，华夏出版社 1987 年版。

47. ［英］亚当·斯密著，郭大力、王亚南译：《国民财富的性质和原因的研究》（下卷），商务印书馆 1974 年版。

48. ［美］保罗·魏里希著，黄涛译：《均衡与理性——决策规则修订的博弈理论》，经济科学出版社 2000 年版。

49. ［美］西奥多·舒尔茨著，曹延亭译：《教育的经济价值》，吉林人民出版社 1982 年版。

50. ［美］西奥多·舒尔茨著，吴珠华等译：《论人力资本投资》，北京经济学院出版社 1990 年版。

51. ［英］马克·布劳格著，韩云等译：《教育经济学导论》，春秋出版社 1989 年版。

52. ［美］杰拉尔德·梅尔、詹姆斯·劳赫主编，黄仁伟、吴雪明等译：《经济发展的前沿问题》（第七版），上海人民出版社 2004 年版。

53. ［美］霍华德·加德纳著，沈致隆译：《多元智能》，新华出版社 2004 年版。

54. ［美］鲍德威、威迪逊著，邓力平主译：《公共部门经济学》（第二版），中国人民大学出版社 2000 年版。

55. 国家教育行政学院编著：《区域教育探索》（第五辑），广西师范大学出版社 2006 年版。

56. 张国、林善浪等：《中国发展问题报告》，中国社会科学出版社 2001 年版。

57. 国家教育发展研究中心编著：《2003 年中国教育绿皮书——中国教育政策年度分析报告》，教育科学出版社 2003 年版。

58. 转型期中国重大教育政策案例研究课题组：《缩小差距——中国教育政策的重大命题》，人民教育出版社 2005 年版。

59. 中国现代化战略研究课题组、中国科学院中国现代化研究中心：《中国现代化报告 2005——经济现代化研究》，北京大学出版社 2005 年版。

60. 张维迎：《博弈论与信息经济学》，上海三联书店、上海人民出版社 2004 年版。

61. 陈秀山、张可云：《区域经济理论》，商务印书馆 2005 年版。

62. ［美］哈尔·R. 范里安著，费方域等译：《微观经济学：现代观点》，上海三联书店、上海人民出版社 2003 年版。

63. [美] 哈里德·W. 库恩编著，韩松等译：《博弈论经典》，中国人民大学出版社 2004 年版。

64. [美] 戴维·罗默著，苏剑、罗涛译：《高级宏观经济学》，商务印书馆 1999 年版。

65. [美] E. 罗伊·温特劳布著，王宇、王文玉译：《经济数学》，经济科学出版社 1999 年版。

66. 高培勇、崔军：《公共部门经济学》，中国人民大学出版社 2002 年版。

67. 刘精明等：《转型时期中国社会教育》，辽宁教育出版社 2004 年版。

68. 王建民：《人力资本生产制度研究》，经济科学出版社 2001 年版。

69. 汪丁丁：《再论制度创新的一般过程》，北京大学出版社 1999 年版。

70. [美] 约翰·罗尔斯著，何怀宏等译：《正义论》，中国社会科学出版社 2003 年版。

71. 周长城等：《中国生活质量与评价》，社会科学文献出版社 2003 年版。

72. 国家教育行政学院编著：《基础教育：政策与制度热点》，山东大学出版社 2005 年版。

73. 陈国良：《教育财政国际比较》，高等教育出版社 2000 年版。

74. [美] 劳纳·吉姆森：《佛州平等的教育机会法案第六十条与教育机会平等的改进——美国农村学校和社区信托会的报告》，2002 年。

75. 彭刚、黄卫平、郭郁彬：《中国经济发展理论与实践研究》，中国人民大学出版社 2004 年版。

76. 叶敬怡：《发展经济学》，北京大学出版社 2003 年版。

77. 袁连生：《教育成本计量探索》，北京师范大学出版社 2000 年版。

78. 翁文艳：《教育公平与学校选择制度》，北京师范大学出版社 2003 年版。

79. 闵维方：《高等教育运行机制研究》，人民教育出版社 2002 年版。

80. 黄济：《教育哲学通论》，山西教育出版社2002年版。

81. [美] 阿塔纳修斯·阿西马科普洛斯编，赖德胜等译：《收入分配理论》，商务印书馆1995年版。

82. [美] 科恩著，王玉崑等译：《教育经济学》，华东师范大学出版社1989年版。

83. [日] 青木昌彦著，周黎安译：《比较制度分析》，上海远东出版社2004年版。

84. [美] 德怀·H. 波金斯、斯蒂芬·拉德勒、唐纳德·R. 斯诺德格拉斯、马尔科姆·吉利斯、迈克尔·罗默著，黄卫平、彭刚校，黄卫平、彭刚、刘春生、韩燕译：《发展经济学》（第五版），中国人民大学出版社2005年版。

85. 全国人大教科文卫委员会教育室等合作项目研究组：《中国义务教育发展研究报告》，中国民主法制出版社2006年版。

86. 世界银行：《2006年世界发展报告：公平与发展》，清华大学出版社2006年版。

87. 联合国开发计划署驻华代表处委托中国发展研究基金会协调撰写：《中国人类发展报告2005：追求公平的人类发展》，中国对外翻译出版公司2005年版。

88. 翟博：《世纪的承诺——来自中国实现“基本普及九年义务教育和基本扫除青壮年文盲”的报告》，《中国教育报》，2001年4月9日。

89. 刘国光：《重新审视社会公平问题》，《北京日报》，2005年4月26日。

90. 蔡昉：《兼顾公平与效率的发展战略选择》，《学习时报》，2005年7月11日。

91. 丁小浩：《义务教育资源均衡化思辨》，《新闻周刊》，2003年10月。

92. 朱建明、邱耘、李伟：《均衡教育在日本》，《中国教育报》，2003年10月12日。

93. 郁琴芳：《日本教师“定期流动制”对我国教师流动的影响》，《中小学管理》，2003年第8期。

94. 汪明：《基础教育均衡发展与对策》，《光明日报》，2002 年 7 月 25 日。

95. 李连宁：《要从经验发展战略上思考和促进基础教育的均衡发展》，《人民教育》，2002 年第 4 期。

96. 徐鸣：《教育按什么路子办？“无差别教育”实现教育平等》，《中国青年报》，2004 年 2 月 25 日。

97. 张玉林：《2004 年中国教育不平等状况蓝皮书》，《中国改革》，2004 年 11 月。

98. 朱步楼：《以科学发展观推进教育公平》，《中国教育报》，2005 年 8 月 1 日。

99. 上海教科院智力所课题组：《中国义务教育转移支付制度研究》，《教育研究信息》，1998 年第 11 期。

100. 杨颖秀：《促进教育均衡发展的“教育券”政策分析》，中国教育先锋网，2003 年 4 月 10 日。

101. 《人口素质与人口投入》，《瞭望》，2005 年第 2 期。

102. 杨东平：《教育公平的理论和在我国的实践》，《东方文化》，2000 年第 6 期。

103. 齐建国：《技术创新与我国当前低水平经济均衡》，'99 中国青年科技论坛。

104. ［美］科斯等：《生产的制度结构》，中译文载《经济社会体制比较》（北京），1992 年第 3 期。

105. 徐梅：《当代西方区域经济理论评析》，《经济评论》，2002 年第 3 期。

106. 周峰：《试论基础教育均衡发展的若干问题》，《教育研究》，2002 年第 8 期。

107. 王斌泰：《着力推进基础教育均衡发展》，《求是》，2003 年第 9 期。

108. 韩清林：《推进基础教育均衡发展，在操作层面上要解决的几个问题》，《人民教育》，2002 年第 5 期。

109. 教育部：《关于推进义务教育均衡发展的意见》，教育部网站。

110. 教育部:《努力实现区域内基础教育均衡发展》,《中国教育报》,2004 年 1 月 9 日。

111. 王国平:《大力实施名校集团化战略 体现社会公平 构建和谐社会》,2005 年 3 月,在名校集团化办学论坛上的讲话。

112. 王善迈:《重建义务教育财政制度》,《中国教育报》,2005 年 8 月 15 日。

113. 汪丁丁:《制度创新的一般理论》,《经济研究》,1992 年第 5 期。

114. 张曙光:《论制度均衡和制度变革》,《经济研究》,1992 年第 6 期。

115. 陆璟:《伦敦基础教育均衡发展的机制及其启示》,《上海教育科研》,2006 年第 1 期。

英文文献:

1. Paul A. Samuelson, Willam D. Nordhaus: *Economics*, sixteenth edition,机械工业出版社,2002 年。

2. Dennis C. Mueller, *Public Choice* Ⅱ, Cambridge: Cambridge University Press, 1989.

3. DFES. *Instructions and Guidance for Financial Reporting on S52 Budget Statements* 2005 - 2006; *Instructions and Guidance for Financial Reporting on S52 Outturn Statements* 2004 - 2005.

4. DFES. *The London Challenge: Transforming London Secondary Schools*.

5. DFES. *London Schools: Rising to the Challenge*. Crown Copyright 2005.

6. Great London Authority. *The Mayor's Annual Report* 2002, 2003, 2004.

7. Mayor of London. *London Schools and the Black Child* 2002, 2003, 2004.

8. DFES. *Managing Pupil Mobility: Guidance*. Crown Copyright 2003.

9. Richard M. Hodgetts, Fred Luthans: *International Management—Culture*, *Straegy*, *and Behavior* (Fourth Edition) McGraw-Hill、清华大学出版社合作出版（英文版）2003.

10. Fred. R. David, *Strategic Management-Concepts and Cases* (Eighth Edition) Prentice Hall、清华大学出版社合作出版（英文版）2001.

11. Clume W H, Witte J. F (eds), *Choice and Control in American Education* Vol. 2. *The Practice of Choice*, *Decentralization and School Restructuring*. Falmer Press, London. 1990.

12. Levin H. M., The Economics of Education Choice. *Econ. Educ. Rev.* 10 (2): 137-158, 1991.

13. Barlett W., Quasi-markets and Education Reforms. In J. Le Grand and W. Barltt (eds). *Quasi-markets and Social Policy*. London: Macmillan. 1993.

附录一

统计数据

附表 1　1993 年至 2003 年各地区基础教育生均教育经费

单位：元

时间 / 地区	1993 年		1994 年		1995 年		1996 年	
	初等教育	中等教育	初等教育	中等教育	初等教育	中等教育	初等教育	中等教育
全　国	278.01	634.84	388.49	864.34	476.25	1 059.68	549.96	1 204.05
北　京	623.41	1 671.48	747.57	1 818.30	1 040.05	2 264.82	1 322.60	2 692.25
天　津	434.14	988.02	620.30	1 437.09	718.53	1 612.63	915.83	2 040.18
河　北	223.13	566.80	278.59	749.74	348.53	927.05	417.99	970.30
山　西	288.83	623.88	398.13	786.10	483.31	964.62	641.50	1 163.04
内蒙古	307.28	583.31	393.05	719.40	499.53	807.11	650.19	999.69
辽　宁	394.12	741.17	510.48	963.39	607.53	1 127.57	636.53	1 196.50
吉　林	373.08	611.98	530.70	840.43	619.68	989.85	655.97	1 155.94
黑龙江	276.85	613.57	389.24	801.06	501.56	944.87	568.41	1 026.59
上　海	783.44	1 447.02	1 226.03	1 992.57	1 591.53	2 592.12	1 974.01	3 111.27
江　苏	379.94	689.39	541.01	1037.03	621.53	1 231.62	724.66	1 543.36
浙　江	401.88	762.07	629.64	1123.95	766.70	1 413.30	910.82	1 692.84
安　徽	125.64	339.50	232.70	504.28	355.40	719.83	429.81	785.80
福　建	371.80	782.34	509.03	1016.63	684.90	1 265.70	793.77	1 377.33
江　西	198.47	393.24	259.22	486.27	319.86	623.16	392.79	711.24
山　东	257.41	599.96	334.12	772.48	405.48	981.11	473.84	1 081.30
河　南	183.21	474.92	239.56	623.76	306.16	779.79	373.02	938.55
湖　北	224.41	607.45	302.25	836.47	399.50	1 023.75	435.99	1 124.90
湖　南	246.30	568.15	340.39	858.87	443.99	943.24	485.18	1 082.50
广　东	525.26	1 147.83	724.39	1 451.53	857.33	1 876.98	953.64	1 984.45
广　西	253.45	579.54	328.56	701.05	400.40	834.25	456.69	888.14
海　南	440.45	1 254.67	542.25	1 425.88	601.05	1 434.57	593.80	1 385.90
四　川	244.42	515.78	342.48	754.80	408.64	892.87	464.42	1 054.37
贵　州	144.71	324.20	189.86	458.02	216.06	504.24	234.14	551.27
云　南	278.47	683.20	407.35	920.47	451.49	1 079.73	585.53	1 420.86
西　藏	537.88	1 707.06	600.83	2 191.39	597.63	2 173.58	748.20	1 821.04
陕　西	206.91	539.09	261.83	706.58	293.38	890.70	354.90	1 023.51
甘　肃	208.56	426.64	286.33	632.38	314.82	713.28	365.88	789.37
青　海	270.36	559.24	403.09	827.25	484.80	928.46	609.16	1 126.24
宁　夏	217.09	442.05	304.98	574.89	347.00	666.87	432.41	784.06
新　疆	343.30	713.40	448.90	1 005.35	582.39	1 240.07	617.00	1 253.96

附表 1　1993 年至 2003 年各地区基础教育生均教育经费（续 1）

时间 地区	1997 年		1998 年		1999 年	
	初等教育	中等教育	初等教育	中等教育	初等教育	中等教育
全　国	591.440	1 281.600	625.360	1 337.790	695.080	1 432.370
北　京	1 576.810	3 312.430	1 808.490	3 593.680	2 253.390	4 318.080
天　津	1 076.570	2 097.870	1 139.290	2 575.530	1 357.780	2 695.430
河　北	443.380	1 023.190	445.230	1 008.030	493.860	1 027.510
山　西	645.950	1 157.490	608.310	1 052.750	635.540	1 140.240
内蒙古	680.570	1 083.820	715.150	1 157.230	834.850	1 244.530
辽　宁	681.160	1 343.230	753.430	1 478.070	861.220	1 757.200
吉　林	686.900	1 231.270	713.120	1 376.890	878.380	1 705.450
黑龙江	654.750	1 112.480	723.270	1 101.690	875.130	1 174.600
上　海	2 340.430	4 021.820	2 621.160	4 497.000	3 106.810	5 228.740
江　苏	786.490	1 765.070	830.660	1 992.290	926.330	2 184.860
浙　江	1 050.980	1 953.400	1 178.070	2 268.710	1 359.960	2 642.010
安　徽	464.440	877.390	507.590	975.470	524.890	1 000.570
福　建	806.690	1 388.290	756.920	1 310.400	850.140	1 434.590
江　西	422.570	745.220	460.350	790.900	511.940	902.270
山　东	475.480	1 071.180	525.980	1 121.720	618.010	1 237.480
河　南	407.780	984.830	400.320	975.430	408.820	956.270
湖　北	468.850	1 232.130	497.960	1 351.200	516.990	1 377.550
湖　南	522.050	1 117.370	541.930	1 117.030	597.630	1 276.880
广　东	1 044.580	1 935.760	1 095.730	1 976.110	1 208.810	2 092.700
广　西	474.150	872.580	502.740	897.470	553.910	940.580
海　南	621.040	1 335.270	667.400	1 456.320	697.180	1 591.020
重　庆	—	—	551.610	1 342.190	594.730	1 317.960
四　川	472.200	1 085.610	507.120	1 127.600	556.140	1 153.510
贵　州	259.350	581.330	296.440	613.270	363.380	670.060
云　南	656.130	1 498.870	679.730	1 461.820	719.180	1 452.300
西　藏	667.160	2 574.507	923.950	3 417.720	1 077.630	3 978.250
陕　西	354.920	945.420	379.760	900.150	402.270	869.880
甘　肃	415.260	861.790	423.030	904.490	503.830	954.270
青　海	642.500	1 331.080	701.930	1 409.670	797.620	1 539.470
宁　夏	493.600	819.600	648.500	946.860	712.350	1 122.770
新　疆	665.760	1 359.140	756.220	1 339.860	855.110	1 366.050

附表1　1993年至2003年各地区基础教育生均教育经费（续2）

时间 地区	2000年		2001年		2002年	
	初等教育	中等教育	初等教育	中等教育	初等教育	中等教育
全　国	792.36	1 528.84	971.47	1 740.00	1 154.94	1 980.06
北　京	2 894.93	5 143.34	3 683.93	5 912.85	4 553.12	6 954.68
天　津	1 645.36	3 208.55	2 098.74	3 705.71	2 465.57	4 391.01
河　北	559.80	1 099.98	678.10	1 223.89	860.22	1 389.37
山　西	701.09	1 268.24	871.92	1 496.94	1 025.04	1 740.51
内蒙古	945.06	1 371.54	1 272.04	1 632.50	1 573.72	1 954.39
辽　宁	966.51	1 892.24	1 114.77	1 945.76	1 382.57	2 279.09
吉　林	922.51	1 780.41	1 285.48	1 978.03	1 547.50	2 328.35
黑龙江	1 079.36	1 239.22	1 396.54	1 534.42	1 735.18	1 694.93
上　海	3 715.22	5 207.41	4 875.97	6 340.72	5 559.40	7 319.63
江　苏	1 044.43	2 381.18	1 256.10	2 644.47	1 481.39	2 879.23
浙　江	1 577.21	2 998.78	2 018.44	3 619.89	2 372.95	4 108.84
安　徽	534.70	999.93	645.27	1 180.66	803.12	1 354.56
福　建	1 008.48	1 628.82	1 167.38	1 846.56	1 443.28	2 279.06
江　西	595.77	995.35	769.53	1 177.28	859.76	1 333.38
山　东	783.41	1 379.07	1 001.45	1 553.13	1 130.93	1 795.60
河　南	447.15	946.02	536.64	1 040.93	621.41	1 108.82
湖　北	561.60	1 411.27	665.55	1 535.62	774.46	1 654.89
湖　南	683.63	1 302.51	813.89	1 428.67	992.03	1 644.62
广　东	1 331.28	2 362.03	1 489.62	2 551.07	1 798.88	3 160.27
广　西	611.03	1 023.62	771.49	1 241.78	913.98	1 481.38
海　南	754.57	1 508.47	841.83	1 803.01	1 034.56	2 029.74
重　庆	698.51	1 306.66	838.16	1 458.41	983.24	1 801.19
四　川	646.70	1 182.28	832.31	1 411.60	953.91	1 571.49
贵　州	418.23	764.71	545.41	994.07	643.04	1 055.68
云　南	819.00	1 440.14	968.56	1 536.83	1 137.83	1 682.67
西　藏	1 254.53	3 657.61	1 764.61	4 448.34	2 178.54	3 550.73
陕　西	466.19	932.68	659.60	1 118.91	749.36	1 213.17
甘　肃	554.73	972.30	686.82	1 224.58	811.98	1 372.14
青　海	877.10	1 480.02	1 189.31	1 790.19	1 375.27	2 038.20
宁　夏	755.77	1 183.27	950.76	1 584.45	1 278.45	1 871.77
新　疆	1 010.57	1 595.02	1 363.76	2 045.83	1 594.33	2 444.86

资料来源：教育部财务司编写的历年《中国教育经费统计年鉴》。

附表 2　1995 年至 2004 年各地区小学净入学率

单位：%

时间 地区	1995 年			1996 年			1997 年			1998 年		
	入学率	女入学率	男入学率	入学率	女入学率	男入学率	入学率	女入学率	男入学率	入学率	女入学率	男入学率
全　国	98.52	98.15	98.86	98.81	98.63	98.98	98.92	98.81	99.02	98.93	98.86	99.00
北　京	99.93	99.93	99.93	99.93	99.92	99.93	99.95	99.96	99.95	99.96	99.96	99.96
天　津	99.66	99.66	99.67	99.76	99.77	99.75	99.99	99.99	99.99	100.00	100.00	100.00
河　北	99.23	99.10	99.36	99.73	99.77	99.70	99.97	99.80	99.78	99.81	99.81	99.81
山　西	99.31	99.31	99.32	99.26	99.27	99.26	99.65	99.67	99.63	99.59	99.65	99.54
内蒙古	98.87	98.63	99.09	98.84	98.96	98.74	99.40	99.42	99.38	99.54	99.56	99.52
辽　宁	99.39	99.34	99.45	99.29	99.25	99.30	99.38	99.36	99.39	99.38	99.43	99.33
吉　林	99.72	99.70	99.74	99.66	99.69	99.62	99.56	99.62	99.50	99.82	99.83	99.81
黑龙江	98.86	98.79	98.92	99.10	99.13	99.07	99.82	98.91	98.75	99.10	98.08	98.11
上　海	99.93	99.94	99.92	99.88	99.88	99.89	99.97	99.97	99.97	99.98	99.98	99.99
江　苏	99.76	99.66	99.86	99.81	99.82	99.79	99.84	99.83	99.84	99.82	99.83	99.82
浙　江	99.75	99.73	99.76	99.83	99.81	99.85	99.88	99.90	99.87	99.92	99.93	99.91
安　徽	99.69	99.46	99.90	99.79	99.79	99.78	99.72	99.72	99.73	99.78	99.77	99.79
福　建	99.70	99.64	99.76	99.75	99.70	99.79	99.77	99.75	95.19	99.80	99.79	99.81
江　西	99.42	99.12	99.69	99.62	99.57	99.67	99.56	99.66	99.48	99.57	99.60	99.53
山　东	99.51	98.87	100.00	99.48	99.47	99.50	99.62	99.61	99.62	99.60	99.61	99.60
河　南	99.17	98.89	99.43	99.53	99.32	99.73	99.60	99.55	99.64	99.72	99.72	99.73
湖　北	99.25	99.25	99.25	99.50	99.49	99.50	99.62	99.62	99.63	99.51	99.54	99.49
湖　南	98.04	97.80	98.26	98.22	98.13	98.30	98.55	98.60	98.51	99.68	98.73	98.63
广　东	99.71	99.69	99.73	99.75	99.75	99.75	99.77	99.76	99.78	99.73	99.64	99.81
广　西	98.16	97.46	95.03	98.60	98.43	98.76	98.54	98.54	98.55	98.80	98.72	98.86
海　南	99.03	98.67	99.33	99.02	98.39	99.57	99.39	99.16	99.59	99.28	99.32	99.25
四　川	95.18	94.71	95.61	96.04	95.57	96.46	95.74	95.79	95.69	94.28	94.21	94.35
重　庆							96.19	95.81	96.53	95.68	95.47	79.45
贵　州	96.04	94.01	97.85	96.65	95.29	97.83	97.38	96.49	98.18	97.74	97.10	98.30
云　南	97.42	96.52	98.23	97.84	97.15	98.45	98.36	97.81	98.85	98.73	98.47	98.97
西　藏	64.55	94.25	64.80	73.54	69.32	77.24	78.20	71.32	84.62	81.25	76.56	85.28
陕　西	98.97	98.68	99.24	99.24	99.24	99.23	99.25	99.32	99.19	99.30	99.46	99.15
甘　肃	96.91	94.89	98.75	97.27	96.11	98.30	97.68	96.70	98.56	98.20	97.42	98.91
青　海	87.44	93.69	90.88	89.60	88.00	91.01	90.46	89.01	91.76	92.10	90.97	93.13
宁　夏	96.20	92.69	99.40	96.47	94.02	98.72	96.70	94.95	98.32	96.80	95.03	98.46
新　疆	97.03	97.15	96.92	97.42	97.51	97.33	96.58	96.72	96.45	97.68	97.73	97.63

附表 2　1995 年至 2004 年各地区小学净入学率（续 1）

时间 地区	1999 年			2000 年			2001 年		
	入学率	女入学率	男入学率	入学率	女入学率	男入学率	入学率	女入学率	男入学率
全　国	98.93	98.86	99.00	99.10	99.07	99.14	99.05	99.01	99.08
北　京	99.96	99.96	99.96	99.95	99.95	99.96	99.62	99.61	99.63
天　津	100.00	100.00	100.00	99.99	100.00	99.99	99.99	99.99	99.99
河　北	99.81	99.81	99.81	99.87	99.87	99.87	99.72	99.74	99.70
山　西	99.59	99.65	99.54	99.74	99.76	99.72	98.15	98.09	98.20
内蒙古	99.54	99.56	99.52	99.47	99.46	99.47	98.55	98.56	98.54
辽　宁	99.38	99.43	99.33	99.32	99.33	99.31	99.68	99.67	99.68
吉　林	99.82	99.83	99.81	99.78	99.81	99.76	99.56	99.58	99.54
黑龙江	99.10	98.08	98.11	99.78	98.78	98.82	97.51	97.59	97.44
上　海	99.98	99.98	99.99	99.99	99.99	99.99	100.00	100.00	100.00
江　苏	99.82	99.83	99.82	99.77	99.78	99.76	99.43	99.47	99.39
浙　江	99.92	99.93	99.91	99.93	99.94	99.91	99.97	99.97	99.97
安　徽	99.78	99.77	99.79	99.67	99.69	99.65	98.63	98.87	98.42
福　建	99.80	99.79	99.81	99.86	99.85	99.86	99.60	99.64	99.58
江　西	99.57	99.60	99.53	99.58	99.60	99.55	97.57	97.69	97.46
山　东	99.60	99.61	99.60	99.78	99.78	99.77	99.74	99.73	99.74
河　南	99.72	99.72	99.73	99.84	99.85	99.82	99.56	99.59	99.53
湖　北	99.51	99.54	99.49	99.53	99.56	99.49	99.65	99.64	99.66
湖　南	99.68	98.73	98.63	98.42	98.41	98.43	98.56	98.55	98.57
广　东	99.73	99.64	99.81	99.70	99.71	99.68	99.57	99.57	99.57
广　西	98.80	98.72	98.86	98.68	99.61	98.73	98.86	98.81	98.90
海　南	99.28	99.32	99.25	99.71	99.74	99.68	99.76	99.76	99.76
四　川	94.28	94.21	94.35	99.75	99.88	99.64	98.18	98.40	97.98
重　庆	95.68	95.47	79.45	95.42	95.18	95.63	98.25	97.87	98.60
贵　州	97.74	97.10	98.30	98.45	98.16	98.72	99.53	99.19	99.83
云　南	98.73	98.47	98.97	99.02	98.91	99.11	98.59	98.38	98.77
西　藏	81.25	76.56	85.28	85.80	82.93	88.49	88.60	87.70	89.41
陕　西	99.30	99.46	99.15	99.38	99.42	99.34	99.29	99.30	99.27
甘　肃	98.20	97.42	98.91	98.83	98.57	99.06	98.44	98.08	98.76
青　海	92.10	90.97	93.13	94.23	93.09	95.27	96.25	94.82	97.56
宁　夏	96.80	95.03	98.46	97.27	96.09	98.36	97.48	96.54	98.35
新　疆	97.68	97.73	97.63	97.03	97.18	96.89	98.58	98.61	98.55

附表 2　1995 年至 2004 年各地区小学净入学率（续 2）

时间 地区	2002 年			2003 年			2004 年		
	入学率	女入学率	男入学率	入学率	女入学率	男入学率	入学率	女入学率	男入学率
全　国	98.58	98.53	98.62	98.65	98.61	98.69	98.95	98.93	
北　京	99.63	99.59	99.65	99.95	99.95	99.95	99.92	99.94	
天　津	100.00	100.00	100.00	99.97	99.98	99.97	99.97	99.98	
河　北	99.47	99.46	99.47	99.42	99.44	99.40	99.83	99.83	
山　西	98.93	98.94	98.91	98.83	98.86	98.81	98.55	98.55	
内蒙古	98.94	98.98	98.90	99.40	99.42	99.39	99.29	99.26	
辽　宁	99.37	99.36	99.38	99.68	99.68	99.68	99.72	99.73	
吉　林	97.62	97.59	97.66	95.75	95.58	95.90	99.37	99.37	
黑龙江	97.65	97.65	97.64	91.06	91.08	91.03	97.99	98.04	
上　海	99.99	99.99	99.99	100.00	100.00	100.00	100.00	100.00	
江　苏	99.58	99.60	99.56	99.59	99.60	99.58	99.69	99.74	
浙　江	99.99	99.99	99.99	99.99	99.99	99.99	99.99	99.99	
安　徽	98.80	98.75	98.85	99.09	99.16	99.04	99.54	99.56	
福　建	99.40	99.46	99.35	99.65	99.68	99.63	99.72	99.74	
江　西	98.52	98.57	98.48	99.01	98.98	99.02	99.04	99.10	
山　东	99.82	99.83	99.82	99.83	99.83	99.83	99.93	99.93	
河　南	99.87	99.87	99.87	99.11	99.10	99.12	99.81	99.85	
湖　北	99.62	99.63	99.62	99.67	99.65	99.69	99.69	99.66	
湖　南	96.76	96.74	96.77	98.56	98.48	98.64	98.45	98.46	
广　东	98.81	98.82	98.81	99.52	99.56	99.50	99.66	99.65	
广　西	98.54	98.50	98.56	98.93	98.92	98.94	98.39	98.41	
海　南	99.44	99.46	99.42	99.27	99.39	99.18	99.32	99.31	
四　川	94.60	94.89	94.33	99.86	99.74	99.97	99.90	99.82	
重　庆	97.17	96.89	97.42	96.89	96.57	97.17	96.09	95.86	
贵　州	98.22	97.88	98.53	98.19	98.30	98.09	97.76	98.07	
云　南	95.89	95.75	96.02	96.14	95.89	96.35	96.15	96.00	
西　藏	88.29	87.26	89.22	92.14	91.61	92.61	95.09	94.94	
陕　西	98.49	98.50	98.49	98.59	98.67	98.52	99.05	98.98	
甘　肃	98.55	98.42	98.66	97.99	97.76	98.20	98.27	98.06	
青　海	95.36	93.73	96.84	94.90	93.76	95.94	96.83	95.88	
宁　夏	97.35	96.51	98.13	97.45	97.33	97.56	98.50	98.28	
新　疆	97.79	97.78	97.80	98.35	98.41	98.29	98.79	98.76	

资料来源：教育部规划司编写的历年《中国教育统计年鉴》、《中国教育事业发展简况》。

男入学率根据有关数据计算所得。男入学率计算公式：

男入学率＝（入学人数 — 女童入学数）÷（人口总数 — 女童数）×100

附表 3　1995 年至 2003 年各地区普通中小学生均校舍面积

单位：平方米

地区＼时间	1995 年		1996 年		1997 年	
	初等教育	中等教育	初等教育	中等教育	初等教育	中等教育
全　国	3.74	6.22				
北　京	4.57	7.23	4.90	7.45	4.89	7.77
天　津	3.59	6.60	3.82	6.48	3.90	6.76
河　北	2.78	4.83	3.03	4.88	3.19	5.00
山　西	4.18	6.67	4.23	6.35	4.24	6.35
内蒙古	4.00	5.99	4.15	5.91	4.23	5.86
辽　宁	3.83	5.14	3.75	5.35	3.72	6.05
吉　林	3.45	4.73	3.38	4.89	3.35	4.97
黑龙江	3.66	5.17	3.71	5.15	3.83	5.28
上　海	3.84	6.40	4.00	7.31	4.26	8.23
江　苏	3.82	5.80	3.76	6.64	3.72	7.06
浙　江	4.37	6.18	4.54	6.58	4.74	7.26
安　徽	3.11	4.72	3.28	4.94	3.33	5.14
福　建	4.48	6.54	4.61	6.33	4.79	6.54
江　西	3.99	7.28	4.00	6.27	4.01	6.10
山　东	3.46	5.41	3.67	5.52	3.56	5.65
河　南	2.98	5.04	3.04	5.14	3.21	5.48
湖　北	4.35	8.13	4.57	8.35	4.85	8.79
湖　南	4.94	7.90	4.92	7.95	5.00	7.97
广　东	4.23	7.03	4.59	7.34	4.76	7.40
广　西	3.22	7.28	4.38	7.27	4.70	7.28
海　南	3.51	7.54	3.65	7.32	3.85	7.35
重　庆					4.47	8.12
四　川	4.03	6.94	4.05	7.37	3.84	7.98
贵　州	2.30	4.78	2.46	4.76	2.36	4.69
云　南	4.30	8.15	4.34	8.40	4.45	8.36
西　藏	4.59	16.58	4.82	14.79	4.25	11.59
陕　西	3.43	6.69	3.44	6.66	3.48	6.57
甘　肃	3.20	5.14	3.23	5.28	3.25	5.49
青　海	4.47	8.26	4.33	8.26	4.13	6.26
宁　夏	3.25	6.12	3.27	6.14	3.34	6.14
新　疆	3.02	6.22	2.95	7.74	2.97	7.62

附表 3　1995 年至 2003 年各地区普通中小学生均校舍面积（续 1）

地区＼时间	1998 年		1999 年		2000 年	
	初等教育	中等教育	初等教育	中等教育	初等教育	中等教育
全　国	4.09	6.71	4.33	6.70	4.55	6.55
北　京	5.16	8.50	5.70	8.94	6.42	8.72
天　津	4.16	7.03	4.40	7.05	4.84	7.04
河　北	3.32	5.19	3.46	5.16	3.68	5.21
山　西	4.33	6.26	4.37	6.20	4.47	6.13
内蒙古	4.45	5.99	4.85	6.15	5.17	6.25
辽　宁	3.79	6.15	3.94	6.12	4.19	5.88
吉　林	3.50	5.25	3.84	5.41	3.98	5.14
黑龙江	4.17	5.12	4.66	4.78	5.04	4.63
上　海	4.60	9.24	5.09	9.52	5.63	9.68
江　苏	3.79	7.75	3.91	8.01	4.08	7.99
浙　江	4.88	8.17	5.10	8.78	5.28	8.82
安　徽	3.50	5.35	3.57	5.34	3.59	5.33
福　建	5.00	6.63	5.26	6.72	5.54	6.95
江　西	4.09	6.21	4.25	6.12	4.51	6.17
山　东	3.70	5.66	4.07	5.53	4.52	5.41
河　南	3.42	5.65	3.63	5.66	3.87	5.54
湖　北	4.97	8.96	5.22	9.27	5.40	8.95
湖　南	5.23	7.79	5.84	9.34	6.17	7.68
广　东	5.01	7.51	5.18	7.81	5.35	7.94
广　西	5.05	7.40	5.42	7.30	5.84	7.11
海　南	4.17	7.60	4.39	7.42	4.67	7.41
重　庆	4.57	8.42	4.98	7.87	5.12	7.23
四　川	4.00	8.08	4.31	7.45	4.50	6.72
贵　州	2.46	4.76	2.68	4.65	2.77	4.62
云　南	4.64	8.69	4.84	8.55	5.10	8.24
西　藏	4.79	16.24	5.33	15.52	5.63	11.44
陕　西	3.62	6.53	3.74	6.03	3.90	5.54
甘　肃	3.35	5.65	3.44	5.48	3.46	5.21
青　海	4.26	8.79	4.24	8.35	4.60	8.28
宁　夏	3.52	6.26	3.63	6.20	3.74	5.99
新　疆	3.03	7.20	3.48	6.70	3.38	6.61

附表 3　1995 年至 2003 年各地区普通中小学生均校舍面积（续 2）

时间 / 地区	2001 年		2002 年		2003 年	
	初等教育	中等教育	初等教育	中等教育	初等教育	中等教育
全　国	4.53	6.63	4.72	6.75	4.94	7.09
北　京	7.41	11.55	8.54	11.01	9.24	12.23
天　津	5.01	6.90	5.40	7.38	5.89	7.92
河　北	3.77	5.55	4.15	5.65	4.62	5.98
山　西	4.58	6.51	4.54	6.66	4.52	6.73
内蒙古	5.07	6.08	5.19	6.16	5.41	6.41
辽　宁	4.42	5.64	4.58	5.81	4.79	6.32
吉　林	4.35	5.26	4.70	5.42	5.17	5.80
黑龙江	5.11	4.90	5.39	5.03	5.39	5.51
上　海	5.22	10.27	5.55	11.12	5.83	12.51
江　苏	4.08	7.83	4.35	7.69	4.68	7.99
浙　江	5.41	9.41	5.53	10.10	5.82	11.27
安　徽	3.34	5.34	3.47	5.40	3.62	5.49
福　建	5.65	7.16	5.94	7.55	6.53	7.84
江　西	4.47	6.56	4.70	6.55	4.82	7.08
山　东	4.21	5.88	4.43	6.45	4.58	7.46
河　南	4.00	5.59	3.98	5.73	4.18	5.95
湖　北	5.43	8.21	5.64	7.94	5.93	7.86
湖　南	6.09	7.65	6.70	7.48	7.35	7.60
广　东	5.45	8.04	5.66	8.53	5.68	8.85
广　西	5.57	7.25	5.73	7.46	5.92	7.83
海　南	4.68	7.39	4.63	7.41	4.90	7.55
重　庆	4.87	7.50	4.85	7.82	4.99	7.97
四　川	4.23	6.53	4.42	6.61	4.58	6.85
贵　州	2.78	4.28	2.83	4.19	2.96	4.46
云　南	5.15	7.51	5.38	7.25	5.54	7.23
西　藏	5.90	9.96	5.87	9.39	6.14	8.78
陕　西	4.09	5.36	4.38	5.26	4.81	5.52
甘　肃	3.45	5.00	3.45	4.86	3.52	4.94
青　海	4.39	6.91	4.38	6.67	4.39	6.53
宁　夏	3.67	6.08	3.75	6.07	3.78	6.35
新　疆	3.39	6.53	3.53	6.46	3.67	6.35

资料来源：教育部财务司编写的历年《中国教育统计年鉴》、《中国教育事业统计简况》。

附表 4　1995 年至 2003 年各地区普通中小学在校学生数

单位：人

时间 地区	1995 年			1996 年			1997 年		
	小学	初中	高中	小学	初中	高中	小学	初中	高中
合　计	131 948 177	46 638 402	7 442 588	136 150 024	49 704 292	7 692 469	139 955 696	51 677 868	8 500 697
北　京	1 007 301	525 724	102 522	999 740	530 854	118 476	977 323	492 747	133 461
天　津	884 476	387 756	68 537	879 772	416 190	77 361	877 544	414 903	88 433
河　北	8 513 146	2 746 596	355 812	8 828 467	3 087 012	413 919	9 011 192	3 405 742	487 803
山　西	3 270 404	1 319 347	190 391	3 345 496	1 418 329	195 010	3 446 396	1 484 083	216 791
内蒙古	2 343 129	908 580	185 151	2 323 818	948 602	189 988	2 322 678	962 431	197 740
辽　宁	3 751 941	1 716 659	291 679	3 790 718	1 713 984	315 792	3 886 760	1 611 367	338 874
吉　林	2 690 280	1 095 669	191 760	2 749 146	1 084 243	202 849	2 800 668	1 077 589	212 384
黑龙江	3 729 337	1 538 820	252 376	3 713 483	1 625 570	260 071	3 705 059	1 710 629	270 276
上　海	1 106 327	660 918	129 865	1 076 461	624 100	145 170	1 036 023	574 792	176 466
江　苏	6 447 727	2 690 390	744 146	6 878 170	2 694 670	540 796	7 320 584	2 585 890	621 010
浙　江	3 629 838	1 814 584	290 859	3 637 987	1 913 283	323 169	3 685 656	1 853 639	373 722
安　徽	6 068 810	2 525 852	289 440	6 231 670	2 652 461	320 331	6 430 145	2 740 346	362 003
福　建	3 799 640	1 387 331	165 203	3 920 106	1 636 986	181 564	4 049 170	1 859 708	213 844
江　西	4 305 362	1 678 249	25 463	4 435 576	1 823 131	263 198	4 544 724	1 959 713	276 141
山　东	9 403 584	4 078 749	625 823	9 718 611	4 443 597	678 617	9 901 922	4 665 592	748 234
河　南	10 395 639	3 749 530	429 117	11 055 789	4 104 557	440 222	11 699 599	4 335 390	466 754
湖　北	6 741 588	2 108 402	367 459	6 999 023	2 216 855	409 831	7 184 879	2 347 332	457 518
湖　南	7 366 539	2 466 804	387 275	7 659 064	2 643 451	408 665	7 871 345	2 793 107	439 249
广　东	8 831 914	3 005 525	389 031	8 976 384	3 280 949	450 928	9 113 410	3 483 818	524 717
广　西	6 399 187	1 731 207	209 327	6 383 673	1 943 862	219 593	6 267 855	2 112 987	239 781
海　南	1 117 457	275 466	41 626	1 113 621	299 914	42 958	1 090 799	323 144	44 378
重　庆							2 854 307	869 029	133 886
四　川	9 988 734	3 252 161	439 384	10 534 662	3 315 370	463 017	8 270 885	2 348 525	399 689
贵　州	4 753 439	952 134	132 132	4 893 171	999 569	135 141	5 038 244	1 073 535	141 871
云　南	4 624 119	1 094 686	177 827	4 731 182	1 158 234	176 038	4 837 069	1 245 500	177 613
西　藏	258 651	27 355	5 356	284 350	28 877	6 080	300 453	31 759	6 654
陕　西	4 515 750	1 176 885	273 832	4 742 680	1 285 871	286 194	4 899 321	1 391 255	298 891
甘　肃	2 737 059	746 674	168 589	2 857 986	789 950	176 444	2 994 795	840 989	180 035
青　海	447 978	148 668	45 194	459 552	145 096	47 758	471 368	145 233	49 395
宁　夏	617 547	219 223	53 082	627 920	224 806	53 352	645 823	228 857	54 601
新　疆	2 201 274	608 458	414 330	2 301 746	653 919	149 937	2 419 700	708 237	168 483

附表 4　1995 年至 2003 年各地区普通中小学在校学生数（续 1）

地区＼时间	1998 年			1999 年			2000 年		
	小学	初中	高中	小学	初中	高中	小学	初中	高中
合　计	139 537 993	53 630 247	9 380 013	135 479 642	57 215 671	10 019 078	130 132 548	61 676 458	12 012 643
北　京	919 531	463 937	145 966	836 655	473 422	161 473	743 109	512 351	179 002
天　津	826 732	423 030	100 081	773 064	428 334	114 371	717 146	446 430	124 147
河　北	8 954 408	3 602 143	558 748	8 643 540	3 844 420	629 883	8 137 268	4 117 058	700 396
山　西	3 480 413	1 533 731	240 276	3 452 505	1 590 282	278 356	3 436 044	1 660 337	337 163
内蒙古	2 248 434	971 620	207 330	2 136 772	995 456	226 503	2 015 076	1 040 857	266 394
辽　宁	3 829 655	1 517 708	367 207	3 666 131	1 562 444	399 229	3 444 172	1 737 624	429 393
吉　林	2 742 681	1 054 586	224 359	2 603 849	1 094 484	242 273	2 415 858	1 168 514	262 681
黑龙江	3 448 558	1 859 058	292 464	3 101 578	2 046 920	309 567	2 830 578	2 158 672	328 765
上　海	972 378	536 627	208 938	881 499	539 780	234 866	797 512	562 129	241 351
江　苏	7 518 172	2 549 137	693 215	7 411 888	2 666 953	741 925	7 185 458	2 934 647	801 815
浙　江	3 652 326	1 743 492	433 203	3 633 125	1 786 620	494 839	3 537 556	1 941 184	554 343
安　徽	6 485 588	2 823 104	400 982	6 419 167	2 944 687	453 806	6 442 405	3 041 774	541 417
福　建	4 019 701	1 946 775	253 677	3 868 492	1 973 559	307 796	3 691 003	1 962 632	372 400
江　西	4 528 949	2 062 427	286 239	4 399 376	2 146 164	322 198	4 226 750	2 206 902	385 287
山　东	9 513 397	4 882 790	832 630	8 707 249	5 264 908	939 420	7 748 822	5 699 640	1 086 363
河　南	12 000 564	4 613 853	511 275	11 869 651	5 077 959	610 652	11 306 260	5 629 942	751 508
湖　北	7 173 374	2 468 098	513 461	6 984 361	2 587 432	593 431	6 677 422	2 810 909	698 409
湖　南	7 693 542	2 879 639	482 672	7 213 955	3 028 566	53 887	6 639 289	3 291 607	625 719
广　东	9 180 153	3 645 724	590 404	9 209 566	3 797 987	641 074	9 299 314	3 881 614	725 276
广　西	6 036 176	2 256 086	267 600	5 694 639	2 360 700	309 524	5 367 949	2 487 034	369 286
海　南	1 071 910	338 555	46 751	1 051 079	359 666	52 710	1 035 810	375 932	59 857
重　庆	2 884 385	922 886	160 805	2 802 741	1 095 743	186 856	2 761 308	1 267 003	210 858
四　川	8 438 446	2 453 777	455 117	8 270 859	2 856 294	508 282	8 026 506	3 356 703	563 110
贵　州	5 053 639	1 126 595	144 419	5 009 598	1 228 515	157 770	5 002 082	1 380 966	191 059
云　南	4 854 469	1 343 064	178 432	4 808 006	1 480 201	194 212	4 720 611	1 637 575	222 076
西　藏	310 220	32 242	7 596	310 437	34 756	9 451	313 807	43 121	12 111
陕　西	4 965 813	1 532 257	303 707	4 921 827	1 693 914	350 224	4 809 315	1 877 944	427 224
甘　肃	3 092 488	893 873	185 946	3 131 747	984 753	201 138	3 164 603	1 085 210	229 500
青　海	486 648	148 191	46 846	500 723	160 155	47 059	504 750	175 269	49 391
宁　夏	652 552	230 052	56 437	658 157	237 254	57 266	657 352	250 605	67 703
新　疆	2 502 691	775 190	183 230	2 507 406	873 343	189 037	2 477 413	934 273	198 639

附表 4　1995 年至 2003 年各地区普通中小学在校学生数（续 2）

时间 地区	2001 年			2002 年			2003 年		
	小学	初中	高中	小学	初中	高中	小学	初中	高中
合　计	125 434 667	64 310 539	14 049 717	121 567 086	66 040 609	16 838 105	116 897 395	66 184 186	19 648 261
北　京	664 443	525 844	194 283	594 241	510 055	220 667	546 530	453 446	250 959
天　津	665 495	450 938	141 455	627 242	447 288	157 902	585 446	432 505	182 529
河　北	7 476 512	4 213 686	803 932	6 745 539	4 332 543	947 964	6 065 832	4 294 874	1 142 264
山　西	3 389 408	1 740 518	402 547	3 511 136	1 830 745	485 782	3 635 608	1 932 486	573 639
内蒙古	1 893 508	1 085 032	308 794	1 834 499	1 128 267	364 046	1 733 702	1 123 586	420 138
辽　宁	3 230 517	1 859 905	463 490	3 061 398	1 880 118	518 810	2 891 925	1 808 303	602 442
吉　林	2 210 103	1 201 895	286 206	2 022 173	1 222 597	329 450	1 833 141	1 196 226	381 362
黑龙江	2 587 506	2 158 178	362 410	2 437 336	2 147 936	413 251	2 401 918	1 987 827	486 096
上　海	730 450	557 948	252 846	679 325	523 521	274 112	654 844	463 261	299 095
江　苏	6 864 985	3 246 164	904 913	6 352 325	3 524 050	1 079 322	5 793 921	3 703 519	1 240 038
浙　江	3 462 761	2 028 231	601 765	3 437 490	2 015 585	687 420	3 402 942	1 919 386	787 249
安　徽	6 918 509	3 083 280	643 276	6 874 782	3 239 091	771 669	6 612 171	3 383 157	899 943
福　建	3 546 212	1 942 569	440 431	3 391 839	1 899 852	507 758	3 119 777	1 896 759	575 152
江　西	4 055 035	2 246 158	486 611	3 966 912	2 284 226	609 924	3 905 386	2 286 573	724 053
山　东	6 991 932	5 780 665	1 241 179	6 625 876	5 422 262	1 469 438	6 427 848	4 852 715	1 690 657
河　南	10 707 257	5 886 532	947 329	11 045 852	6 077 986	1 255 501	10 586 075	6 040 927	1 464 205
湖　北	6 280 480	2 997 821	826 915	5 799 930	3 224 319	941 835	5 281 177	3 341 801	1 072 914
湖　南	6 012 579	3 503 279	752 579	5 294 879	3 754 394	914 730	4 686 892	3 822 026	1 065 740
广　东	9 529 844	4 054 225	842 763	9 796 069	4 149 939	984 104	10 253 706	4 321 843	1 137 234
广　西	5 252 872	2 450 923	436 001	5 100 397	2 471 312	515 819	4 918 503	2 449 891	585 085
海　南	1 025 278	377 803	68 295	1 021 696	397 982	78 313	1 008 860	418 940	88 946
重　庆	2 777 859	1 284 945	255 372	2 797 557	1 240 367	333 990	2 779 441	1 255 823	407 905
四　川	7 948 490	3 587 236	695 430	7 785 414	3 660 933	907 486	7 554 308	3 679 899	1 130 813
贵　州	4 901 665	1 601 444	244 571	4 842 831	1 814 034	314 077	4 768 740	1 969 955	383 052
云　南	4 604 962	1 739 587	265 035	4 509 307	1 835 840	315 527	4 418 821	1 921 251	363 368
西　藏	311 993	56 344	15 366	319 569	72 048	18 421	322 060	92 060	22 076
陕　西	4 615 707	2 016 476	531 010	4 332 170	2 140 604	641 955	4 014 754	2 212 732	741 329
甘　肃	3 189 816	1 183 272	276 573	3 229 371	1 260 298	346 294	3 227 592	1 306 024	427 011
青　海	501 740	188 597	56 032	506 601	200 474	67 168	506 906	214 090	80 310
宁　夏	651 082	257 889	76 897	663 542	265 488	92 989	669 503	268 948	107 479
新　疆	2 435 667	1 003 155	225 411	2 359 788	1 066 455	272 381	2 289 066	1 133 353	315 178

资料来源：教育部财务司编写的历年《中国教育统计年鉴》、《中国教育事业统计简况》。

附表 5　1995 年至 2003 年各地区普通中小学校舍面积

单位：m^2

时间 地区	1995 年		1996 年		1997 年	
	初等教育	中等教育	初等教育	中等教育	初等教育	中等教育
合　计	488 012 884	333 985 107	524 186 133	363 552 360	548 935 089	393 392 151
北　京	4 604 950	4 539 113	4 897 642	4 835 954	4 783 844	4 863 329
天　津	3 174 931	3 011 341	3 359 411	3 199 388	3 421 404	3 400 075
河　北	23 708 899	14 992 026	26 771 703	17 071 427	28 763 725	19 453 319
山　西	13 659 127	10 076 781	14 145 177	10 247 756	14 619 681	10 794 723
内蒙古	9 362 189	6 556 799	9 639 184	6 730 280	9 817 818	6 796 746
辽　宁	14 359 804	10 318 532	14 230 619	10 863 926	14 453 352	11 795 304
吉　林	9 268 312	6 094 497	9 303 089	6 294 345	9 381 156	6 417 425
黑龙江	13 650 801	9 258 638	13 781 842	9 714 219	14 201 617	10 454 100
上　海	4 245 911	5 057 594	4 302 557	5 620 814	4 408 557	6 185 145
江　苏	24 651 549	19 930 998	25 851 660	21 485 082	27 249 625	22 638 289
浙　江	15 868 963	13 008 037	16 516 095	14 715 835	17 458 532	16 163 344
安　徽	18 865 479	13 274 865	20 428 229	14 687 197	21 433 799	15 949 123
福　建	17 041 385	10 156 849	18 075 794	11 504 227	19 379 471	13 553 545
江　西	17 161 653	12 395 156	17 755 355	13 071 740	18 236 941	13 641 332
山　东	32 579 854	25 465 154	35 669 760	28 254 696	35 277 138	30 562 652
河　南	30 977 786	21 044 777	33 662 983	23 379 843	37 597 698	26 329 101
湖　北	29 340 881	20 132 539	31 960 401	21 923 939	34 836 323	24 656 521
湖　南	36 410 066	22 541 703	37 646 111	24 257 209	39 382 847	25 751 399
广　东	37 389 270	23 874 463	41 159 485	27 382 375	43 368 163	29 676 594
广　西	20 617 431	14 118 131	27 934 236	15 737 429	29 463 900	17 136 438
海　南	3 919 969	2 390 503	4 065 045	2 508 489	4 196 330	2 700 612
重　庆					12 750 017	8 142 028
四　川	40 219 985	25 606 351	42 710 189	27 835 842	31 748 879	21 929 814
贵　州	10 935 480	5 181 876	12 046 415	5 404 737	11 875 417	5 705 504
云　南	19 871 016	10 375 572	20 520 140	11 203 624	21 507 817	11 892 490
西　藏	1 188 012	542 268	1 369 179	517 123	1 278 061	445 087
陕　西	15 505 977	9 706 773	16 318 385	10 477 225	17 031 382	11 112 225
甘　肃	8 771 175	4 700 809	9 233 477	5 106 896	9 729 178	5 603 823
青　海	2 001 650	1 602 171	1 990 554	1 593 314	1 946 508	1 217 860
宁　夏	2 006 726	1 667 355	2 052 279	1 707 078	2 158 335	1 740 084
新　疆	6 653 653	6 363 436	6 789 137	6 220 351	7 177 574	6 684 120

附表 5　1995 年至 2003 年各地区普通中小学校舍面积（续 1）

单位：m^2

时间 / 地区	1998 年		1999 年		2000 年	
	初等教育	中等教育	初等教育	中等教育	初等教育	中等教育
合　计	570 327 099	422 900 496	587 126 899	453 570 676	573 505 303	559 483 294
北　京	4 740 950	5 184 085	4 771 279	5 675 455	5 075 535	8 046 672
天　津	3 437 324	3 677 588	3 404 972	3 826 455	3 390 009	4 464 914
河　北	29 747 138	21 611 979	29 947 756	23 106 939	28 017 541	29 825 535
山　西	15 064 194	11 101 216	15 103 863	11 581 439	15 939 605	15 429 132
内蒙古	9 998 607	7 066 503	10 373 233	7 513 398	9 514 121	9 185 832
辽　宁	14 501 959	11 583 498	14 439 196	12 014 425	14 028 767	13 935 093
吉　林	9 597 803	6 709 650	10 006 496	7 229 405	9 504 897	8 407 218
黑龙江	14 387 991	11 017 901	14 448 244	11 253 392	13 137 159	12 883 713
上　海	4 474 013	6 892 506	4 489 702	7 372 453	3 772 719	8 869 581
江　苏	28 471 969	25 123 069	29 003 057	27 314 649	27 650 240	35 422 220
浙　江	17 841 288	17 792 266	18 527 313	20 027 208	19 009 399	27 297 969
安　徽	22 716 467	17 259 695	22 921 176	18 141 358	23 853 734	21 653 069
福　建	20 096 389	14 592 878	20 348 511	15 338 704	20 131 528	18 165 701
江　西	18 523 711	14 582 077	18 706 266	15 102 256	18 638 875	18 961 021
山　东	35 193 782	32 360 328	35 410 344	34 293 954	29 326 261	44 444 396
河　南	41 002 977	28 970 162	43 089 421	32 204 952	43 991 462	41 995 470
湖　北	35 660 158	26 715 505	36 468 165	29 471 919	32 685 257	33 095 039
湖　南	40 234 293	26 197 794	42 123 634	28 774 737	35 460 599	34 929 479
广　东	45 947 615	31 824 716	47 742 698	34 664 425	55 432 104	43 769 075
广　西	30 456 456	18 675 272	30 882 109	19 484 427	29 242 506	22 271 028
海　南	4 470 106	2 927 394	4 617 693	3 059 716	4 726 267	3 527 721
重　庆	13 182 619	9 128 504	13 962 199	10 091 365	13 556 880	12 315 775
四　川	33 794 505	23 498 739	35 620 826	25 071 713	34 412 432	30 183 428
贵　州	12 454 619	6 048 334	13 402 748	6 444 888	13 713 918	8 911 590
云　南	22 535 457	13 218 004	23 255 657	14 320 869	24 261 688	15 597 268
西　藏	1 486 973	647 140	1 653 237	685 895	1 877 262	849 414
陕　西	18 000 799	11 985 230	18 403 653	12 335 413	18 981 921	14 639 616
甘　肃	10 350 118	6 096 609	10 774 456	6 499 289	11 144 028	7 800 109
青　海	2 073 083	1 713 973	2 124 434	1 730 202	2 219 321	1 784 078
宁　夏	2 297 737	1 793 816	2 386 826	1 826 617	2 490 720	2 177 359
新　疆	7 585 999	6 904 065	8 717 735	7 112 759	8 318 548	8 644 779

附表 5　1995 年至 2003 年各地区普通中小学校舍面积（续 2）

单位：m^2

时间 地区	2001 年		2002 年		2003 年	
	初等教育	中等教育	初等教育	中等教育	初等教育	中等教育
合　计	568 600 181	519 407 179	573 505 303	559 483 294	577 161 373	608 343 794
北　京	4 924 648	8 318 125	5 075 535	8 046 672	5 049 012	8 612 455
天　津	3 335 432	4 084 916	3 390 009	4 464 914	3 446 301	4 873 623
河　北	28 223 586	27 838 089	28 017 541	29 825 535	28 052 921	32 506 622
山　西	15 512 885	13 955 719	15 939 605	15 429 132	16 446 675	16 878 450
内蒙古	9 595 617	8 471 955	9 514 121	9 185 832	9 371 884	9 893 514
辽　宁	14 280 257	13 111 552	14 028 767	13 935 093	13 852 967	15 237 209
吉　林	9 606 667	7 825 483	9 504 897	8 407 218	9 471 727	9 151 983
黑龙江	13 231 439	12 355 043	13 137 159	12 883 713	12 957 312	13 636 800
上　海	3 814 981	8 323 579	3 772 719	8 869 581	3 817 751	9 534 170
江　苏	28 039 765	32 496 600	27 650 240	35 422 220	27 096 364	39 482 243
浙　江	18 735 161	24 743 510	19 009 399	27 297 969	19 816 033	30 493 081
安　徽	23 074 193	19 918 058	23 853 734	21 653 069	23 952 069	23 497 411
福　建	20 037 049	17 061 618	20 131 528	18 165 701	20 360 054	19 377 103
江　西	18 139 938	17 924 196	18 638 875	18 961 021	18 827 575	21 325 429
山　东	29 439 237	41 268 852	29 326 261	44 444 396	29 411 571	48 807 393
河　南	42 848 975	38 205 484	43 991 462	41 995 470	44 231 787	44 629 843
湖　北	34 102 324	31 417 013	32 685 257	33 095 039	31 327 118	34 721 387
湖　南	36 598 332	32 573 096	35 460 599	34 929 479	34 450 905	37 158 919
广　东	51 900 714	39 383 347	55 432 104	43 769 075	58 261 545	48 330 481
广　西	29 277 241	20 926 649	29 242 506	22 271 028	29 095 032	23 763 131
海　南	4 795 613	3 297 623	4 726 267	3 527 721	4 943 555	3 835 058
重　庆	13 514 393	11 555 880	13 556 880	12 315 775	13 874 378	13 265 646
四　川	33 621 960	27 962 930	34 412 432	30 183 428	34 633 548	32 970 265
贵　州	13 636 829	7 908 031	13 713 918	8 911 590	14 104 434	10 493 672
云　南	23 728 803	15 061 986	24 261 688	15 597 268	24 499 754	16 512 412
西　藏	1 839 410	713 897	1 877 262	849 414	1 976 002	1 001 974
陕　西	18 884 683	13 653 606	18 981 921	14 639 616	19 318 315	16 293 086
甘　肃	11 007 504	7 305 275	11 144 028	7 800 109	11 355 483	8 553 893
青　海	2 202 805	1 690 798	2 219 321	1 784 078	2 225 578	1 923 186
宁　夏	2 388 267	2 034 282	2 490 720	2 177 359	2 533 293	2 390 807
新　疆	8 261 473	8 019 987	8 318 548	8 644 779	8 400 430	9 192 548

资料来源：教育部财务司编写的历年《中国教育经费统计年鉴》。

附表 6　1995 年至 2003 年各地区国家财政性教育经费

单位：万元

时间 地区	1995 年	1996 年	1997 年	1998 年
合　计	14 115 305.6	16 717 045.8	18 338 955.6	19 715 936.0
北　京	652 542.1	807 115.9	993 224.4	1 086 711.0
天　津	238 251.0	267 918.2	317 481.9	344 212.0
河　北	599 149.3	710 424.5	790 452.4	882 622.0
山　西	334 031.2	388 520.8	425 097.3	441 510.0
内蒙古	279 450.1	329 467.8	346 110.1	378 236.0
辽　宁	686 608.5	717 833.9	791 170.6	855 059.0
吉　林	397 328.0	456 599.4	499 038.0	566 702.0
黑龙江	497 268.5	566 917.5	629 460.9	67 623.0
上　海	686 976.5	821 833.0	1 004 761.0	1 062 297.0
江　苏	942 873.9	1 245 821.0	1 386 994.0	1 522 469.0
浙　江	577 658.9	694 470.2	837 939.4	919 749.0
安　徽	416 617.3	517 116.6	599 017.7	627 896.0
福　建	438 062.0	534 263.2	610 901.3	634 109.0
江　西	296 418.9	347 347.0	377 009.9	405 836.0
山　东	903 957.3	1 123 784.0	1 245 393.0	1 342 184.0
河　南	677 139.3	889 331.2	905 482.4	950 190.0
湖　北	531 294.6	629 907.3	649 125.9	798 036.0
湖　南	565 019.8	636 639.5	695 985.5	711 488.0
广　东	1 233 181.0	1 391 238.0	1 541 211.0	1 722 525.0
广　西	416 002.6	465 401.3	495 397.3	534 343.0
海　南	122 791.1	116 384.9	116 337.1	123 483.0
重　庆	—	—	31 773.1	357 520.0
四　川	907 015.8	1 032 396.0	794 430.4	868 705.0
贵　州	192 761.7	221 754.7	253 087.9	296 087.0
云　南	437 029.1	562 296.8	644 560.0	681 539.0
西　藏	41 983.0	50 103.2	44 328.9	58 462.0
陕　西	364 920.0	407 891.6	457 507.9	518 909.0
甘　肃	226 620.9	260 529.8	299 450.6	316 938.0
青　海	57 209.8	67 609.9	70 767.6	84 939.0
宁　夏	61 484.1	68 734.4	77 983.1	89 451.0
新　疆	333 659.3	387 394.2	407 475.0	466 106.0

附表 6　1995 年至 2003 年各地区国家财政性教育经费（续 1）

单位：万元

地区＼时间	1999 年	2000 年	2001 年	2002 年
合　计	22 871 756.1	25 626 055.7	30 570 099.5	34 914 047.5
北　京	1 351 040.0	1 698 175.0	2 160 968.0	2 194 373.0
天　津	378 038.1	430 982.1	534 954.6	596 587.8
河　北	979 261.1	1 069 418.0	1 212 158.0	1 373 881.0
山　西	494 727.2	547 718.0	689 074.0	774 618.8
内蒙古	424 876.5	446 033.8	558 750.4	641 468.4
辽　宁	925 731.4	1 026 656.0	1 131 082.0	1 283 470.0
吉　林	614 027.4	647 520.0	748 474.2	856 766.1
黑龙江	789 124.0	835 947.2	1 003 536.0	1 096 738.0
上　海	1 211 292.0	1 436 730.0	1 533 926.0	1 740 617.0
江　苏	1 697 213.0	1 821 457.0	1 988 590.0	2 336 581.0
浙　江	1 111 920.0	1 279 741.0	1 714 622.0	1 973 232.0
安　徽	703 397.2	722 775.1	874 985.3	1 061 198.0
福　建	735 496.4	842 125.0	984 196.0	1 149 600.0
江　西	439 787.6	486 698.3	613 926.4	684 152.4
山　东	1 482 785.0	1 691 665.0	1 908 783.0	2 094 604.0
河　南	1 038 857.0	1 150 617.0	1 346 540.0	1 555 518.0
湖　北	873 787.6	968 963.9	1 140 397.0	1 292 427.0
湖　南	800 694.3	857 728.7	997 202.3	1 151 361.0
广　东	1 868 330.0	2 157 815.0	2 566 792.0	3 247 693.0
广　西	576 463.2	630 072.9	782 554.7	924 536.3
海　南	142 904.2	146 294.8	172 822.5	195 177.6
重　庆	387 028.6	440 470.1	540 814.5	645 003.9
四　川	967 090.3	1 083 406.0	1 337 989.0	1 519 277.0
贵　州	348 292.3	411 336.3	506 803.7	660 740.2
云　南	755 374.0	827 618.1	976 141.7	1 071 095.0
西　藏	74 104.0	77 127.9	95 944.1	134 182.8
陕　西	605 862.4	668 226.1	864 832.2	944 164.3
甘　肃	385 206.3	425 020.8	520 918.3	606 262.4
青　海	92 794.6	110 233.5	139 900.1	161 859.6
宁　夏	102 230.6	115 670.5	152 583.3	177 182.2
新　疆	514 020.6	571 712.8	769 836.5	769 681.3

资料来源：教育部财务司、教育部发展规划司编写的历年《中国教育经费统计年鉴》、《中国教育统计年鉴》。

附表 7 2000 年至 2004 年各地区普通中小学教师合格率

单位:%

地区＼时间	2000 年			2001 年		
	小学	初中	高中	小学	初中	高中
全 国	96.86	87.08	68.43	96.81	88.81	70.71
北 京	98.19	92.95	87.01	98.83	95.10	89.72
天 津	98.46	83.93	72.19	98.38	85.25	74.92
河 北	99.59	88.95	62.91	99.30	89.36	66.93
山 西	98.89	85.96	69.32	98.37	86.47	72.87
内蒙古	95.92	84.03	60.47	95.81	85.54	62.54
辽 宁	98.11	90.26	84.48	98.32	91.49	85.48
吉 林	98.34	93.66	85.46	98.45	95.67	87.95
黑龙江	97.83	85.79	71.32	97.62	88.77	73.78
上 海	97.22	96.67	91.05	97.88	97.50	93.35
江 苏	96.97	88.93	70.31	97.39	90.75	74.16
浙 江	95.63	92.33	76.12	96.72	94.14	81.92
安 徽	99.08	88.59	67.67	98.66	89.76	71.82
福 建	96.70	94.74	64.14	97.07	95.85	64.52
江 西	93.90	84.79	51.94	94.04	87.50	55.40
山 东	98.97	86.64	71.22	98.66	89.46	72.52
河 南	98.03	87.42	71.39	98.09	89.01	74.45
湖 北	95.82	82.30	66.95	95.33	85.70	69.90
湖 南	97.98	86.55	65.74	97.56	87.79	66.58
广 东	98.97	87.79	67.51	98.75	89.48	69.88
广 西	95.45	83.03	65.30	94.91	86.53	65.82
海 南	98.50	89.35	64.97	97.83	91.42	66.86
重 庆	94.83	85.55	66.24	95.83	87.08	66.54
四 川	96.49	84.46	61.87	96.47	85.64	62.54
贵 州	89.28	83.57	68.48	89.10	84.61	68.88
云 南	90.94	89.04	71.27	92.41	90.16	71.23
西 藏	78.29	82.32	69.60	87.78	86.23	72.66
陕 西	94.81	78.13	59.07	94.96	80.54	60.66
甘 肃	93.05	82.43	55.13	92.36	83.09	55.65
青 海	95.81	85.59	50.72	94.92	87.91	52.10
宁 夏	96.08	91.60	69.74	96.22	93.65	70.75
新 疆	99.48	89.16	58.46	97.16	90.73	61.49

附表 7　2000 年至 2004 年各地区普通中小学教师合格率（续 1）

单位：%

地区＼时间	2002 年			2003 年			2004 年		
	小学	初中	高中	小学	初中	高中	小学	初中	高中
全　国	97.39	90.36	72.87	97.85	92.04	75.71	98.31	93.79	79.59
北　京	99.13	96.34	91.29	99.40	97.46	93.28	99.43	98.25	95.46
天　津	98.66	86.83	78.74	99.03	88.89	82.26	99.15	91.37	84.81
河　北	99.47	91.31	69.63	99.60	93.42	72.90	99.72	95.30	78.58
山　西	98.59	87.37	73.73	98.69	88.85	73.84	98.96	91.40	76.41
内蒙古	96.79	87.77	64.82	97.57	89.68	68.23	98.19	92.60	73.98
辽　宁	98.50	92.68	86.78	98.77	94.05	88.11	98.97	95.03	89.23
吉　林	99.18	96.90	88.64	99.17	97.24	89.52	99.29	98.02	91.90
黑龙江	97.88	90.89	75.53	98.49	92.81	78.44	98.78	94.63	81.74
上　海	98.53	98.22	95.55	99.00	98.77	96.85	99.38	99.20	97.77
江　苏	98.00	91.94	77.25	98.43	93.04	80.56	98.84	94.26	83.96
浙　江	97.44	95.30	85.40	98.10	96.83	88.98	98.67	97.66	92.61
安　徽	98.73	91.15	75.52	98.91	92.83	78.83	98.96	93.89	81.60
福　建	97.60	96.20	65.25	98.02	96.50	67.51	98.54	96.86	73.00
江　西	95.44	88.41	56.86	96.32	89.73	59.81	97.16	91.36	64.32
山　东	98.77	91.39	75.60	98.97	93.07	78.65	99.22	94.54	81.67
河　南	98.38	90.40	76.12	98.59	91.77	78.39	98.97	93.52	80.73
湖　北	96.60	88.38	72.62	97.21	89.83	76.82	97.80	91.49	81.73
湖　南	98.02	89.76	69.85	98.35	91.70	73.05	98.68	93.56	78.26
广　东	98.97	90.41	72.68	99.20	92.03	75.83	99.32	93.89	79.41
广　西	95.80	88.76	67.04	96.56	90.51	68.42	97.30	92.83	72.54
海　南	98.28	93.14	70.35	98.34	94.32	76.68	98.61	95.60	80.49
重　庆	96.61	90.21	69.26	97.41	93.36	74.09	98.44	95.31	79.87
四　川	96.85	87.24	63.94	97.36	89.64	67.24	97.92	91.98	72.85
贵　州	90.75	85.81	69.43	92.20	89.49	73.63	93.40	91.80	78.54
云　南	93.36	90.88	72.46	94.37	92.34	75.82	95.69	93.91	80.22
西　藏	91.29	89.82	74.26	92.00	92.50	75.07	93.73	94.72	78.16
陕　西	96.25	82.70	64.18	96.86	85.59	68.32	97.59	89.68	73.97
甘　肃	93.97	84.81	56.59	95.05	87.58	57.48	95.99	90.25	61.46
青　海	96.16	90.06	54.88	97.00	91.60	60.15	97.67	94.04	65.71
宁　夏	97.14	94.39	71.49	97.69	94.60	75.93	98.04	96.37	82.44
新　疆	97.82	92.26	63.20	98.25	93.61	67.02	98.53	95.07	72.26

资料来源：教育部发展规划司编写的历年《中国教育统计年鉴》、《中国教育统计简况》。

附表 8　1990 年至 2004 年全国小学教师学历情况

单位：人、%

年份	学生（人）	专任教师（人）	生师比	研究生（%）	本科（%）	专科（%）	中师、高中（%）	合格学历（%）	专科及以上学历（%）
1990	122 413 842	5 581 810	21.9	—	—	—	73.86	73.86	—
1991	121 641 538	5 532 252	22.0	—	0.14	2.52	78.05	80.71	2.66
1992	122 012 842	5 526 491	22.1	—	0.16	2.98	79.56	82.70	3.14
1993	124 212 382	5 551 597	22.4	—	0.18	3.57	80.98	84.73	3.75
1994	128 226 233	5 611 324	22.9	—	0.22	4.32	82.05	86.59	4.54
1995	131 951 477	5 664 057	23.3	—	0.27	5.35	83.23	88.85	5.62
1996	135 952 587	5 728 809	23.7	—	0.34	7.53	83.11	90.98	7.87
1997	139 953 696	5 793 561	24.2	—	0.41	9.66	83.00	93.07	10.07
1998	139 537 993	5 819 390	24.0	—	0.54	12.30	81.75	94.59	12.84
1999	135 479 642	5 860 455	23.1	—	0.74	15.52	79.64	95.90	16.26
2000	130 132 548	5 860 316	22.2	—	1.00	19.04	76.81	96.85	20.04
2001	125 434 667	5 797 746	21.6	0.01	1.60	25.79	69.41	96.81	27.40
2002	121 567 086	5 778 853	21.0	0.01	2.16	30.92	64.30	97.39	33.09
2003	116 897 395	5 702 750	20.5	0.02	3.07	37.43	57.33	97.85	40.52
2004	112 462 256	5 628 860	20.0	0.02	4.58	44.16	49.55	98.31	48.76

附表8　1990年至2004年全国初中教师学历情况（续1）

单位：人、%

年份	学生	教师	生师比	研究生（%）	本科（%）	专科（%）	合格学历（%）	专科及以上学历（%）
1990	38 686 508	2 470 355	15.7	—	6.85	39.66	46.51	—
1991	39 606 496	2 516 659	15.7	—	7.29	44.51	51.80	7.29
1992	40 659 051	2 564 987	15.9	—	7.81	47.81	55.62	7.81
1993	40 822 065	2 607 855	15.7	—	8.38	51.16	59.54	8.38
1994	43 168 600	2 686 868	16.1	—	8.95	54.89	63.84	8.95
1995	46 578 202	2 783 721	16.7	—	9.43	59.70	69.13	9.43
1996	49 128 035	2 882 676	17.0	—	10.04	64.96	75.00	10.04
1997	51 677 868	2 981 630	17.3	—	10.61	69.88	80.49	10.61
1998	53 630 247	3 054 658	17.6	—	11.38	72.05	83.43	11.38
1999	57 215 671	3 148 117	18.2	—	12.44	73.19	85.63	12.44
2000	61 676 458	3 248 608	19.0	—	14.18	72.91	87.09	14.18
2001	64 310 539	3 348 396	19.2	0.07	16.87	71.86	88.80	16.94
2002	66 040 609	3 430 307	19.3	0.11	19.63	70.62	90.36	19.74
2003	66 184 186	3 466 735	19.1	0.14	23.68	68.21	92.03	23.82
2004	64 750 006	3 476 784	18.62	0.16	29.00	64.70	93.86	29.16

附表8　1990年至2003年全国高中教师学历情况（续2）

单位：人、%

年份	学生	教师	生师比	研究生（%）	本科（%）	合格学历（%）	研究生学历（%）
1990	7 173 107	562 266	12.8	—	45.52	45.52	—
1991	7 228 522	573 262	12.6	—	47.20	47.20	—
1992	7 048 933	576 145	12.2	—	49.12	49.12	—
1993	6 569 068	558 976	11.8	—	51.09	51.09	—
1994	6 648 043	546 839	12.2	—	53.38	53.38	—
1995	7 131 588	550 521	13.0	—	55.21	55.21	—
1996	7 816 143	577 827	13.5	—	58.10	58.10	—
1997	8 500 697	605 132	14.0	—	60.73	60.73	—
1998	9 380 013	642 442	14.6	—	63.49	63.49	—
1999	10 497 078	692 439	15.2	—	65.85	65.85	—
2000	12 012 643	756 850	15.9	—	68.43	68.43	—
2001	14 049 717	840 027	16.7	0.63	70.08	70.71	0.63
2002	16 838 105	945 995	17.8	0.80	72.08	72.88	0.80
2003	19 648 300	1 075 575	18.3	0.86	74.85	75.71	0.86
2004	22 203 701	1 190 681	18.6	1.04	78.56	20.00	1.04

资料来源：教育部发展规划司编写的历年《中国教育统计年鉴》、《中国教育统计简况》。

附表 9　1995 年至 2004 年全国中小学教学仪器及图书达标率

单位：人、%

年份	小学			初中			高中		
	校数	教学仪器配备达标校数	藏书达标校数	校数	教学仪器配备达标校数	藏书达标校数	校数	教学仪器配备达标校数	藏书达标校数
1995	668 685	173 987	228 559	67 029	30 418	27 638	13 991	7 186	6 856
1996	645 983	210 388	278 439	66 092	35 970	34 124	13 875	7 663	7 392
1997	628 840	242 908	330 346	64 762	40 596	40 210	13 880	8 291	8 038
1998	609 626	258 526	361 157	63 940	43 678	44 209	13 948	8 747	8 487
1999	582 291	258 678	366 691	63 086	45 086	46 292	14 127	9 130	8 884
2000	553 622	249 866	361 068	62 704	45 611	47 125	14 564	9 518	9 365
2001	491 273	238 489		65 525	44 791		14 907	12 002	
2002	456 903	225 553		64 661	44 910		15 406	11 858	
2003	425 846	212 072		63 711	44 708		15 779	12 423	
2004	394 183	200 695		63 060	44 500		15 998	12 751	

资料来源：教育部发展规划司编写的《中国教育统计年鉴》、《中国教育统计简况》。

注：自 2001 年开始学校藏书达标校数不再统计。

附表 10　2001 年至 2004 年全国城乡教师合格率

单位：%

年份	小学		初中		高中	
	城市	农村	城市	农村	城市	农村
2001	98.65	96.04	95.65	84.74	82.97	53.12
2002	99.01	96.69	96.45	86.62	84.73	56.72
2003	99.24	97.22	97.09	88.74	86.69	59.46
2004	99.45	97.78	97.72	91.31	88.88	65.36

资料来源：同上。

附表 11 1990 年至 2004 年各级普通学校毕业生升学率

单位：%

年份 Year	小学升学率 Promotion Rate of Primary School Graduates			初中升学率 Promotion Rate of Junior Sec. School Graduates			高中升学率 Promotion Rate of Senior School Graduates		
	小学毕业生数 No. Of Primary School Graduates	初级中等学校招生数 No. of Junior Sec. School Entrants	升学率（%） Promotion Rate （%）	初中毕业生数	高级中等学校招生数	升学率（%） Promotion Rate （%）	普通高中毕业生数	普通高等学校招生数	升学率（%） Promotion Rate （%）
1990	1 863.1	1 389.2	74.6	1 109.1	450.4	40.6	233.0	63.7	27.3
1991	1 846.7	1 435.1	77.7	1 085.5	462.9	42.6	223.0	63.9	28.7
1992	1 872.4	1 491.7	79.7	1 102.4	478.1	43.4	226.1	79.0	34.9
1993	1 841.5	1 505.6	81.8	1 134.2	500.5	44.1	231.7	100.3	43.3
1994	1 899.6	1 644.9	86.6	1 166.4	541.1	46.4	209.3	97.7	46.7
1995	1 961.5	1 781.1	90.8	1 244.3	601.6	48.3	201.6	100.7	49.9
1996	1 934.1	1 791.4	92.6	1 297.8	633.4	48.8	204.9	104.6	51.0
1997	1 960.1	1 836.5	93.7	1 463.3	753.6	51.5	221.7	107.8	48.6
1998	2 117.4	1 996.3	94.3	1 603.1	812.2	50.7	251.8	116.0	46.1
1999	2 313.7	2 183.4	94.4	1 613.9	798.5	49.5	262.9	167.8	63.8
2000	2 419.2	2 295.6	94.9	1 633.5	834.6	51.1	301.5	220.6	73.2
2001	2 396.9	2 287.9	95.5	1 731.5	916.0	52.9	340.5	268.3	78.8
2002	2 351.9	2 281.8	97.0	1 903.7	1 109.7	58.3	383.3	320.5	83.5
2003			97.9			59.6			83.4
2004			98.1			62.9			81.8

资料来源：教育部发展规划司编写的历年《中国教育统计年鉴》。

附表 12—1 1993 年至 2003 年全国教育基尼系数

年份	1993	1994	1995	1996	1997	1998	1999	2000	2001	2002	2003
基尼系数	0.318	0.333	0.354	0.283	0.274	0.270	0.268	0.289	0.242	0.246	0.244

资料来源：根据历年《中国统计年鉴》计算。

附表 12—2　2000 年至 2003 年各地区平均受教育基尼系数排序

地区	2000 年基尼系数	地区	2001 年基尼系数	地区	2002 年基尼系数	地区	2003 年基尼系数
北京	0.243	山西	0.200	辽宁	0.193	山西	0.193
上海	0.250	吉林	0.200	山西	0.197	吉林	0.194
辽宁	0.251	辽宁	0.201	吉林	0.201	黑龙江	0.194
黑龙江	0.252	黑龙江	0.210	黑龙江	0.205	辽宁	0.199
吉林	0.253	北京	0.212	北京	0.210	北京	0.203
湖南	0.254	河北	0.212	河北	0.211	上海	0.206
天津	0.258	湖南	0.214	河南	0.211	河南	0.208
河北	0.264	广西	0.214	广东	0.217	河北	0.213
广西	0.266	河南	0.216	湖南	0.219	天津	0.217
河南	0.270	天津	0.217	天津	0.221	广东	0.220
广东	0.271	广东	0.219	海南	0.222	重庆	0.221
山西	0.272	上海	0.229	湖北	0.225	湖南	0.223
江苏	0.273	江西	0.230	广西	0.227	江西	0.226
福建	0.276	湖北	0.238	上海	0.231	广西	0.227
湖北	0.276	重庆	0.244	江西	0.231	海南	0.233
江西	0.283	海南	0.245	重庆	0.234	新疆	0.237
重庆	0.287	新疆	0.249	山东	0.241	湖北	0.245
山东	0.290	山东	0.250	新疆	0.249	四川	0.247
浙江	0.292	江苏	0.254	江苏	0.258	陕西	0.253
陕西	0.295	浙江	0.256	四川	0.261	安徽	0.255
内蒙古	0.297	福建	0.259	内蒙古	0.262	山东	0.259
四川	0.300	陕西	0.259	福建	0.264	福建	0.262
海南	0.305	四川	0.266	安徽	0.268	内蒙古	0.265
新疆	0.316	内蒙古	0.270	浙江	0.270	江苏	0.269
安徽	0.317	安徽	0.271	陕西	0.270	浙江	0.269
云南	0.364	云南	0.296	贵州	0.293	云南	0.297
宁夏	0.380	宁夏	0.296	宁夏	0.293	宁夏	0.297
甘肃	0.385	贵州	0.305	甘肃	0.313	贵州	0.310
贵州	0.388	甘肃	0.327	云南	0.318	甘肃	0.313
青海	0.449	青海	0.383	青海	0.346	青海	0.348
西藏	0.643	西藏	0.438	西藏	0.449	西藏	0.513

资料来源：根据历年《中国统计年鉴》计算。

附表13—1　2001年各地区普通小学和初级中学城乡生均教育经费支出

单位：万元

地区	小学				初中			
	生均经费	城镇生均经费	农村生均经费	城乡生均经费之比	生均经费	城镇生均经费	农村生均经费	城乡生均经费之比
全　国	971.47	1 351.32	797.60	1.69	1 371.18	1 708.35	1 013.65	1.69
北　京	3 683.93	3 973.92	2 793.79	1.42	4 920.15	5 184.92	3 519.42	1.47
天　津	2 098.74	2 478.24	1 382.64	1.79	2 535.93	3 012.13	1 467.90	2.05
河　北	678.10	862.89	611.08	1.41	956.94	1 120.38	798.69	1.40
山　西	871.92	935.76	835.95	1.12	1 220.19	1 347.33	1 048.85	1.28
内蒙古	1 272.04	1 328.63	1 225.30	1.08	1 330.87	1 452.62	1 074.41	1.35
辽　宁	1 114.77	1 419.13	896.93	1.58	1 555.20	1 971.90	1 129.89	1.75
吉　林	1 285.48	1 449.66	1 150.79	1.26	1 666.91	1 806.99	1 344.62	1.34
黑龙江	1 396.54	1 494.11	1 323.69	1.13	1 269.26	1 547.81	981.00	1.58
上　海	4 875.97	4 953.76	3 604.68	1.37	5 182.94	5 218.79	4 047.03	1.29
江　苏	1 256.10	1 807.74	1 055.63	1.71	2 047.82	3 100.34	1 492.74	2.08
浙　江	2 018.44	2 078.05	1 674.18	1.24	2 823.67	2 891.65	2 367.64	1.22
安　徽	645.27	879.82	583.56	1.51	895.73	1 225.57	701.93	1.75
福　建	1 167.38	1 555.18	975.09	1.59	1 499.28	1 777.98	1 128.97	1.57
江　西	769.53	854.08	705.71	1.21	961.37	1 063.17	822.19	1.29
山　东	1 001.45	1 233.19	888.02	1.39	1 210.74	1 307.10	1 044.97	1.25
河　南	536.64	806.55	471.51	1.71	857.55	1 107.27	716.40	1.55
湖　北	665.55	972.61	530.46	1.83	1 202.02	1 466.41	966.40	1.52
湖　南	813.89	994.81	737.44	1.35	1 081.15	1 278.30	926.69	1.38
广　东	1 489.62	2 077.44	1 157.23	1.80	2 048.97	2 451.12	1 585.50	1.55
广　西	771.49	1 029.49	696.15	1.48	1 030.52	1 108.92	873.15	1.27
海　南	841.83	976.60	766.16	1.27	1 532.98	1 621.04	1 194.21	1.36
重　庆	838.16	968.20	651.75	1.49	1 173.51	1 336.22	810.56	1.65
四　川	832.31	1 070.34	752.99	1.42	1 118.63	1 351.12	886.43	1.52
贵　州	545.41	817.81	484.57	1.69	807.54	1 200.30	603.73	1.99
云　南	968.56	1 203.88	924.82	1.30	1 323.69	1 585.58	1 142.51	1.39
西　藏	1 764.61	2 217.65	1 621.60	1.37	4 242.18	4 251.06	2 419.35	1.76
陕　西	659.60	834.40	607.23	1.37	930.51	1 062.45	823.62	1.29
甘　肃	686.82	950.60	616.44	1.54	995.91	1 329.93	824.28	1.61
青　海	1 189.31	1 375.77	1 080.41	1.27	1 557.91	1 902.44	1 121.12	1.70
宁　夏	950.76	1 151.51	879.91	1.31	1 423.01	1 615.68	1 281.52	1.26
新　疆	1 363.76	1 773.67	1 225.39	1.45	1 740.93	2 570.57	1 325.52	1.94

附表 13—2　2001 年各地区普通小学和初级中学城乡生均预算内教育经费支出

单位：万元

地区	小学				初中			
	生均预算内经费	城镇生均预算内经费	农村生均预算内经费	城乡生均预算内之比	生均预算内经费	城镇生均预算内经费	农村生均预算内经费	城乡生均预算内之比
全　国	658.44	877.08	558.36	1.57	838.77	1 001.04	666.70	1.50
北　京	2 472.26	2 536.06	2 276.42	1.11	2 897.05	2 955.07	2 590.09	1.14
天　津	1 625.19	1 905.15	1 096.91	1.74	1 880.12	2 149.85	1 275.17	1.69
河　北	506.19	649.32	454.28	1.43	657.29	755.73	561.98	1.34
山　西	615.72	645.87	598.73	1.08	818.51	859.68	763.03	1.13
内蒙古	849.92	865.41	837.13	1.03	888.89	941.83	777.38	1.21
辽　宁	716.90	886.64	595.41	1.49	954.42	1 168.69	735.72	1.59
吉　林	778.01	841.14	726.22	1.16	956.86	1 013.14	827.37	1.22
黑龙江	1 176.15	1 223.90	1 140.50	1.07	975.32	1 170.50	773.33	1.51
上　海	3 634.25	3 662.60	3 170.93	1.16	3 438.17	3 443.99	3 253.65	1.06
江　苏	832.71	1 126.05	726.11	1.55	1 114.68	1 525.61	897.96	1.70
浙　江	1 148.18	1 173.73	1 000.64	1.17	1 402.60	1 433.86	1 192.87	1.20
安　徽	485.98	610.08	453.33	1.35	578.39	700.69	506.53	1.38
福　建	830.05	1 003.23	744.18	1.35	923.73	1 015.86	801.32	1.27
江　西	555.44	605.69	517.51	1.17	584.96	616.87	541.33	1.14
山　东	647.30	795.14	574.94	1.38	744.22	785.73	672.82	1.17
河　南	355.75	506.27	319.43	1.58	517.51	631.14	453.28	1.39
湖　北	396.90	586.26	313.59	1.87	651.92	784.98	533.34	1.47
湖　南	481.65	596.05	433.31	1.38	557.62	634.50	497.39	1.28
广　东	840.63	1 253.99	606.89	2.07	1 143.13	1 411.48	833.87	1.69
广　西	591.12	754.40	543.44	1.39	660.03	685.76	608.38	1.13
海　南	620.43	693.26	579.54	1.20	893.29	930.37	750.65	1.24
重　庆	510.70	572.68	421.85	1.36	668.42	718.33	557.09	1.29
四　川	509.41	603.34	478.11	1.26	637.61	712.15	563.16	1.26
贵　州	452.51	646.74	409.13	1.58	584.90	779.13	484.11	1.61
云　南	815.83	925.90	795.37	1.16	1 044.81	1 174.65	954.98	1.23
西　藏	1 678.99	2 070.54	1 555.39	1.33	4 109.71	4 117.94	2 419.35	1.70
陕　西	483.08	614.69	443.65	1.39	664.97	730.44	611.93	1.19
甘　肃	568.17	767.26	515.05	1.49	751.43	944.32	652.32	1.45
青　海	1 031.03	1 101.54	989.85	1.11	1 354.30	1 604.61	1 036.96	1.55
宁　夏	813.73	903.32	782.11	1.15	1 103.18	1 166.87	1 056.41	1.10
新　疆	1 019.65	1 208.80	955.80	1.26	1 234.52	1 577.19	1 062.94	1.48

资料来源：教育部财务司、教育部发展规划司编写的历年《中国教育经费统计年鉴》、《中国教育统计年鉴》。

附表 14—1　1993 年至 2003 年各地区普通初中城乡生均经费和生均预算内经费差异

单位：千元

年份	初中生均经费			初中生均预算内经费		
	城市	农村	比值	城市	农村	比值
1993 年	693.159 4	472.84	1.465 949	450.902 4	274.53	1.642 452
1994 年	977.051 7	615.48	1.587 463	650.477 1	372.28	1.747 279
1995 年	1 188.643	761.09	1.561 765	725.899 4	397.8	1.824 785
1996 年	1 330.103	863.02	1.541 219	801.521 4	447.02	1.793 033
1997 年	1 407.729	885.63	1.589 523	858.383 5	480.12	1.787 852
1998 年	1 511.157	861.64	1.753 815	863.037 5	485.82	1.776 455
1999 年	1 622.828	880.31	1.843 473	888.280 2	515.22	1.724 079
2000 年	1 742.548	884.41	1.970 295	956.207 9	539.87	1.771 182
2001 年	1 955.03	1 013.65	1.928 703	1 078.3	656.18	1.643 299
2002 年	2 197.676	1 129.21	1.946 207	1 297.335	815.95	1.589 969
2003 年	2 435.537	1 210.75	2.011 594	1 353.501	889.69	1.521 318

附表 14—2　1993 年至 2003 年各地区普通小学城乡生均经费和生均预算内经费差异

单位：千元

年份	小学生均经费			小学生均预算内经费		
	城市	农村	比值	城市	农村	比值
1993 年	350.14	250.38	1.398 434	230.706 2	147.28	1.566 446
1994 年	565.497 6	329.6	1.715 709	391.264 5	200.78	1.948 723
1995 年	700.174 5	402.24	1.740 688	455.122 8	221.59	2.053 896
1996 年	791.060 3	466.43	1.695 989	508.952 1	253.53	2.007 463
1997 年	846.574 7	499.26	1.695 659	545.306 9	281.21	1.939 145
1998 年	951.975 2	519.16	1.833 684	586.581	310.58	1.888 663
1999 年	1 066.152	569.98	1.870 508	636.609 4	350.53	1.816 134
2000 年	1 205.108	647.01	1.862 58	733.260 8	417.44	1.756 566
2001 年	1 399.98	768.34	1.822 084	922.81	550.96	1.674 913
2002 年	1 742.87	953.65	1.827 578	1 143.64	726.36	1.574 481
2003 年	1 982.25	1 058.25	1.873 14	1 326.712	823.22	1.611 613

资料来源：教育部财务司、教育部发展规划司编写的历年《中国教育经费统计年鉴》、《中国教育统计年鉴》。

附表 15 1990 年至 2004 年全国人口受教育程度情况

单位：%

年份	15 岁及以上人口文盲率（%）	平均受教育年限（年）	小学净入学率（1）	初中毛入学率（2）
1990	15.88	6.26	96.30	66.70
1995	12.04	6.72	98.50	78.40
1998	11.95	7.09	98.90	87.30
1999	11.55	7.18	99.10	88.60
2000	6.72	7.62	99.10	88.60
2001	8.99	7.68	99.05	88.70
2002	9.16	7.73	98.58	90.00
2003	8.74	7.91	98.65	92.70
2004		8.30	99.00	94.10

资料来源：国家统计局人口和社会科技统计司：《中国人口统计年鉴》，2004，中国统计出版社；《中国教育统计年鉴》1989～1991，1998～1999，2001～2002，人民教育出版社；《中国教育事业统计年鉴》，2000，人民教育出版社；2003 年全国教育基础教育事业发展统计公报，教育部。

注：1992 年以前的入学率按 7～11 周岁统计计算，从 1992 年起入学率按各地不同入学年龄和学制分别计算。

附表 16 世界人口大国平均受教育年限比较

单位：年

		平均受教育年限					教育不平衡度量	
		按区域划分			按性别划分			
	年份	总数	城市	农村	男	女	基尼系数	GE（0.5）
孟加拉	1999/2000	3.92	6.31	3.29	4.49	2.90	0.62	1.18
巴西	2001	8.38	8.67	6.61	8.44	8.32	0.39	0.53
中国	2000	6.54	8.53	5.18	7.22	5.82	0.37	0.35
印度	1998/2000	5.03	7.78	3.93	6.50	3.57	0.56	1.02
印度尼西亚	2002	7.38	9.04	5.85	7.99	6.77	0.32	0.29
墨西哥	1999	7.78	8.63	4.67	8.10	7.49	0.34	0.30
尼日利亚	1999	5.77	8.06	4.77	7.06	4.61	0.53	0.97
巴基斯坦	2001	3.51	5.95	2.43	5.05	2.02	0.70	1.55

资料来源：2006 年世界发展报告。

注：埃及的数据因资料不全，未收入。

附录二

调查问卷表

学校基本情况调查表

尊敬的校长

您好！

这是一份有关教育均衡状况的调查问卷，问卷的结果仅用于学术研究。问卷采用无记名形式，研究过程中将对问卷信息严格保密。恳请您根据学校实际情况作答，请不要遗漏任何一个问题。您的回答对我们的科研工作有非常重要的价值，我们由衷地感谢您的支持和参与。

说明：

1. 本问卷根据目前我国学校教育现状，将学校分为三类：Ⅰ类—学校指市、县、区的重点学校；Ⅱ类—学校指市、县、区的一般中等水平学校；Ⅲ类—学校指市、县、区的一些薄弱学校、农村学校或主要招收外来务工人员子女的学校。请根据本校“学校类型”在栏中选择“Ⅰ类、Ⅱ类、Ⅲ类”即可。

2. 选择题请在□内用“√”选择符合情况的选项。每个题目除非特殊要求，一般只要求选择其中的一个选项（单选）。

3. 有关数据请您按照“调查项目”中的“数量单位”如实填写。

4. 学校所在地在县级以上城市填写“城市”；学校在县及镇政府所在地学校填写“县镇”；学校在乡政府所在地和农村填写“农村”。

学校类别：□小学、□初中、□高中　　　学校类型：□Ⅰ类、□Ⅱ类、□Ⅲ类

办学形式：□公办、□民办、□民办公助　学校所在地：□城市、□县镇、□农村

	调查项目	2000 年	2001 年	2002 年	2003 年	2004 年
学校基本情况	教职工总数（人）					
	专任教师数（人）					
	教师学历结构（人）（以 2004 年数为准）	硕士及以上　本科 专科　师范（高中）				
	教师职称结构（人）（以 2004 年数为准）	特级　高级 一级　二级				
	在校学生总数（人）					
	当年新生入学人数（人）					
	学校占地面积（平方米）					
	校舍使用面积（平方米）					
	活动场地面积（平方米）					
	学校固定资产总额（万元）					
	其中建筑物资产（万元）					
	教学仪器设备资产（万元）					
	学校藏书量（万册）					
经费来源情况	教育经费收入总额（元）					
	预算内拨款（元）					
	校办产业、勤工俭学、社会服务收入（元）					
	社会捐款资助学收入（元）					
	其中社会有偿捐资（元）					
	社会无偿捐资（元）					
	学杂费收入（元）					
	其他（元）					

（续表）

经费使用结构	教育经费支出总额（元）					
	教育事业费（元）					
	其中人员经费（元）					
	公用经费（元）					
	教育基建费（元）					
	其中基建经费（元）					
	专项经费（元）					
学生来源	以就近入学方式入学的学生占当年入学学生总数的比例（%）					
	以考试方式入学的学生占当年入学学生总数的比例（%）					
	借读生占当年入学学生总数的比例（%）					
	以“择校费”或“赞助费”方式入学的学生占当年入学学生总数的比例（%）					
	以“条子”方式入学的学生占当年入学学生总数的比例（%）					
	特长生占当年入学学生总数的比例（%）					
	其他方式入学的学生占当年入学学生总数的比例（%）					
收费水平	择校生每学年的平均收费水平（元/名）					
	借读生每学年的平均收费水平（元/名）					
	学杂费（元/名）					
	其他（元/名）					

学生家长调查问卷

尊敬的女士/先生

您好!

这是一份有关受教育机会公平状况的调查问卷，问卷结果仅用于学术研究。问卷采用无记名形式，研究过程中将对问卷信息严格保密。恳请您根据实际情况作答，请不要遗漏任何一个问题。您的回答对我们的科研工作有非常重要的价值，我们由衷地感谢您的支持和参与。

说明：

1. 本问卷有选择和填空两种题型。

2. 选择题请在□内用“√”选择符合情况的选项。

3. 每个题目除非特殊要求，一般只要求选择其中的一个选项（单选），请您仔细甄别。

4. 如果您的选择为“其他”项，请在其后的“____”内写出相应的内容。

一、学生情况

1. 性别

① □男　　② □女

2. 入学时间（指进入中小学的时间）

① □2001 年 ② □2002 年 ③ □2003 年 ④ □2004 年 ⑤□其他____

3. 是否插班生

① □是　　② □否

4. 是否教工子弟

① □是　　② □否

5. 学生入学方式

①□就近入学　② □择校生（以关系择校）　③ □择校生（以钱择校）　④ □考试　⑤ □特长生　⑥ □借读生　⑦ □其他____

6. 学生户籍所在地

① □本校所属划片招生地区

② □本市（区、县）内其他地区

③ □本市（区、县）以外地区

7. 目前家庭住址

① □本校所属划片招生地区

② □本市（区、县）内其他地区

③ □本市（区、县）以外地区

二、家庭情况

8. 2004 年家庭年总收入________元（人民币）

9. 2004 年年底家庭常住人口数

① □2 人 ② □3 人 ③ □4 人 ④ □5 人 ⑤ □5 人以上____

10. 父亲学历

① □大专以下 ② □大专 ③ □本科 ④ □硕士 ⑤ □博士

11. 母亲学历

① □大专以下 ② □大专 ③ □本科 ④ □硕士 ⑤ □博士

12. 父亲职业

① □国家机关、党群组织、企业、事业单位负责人

② □专业技术人员

③ □办事人员

④ □商业、服务业人员

⑤ □产业工人

⑥ □农、林、牧、渔、水利生产人员

⑦ □无业人员

⑧ □其他________

13. 母亲职业

① □国家机关、党群组织、企业、事业单位负责人

② □专业技术人员

③ □办事人员

④ □商业、服务业人员

⑤ □产业工人

⑥ □农、林、牧、渔、水利生产人员

⑦ □无业人员

⑧ □其他________

14. 父母亲是否享受完善的社会保障服务

① □双方都是 ② □一方是 ③ □都不是

附录三

有关计算公式

一、生均教育经费计算公式

城市小学生均经费=(小学生均经费×小学生数－农村小学生均经费×农村小学生数)÷城镇小学生数

城市初中生均经费=(初中生均经费×初中生数－农村初中生均经费×农村初中生数)÷城镇初中生数

城市小学预算内生均经费=(小学生均预算内经费×小学生数－农村小学预算内生均经费×农村小学生数)÷城镇小学生数

城市初中预算内生均经费=(初中预算内生均经费×初中生数－农村初中预算内生均经费×农村初中生数)÷城镇初中生数

二、城乡生均教育经费之比

城市小学生均经费城乡之比=城市小学生均经费÷农村小学生均经费

城市初中生均经费城乡之比=城市初中生均经费÷农村初中生均经费

城市小学预算内生均经费城乡之比＝城市小学预算内生均经费÷农村小学预算内生均经费

城市初中预算内生均经费城乡之比＝城市初中预算内生均经费÷农村初中预算内生均经费

三、指数计算公式

1. 指标转化为指数形式公式

$$I_{ij}=\frac{实际值\ X_i-最小值\ X_i}{最大值\ X_i-最小值\ X_i}$$

2. 计算教育均衡发展指数公式

$$\mathrm{EEI}=\left[\frac{1}{n}(P_1^3+P_2^3+\cdots+P_n^3)\right]^{\frac{1}{3}}$$

$$\mathrm{INDEX}_1=\left[\frac{1}{n}(P_1^3+P_2^3+\cdots+P_n^3)\right]^{\frac{1}{3}}$$

$$\mathrm{INDEX}_2=\left[\frac{1}{n}(P_1^3+P_2^3+\cdots+P_n^3)\right]^{\frac{1}{3}}$$

$$\mathrm{INDEX}_3=\left[\frac{1}{n}(P_1^3+P_2^3+\cdots+P_n^3)\right]^{\frac{1}{3}}$$

$$\mathrm{INDEX}_4=\left[\frac{1}{n}(P_1^3+P_2^3+\cdots+P_n^3)\right]^{\frac{1}{3}}$$

3. 指数的计算公式（体系 1）

指数一的计算：

$$\mathrm{index1}=\sqrt[3]{\frac{(区域间入学率差异系数^3+男女入学性别差异^3)}{2}}$$

指数二的计算：$\mathrm{index2}=\sqrt[3]{\frac{\mathrm{index20}}{9}}$

其中：index20＝地区间公用经费差异系数^3＋地区间生均经费差异系数^3＋生均经费城乡差异^3＋预算内生均经费城乡差异^3＋地区间生均校舍差异系数^3＋危房所占比例^3＋教学仪器达标

率^3＋教师获得最后学历合格率^3＋教师合格以上学历率^3

指数三的计算：

$$index3=\sqrt[3]{\frac{(毕业生升学率^3+学生巩固率^3+学生辍学率)}{3}}$$

指数四的计算：

$$index4=\sqrt[3]{\frac{(教育普及程度^3+人口受教育年限的教育基尼系数^3)}{2}}$$

总指数的计算：

$$index总=\sqrt[3]{\frac{(index1^3+index2^3+index3^3+index4^3)}{4}}$$

4.指数的计算公式(体系 2)

指数一的计算：

$$index1=\sqrt[3]{\frac{(地区间公用经费差异系数^3+地区间生均经费差异系数^3+地区间生均校舍差异系数^3+入学率差异系数^3)}{4}}$$

指数二的计算：

$$index2=\sqrt[3]{\frac{(生均经费城乡差异^3+预算内生均经费城乡差异^3)}{2}}$$

指数三的计算：

$$index3=\sqrt[3]{\frac{(教学仪器达标率^3+危房所占比例^3+教师获得最后学历合格率^3+教师合格以上学历率^3)}{4}}$$

指数四的计算：$index4=\sqrt[3]{\frac{index40}{6}}$

其中：index40＝学生巩固率^3＋学生辍学率^3＋毕业生升学率^3＋教育普及程度^3＋人口受教育年限的教育基尼系数^3＋男女入学性别差异^3

总指数的计算：

$$index总=\sqrt[3]{\frac{(index1^3+index2^3+index3^3+index4^3)}{4}}$$

附录四

图表、专栏目录

一、图

二、表

三、专栏

附录五

《中华人民共和国义务教育法》

（1986 年 4 月 12 日第六届全国人民代表大会第四次会议通过，2006 年 6 月 29 日第十届全国人民代表大会常务委员会第二十二次会议修订）

目　录

第一章　总　　则

第一条　为了保障适龄儿童、少年接受义务教育的权利，保证义务教育的实施，提高全民族素质，根据宪法和教育法，制定本法。

第二条 国家实行九年义务教育制度。

义务教育是国家统一实施的所有适龄儿童、少年必须接受的教育，是国家必须予以保障的公益性事业。

实施义务教育，不收学费、杂费。

国家建立义务教育经费保障机制，保证义务教育制度实施。

第三条 义务教育必须贯彻国家的教育方针，实施素质教育，提高教育质量，使适龄儿童、少年在品德、智力、体质等方面全面发展，为培养有理想、有道德、有文化、有纪律的社会主义建设者和接班人奠定基础。

第四条 凡具有中华人民共和国国籍的适龄儿童、少年，不分性别、民族、种族、家庭财产状况、宗教信仰等，依法享有平等接受义务教育的权利，并履行接受义务教育的义务。

第五条 各级人民政府及其有关部门应当履行本法规定的各项职责，保障适龄儿童、少年接受义务教育的权利。

适龄儿童、少年的父母或者其他法定监护人应当依法保证其按时入学接受并完成义务教育。

依法实施义务教育的学校应当按照规定标准完成教育教学任务，保证教育教学质量。

社会组织和个人应当为适龄儿童、少年接受义务教育创造良好的环境。

第六条 国务院和县级以上地方人民政府应当合理配置教育资源，促进义务教育均衡发展，改善薄弱学校的办学条件，并采取措施，保障农村地区、民族地区实施义务教育，保障家庭经济困难的和残疾的适龄儿童、少年接受义务教育。

国家组织和鼓励经济发达地区支援经济欠发达地区实施义务教育。

第七条 义务教育实行国务院领导，省、自治区、直辖市人民政府统筹规划实施，县级人民政府为主管理的体制。

县级以上人民政府教育行政部门具体负责义务教育实施工作；县级以上人民政府其他有关部门在各自的职责范围内负责义务教育实施工作。

第八条 人民政府教育督导机构对义务教育工作执行法律法规情况、教育教学质量以及义务教育均衡发展状况等进行督导，督导报告向社会公布。

第九条 任何社会组织或者个人有权对违反本法的行为向有关国家机关提出检举或者控告。

发生违反本法的重大事件，妨碍义务教育实施，造成重大社会影响的，负有领导责任的人民政府或者人民政府教育行政部门负责人应当引咎辞职。

第十条 对在义务教育实施工作中作出突出贡献的社会组织和个人，各级人民政府及其有关部门按照有关规定给予表彰、奖励。

第二章　学　　生

第十一条 凡年满六周岁的儿童，其父母或者其他法定监护人应当送其入学接受并完成义务教育；条件不具备的地区的儿童，可以推迟到七周岁。

适龄儿童、少年因身体状况需要延缓入学或者休学的，其父母或者其他法定监护人应当提出申请，由当地乡镇人民政府或者县级人民政府教育行政部门批准。

第十二条 适龄儿童、少年免试入学。地方各级人民政府应当保障适龄儿童、少年在户籍所在地学校就近入学。

父母或者其他法定监护人在非户籍所在地工作或者居住的适龄儿童、少年，在其父母或者其他法定监护人工作或者居住地接受义务教育的，当地人民政府应当为其提供平等接受义务教育的条件。具体办法由省、自治区、直辖市规定。

县级人民政府教育行政部门对本行政区域内的军人子女接受义务教育予以保障。

第十三条 县级人民政府教育行政部门和乡镇人民政府组织和督促适龄儿童、少年入学，帮助解决适龄儿童、少年接受义务教育的困难，采取措施防止适龄儿童、少年辍学。

居民委员会和村民委员会协助政府做好工作，督促适龄儿童、少年入学。

第十四条 禁止用人单位招用应当接受义务教育的适龄儿童、少年。

根据国家有关规定经批准招收适龄儿童、少年进行文艺、体育等专业训练的社会组织，应当保证所招收的适龄儿童、少年接受义务教育；自行实施义务教育的，应当经县级人民政府教育行政部门批准。

第三章 学 校

第十五条 县级以上地方人民政府根据本行政区域内居住的适龄儿童、少年的数量和分布状况等因素，按照国家有关规定，制定、调整学校设置规划。新建居民区需要设置学校的，应当与居民区的建设同步进行。

第十六条 学校建设，应当符合国家规定的办学标准，适应教育教学需要；应当符合国家规定的选址要求和建设标准，确保学生和教职工安全。

第十七条 县级人民政府根据需要设置寄宿制学校，保障居住分散的适龄儿童、少年入学接受义务教育。

第十八条 国务院教育行政部门和省、自治区、直辖市人民政府根据需要，在经济发达地区设置接收少数民族适龄儿童、少年的学校（班）。

第十九条 县级以上地方人民政府根据需要设置相应的实施特殊教育的学校（班），对视力残疾、听力语言残疾和智力残疾的适龄儿童、少年实施义务教育。特殊教育学校（班）应当具备适应残疾儿童、少年学习、康复、生活特点的场所和设施。

普通学校应当接收具有接受普通教育能力的残疾适龄儿童、少年随班就读，并为其学习、康复提供帮助。

第二十条 县级以上地方人民政府根据需要，为具有预防未成年人犯罪法规定的严重不良行为的适龄少年设置专门的学校实施义务教育。

第二十一条 对未完成义务教育的未成年犯和被采取强制性教育措施的未成年人应当进行义务教育，所需经费由人民政府予以保障。

第二十二条 县级以上人民政府及其教育行政部门应当促进学校均衡发展，缩小学校之间办学条件的差距，不得将学校分为重点学校和非重点学校。学校不得分设重点班和非重点班。

县级以上人民政府及其教育行政部门不得以任何名义改变或者变相改变公办学校的性质。

第二十三条 各级人民政府及其有关部门依法维护学校周边秩序，保护学生、教师、学校的合法权益，为学校提供安全保障。

第二十四条 学校应当建立、健全安全制度和应急机制，对学生进行安全教育，加强管理，及时消除隐患，预防发生事故。

县级以上地方人民政府定期对学校校舍安全进行检查；对需要维修、改造的，及时予以维修、改造。

学校不得聘用曾经因故意犯罪被依法剥夺政治权利或者其他不适合从事义务教育工作的人担任工作人员。

第二十五条 学校不得违反国家规定收取费用，不得以向学生推销或者变相推销商品、服务等方式谋取利益。

第二十六条 学校实行校长负责制。校长应当符合国家规定的任职条件。校长由县级人民政府教育行政部门依法聘任。

第二十七条 对违反学校管理制度的学生，学校应当予以批评教育，不得开除。

第四章 教 师

第二十八条 教师享有法律规定的权利，履行法律规定的义务，应当为人师表，忠诚于人民的教育事业。

全社会应当尊重教师。

第二十九条 教师在教育教学中应当平等对待学生，关注学生的个体差异，因材施教，促进学生的充分发展。

教师应当尊重学生的人格，不得歧视学生，不得对学生实施体罚、变相体罚或者其他侮辱人格尊严的行为，不得侵犯学生合法权益。

第三十条 教师应当取得国家规定的教师资格。

国家建立统一的义务教育教师职务制度。教师职务分为初级职务、中级职务和高级职务。

第三十一条 各级人民政府保障教师工资福利和社会保险待遇，改善教师工作和生活条件；完善农村教师工资经费保障机制。

教师的平均工资水平应当不低于当地公务员的平均工资水平。

特殊教育教师享有特殊岗位补助津贴。在民族地区和边远贫困地区工作的教师享有艰苦贫困地区补助津贴。

第三十二条 县级以上人民政府应当加强教师培养工作，采取措施发展教师教育。

县级人民政府教育行政部门应当均衡配置本行政区域内学校

师资力量，组织校长、教师的培训和流动，加强对薄弱学校的建设。

第三十三条 国务院和地方各级人民政府鼓励和支持城市学校教师和高等学校毕业生到农村地区、民族地区从事义务教育工作。

国家鼓励高等学校毕业生以志愿者的方式到农村地区、民族地区缺乏教师的学校任教。县级人民政府教育行政部门依法认定其教师资格，其任教时间计入工龄。

第五章 教育教学

第三十四条 教育教学工作应当符合教育规律和学生身心发展特点，面向全体学生，教书育人，将德育、智育、体育、美育等有机统一在教育教学活动中，注重培养学生独立思考能力、创新能力和实践能力，促进学生全面发展。

第三十五条 国务院教育行政部门根据适龄儿童、少年身心发展的状况和实际情况，确定教学制度、教育教学内容和课程设置，改革考试制度，并改进高级中等学校招生办法，推进实施素质教育。

学校和教师按照确定的教育教学内容和课程设置开展教育教学活动，保证达到国家规定的基本质量要求。

国家鼓励学校和教师采用启发式教育等教育教学方法，提高教育教学质量。

第三十六条 学校应当把德育放在首位，寓德育于教育教学之中，开展与学生年龄相适应的社会实践活动，形成学校、家庭、社会相互配合的思想道德教育体系，促进学生养成良好的思想品德和行为习惯。

第三十七条 学校应当保证学生的课外活动时间，组织开展文化娱乐等课外活动。社会公共文化体育设施应当为学校开展课外活动提供便利。

第三十八条 教科书根据国家教育方针和课程标准编写，内容力求精简，精选必备的基础知识、基本技能，经济实用，保证质量。

国家机关工作人员和教科书审查人员，不得参与或者变相参与教科书的编写工作。

第三十九条 国家实行教科书审定制度。教科书的审定办法由国务院教育行政部门规定。

未经审定的教科书，不得出版、选用。

第四十条 教科书由国务院价格行政部门会同出版行政部门按照微利原则确定基准价。省、自治区、直辖市人民政府价格行政部门会同出版行政部门按照基准价确定零售价。

第四十一条 国家鼓励教科书循环使用。

第六章 经费保障

第四十二条 国家将义务教育全面纳入财政保障范围，义务教育经费由国务院和地方各级人民政府依照本法规定予以保障。

国务院和地方各级人民政府将义务教育经费纳入财政预算，按照教职工编制标准、工资标准和学校建设标准、学生人均公用经费标准等，及时足额拨付义务教育经费，确保学校的正常运转和校舍安全，确保教职工工资按照规定发放。

国务院和地方各级人民政府用于实施义务教育财政拨款的增长比例应当高于财政经常性收入的增长比例，保证按照在校学生人数平均的义务教育费用逐步增长，保证教职工工资和学生人均公用经费逐步增长。

第四十三条 学校的学生人均公用经费基本标准由国务院财政部门会同教育行政部门制定，并根据经济和社会发展状况适时调整。制定、调整学生人均公用经费基本标准，应当满足教育教学基本需要。

省、自治区、直辖市人民政府可以根据本行政区域的实际情况，制定不低于国家标准的学校学生人均公用经费标准。

特殊教育学校（班）学生人均公用经费标准应当高于普通学校学生人均公用经费标准。

第四十四条 义务教育经费投入实行国务院和地方各级人民政府根据职责共同负担，省、自治区、直辖市人民政府负责统筹落实的体制。农村义务教育所需经费，由各级人民政府根据国务院的规定分项目、按比例分担。

各级人民政府对家庭经济困难的适龄儿童、少年免费提供教科书并补助寄宿生生活费。

义务教育经费保障的具体办法由国务院规定。

第四十五条 地方各级人民政府在财政预算中将义务教育经费单列。

县级人民政府编制预算，除向农村地区学校和薄弱学校倾斜外，应当均衡安排义务教育经费。

第四十六条 国务院和省、自治区、直辖市人民政府规范财政转移支付制度，加大一般性转移支付规模和规范义务教育专项转移支付，支持和引导地方各级人民政府增加对义务教育的投入。地方各级人民政府确保将上级人民政府的义务教育转移支付资金按照规定用于义务教育。

第四十七条 国务院和县级以上地方人民政府根据实际需要，设立专项资金，扶持农村地区、民族地区实施义务教育。

第四十八条 国家鼓励社会组织和个人向义务教育捐赠，鼓励按照国家有关基金会管理的规定设立义务教育基金。

第四十九条 义务教育经费严格按照预算规定用于义务教育；任何组织和个人不得侵占、挪用义务教育经费，不得向学校非法收取或者摊派费用。

第五十条　县级以上人民政府建立健全义务教育经费的审计监督和统计公告制度。

第七章　法律责任

第五十一条　国务院有关部门和地方各级人民政府违反本法第六章的规定，未履行对义务教育经费保障职责的，由国务院或者上级地方人民政府责令限期改正；情节严重的，对直接负责的主管人员和其他直接责任人员依法给予行政处分。

第五十二条　县级以上地方人民政府有下列情形之一的，由上级人民政府责令限期改正；情节严重的，对直接负责的主管人员和其他直接责任人员依法给予行政处分：

（一）未按照国家有关规定制定、调整学校的设置规划的；

（二）学校建设不符合国家规定的办学标准、选址要求和建设标准的；

（三）未定期对学校校舍安全进行检查，并及时维修、改造的；

（四）未依照本法规定均衡安排义务教育经费的。

第五十三条　县级以上人民政府或者其教育行政部门有下列情形之一的，由上级人民政府或者其教育行政部门责令限期改正、通报批评；情节严重的，对直接负责的主管人员和其他直接责任人员依法给予行政处分：

（一）将学校分为重点学校和非重点学校的；

（二）改变或者变相改变公办学校性质的。

县级人民政府教育行政部门或者乡镇人民政府未采取措施组织适龄儿童、少年入学或者防止辍学的，依照前款规定追究法律责任。

第五十四条　有下列情形之一的，由上级人民政府或者上级人民政府教育行政部门、财政部门、价格行政部门和审计机关根据职责分工责令限期改正；情节严重的，对直接负责的主管人员和其他直接责任人员依法给予处分：

（一）侵占、挪用义务教育经费的；

（二）向学校非法收取或者摊派费用的。

第五十五条 学校或者教师在义务教育工作中违反教育法、教师法规定的，依照教育法、教师法的有关规定处罚。

第五十六条 学校违反国家规定收取费用的，由县级人民政府教育行政部门责令退还所收费用；对直接负责的主管人员和其他直接责任人员依法给予处分。

学校以向学生推销或者变相推销商品、服务等方式谋取利益的，由县级人民政府教育行政部门给予通报批评；有违法所得的，没收违法所得；对直接负责的主管人员和其他直接责任人员依法给予处分。

国家机关工作人员和教科书审查人员参与或者变相参与教科书编写的，由县级以上人民政府或者其教育行政部门根据职责权限责令限期改正，依法给予行政处分；有违法所得的，没收违法所得。

第五十七条 学校有下列情形之一的，由县级人民政府教育行政部门责令限期改正；情节严重的，对直接负责的主管人员和其他直接责任人员依法给予处分：

（一）拒绝接收具有接受普通教育能力的残疾适龄儿童、少年随班就读的；

（二）分设重点班和非重点班的；

（三）违反本法规定开除学生的；

（四）选用未经审定的教科书的。

第五十八条 适龄儿童、少年的父母或者其他法定监护人无正当理由未依照本法规定送适龄儿童、少年入学接受义务教育的，由当地乡镇人民政府或者县级人民政府教育行政部门给予批评教育，责令限期改正。

第五十九条 有下列情形之一的，依照有关法律、行政法规的规定予以处罚：

（一）胁迫或者诱骗应当接受义务教育的适龄儿童、少年失学、辍学的；

（二）非法招用应当接受义务教育的适龄儿童、少年的；

（三）出版未经依法审定的教科书的。

第六十条 违反本法规定，构成犯罪的，依法追究刑事责任。

第八章 附 则

第六十一条 对接受义务教育的适龄儿童、少年不收杂费的实施步骤，由国务院规定。

第六十二条 社会组织或者个人依法举办的民办学校实施义务教育的，依照民办教育促进法有关规定执行；民办教育促进法未作规定的，适用本法。

第六十三条 本法自 2006 年 9 月 1 日起施行。

附录六

新中国走向教育公平的足迹

1949 年

• 1949 年 10 月 1 日，《中国人民政治协商会议共同纲领》确立了新中国的文化教育是民族的、科学的、大众的文化教育的方针。

• 1949 年 12 月，中央人民政府在北京召开了第一次全国教育工作会议。会议根据《中国人民政治协商会议共同纲领》提出的“以老解放区教育经验为基础，吸取旧教育有用经验，借助苏联经验，建设新民主主义教育”的精神，明确了“教育为国家建设服务，教育为工农开门”的方针和任务。

1951 年

• 1951 年 8 月 10 日，政务院第九十七次政务会议通过《政务院关于改革学制的决定》。这一决定提出为使广大的劳动人民子女受到完全的初等教育，以利于广大劳动人民文化水平的提高，“应给儿童以全面的基础教育”，“对自幼失学的青年和成人实施初等教育”。

1956 年

• 1956 年 4 月 10 日，第二届全国人民代表大会第二次会议通过《1956 年—1967 年全国农业发展纲要》。这一纲要提出“从 1956 年开始，按照各地情况，分别在十二年内，基本上扫除青年和壮年中的文盲”，“逐步普及小学教育”。

• 1956 年 9 月 15 日，《中国共产党中央委员会向第八次全国代表大会的政治报告》提出，“必须有极大的努力逐步扫除文盲，并且在财政力量许可的范围内，逐步地扩大小学教育，以求在十二年内分区分期地普及小学义务教育”，“对没有文字的少数民族，应当帮助他们创造文字”。

1980 年

• 1980 年 12 月 3 日，《中共中央、国务院关于普及小学教育若干问题的决定》提出，“在八十年代，全国应基本实现普及小学教育的历史任务，有条件的地区还可以进而普及初中教育”。中央要求，除极少数经济特别困难、山高林深、人口稀少的地区外，经济比较发达、教育基础较好的地区，应在 1985 年前普及小学教育，其他地区一般应在 1990 年基本普及。“最贫困的地区要由国家包下来，实行免费教育。”

1982 年

• 1982 年 12 月 4 日颁布的《中华人民共和国宪法》第十九条规定：“国家举办各种学校，普及初等教育，发展中等教育、职业教育和高等教育，并且发展学前教育。”

1985 年

• 1985 年 5 月 27 日，《中共中央关于教育体制改革的决定》颁布，根据我国经济和社会发展的新形势，明确地提出了在全国有计划、有步骤地普及九年义务教育的任务。

1986 年

• 1986 年 4 月 12 日，第六届全国人大代表大会第四次会议审议通过了《中华人民共和国义务教育法》，以国家立法的形式正式确立我国实施九年义务教育，并规定于当年 7 月 1 日开始实施。《义务教育法》是中国历史上第一部普及义务教育的法律，它的颁布和实施开创了中国教育史的新纪元，它不仅结束了中国教育长期以来无法的历史，使我国普及义务教育有了法律的保障，而且使我国教育事业从此走上了依法治教的轨道。

1988 年

• 1988 年，国务院颁布《扫除文盲工作条例》。

1992 年

• 1992 年 10 月 12 日，在中国共产党第十四次全国代表大会上，江泽民总书记向全党全国人民发出号召："我们必须把教育摆在优先发展的战略地位，努力提高全民族的思想道德和科学文化水平，这是实现我国现代化建设的根本大计。"并确定了将"到本世纪末，基本普及九年义务教育，基本扫除青壮年文盲"作为 20 世纪 90 年代我国教育事业发展的重要目标。

1993 年

• 1993 年 3 月，中共中央、国务院印发的《中国教育改革和发展纲要》，正式将“两基”作为我国20世纪90年代的奋斗目标。《纲要》及其《实施意见》为我国义务教育的发展绘制了宏伟的蓝图，明确提出到2000年我国教育事业发展的目标和任务是：全国基本普及九年义务教育，即以县统计占全国总人口85%的地区普及九年义务教育；初中阶段的入学率达到85%左右，全国小学适龄儿童入学率达到99%以上；全国基本扫除青壮年文盲，使青壮年非文盲率达到95%以上。

- 1993年3月1日，中国全民教育国家级大会在北京召开，会议总结和部署了我国普及初等教育和扫除文盲的工作，总结回顾了中国基础教育和扫盲教育的理论和实践，研讨、论证了20世纪末中国实现“两基两全”（基本普及九年义务教育、基本扫除青壮年文盲，全面贯彻教育方针、全面提高教育质量）的战略和措施，通过了《中国全民教育行动纲领》，提出了全民教育目标及措施。

- 1993年8月1日，国务院发布《关于修改〈扫除文盲工作条例〉的决定》。

1994年

- 1994年6月14，中共中央、国务院召开改革开放以来第二次全国教育工作会议，确定“两基”为我国教育工作的“重中之重”，进一步明确提出了20世纪90年代我国教育事业发展的目标、任务、战略、指导方针和实施步骤。

- 1994年7月3日，国务院下发《关于〈中国教育改革和发展纲要〉的实施意见》。

1995年

- 1995年3月18日，第八届全国人大三次会议通过《中华人民共和国教育法》。

• 1995 年 9 月 14 日，“国家贫困地区义务教育工程”启动。从 1995 年到“十五”期间，国家实施两期工程，中央财政拨出专款 89 亿支持贫困地区义务教育的发展，加上地方各级政府的配套资金等，工程资金投入总量共计 198 亿元。

1996 年

• 1996 年，第八届全国人大四次会议审议通过的《国民经济和社会发展“九五”计划和 2010 年远景目标纲要》明确将“2000 年全国基本普及九年义务教育，基本扫除青壮年文盲”作为社会发展的主要指标，列入“九五”规划。

• 1996 年 5 月 7 日，“国家贫困地区义务教育工程”正式实施。这标志着这项旨在改变贫困地区落后面貌的宏大的教育扶贫工程进入正式实施阶段。

1997 年

• 1997 年，中国共产党第十五次代表大会，把实施“两基”作为落实“科教兴国”和“可持续发展”战略的重要组成部分，再次提出要“发挥各方面积极性，大力普及九年义务教育，扫除青壮年文盲”。

1998 年

• 1998 年 5 月 7 日，“国家贫困地区义务教育工程”正式实施。三年内，中央和地方投入 54.9 亿元，在上述地区的 469 个贫困县修建 14 942 所中小学。

1999 年

• 1999 年 6 月 13 日，中共中央、国务院印发《关于深化教育改革全面推进素质教育的决定》。

• 1999年6月15日，中共中央、国务院召开改革开放以来第三次全国教育工作会议，动员全党和全国人民，以提高民族素质和创新能力为重点，深化教育体制和结构改革，全面推进素质教育，振兴教育事业，实施科教兴国战略。会议着重阐述了加快教育改革和发展问题，并宣布扩大全国高考招生规模。

• 1999年6月17日，国务院办公厅转发中国人民银行、教育部、财政部《关于国家助学贷款的管理规定（试行）》。国家助学贷款的目的是通过银行贷款帮助高等学校中经济困难的学生支付在校期间的学费和日常生活费。

2000年

• 2000年4月7日，中共中央办公厅、国务院办公厅发出《关于推动东西部地区学校对口支援工作的通知》，动员各方面的力量，大力支持西部贫困地区的教育事业。

2001年

• 2001年1月，江泽民同志在全国政协新年茶话会上的讲话宣布，2000年，我国如期实现了基本普及九年义务教育和基本扫除青壮年文盲的战略目标。

• 2001年5月29日，国务院印发《关于基础教育改革与发展的决定》，决定农村义务教育实行在国务院领导下，由地方政府负责、分级管理、以县为主的体制。

• 2001年6月11日，国务院召开全国基础教育工作会议，明确提出举办基础教育特别是义务教育，主要是政府的责任。

2002年

• 2002年7月8日，国务院印发《关于深化改革加快发展民族教育的决定》。

• 2002年8月24日，国务院印发《关于大力推进职业教育改革与发展的决定》。

• 2002年12月28日，九届全国人大常委会第三十一次会议通过《中华人民共和国民办教育促进法》。

2003年

• 2003年9月19日，国务院召开全国农村教育工作会议，公布了《国务院关于进一步加强农村教育工作的决定》。

• 2003年12月30日，《国家西部地区"两基"攻坚计划》在国家科教领导小组会议上审议通过。

2004年

• 2004年3月5日，在第十届全国人大二次会议上，温家宝总理在政府工作报告中提出，中央财政将投入100亿元专项用于农村寄宿制学校工程建设，到2007年我国西部地区将基本普及九年义务教育，基本扫除青壮年文盲。

2005年

• 2005年12月24日，《国务院关于农村义务教育保障机制改革的通知》下发，要求逐步将农村义务教育全面纳入公共财政保障范围，并于2006年春季学期开始农村义务教育经费保障机制改革率先在西部实施。

• 2005年，在北京召开的联合国教科文组织第五届全民教育高层会议上，国务院总理温家宝宣布，从2006年开始，中国将用两年时间在农村全面免除义务教育阶段的所有学杂费。同时，积极解决成千上万进城就业务工农民子女的上学问题，保障适龄女童接受教育的权利，发展残疾儿童少年教育。

• 2005年12月26日，国务院召开全国农村义务教育经费保障机制改革工作会议，部署农村义务教育经费保障机制改革工作。

2006 年

• 2006 年，国务院常务会议决定，深化农村义务教育保障机制改革，全面构建农村义务教育经费保障机制。这项改革惠及五千多万名农村中小学学生。

• 2006 年 6 月 29 日，第十届全国人民代表大会常务委员会第二十二次会议通过新修订的《义务教育法》。新的《义务教育法》站在新的时代发展起点上，以全新的法理和教育理念，首次明确义务教育免收学杂费，以法律形式保障义务教育经费投入，将义务教育的均衡发展纳入了法制的轨道。《义务教育法》第六条明确提出："国务院和县级以上地方人民政府应当合理配置教育资源，促进义务教育均衡发展。"同年 9 月 1 日正式实施。

• 2006 年 8 月 17 日，中央决定"十一五"期间中央财政将安排 40 亿元资金，首次设立中等职业教育贫困家庭学生助学金，这标志着中等职业教育贫困家庭学生资助体系正式形成。

• 2006 年 8 月 24 日，国务院召开全国农村义务教育经费保障机制改革工作电视电话会议，总结西部地区农村义务教育经费保障机制改革工作经验，动员和部署中东部地区农村义务教育经费保障机制改革工作。

• 2006 年 10 月 8 日和 11 月 3 日，财政部、教育部分两次下达 2006 年中西部地区农村中小学校舍维修改造中央专项资金预算。第一批涉及中西部 19 个省份，下达校舍维修改造中央专项资金预算 25.93 亿元；第二批 5 个省份，下达中央资金预算 3.35 亿元。

• 2006 年 10 月 11 日，中国共产党第十六届中央委员会第六次会议通过《中共中央关于构建社会主义和谐社会若干重大问题的决定》，提出："坚持教育优先发展，促进教育公平。"建设现代国民教育体系和终身教育体系，保障人民享有接受良好教育的机会。逐步缩小城乡、区域教育发展差距，推动公共教育协调发展。

2007 年

• 2007 年 1 月 23 日，中央财政向全国 27 个省（区、市）、3 个计划单列市和新疆生产建设兵团预拨了 2007 年春季学期免除学杂费和提高公用经费保障水平资金 92 亿元，其中，免学杂费补助资金 75 亿元，提高公用经费保障水平资金 17 亿元。2 月 16 日，预拨了 2007 年春季学期免费教科书专项资金 14.3 亿元，将为 22 个省（区、市）和新疆生产建设兵团三千多万名农村义务教育阶段贫困家庭中小学学生免费提供教科书。

• 2007 年 9 月 1 日，国家普通本科高校、高等职业学校和中等职业学校家庭经济困难学生资助政策从秋季开学起全面实施。新资助政策形成了国家奖学金、国家励志奖学金、国家助学金、国家助学贷款和勤工助学等多种方式的资助体系。

• 2007 年 10 月 15 日，中国共产党第十七次全国代表大会的报告中明确提出："优先发展教育，建设人力资源强国。""优化教育结构，促进义务教育均衡发展。"

后　记

这本书是我在博士论文的基础上完成的。论文要求所研究的问题要集中，而书则要求所研究的问题要系统，因此，本书不是博士论文的再现和翻版，而是在其基础上的深化和拓展，是在论文基础上，提炼观点、升华思想、更新数据、精练语言、系统论证和研究的结果，也是对原有内容的深加工、精加工、再深化、再提升和系统论述。

书稿终于写完了，掩卷之刻，感慨万分。我是抱着对教育经济学的挚爱、带着对教育问题的思考和研究，以及对理论知识的渴求，走进北京师范大学这所百年名校学习的，也是在我尊敬的导师王善迈教授的指导鼓励下，跨入师门的。北京师范大学以海纳百川的气概和“学为人师、行为世范”的人文底蕴吸纳包容了我，导师和各位老师们以渊博的知识和严谨的治学引导教育了我，使我在这所知识的殿堂里自由地驰骋遨游，学习了知识，掌握了理论，收获了成果，增长了才干，也深刻地体味到了学习教育经济学的无穷乐趣。

对于教育均衡发展问题，我很早就给予了关注和思考。由于工作的需要，我对于教育热点、难点、焦点和前沿性问题特别关注。出于职业的敏感，早在世纪之交我国加紧实现“两基”的关键时刻，我就在想一个问题，中国基本实现“两基”，基础教育进入大面积的普及过程之后，中国基础教育特别是义务教育发展的方向和路径是什么？2000 年，应教育部要求，我在主笔撰写《世纪的承诺——来自中国实现“基本普及九年义务教育和基本扫除青壮年文盲”的报告》（《中国教育报》2001年4月9日）前后，就思考写一篇教育均衡发展的文章，2000年开始构思动笔，2002年在《教育研究》第2期发表了《教育均衡发展：现代教育发展的新境界》一文。在撰写研究文章的时候，我感到了自己对教育经济学理论知识的欠缺，于是，求教于著名教育经济财政研究专家王善迈教授，并萌发了求学的念头。当时，我已快进入不惑之年，不再是求学的阶段，况且，那时我已经取得了正高职称，还有求学的必要吗？这无疑是对自己意志的考验。就在我举棋不定、踌躇彷徨的时候，正是王善迈教授的引导和鼓励，使我坚定了学习的决心，与小师弟师妹们一起拼搏考取了王善迈教授的博士生，师承于先生门下。也正因为有了这样的经历和心态，有了理想目标，多了动力，也少了功利，我的求学生涯才如此踏实、扎实和充满挑战、充满乐趣。

可以说，我对这本书所关注的教育均衡问题的研究和思考，从最初萌发研究苗头，到现在完成书稿，大约经过了七八年时间，几乎跨了“两个世纪”。它是我用智慧、心血、汗水完成的。在多少个不眠的深夜，人们早已进入了甜蜜的梦乡，天边的星星闪动着疲倦的眼，就要离开天幕，我还在独自挑灯夜战；在多少个节假日的黎明，别人在举家出游，而我正在利用这一难得的机会收集整理资料、撰写着我的论文、书稿。每当我超负荷运转圆满地完成白天紧张的本职工作任务，夜晚，学习、研究、撰写论文，就成为我工作的另一个战场。可以说，我的论文和书稿就是这样一点一滴挤时间完成的，非有一定的毅力不可为也！我是用“心”来做研究的，它不是一个难产的“期待”，而是一个新生的希望，我对这一课题的研究充满信心。本书只是我研究教育均衡问题的开始，有许多问题还亟待拓展深化。我也衷心地希望有更多有识之士加入这一研究，因为它是中国教育发展的新境界、中国教育发展的方向、中国教育发展的希望。

这里，我首先要感谢我的导师王善迈教授，是他将我引入了学术的殿堂。先生学富五车，学术造诣深厚，治学严谨，提携后学，平易近人。在我博士论文和书稿的写作过程中，从论文选题、理论体系、框架结构、实证调查，以及行文规范，都无处不浸透和凝聚着导师的心血。在三年的求学生涯中，最令我难以忘怀的是聆听先生的教诲，与先生促膝相谈的时时刻刻，先生活跃的学术思维、丰富的学术思想、宽厚仁爱的人格魅力、严谨务实的治学态度、严格求真的治学风范和笃实创新的治学精神，都对我产生了深刻的影响；我从先生那里不仅学到了经济学的理论、方法，更学到了先生严谨务实、求真创新的治学精神和乐善好施、真诚仁爱的做人境界。能够成为先生的学生，是我人生之幸事也！

这里，我还要感谢北京师范大学经济学院的所有老师，经济学院严谨求实的学术氛围令我受益匪浅。尤其感谢给我教授课程以及主持我博士论文开题和答辩的靳希斌教授、曲恒昌教授、赖德胜教授、袁连生教授、杜育红教授、杨永林教授，以及王玉昆教授、杨东平教授等。这里，还要感谢在我博士论文的选题过程中，全国人大常委会李连宁副秘书长、教育部人事司吴德刚司长给予的重要指导和鼓励；在我论文写作过程中，教育部基础教育司姜沛民司长、杨进副司长给予的鼓励和支持；在我论文收集数据阶段，教育部康世联先生、陈卫军先生、李宗嗣先生给予了很多帮助；在论文资料收集阶段，刘好光编审、蒋建华博士、杨桂青博士给予了很大帮助；在问卷抽样调查和案例选择研究阶段，深圳市教育局、山东寿光市教育局、湖北黄冈市教育局、宁夏贺兰市教育局的领导和同志们给予了大力支持，刘玉祥先生、李曜明先生、赖群阳先生、谭南周先生、金志明先生、高耀彬先生、徐光明先生、柯昌万先生、李伦娥女士、蒋夫尔先生，以及刘颂师弟、陈刚师弟、陶红师妹等给予了很大帮助；特别是孙百才博士、林奇青先生在百忙中帮助我对有关数据进行了计算处理和制作，杜育红教授在百忙中审阅论文初稿，提出了许多宝贵的修改意见；感谢江爱民先生、杨成虎博士对书稿前言、目录进行了英文翻译。在我求学期间，我所工作的中国教育报刊社、中国教育报的领导赵书生社长、刘仁镜总编辑和同志们给予了很大的鼓励、支持和关心，在此一并表示致谢！

这里，我还要特别感谢教育部党组副书记、副部长袁贵仁教授，北京师范大学王善迈教授，在百忙中为本书作序，给我以莫大的鼓励，这让我非常感动，深受鼓舞和鞭策。

这里，我还要特别感谢教育部党组书记、部长周济院士，陈小娅副部长、郭向远部长助理等领导给予我这项研究的鼓励和关怀，部领导的鼓励和支持，更加增强了我研究的决心、信心和勇气。

这里，我也要感谢人民教育出版社魏国栋总编辑、吕达原副总编辑、王岳副总编辑、尹鸿祝副社长、魏运华总编辑助理，以及刘立德主任、赵云来编辑和其他有关人员对本书出版的重视、支持、关心和付出的心血。

这里，我还要感谢我的爱妻王芳女士和儿子翟子豪，在我一边紧张而繁重的工作，一边紧张而刻苦的学习的关键而不平凡的三年时光里，他们给予了我极大的支持、厚爱、鼓励和付出，以让我能有更多的时间学习。为了我的学业，妻子任劳任怨，持家教子，不辞辛苦，不仅承担了全部的家务和抚养孩子的责任，还帮助我承担了许多数据搜集整理等工作。所有这些，是无法用一个谢字表达的！

谨以本书奉献给所有关心、支持、帮助过我的人们，奉献给所有关心中国教育事业发展的人们，我用一颗感恩的心回报所有给予我帮助的人，我用爱和责任回报我热爱的事业！

翟　博

2006年6月完稿
2007年4月修改
2007年10月再修改